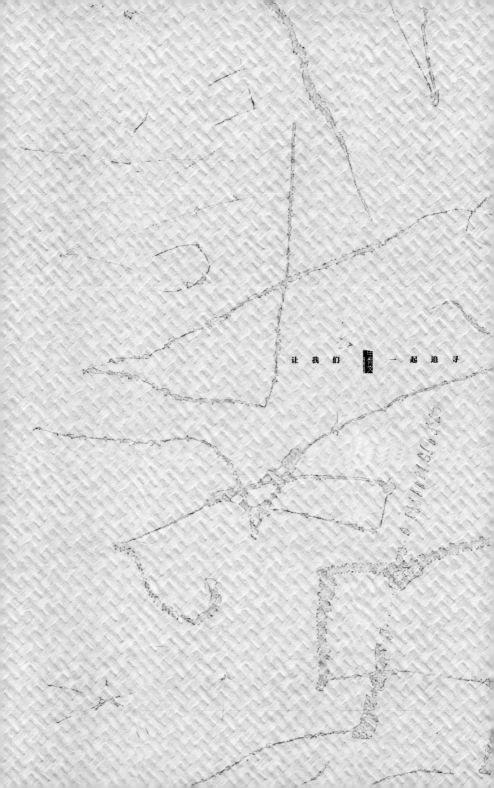

让 我 们 一 起 追 寻

[美]弗雷德里克·罗格瓦尔 — 著

卢欣渝 —————— 译

Fredrik Logevall

COMING OF AGE IN
THE AMERICAN CENTURY,
1917-1956

成长于
美国世纪,
1917~1956年

K 肯尼迪传

第一卷 I

社会科学文献出版社
SOCIAL SCIENCES ACADEMIC PRESS (CHINA)

1956
DEMOCRATIC
NATIONAL

本书获誉

对 20 世纪最具影响力的人物之一极其耀眼的研究——弗雷德里克·罗格瓦尔撰写的《肯尼迪传》开创了总统传记的新体裁，让人们重新认识了肯尼迪其人，更深刻地认识了他所处的那个时代。这是一部充满生机的、权威的、坦诚的传记，一部特别令人信服的史书，讲述了美国在 20 世纪中叶令人目眩和充满矛盾的崛起。

——吉尔·莱波尔，《这些真相：美国史》作者

这个时代最好的越南战争方面的史学家如今转向了读者自以为早已熟知的主题，他让约翰·肯尼迪活生生地、令人信服地呈现在读者眼前，那感觉犹如第一次在书海里认识他一般。弗雷德里克·罗格瓦尔以大师级的细腻和理解刻画了年轻时的肯尼迪，唯有伟大的学者和作家才能企及。

——乔治·帕克，《下沉年代》作者

约翰·肯尼迪在成为典范之前也是个普通人，这部作品让人惊叹，其成就之一为，弗雷德里克·罗格瓦尔把肯尼迪的人性与那个时代的历史交融在了一起。罗格瓦尔以精准和优雅的笔锋描绘的那个人物和那个世界让人难忘，肯尼迪塑造世界前，世界先塑造了

他。这是一部极具感染力、引人深思、特别让人信服的作品。

——普利策奖获奖作家乔恩·米查姆，《美国人的性格》作者

在这部堪称权威的传记里，弗雷德里克·罗格瓦尔驾轻就熟地一层层剥离了约翰·肯尼迪身上的许多神话，还原了一个既复杂又脆弱的真实人物。这部肯尼迪传记的第一卷也是美国在动荡年代崛起为世界大国的故事。对于任何一个对人生和时代感兴趣的读者来说，本书堪称一部必读之书。

——玛格丽特·麦克米伦，《和平戛然而止》作者

弗雷德里克·罗格瓦尔的出色传记将肯尼迪从长期以来笼罩他早年生活的各种神话中拯救出来，但丝毫未遮掩他复杂的人性。在提示人们世界失去肯尼迪——远未到他该离开的时间——实在令人痛惜方面，本书做到了最好。

——约翰·刘易斯·加迪斯，《冷战》作者

献给戴纳耶

目　录

前　言 / *0001*

上　册

第一部　家族史

第一章　两个家族 / *0003*

第二章　小孩玩的东西 / *0049*

第三章　二儿子 / *0100*

第四章　杰克和莱姆 / *0137*

第五章　大一时光 / *0174*

第二部　战争时期

第六章　派驻伦敦的美国人 / *0223*

第七章　驻英大使的儿子 / *0260*

第八章　观察者 / *0297*

第九章　当下的历史 / *0334*

第十章　中场休息 / *0387*

第十一章　陷入爱情，投身战争 / *0427*

第十二章 转战海外 / 0477

第十三章 王子折翼 / 0522

第十四章 "浑身上下透着政治" / 0560

下　册

第三部　投身政界

第十五章 候选人 / 0593

第十六章 波士顿绅士 / 0631

第十七章 "红色恐慌" / 0674

第十八章 两个精英 / 0723

第十九章 杰姬 / 0772

第二十章 黑暗的日子 / 0826

第二十一章 冉冉升起的新星 / 0872

第二十二章 就差一点点 / 0901

致　谢 / 0940

注　释 / 0945

参考书目 / 1083

索　引 / 1110

译后记 / 1152

前　言

　　1939 年 8 月的一天早上，时间尚早，在位于柏林帝国总理府不
远处的怡东酒店（Hotel Excelsior）内，22 岁的杰克·肯尼迪（即
约翰·F. 肯尼迪）向窗外望去，即将映入眼帘的是许多纳粹冲锋
队队员排着队从下面的大街上走过。彼时的杰克是即将升入大四的
哈佛大学学生，他非同寻常的海外实习为期七个月，当时已近尾
声。实习内容包括：在美国驻伦敦（当时他父亲是美国驻英大使）
和巴黎大使馆分别工作一段时间，造访欧洲和中东的十多个国家。
所到之处，他总会利用父亲的关系拜访一些地方官员和美国外交
官，提出各种问题，不停地做笔记，如此一来，对风雨飘摇中的世
界，他有了全方位的认识。[1]

　　眼下，杰克身在德国首都，那里是纳粹势力的神经中枢。当时
各种谣言不胫而走，都说希特勒的军队正在为入侵波兰做准备。杰
克生性多疑，对此不敢苟同——那个德国独裁者可能是在吓唬
人——不过，在柏林城里，到处都是令人神经紧绷的期盼情绪，在
杰克心里，不安油然而生。德国政府机构利用令人生畏的纳粹宣传
攻势对柏林市民实施信息轰炸，城里每个路口的显眼位置都充斥着
这类信息，都以莫须有的证据指向卑鄙的波兰人令人发指的罪恶行
径。[2]那种宣传攻势如此冷酷，当年 8 月 20 日，杰克在写给朋友柯
克·勒莫安·比林斯（Kirk LeMoyne "Lem" Billings，绰号"莱

姆"）的信中暗示，那些德国官员可能也是出于无奈，即便他们想打退堂鼓，也身不由己。另外，由于英国和法国与波兰结盟，还由于一年前英法两国在慕尼黑经多次会谈将捷克斯洛伐克的一部分拱手让给了希特勒，杰克心存如后疑虑：德国元首接下来会不会以为，英法两国这次会表现出更大的决心。"这次英国好像很坚定，"杰克致信比林斯，"不过这里的人们无法完全理解这一点，这里的危险在于，德国人寄希望于另一次慕尼黑会谈，一旦英国首相内维尔·张伯伦（Neville Chamberlain）拒绝让步，德国人才会意识到，自己已经卷入战争。"[3]

接下来那一夜，临近午夜时分，柏林无线电广播播报了如后令人震惊的消息：长期以来互为宿敌的德国和苏联即将签署互不侵犯条约，并于两日内在莫斯科就各项细节达成一致。虽然许多德国人如释重负——毫无疑问，波兰人会不战而降，德波两国间的冲突很大程度上会像一年前的捷克斯洛伐克危机那样以非暴力形式得到解决——但身在华沙、巴黎、伦敦的外交官们久经历练，他们对此看得更切合实际。[4]他们早已料到，通过孤立波兰人，纳粹与苏联之间的交易更容易导致战争，而不是相反。即将告别柏林之际，杰克去了趟美国使馆，当年的代办亚历山大·柯克（Alexander Kirk）在使馆任首席馆员[数月前，休·威尔逊（Hugh Wilson）大使已经离开]，他委托杰克给美国驻伦敦大使老约瑟夫·肯尼迪（Joseph Kennedy Sr.）捎去一封包含如后内容的密信：德国将于一周内入侵波兰。[5]

入侵波兰发生于9月1日，当时杰克已经返回伦敦，在大使官邸与父母及八个兄弟姐妹团聚，大使官邸位于伦敦市中心骑士桥片区（Knightsbridge）。9月3日，英国首相张伯伦在下议院阴沉着脸重申了刚刚通过无线电播发的公告——英国对德国宣战，当时杰克和母亲罗丝（Rose），以及哥哥小约（Joe Junior）和妹妹基克（Kick）正坐在旁听席上。两周前，杰克在写给莱姆·比林斯的信里流露的担忧由此得到了证实。张伯伦试图通过绥靖政策避免战争，他的各种努力均以失败告终。老肯尼迪大使是这一政策的坚定支持者，首相通过无线电广播忧心忡忡地发表演说时，每每听到动情处，大使总会近乎热泪盈眶。在下议院亲耳聆听张伯伦演讲时，大使夫人也感同身受。[6]

不过，对杰克而言，在这历史性的一天，另一位发言人的话语给他留下了最深刻的印象。即将就任英国海军大臣的温斯顿·丘吉尔（Winston Churchill）号召同胞们为即将面对的荣光努力拼搏："议会高墙外，战争风暴已在路上，英国各地将频遭摧残，不过，在这个周日上午，和平已植入我们心灵深处。"丘吉尔如后一番话更让杰克对其刮目相看："我们的双手已经动起来，我们的良知则静如止水。"[7]

以下照片展现的是走向英国议会大厦的——朝气蓬勃和英俊潇洒的——肯尼迪三兄妹。

这三兄妹心里清楚，他们都是历史见证人。不过，这场刚刚开始的战争会在多大程度上改变世界，改变他们各自在其中的位置，当时他们毫不知情。五年内，小约将从这张照片里消失，他在战争中阵亡；基克的丈夫婚后没几周也成了故人。老约担任的公职亦毁于战事。这场战争还会把欧洲主导的国际秩序撕得粉碎，1945年年中，28岁的杰克以记者和功勋退役兵身份返回了欧洲大

陆，近距离见证了这一点。当时德国已经投降，它的盟友日本早已千疮百孔，即将战败。柏林大部分城区已成断壁残垣，他住过的怡东酒店同样如此。曾经结盟的苏联和美国成了超级大国，在争夺战争留下的地缘政治真空时，两个大国均虎视眈眈地紧盯对方。1948年，杰克作为新晋国会议员重访欧洲，那时妹妹基克也成了故人，当时苏联人和美国人正深陷冷战胶着状态，柏林是焦点问题。1963年6月，肯尼迪以时任总统身份重返柏林，彼时，超级大国间的对峙仍在持续。在西柏林，面对上百万兴高采烈的现场民众时，他用德语大声宣称："我是个柏林人。"五个月后，在达拉斯市（Dallas），他命丧黄泉，暗杀者的子弹将乘坐敞篷车的他打倒了。

这部传记讲述的是约翰·F. 肯尼迪的时代和人生，分为两卷，第二次世界大战占据了第一卷的大部分篇幅。肯尼迪出生于第一次世界大战期间的1917年，那时美国世纪（American Century）刚刚拉开序幕；他成熟于另一次世界大战，而后青云直上，成为美国总统；领导美国登顶霸权巅峰之际，他46岁的生命却戛然而止。肯尼迪是在特权和财富里泡大的人，却长期遭受病痛和人生悲剧的折磨。他阅历丰富的人生迷倒了上千万人——不仅在美国如此，在海外亦如此，迷倒众人的不仅有他的死，亦有他的生。肯尼迪名扬天下，源于他长相帅气，举止风流，长期沉迷女色。作为政治家和平常人，他天赋异禀，同时也常出纰漏，在入主白宫后的上千个日日夜夜里，各种成功和失误与他相伴相随。美国人都自以为有能力解决各种重大政治问题，直言不讳地说出社会的最高期望，肯尼迪则借助强大的领导力和煽情的演说，让美国人的自信更上一层楼。与此同时，在外交领域，他向人们展示出，对苏联的深仇大恨也可转化为和平相处。美国民众对肯尼迪非常认可，1963年年中，将近60%的美国人声称，自己在1960年将选票投给了他，实则仅有49.7%的人曾这么做。肯尼迪死后，他的认可度上升到压倒性的65%。在1945年以来的历届美国总统中，肯尼迪执政期间的平均认可度最高，达到了70%，未来几代美国人必将给他的业绩打出更高的分数。[8]

xv　　尽管肯尼迪的生平充满传奇，迄今却鲜有人尝试写出介绍他的严肃的传记，全面的传记更是难觅踪迹。所谓全面，指的是覆盖其从生到死以及整个时代，充分利用现有的浩如烟海的档案材料——一些档案材料近期刚刚解密。[9]理所当然的是，白宫岁月必须是重头戏，它会占据第二卷的大部分篇幅。不过，肯尼迪当选总统前和成为议员前的那些年月同样需要引起人们关注。[10]恰如我们平民百姓中的绝大多数人一样，对肯尼迪而言，他的青少年时期铸就了他的人格和世界观。特别是他在战争中的经历对他的人生观和职业轨迹影响深远，且预示了陪伴他一生的政治哲学。[11]

还有一个原因让肯尼迪的早期岁月特别值得细究。与大多数公众人物相比，以英文姓名的首字母JFK闻名于世的这个人早已被高度神话。肯尼迪传奇掩盖了真实生活中的肯尼迪，以及工作状态中的肯尼迪，让真实的肯尼迪变得模糊、神秘。为重新认识真实的肯尼迪，必须仔细检索资料，还原年轻的和涉世未深的他，在笃信天主教、充满竞争的爱尔兰大家庭和真实世界里摸索前行的他，以及正在努力探索如何成就自己的他。因此，本书描绘的是一个完整的人物——包括他的人际交往、经历、想法、文章、政治抱负，凡此等等。从 20 世纪 30 年代初到第二次世界大战，肯尼迪家族写了海量的信函，其中相当一部分留存下来，如今保存在位于波士顿的约翰・F. 肯尼迪图书馆（John F. Kennedy Library）内，供人们研究，这让我的工作容易了许多。[12]肯尼迪本人是多产的信函写手，在其一生的许多关键节点尤其如此，在多次旅行途中，他还写下了海量的日记和笔记。他大学期间的一些作业也留存下来，保留下来的还有他的毕业论文，该论文在 1940 年正式出版成书，书名为《英国为何沉睡不醒》（*Why England Slept*），受到广泛好评。那年他刚满 23 岁，刚刚毕业，法国刚刚沦陷。

当然，若想认真尝试再造肯尼迪亲身经历的世界，必须尽可能摈弃如后认知：那个世界究竟是如何产生的。还须抗拒如后冲动：通过他大学期间的作业和战时的信函窥探它们如何成就了他后来的伟大。唯有这么做，作者才有可能直抒己见，才有可能与这位伟人对视，而不是阿谀奉承，或者肆意贬损。

同样重要的是，创作传记作品时，作者需要时刻牢记在心，肯尼迪是他所处时间和场所的产物，背景很重要——尤其重要。这么做会得到回报，说实话，这么做会获得如后的加倍回报：将肯尼迪置于他那个时代和世界更为广阔的背景里，不仅会帮助人们理解他的崛起，更会帮助人们理解他的国家的崛起，美国首先得到了强国地位，随后又获得了超级大国地位。事实上，本书的一个重要主题是，肯尼迪的生平在多大程度上与美国政治和地缘政治的各重要阶段接轨，例如：珍珠港事件前数年，人们在"孤立主义"和"干涉主义"之间的激辩；第二次世界大战中的混乱，美国正是通过"二战"崭露头角，成了全球霸主；冷战的爆发和扩散；美国国内的反共政治和接踵而至的麦卡锡主义灾难；电视媒体对政治不断增长的影响力——将约翰·F. 肯尼迪的生平和事业当作透镜，即可准确把握这些重大事件及其后续进展。在即将出版的第二卷里会出现更多主题，我同样必须做到审时度势，拿捏准确，例如：民权运动；军备竞赛以及核"末日终战"的前景，古巴导弹危机紧张对峙那几天核末日的前景尤为真实；复兴受民众拥护的政府，为"伟大社会"铺平道路；陷入越南战争（对于在越南动用军事力量解决问题，肯尼迪早在事前就有疑虑，尽管如此，他必须为此承担主要责任）；以及太空计划。

简而言之，对肯尼迪及其成长过程了解得越多，人们就越能正确理解 20 世纪中叶数十年里的美国。在这方面，历史学家兼肯尼迪的顾问小阿瑟·M. 施莱辛格（Arthur M. Schlesinger Jr.）在其回忆录《活在 20 世纪》（*A Life in the 20th Century*）里的如后说法让我颇有同感："在我们这一代人里，四个日期在我们的记忆里留下了无法磨灭的印记，无论我们身处何方，以何种方式闻听如后令人震惊的消息，我们都无法忘记那四个时间节点：珍珠港事件、富兰克林·罗斯福的死讯、约翰·肯尼迪的死讯、人类登上月球。"[13] 这四个时刻都会以各自的方式成为我即将展开的长篇叙事的关键点。虽然肯尼迪没能亲眼见证人类登月，促成此事的却是他承诺发起的登月计划。

　　第二个主题与肯尼迪明显对国际事务敏感有关，这是我从肯尼迪大学时期穿梭于欧洲和中东的形象中捕获的，时间为第二次世界大战开始前。从一开始，肯尼迪就是个胸怀世界的人，对美国以外的各种政治制度和文化充满强烈的好奇心，他还对各个国家为自身利益与他国竞争的一些概念兴趣十足。这种特质一部分源于他的爱尔兰传承，以及他父母在这方面的敏锐，尤其是他母亲，他母亲总是放眼世界，望向大洋彼岸。另一部分源自肯尼迪的广泛阅读，当年还在病榻度过童年和青少年时期时，他就喜欢阅读欧洲历史和治国方面的书籍。还有一部分源自他在预科学校和大学的学业。最重要的是，肯尼迪的国际主义情怀出自他大学期间以及大学毕业后数年间的多次出国漫游——除了 1939 年那次重要的远行，他在 1937年、1938 年、1941 年分别经历过几次内容丰富的旅行。那几次旅行拓宽了他的眼界，随后而来的在南太平洋的战斗经历更是如此。早在珍珠港事件之前，肯尼迪就主张对外干涉主义——这与他父亲和哥哥形成反差，日本人偷袭美国前，他们两人一直致力于不惜一切代价阻止美国参战——走出战争的肯尼迪一门心思致力于如后主张：在世界事务中，美国必须与其他国家合作，不断扮演领导角色。从那往后，他一直秉持这一观点。

　　于是便有了第三个主题：但凡涉及政治性和政策性的事务，肯尼迪永远自己拿主意。在童年时期的生活中，父亲对他影响深远。杰克年少时，父亲形象高大，总是按照自己的期望规范二儿子的行为举止，在风流成性和拈花惹草方面尤其如此。不过，旁人无论如何都能感觉出，某种程度上，杰克与其庞大且关系密切的家庭若即

xvii

若离——他是家庭的组成部分，却也像个家庭以外的人。与一大家人不同，他是个爱读书和爱做白日梦的人，是个反躬自省的儿子，以文字和探索文字的意义为乐事，还喜欢诗歌。与其他几个大孩子不同，他具有浪漫的想象力，更偏好精神层面的东西，以及人文事务方面无形的东西。（正是这一点让杰克与丘吉尔气味相投，老约则永远无法理解丘吉尔的做派。）[14]杰克多年来一直抗拒父亲的如后教诲：在学校要努力学习力争上游。在哈佛大学升入三年级后，他终于开始努力争上游，那也是出于他自己的一些原因。在政策问题上，无论小约如何鹦鹉学舌般追随父亲的观点，在许多关键时刻，尤其在对外政策领域，杰克一直忤逆一家之主，他眼里的世界比父亲眼里的世界更加复杂多样和充满摩擦，部分意义上说，《英国为何沉睡不醒》就是他对老约的孤立主义立场的谴责。后来，在冷战初期阶段，杰克毫不动摇地秉持坚定的反苏立场，而他父亲坚决反对那么做。总体上说，虽然先后担任众议员和参议员的杰克在民主党内属于温和派，但他常常与老约观点相左。

各种书籍和纪录片普遍声称，1944年，父亲眼里金贵的大儿子小约死后，父亲一手栽培了他，杰克·肯尼迪才成为政治家，但现有证据不支持这一点。真实情况是，至少两年前，即早在1942年初，杰克已经在考虑谋求竞选公职。他童年时代听说最多的是深爱的姥爷——人称"蜜糖菲茨"的约翰·菲茨杰拉德（John "Honey Fitz" Fitzgerald）的政治传奇，他还痴迷于人们茶余饭后闲聊的波士顿老几代爱尔兰裔天主教政客的各种伟业和疏漏。大学期间，杰克沉迷于研究政府，后来他又偏爱法学院，足以说明他对政治深感兴趣。毫无疑问，对他来说，小约死后，父亲喋喋不休的说教是个外部推动力。另外也不妨做个有意思的假设：如果哥哥从战场上活着回家，杰克究竟会选择什么样的道路。不过，他选择政治，有他自己的一些原因。就这两兄弟而言，杰克认为自己更适合从政——而且小约实际上也有同感。当初，杰克竞选众议员（1946 年）和参议员（1952 年）之际，老约曾扮演重要角色，尤其是自始至终全力以赴提供资金。不过，与传说不同，在两次竞选中，他都没有向儿子强推竞选策略。对父亲的政治敏锐度，当儿子的从未有过深刻印象，重大决策时刻，儿子总是我行我素。1952 年，与共和党竞争对手小亨利·卡伯特·洛奇（Henry Cabot Lodge Jr.）史诗般紧张对峙时，最重要的家庭助选角色并非由老约担纲，而是杰克 26 岁的弟弟罗伯特（Robert）。

掩卷之余，出现在本书各章节里的肯尼迪将不再是人们想象中那个羽翼未丰的年轻人，至少总体上会如此，至少大学毕业后的他会如此。他可能会很自负，以自我为中心，不再重视朋友们，不再重视那些女性。婚前，他欺骗自己的妻子杰姬（Jackie），婚后他继续欺骗。无论是他，还是他那富裕家庭里的其他成员，他们眼里的外人都是随时可以替换的。（但这不妨碍他对少数精挑细选的人表示忠诚，也就是说，他对待一些同性朋友以及核心成员如此，回报则是他们也对他肝胆相照。）[15]这些都不过是这个完整人物的一角，在他标致的面庞和迷人的微笑背后，是个好奇到不知餍足的人，是个镇定自若和目光敏锐的分析师，是个认真对待所有严肃事务的人，同时在很大程度上避免了陷入妄自尊大，这多亏了他高度完善的讽刺意识和荒诞意识，以及他在自我嘲讽方面的机智。[16]他对历史的感悟以及身体反复罹患病痛让他意识到，人生是反复无常、充满焦虑的，好在他并没有因此认为，应当利用家族财富追求纯粹自我放纵的人生。相反，这些困难让他更加坚定地听从父母的教诲，他父母总是反复对孩子们说：应当在社会上有所作为，应当相信世上总会有比自己更伟大的东西，应当顺势而为。

xix

前述严肃待人待物的各种征兆显然很早就在肯尼迪身上出现了；跟人们通常所说不一样，他不是大器晚成的人。早在大学期间的各种作业里，肯尼迪就反复提及关于政治领导力的问题，那些问题让他着迷，一直困扰着他，直到生命终结。遭遇国内和国际危机时，民主党的领导人能否反应得更为敏捷和高效？在国家利益和众多选民变幻无常的要求之间，决策者如何才能找对感觉，协调各方？政治勇气的本质是什么？（"除非民主能产生有才干的领导人，"摘自肯尼迪大学时期的一篇论文，"否则民主的生存概率微乎其微。"）1943年，肯尼迪从南太平洋给家人写了几封信，对军队领导层的能力，对未来几年人们将战争作为政策工具加以深化，他表示出各种怀疑。"这里的战争是一桩肮脏的买卖，"肯尼迪对前女友因加·阿瓦德（Inga Arvad）写道，"我们已经如此习惯于谈论数十亿美元、上百万军人，以致上万人的伤亡就像水滴掉进水桶一样微不足道。如果伤亡的上万人像我身边的十个人一样想要活下来，那些为开战寻找理由和缘由的人最好能相当确定，所有努力都是为了某种明确的目的，一旦达到目的，人们可以说，这么做值得。"

1951 年末，经过两次跨越大半个地球的海外长途跋涉，肯尼迪修正了信手拈来的冷战信条，通过无线电广播告诉全体美国听众，意识形态的威胁"仅仅通过动用武力不可能有效应对。必须引领各国人民，让他们自己对其加以拒绝，我们的政策必须是针对这些国家的人民的"。他的言外之意是，民主理想比军事力量更有效。这也成为他后来经常提及的一个主题，在他总统任期内亦如是。[17]

肯尼迪 1961 年在就职演说中发出的如后号召成了他众多号召里最为经典的名句："不要问国家能为你做什么——应该问你能为国家做什么。"这句话早有根基，早在他上预科学校（乔特中学）期间就已在他心里生根发芽。1946 年，重返母校发表演说时，肯尼迪谆谆告诫学生们，应当做有担当的公民，应当在公共服务领域有所作为。[18] 同年，为第一次竞选活动做巡回演讲时，他详细阐述了自己的论点。尤其在我们那个时代，他的话语似乎总能引起人们的强烈共鸣。为谨防人们认为政治和政治家等同于玩世不恭，身材瘦削的 29 岁候选人吁请听众将选票投给他，他用尽了以理服人的招数，甘愿接受两党之间善意的争论，因为民主的生存有赖于全体公民的知情和积极参与。他使用了煽情的语言，强调了作为一国人民的美国人具有共同的梦想，以及共同的命运。无论是当时还是后来，肯尼迪都无法超然于赤裸裸的政治斗争和党派斗争之上，不过，首次参选的他已经明白，为了民主良好运转，妥协是必需的；在大庭广众中彬彬有礼可避免非人化行为，还能帮助人们认识到，政敌并非敌人，而是对手。他的著作《当仁不让》（*Profiles in Courage*）于 1956 年出版，整本书都在为政治艺术唱赞歌，为行政管理唱赞歌。

xx

体制内充满了自相矛盾的压力和愿景，行政管理费力不讨好，却至关重要。

或许，正是这种对国家和民主政治始终如一的信念，才能充分诠释约翰·F. 肯尼迪的遗产何以长盛不衰。自踏入政坛初期伊始，到生命止于得克萨斯州，肯尼迪一直在鼓励人们相信，美国社会的未来更美好，国家应当在国际上居领导地位，这就是他话里话外一直在描绘的美国的愿景。这是一种开阔的视野，它拒绝父亲那种狭隘的民族主义，倡导人们承诺服务于大众的行动主义。在当今社会，无论人们对这样的治国理念心存疑虑还是渴望它重生，人们眼里的肯尼迪依然是那个充满活力的、年轻的、手捧领导衣钵的伟人。人们更想知道的是，如果肯尼迪还活在世上，会发生什么。[19]无论人们如何想象，永远都不会得到答案。不过，如果深入探究肯尼迪其人其事，关于肯尼迪绝无仅有的、令人称奇的一生，关于他长大成人时的美国和世界，我们会知道得更多。

第一部
家族史

　　肯尼迪一家在波士顿海恩尼斯港。前排坐姿者,自左至右:帕特、鲍比、罗丝、杰克、老约、泰迪(坐在老约腿上)。后排站立者,自左至右:小约、基克、罗斯玛丽、尤妮斯、琼(站在尤妮斯前面)。摄于1934年。

第一章

两个家族

I

约翰·F. 肯尼迪的出生地是美国马萨诸塞州布鲁克莱恩（Brookline）比尔斯街（Beals Street）83 号，如今那里是美国国家历史遗迹。对如今前往参观的人来说，那所房子让人感到局促，厨房过于紧凑，卧室大小只能将就。不过，1914 年秋，老约瑟夫·肯尼迪买下那所房子，准备跟妻子罗丝一起养育预期中的一个大家庭时，那房子似乎很理想。如人们所见，房前有一条宜人的街道，房子坐落在中产阶级社区，住户都是和他们一样雄心勃勃但囊中羞涩的人。这种人寻找良好的安家位置，只是为了证实自己已经到达那里——或者说将要搬到那里。从那里可以乘坐有轨电车前往波士顿，但其实走一小段路即可，圣爱丹罗马天主教堂（St. Aidan's Roman Catholic Church）和爱德华奉献学校（Edward Devotion public school）就在附近。为达成那笔购房生意，当年老约借了 2000 美元作首付款，其余 4500 美元以抵押贷款借贷。[1]

从那时回溯 20 年，即 19 世纪 90 年代有轨电车大发展时期，那所房子前面的街道刚刚规划。街道以最早买下那片土地的有钱的投机家的名字命名。从那往后许多年，在街道两侧别出心裁地种植的一棵棵枫树后边，如雨后春笋般冒出了许多拥挤在一起的砖木结构的房子。不过，由于 1910 年的经济衰退，房屋建造停了下来。1914 年，83 号房成了那排房子中最靠边的一座，房子另一侧到下个路口之间是一排闲置的地块。那房子有个人字形房顶，蹒跚学步的孩子们可以在宽敞的白色前廊玩耍。房子已建成五年，二楼有三间卧室，还有两间卧室位于三楼，厨房里最显眼的东西是硕大的煤气两用黑铁炉。[2]

1914 年，布鲁克莱恩成了美国东北部最富裕的小镇之一，在年轻的约瑟夫·肯尼迪眼里，这无疑非常吸引他。在博伊斯顿大街（Boylston Street）以南那些造价昂贵的社区里，蜿蜒的街道两侧满是豪宅，都自带修剪整齐的花园。当年老约没有实力把家人安置在那边，不过，好歹他和罗丝成了镇上的居民。近百年来的大多数时候，波士顿上流社会的许多顶级富豪经常在布鲁克莱恩消暑。随着时间推移，一些家族选择这个静谧的消夏小镇为常住地，那是在模仿英国贵族精英以乡村为根基的模式，如此即可将自己与工业化丑陋的阴暗面以及移民的涌入分离开来。洛厄尔家族（the Lowells）、卡伯特家族（the Cabots）、萨金特家族（the Sargents）、埃默里家族（the Amorys）、考德曼家族（the Codmans）等都搬到了那里，与那一地区其他所有小镇相比，集中到该镇的精英［即"波士顿婆罗门"（Boston Brahmin）］也许更多。[3]随着金钱的流入，与周边大多数小镇相比，布鲁克莱恩拥有了更多城市功能；时间移至 19 世纪

布鲁克莱恩比尔斯街 83 号，肯尼迪一家第一次安家的地方，也是杰克·肯尼迪的出生地。

50年代，该镇拥有了新英格兰地区最好的教育系统，还有了一个绝佳的公共图书馆；19世纪和20世纪之交，该镇还有了排水系统和电话线路。为了满足富豪们和不断增长的中产阶级的不时之需，小镇容纳了数量可观的打工阶层人口。尽管如此，镇上只有36%的住户雇得起家庭用人。[4]

60年前，老约和罗丝两家的爷爷从爱尔兰来到美国。搬入新家第一天晚上，夫妻二人是否想过，60年前双方的家人是从多么遥远的地方搬过来的，历史对此没有记载。尤其需要指出的是，老约不是那种喜欢回首往事的人。而且，不用外人提醒，他们也清楚，大量爱尔兰裔美国人各方面待遇的改善让他们获益匪浅，这在老一代人里是难以想象的。

Ⅱ

1848年10月，帕特里克·肯尼迪（Patrick Kennedy）可没想那么远，当时的他正从爱尔兰韦克斯福德郡（County Wexford）西南小城顿甘斯镇（Dunganstown）沿巴劳河（River Barrow）步行——人们是这么说的——前往10千米开外的新罗斯镇（New Ross），从那里搭船前往利物浦，希望从利物浦前往"新世界"。[5]那时他只是在试图逃离爱尔兰，那里的饥荒已持续三年之久。

1845年的夏季一反常态，那是个濡湿的夏季，不可思议的枯萎病接踵而至，导致土豆绝收。这种农作物病害通过前往欧洲各港口的海船横穿大西洋，然后借助风和雨跨越爱尔兰海，到达爱尔兰。陷入绝望的农场主和农民砍掉变黑的植物叶子和茎秆，试图阻止那场灾难，到头来他们却发现，土豆根茎都烂在了地里。有那么一段时间，农民们以为，那不过是个意外事件，也就一次而已。可是，1846 年初，要命的真菌再次出现，那年夏末，爱尔兰的土豆作物 90% 以上绝收。到那年 10 月初，许多爱尔兰小城镇报告说，已经找不到一片面包或一磅谷物来养活本城居民。一场严酷的、满是冷雨和风雪的寒冬接踵而至，1847 年的土豆产出仅为 1844 年的零头。[6]

　　如果土豆不是爱尔兰人餐桌上的主食，绝收也许不会成为社会问题。16 世纪末，土豆被引入爱尔兰，随着时间的推移，土豆变得极其重要。爱尔兰 800 万人口中，一半以上将其作为主要营养来源，指望它过活；人口中 1/3 以上的人几乎完全依赖它活命，这包括穷人群体里最贫穷的那些人。对爱尔兰农民来说，由于土豆营养丰富（在欧洲，爱尔兰人是身材最高大、最能生育的人群，或许也是最贫穷的人群），在边边角角的小地块上以及贫瘠的土地上播种即可获得好收成，它是维系生命的理想食物。作物绝收情况除外。随着情况越来越糟，饥饿扩散了，随之而来的是饥荒。一些人拖家带口背井离乡，从一个村庄流落到另一个村庄，可怜巴巴地期盼着外人收留他们。另一些人则在破败的家里坚守，捡出仅剩的食物一起分食，一个接一个平静地死去。许多躲过饥荒的人染上了斑疹伤寒，这种病在身体虚弱的人群里迅速扩散。

　　总之，1846 年到 1851 年，大约 100 万人死于饥荒和疾病，合计占到爱尔兰总人口的 13%。最严重的情况出现在爱尔兰西部和西南部——在梅奥、克莱尔、凯里三个郡，死去的人口数以万计——

6

韦克斯福德郡同样遭受了重创。1847 年 1 月，韦克斯福德郡发行的《独立报》（*Independent*）报道称："仅仅由于缺少食物……饿死的人无以计数。"当年的一名店主则记述道："无论老少一个个都死了，埋都埋不过来，因为高烧来得太猛，实在太快，早上还好好的，晚上说不定就染上了。"[7]

如果当年英国当局更用心一些，或者多一些同情心，最严重的灾难或可避免。但是，英国议会的反应既混乱又不充分，这证实了许多爱尔兰人的想法：他们早已料到爱尔兰海对岸的外国压迫者会这么做。数个世纪以来，英国人一直在剥削他们，虐待他们，如今又怎么会对他们施以援手？许多伦敦观察人士坚信，饥荒是上帝一手造成的，同时他们也认可政府救济部门负责人查尔斯·特里维廉（Charles Trevelyan）的观点：爱尔兰"最大的不幸"不是饥荒本身，而是"那里的人们自私的、不当的、混乱的特性"[8]。1847 年夏，官方批准的"施汤餐厅计划"① 救济了将近 300 万人，由此可见，英国能实施怎样的国家救济。然而，该计划在秋季便宣告结束。通过"爱尔兰贫民救济法扩展令"（Irish Poor Law Extension Act），英国议会将中央政府的饥荒救济包袱甩给了爱尔兰的一些地方团体，这些团体以救济贫民为借口明目张胆地擅开税源。根据该法令某项条款的规定，任何租用 1.5 亩以上土地的户主不能获得公共救济。一些佃户宁愿饿死，也不愿将土地归还地主；其余许多人放弃了自己的农场，接受了救济，最终结果是面临极端贫困，只好

---

① 即设立救济点计划，类似于国内设立的施粥站点。——译注

选择移民这条路。总之，饥荒暴发后十年内，有 200 万男男女女逃往海外各地，其中多数为天主教徒，主要来自爱尔兰南部和西部。绝大多数人最终移民到了美国。[9]

越是不幸的人，越会尽早离开，不过，多数时候，他们算不上最不幸的人，因为手头必须有点余钱，或是能换成现钱的财物，才能最终上路。用经济历史学家科尔马克·奥格拉达（Cormac Ó Gráda）的话来说："按苦难排序来说，穷人中最穷的人会移民到邻国，移民到'新世界'的都是手头有资源的人。"[10]

时年 26 岁的帕特里克·肯尼迪属于后一类人。他离开爱尔兰的准确原因至今仍然是个谜。不过，作为家里第三个出生的儿子，他心里清楚，即使各方面条件得到改善，他也几乎没机会继承家里的农场——或通过某种途径继承其他地块，道理同前。准确地说，在顿甘斯镇，肯尼迪家族的家境相对殷实，最糟糕的饥荒也降临不到他们家。即便如此，站在帕特（帕特里克的昵称）的立场，机会仍然渺茫。因此他把目光望向了遥远的大西洋彼岸，望向了"老美"（"the States"），家族聚会时，大家常常谈论那个陌生又奇妙的地方。对于跟他一样的人们，美国给予的是希望，更重要的是，已有相当多爱尔兰人置身美国，在那边迎候新来者登陆。帕特心里肯定清楚，开往纽约、波士顿、费城的那些海船不像开往魁北克的那些海船那样条件恶劣，不仅如此，作为目的地，后者的劣势在于那里仍然处在英国统治下。（1847 年，据估计有 30% 前往英属北美的人乘船期间或抵达魁北克后失踪。）当年澳大利亚也在英国统治下，前往那里的船票太贵，不在人们的考虑范围内。[11]

8

　　尽管如此，当年前往美国的航路总是险象迭生，正常情况下也要耗时一个月，费用为 17～20 美元（相当于如今的 550～650 美元），含一日三餐。通常情况下，那些海船仅能满足最低的适航标准，而且总是过于拥挤，颇为危险。乘客们仅能在晴空万里时前往甲板，大晴天不能上甲板也是常事。甲板以下的下等舱拥挤不堪——如果不弯腰，成年人根本无法站立——卫生条件极差，爱尔兰人好不容易才躲过的疾病却在人满为患的船舱里迅速蔓延，其中以斑疹伤寒尤甚。饮用水很快会变臭，唯有往水里添加大量的醋，人们才能把它喝下去。供给的食物分量越来越少。各个厕所飘出的臭味让人越来越受不了。人们的痛苦一天天迅速增加，坏天气本身更是会带来痛苦和压抑。死亡率奇高。神经的磨损和脾气的爆发都会引发人们斗殴，有时候，参与斗殴的人们会落得鲜血淋漓的下场。那些单身女性还要独自面对如后苦恼：遭受贪婪的水手们攻击性的胁迫。[12]

　　搭乘这类"棺材船"度过这段旅程，若想精神和肉体毫发无损，必须具备健康的心性，还得有一点点运气。帕特里克·肯尼迪两样都有。即便如此，抵达东波士顿［当年人们将其称作诺德岛（Noddle's Island），如今从美国本土乘小船即可抵达］港口时，他的各种挑战才刚刚开始。满是移民的波士顿是一片让人心生畏惧的大地。帕特从阴暗的下等舱钻出来时，迎着阳光眨了眨眼，然后沿着跳板走到满是人和物的码头。帕特没准会碰上一群人，其中混杂着吆喝的小贩和骗子；他们吹嘘的上好住处到头来往往污秽不堪，没有窗子；所谓报酬优厚的工作实则苦不堪言，每个工作日的工作时长长达 14 小时不说，酬金可能仅为 1 美元。面对毫无根基的新来者，那些人迫不及待地想占便宜。

不过，至少波士顿还有工作岗位，最穷困潦倒的人也不至于饿死。的确，在 19 世纪中叶的东波士顿，主要由于当地欣欣向荣的造船业，还由于当地有许多横跨大西洋的海运公司，以及一个深水港，那里正经历着各行各业的大繁荣。冠达邮轮公司（Cunard Line）雇用了许多新来者当木匠和码头工，因为该公司在海滨修建了许多码头和库房。另有一些人在唐纳德·麦凯（Donald McKay）的造船厂找到了工作，该厂是世界上最好的飞剪船制造商，他们造的船做工精细，装饰豪华，专为速度而生。［1854 年，排水量达 1700 吨的"飞云"号（Flying Cloud）从纽约起航，绕道合恩角（Cape Horn），最终抵达旧金山，用时 89 天加 8 小时，成了有史以来最快的帆船。①］帕特在爱尔兰韦克斯福德郡学过箍桶技术（制作标准桶和圆木桶），因此他在丹尼尔·弗朗西斯（Daniel Francis）的制桶和黄铜铸件厂找到了工作。工厂位于萨姆纳大街（Sumner Street），主要生产商店用铸件和威士忌标准桶，后一种商品的目标客户是波士顿爱尔兰人街区里如雨后春笋般出现的各种酒馆。很快，帕特的工作时长成了每天 12 小时，每周 7 天都上班。（像其他移民一样，帕特很快意识到，与他在爱尔兰亲历过的所有工作相比，美国的每日工作时长长出了许多。）[13]

即便如此，帕特还是挤出时间结了婚。1849 年 9 月，在神圣

---

① 该船创造的最快帆船纪录保持了 135 年，直到 1989 年被打破。——原注

救赎主教堂（Holy Redeemer Church）举办的一场仪式上，另一个来自韦克斯福德郡的新移民布里姬特·墨菲（Bridget Murphy）成了他的妻子。[14]他们在萨姆纳大街买了一座像样的房子，这实实在在地证明了帕特里克的确拥有稳定的工作和体面的收入。两人的第一个孩子玛丽（Mary）生于 1851 年，接着，乔安娜（Joanna）于 1852 年出生，约翰生于 1854 年（他年满两周岁前死于霍乱），玛格丽特（Margaret）生于 1855 年，帕特里克·约瑟夫（Patrick Joseph）生于 1858 年初，为了跟父亲的名字区分清楚，他们都称呼他为 P. J.。

这些年来，帕特里克·肯尼迪一直坚守着那份让人精疲力竭的工作，直到秋季的某一天，他再也干不动为止。1858 年 11 月，P. J. 出生十个月后，35 岁的帕特去世，那是他在波士顿登岸九年后，身后留下了妻子和四个年幼的孩子，却没有留下任何文字或画像记录。他的直接死因既不是霍乱，也不是肺痨，而是劳役般的工作，连续数年每周干满七天，这毫无疑问对他的免疫系统造成了重创，让他易受感染，毫无抵抗力。他是肯尼迪家族里第一个踏上美国土地的人，也是最后一个未能留名青史的人。[15]

III

帕特里克·肯尼迪的死从侧面印证了在爱尔兰出生的一些男人在波士顿的惨痛经历，那一时期，他们当中许多人早逝，留下大量孩子由母亲们一手带大。根据某一估算，帕特里克那一代爱尔兰人

在"新世界"的平均存活时间仅为 14 年。[16]他们当中许多人生活在
拥挤的、不卫生的环境里,这是一个因素——他们常常凑合着居住
在波士顿北城(North End)或福特山(Fort Hill)一带的地下公寓
里,缺少阳光和清新的空气,易于遭受水淹;100 人共用一个水池
和厕所的事也不鲜见——所以,每一场天灾,每一次流行病,爱尔
兰社区都会首当其冲。1849 年,霍乱重创了波士顿的几个爱尔兰人 10
居住区,天花和结核病也定期在这些社区暴发。更要命的是,在各
采石场里和码头上,各种耗费体力的工作时间极长,为什么那么多
人早亡也就容易理解了。在后来的历史中,先后有三名爱尔兰裔美
国人攀登到了波士顿政治顶峰——马丁·拉马瑟尼(Martin
Lomasney)、詹姆斯·迈克尔·柯利(James Michael Curley),以及
约翰·肯尼迪的爷爷帕特里克·约瑟夫·肯尼迪——他们都在童年
时期失去了父亲。约翰·肯尼迪的姥爷约翰·菲茨杰拉德尚未成年
便失去了父亲(当时他母亲早已过世)。[17]

不断涌入的新来者耗光了波士顿的各种资源。1847 年,为了
给"生病的外国穷光蛋"治病,波士顿在鹿岛(Deer Island)和
港湾区新建了两家医院,那两家医院很快住满了病人,绝大多数
是爱尔兰人。严重缺乏急救设施的状况持续着。1849 年,卫生监
督委员会的人前往港湾附近的爱尔兰人生活区调研,他们发现,
那里的各种条件令人心生恐惧(或许是出于偏见,委员会成员有
些夸大其词):

> 在布劳德大街(Broad Street)和周边社区……爱尔兰人的

状况尤其悲惨。……整个这一地区，人类像蜂巢里的蜜蜂一样挤得满满当当，根本谈不上舒适，多数人没有常规必需品；在许多场合，人们不分性别、年龄、脸面，像动物一样挤在一起；同一套公寓内，成年男女混睡在一起，有时候，同一张床上睡着夫妻、兄弟、姐妹。在这种情况下，所有高尚的、尊贵的美德不见了踪影，阴森森的冷漠、绝望、无序、放纵，以及彻底堕落大行其道。[18]

　　这段文字反映了波士顿爱尔兰人一个最主要的特点：他们的数量在迅速增加。1800年，该市统计的爱尔兰人口刚过千人。时间移至1830年，这一数字上升到了8000人。仅在1847年一年内，就有3.7万人在此登岸。（根据1845年的一项人口调查，当时波士顿市的居民总数不过114366人。）还有其他许多人首先在加拿大各港口登岸，然后从陆路来到波士顿。那年春季的一天——4月10日——1000名爱尔兰人挤爆了波士顿港。时间移至19世纪50年代初，爱尔兰出生的天主教徒构成了波士顿人口的1/4，按照西奥多·帕克（Theodore Parker）教士的说法，仅仅10年内，萨福克县（Suffolk County）已经变成了"新英格兰地区的爱尔兰科克郡（County Cork）"，而波士顿市则成了"美国的都柏林"。很快，天主教堂遍布波士顿爱尔兰街区，每座教堂成了凝聚邻里的中心，社区生活围绕教堂运转。南北战争前夕的1860年，在整个波士顿，仅在爱尔兰出生的人口就达到了45991人。[19]

　　我们得体谅年轻的布里姬特·肯尼迪，作为单身母亲，在规划未来生活时，她看不出人口数字的力量。她和新来乍到的同胞们所在的波士顿已有两个多世纪的历史，这座城市所具有的名望和公民认同感可能会吓到新来者。[20]无论布里姬特把目光转向何方，到处都是反爱尔兰人和反天主教偏见。在已成过往的殖民地时期，盎格鲁-撒克逊血统的波士顿人满嘴都是反天主教徒言论，这早已深深地流淌在他们的血液里，因而他们眼里的移民都是野蛮的、排外的、未开化的、有犯罪倾向的、在公开场合烂醉如泥的人。那些市民对外招工时常常挂出"不招爱尔兰人"的牌子，一小批受过良好教育的、专业的爱尔兰天主教徒也被排除在经严格定义的、层层精选的城市金融高管队伍之外。19 世纪中叶，爱尔兰人和天主教徒的身份几乎成了无人能逾越的就业障碍。[21]

　　布里姬特·肯尼迪当过家庭用人，像她一样的女性都能感觉出，自己总是受人怀疑。"虽然一些波士顿人离不开当用人的爱尔兰女孩，对她们的怀疑却一路看涨，"历史学家奥斯卡·汉德林（Oscar Handlin）写道，"当地人开始怀疑她们是教皇的密探，因为她们定期忏悔时向多位神父告发过他们的秘密。"不久后，报纸广告词里出现了如后说法：寻找"一名善良的、可靠的女性"看护一个两岁的孩子，地点在布鲁克莱恩（当年那里是"扬基人"的飞地）。被雇用的人不需要做洗刷或熨烫工作，不过，这个职位有个雷打不动的条件："绝对不许爱尔兰人提交申请。"[22]

　　爱尔兰人还意识到，他们被排除在当地政治生活之外。19 世纪 50 年代初，反动的"一无所知"运动（Know Nothing Movement，起这一名字的原因是，每当被问及该组织的情况，其拥护者会装作

什么都不知道）席卷了挤满移民的波士顿东海岸，并且在一段时间
内成了马萨诸塞州一股不可遏止的力量。这个党派的意识形态深深
扎根于反天主教主义和反移民意识，同时寻求将入籍等候年限和投
票权等候年限由当年实行的 5 年延长为 21 年，该党所有候选人的
座右铭为"美国必须由美国人治理"。1854 年，在州政府和州议会
选举中，马萨诸塞州选民将 2/3 的选票投给了"一无所知"运动的
候选人，其结果是，该党得到了州长和波士顿市市长职位，只差一
点点就赢了州议会的所有席位。很快，州议会推出了一个计划，名
为"戒酒、自由和新教"，强制条款包括在公立学校推行新教圣歌
和詹姆斯一世钦定版《圣经》，还包括剥夺天主教徒进入政府部门
的权利，因为他们被怀疑效忠罗马。[23]

伊利诺伊州政治家亚伯拉罕·林肯是颗冉冉升起的新星，那些
"一无所知"人士的偏执让他受了刺激。1855 年，他对一个朋友表
达了失望："在我看来，我们堕落的速度相当快。作为国家，我们
在诞生之初曾公开宣称'人人生而平等'。实际上，如今我们的说
法变成了这样：'除了黑鬼，人人生而平等。'如果'一无所知'
人士掌权，说法就会变成'除了黑鬼、外国人、天主教徒，人人生
而平等'。"[24]

历史最终证明，在美国政界，由于林肯所在的共和党成长势头
迅猛，"一无所知"运动狂潮是短命的。不过，从当时往后许多年，
"一无所知"情绪在马萨诸塞州政界里仍居主导地位，爱尔兰人口
仍被排除在竞选公职之外。本土主义媒体忠实地记录了所谓的波士
顿各移民社区里的无法无天、长年酗酒、疾病横行，以及全州选民

们通过投票批准了强制识字检测法规，其目的是将爱尔兰人排除在投票之外。许多医院歧视天主教徒，还禁止天主教徒将死去的亲人埋葬在公墓里。基于浪费公共开支等理由，当地将各救济院和收容所收留的数千名穷困潦倒的爱尔兰人驱逐回了利物浦。[25]

与此同时，爱尔兰人还经历了与其他移民团体——德国人、苏格兰人、英格兰人、加拿大人——的摩擦。由于身无一技之长的新来者一批又一批到来，捷足先登者的收入日渐减少。大移民时代一直延续到 20 世纪初，多年后，评价那一时代时，约翰·F. 肯尼迪是这么说的："每一批人都讨厌和不相信后一批人。英格兰人说爱尔兰人'守安息日，能到手的东西绝不放过'。英格兰人和爱尔兰人都不相信德国人，因为他们'工作太卖力'。英格兰人、爱尔兰人、德国人都不喜欢意大利人；而意大利人则加入所有前辈的阵营，一起诋毁斯拉夫人。"19 世纪 90 年代，意大利移民大量涌入，随后多年，关于爱尔兰人和意大利人拉帮结派对付"扬基人"的传闻此起彼伏，但这样的团结事实上难以达成——经济的和社会的紧张关系实在扎根太深了。[26]

对于前述各种掣肘，在不同情况下，新来者完全可以前往波士顿以外的更绿的美国沃野闯荡一番。不过，极少有爱尔兰人接受过训练，或身怀绝技，让他们在面对广阔的未知世界时感觉自己还行。一些人不识字，另一些人缺少前往荒郊僻野拓荒必需的技术。还有一个关于波士顿地理的简单事实：与美国其他所有大城市不同，波士顿实质上四面环水。离开主要由移民居住的几个区域外出闯荡，需要交各种过路费和出行费，对于竭尽全力维持生计的人们来说，无论这类费用多么微不足道，都会像割肉一样让人觉得疼。（在波士顿步行出城经过桥梁时，会被收取过桥费，这种事一直延续到 1858 年。）或许，最重要的是，由于波士顿存在既有的爱尔兰人社区，爱尔兰人对那里感到亲近——那里有熟悉的面孔、邻里构成的教区、爱尔兰人经营的酒馆。[27]

对有一堆孩子需要养活的年轻寡妇而言，无论如何都不可能前往其他地方。所以，布里姬特·肯尼迪铁了心，着手做必须做的事。1860 年 6 月，帕特去世一年半后，一名波士顿人口普查员在报告里记述道，布里姬特的个人财物价值 75 美元。这在当时的街坊邻里中称得上是可观的数目。为保证收支相抵，布里姬特时不时会往家里招揽一些寄宿者，包括帮她照看一堆孩子的 18 岁的玛丽·罗奇（Mary Roach）。关于布里姬特的就业记录很粗略，她似乎当过美发师、清洁工，后来成了东波士顿一家濒海小商品店的店主，没过多久，她的店开始售卖杂货、烘焙食品，甚至还出售烈酒。[28]

布里姬特爱女儿们，不过，作为独生子的 P. J. 才是她的掌中宝。她和女儿们一起娇惯那孩子，想方设法培养他做循规蹈矩的本分人。她还决心给儿子创造机会，让儿子过上更好的生活。为了把儿子送进巴黎圣母院的嬷嬷们开办的圣心学校（Sacred Heart），她存下了能省下的每一分钱。那男孩身子骨强健，皮肤白皙，有一双蓝色的眼睛，一头棕红色的卷发，性格喜静、高冷，志向远大，天生聪慧、机敏，埋头读书却让他如坐针毡；他在校的日子仅仅延续到 10 岁出头，或 15 岁左右。后来，他前往东波士顿繁忙的滨海区当了码头工。他的身体足以应付重体力活，虽然如此，他缺乏足够的耐性。身边的工友们整天喝酒、争吵，那种生活方式让他心灰意冷。再加上母亲天天絮絮叨叨，用言语激励他，他决心干大事。每个月他都会把挣来的钱存下一些，同时眼观六路，寻找机会。

一天，机会来了：一家位于干草市广场（Haymarket Square）的酒馆一直亏损经营，因而挂出牌子，待价而沽。P. J. 立刻过去，几乎没花什么钱便将其盘下。当时他只是个富于进取心和有自制力的青年男人，20 岁出头。没过多久，他就把那家酒馆变成了有利可图的事业，专卖窖藏啤酒。他小心翼翼地把利润用于再投资，并且成了另外两家酒馆的共有人之一，还把业务拓展到了威士忌进口和分销领域。P. J. 成了颇受欢迎的酒商，他大腹便便，蓄着下垂式八字胡，这样的外貌与他的身份相符。不过，他是个禁酒主义者（他不想与人们印象中爱吵闹和好斗的爱尔兰醉鬼形象扯上关系），这方面他儿子也继承了他的衣钵。客户们都欣赏他，因为他生性友善，不装腔作势，乐于帮助新来者寻找工作和住处，帮忙消除与警方的误解，提供法律援助，安排保释金，等等。最重要的是，他具备大酒商的能力：善于倾听，对他人的胡言乱语绝无怨言，听到过头的玩笑也跟大家一起开怀大笑，对穷困潦倒的人具有同情心。[29]

拥有数家酒馆给 P. J. 带来了额外的东西——政治影响力。在冷冰冰的、没有人情味的城市环境里，街头酒馆成了街区的社会中心、庇护所。下班回家途中，爱尔兰人可以晚一会儿返回往往脏乱不堪的出租公寓，晚一会儿逗孩子们和其他租客，在酒馆里逗留一会儿，休息一下疲乏的身子，忘掉各种烦恼，顺便吹一两个牛皮。

14

有一点总是一成不变：酒馆里的话题往往触及社会问题。因而酒馆成了政治活动中心，酒馆老板常常会成为社区名人，在权力和威望方面仅次于社区牧师。很快，P. J. 就知道了谁在竞选官职，以及各种竞选策略和欺诈手段，谁手里有谁的把柄。P. J. 和许多酒馆老板何以成为选区政客，这样一解释，也就不足为奇了。他们借助工作便利和个人喜好建立了自己的政治势力。

　　一年又一年，酒馆政治话题越来越多地从深藏在记忆里的有关爱尔兰的各种抱怨转移到当地的热点问题。英国挚爱的绿宝石岛（即爱尔兰岛）不断地遭到蚕食，这类话题已经无法激起趴在酒馆里的男人们的最大热情；如今他们更关心往返东波士顿和大陆的船票价格能不能降低，波士顿新建的下水道系统能不能全面覆盖爱尔兰人社区。他们对爱尔兰的依恋、对那里的美的依恋犹在，不过，对酒馆里的男人们而言，如今美国才是他们的家，他们中的许多人已经成为入籍公民，在南北战争期间为北方联邦作战。他们看出了

15　政治的意义，在民主党内找到了家的感觉，因而蜂拥到了该党旗下。帕特里克·约瑟夫·肯尼迪的影响力与日俱增，他成了波士顿第二选区的领袖。1884 年，26 岁的他被任命为选区负责人。两年后，临近 28 岁时，他在州众议院赢得了一个席位。[30]

IV

　　爱尔兰人已经进入马萨诸塞州政治圈，P. J. 肯尼迪的成功即许许多多标志中的一个。恰如长期以来富于远见的扬基新教徒极其

　　左图：帕特里克·约瑟夫·肯尼迪，大约摄于 1878 年，那时他还年轻，尚未蓄胡子。

　　右图：玛丽·奥古斯塔·肯尼迪，拍摄日期不详。

担忧的，数字本身足以说明一切。时间移至 19 世纪 70 年代中期，由于移民人口的第二代已经进入成年，还由于出生率高，死亡率逐渐降低，再由于来自爱尔兰的移入人口逐周抵达（饥荒过后，移民速度减缓了，然而从未停止），爱尔兰裔美国人占了波士顿 30 万人口的 1/3 还多，并且直奔 50% 而去。[31] 住在波士顿贝肯山（Beacon Hill）的贵族们或许还能掌控住各金融部门和文化部门，以及社会的"啄食顺序"，不过，政治竞争完全是另一码事，波士顿爱尔兰人正在竞选州议员和波士顿市议员。1882 年，他们中的一人，即帕特里克·柯林斯（Patrick Collins）当选美国众议员。从那往后两年，休·奥布赖恩（Hugh O'Brien）成了波士顿第一位信仰天主教的爱尔兰裔市长。与此同时，选区政客们在各自的地盘上拥有至高无上的权力，例如，P. J. 肯尼迪和传奇人物、人称"圣雄"的马丁·拉马瑟尼即如此，神气活现的约翰·F. 菲茨杰拉德亦如此，他是波士顿北城一手遮天的统治者，很快还成了 P. J. 肯尼迪的姻亲。[32]

随着 P. J. 肯尼迪在商界和政界风生水起，他在个人生活方面也获得了成功。他开始追求玛丽·奥古斯塔·希基（Mary Augusta Hickey），那是个身材高挑的漂亮女人，拥有高雅的气质，智力高得令人生畏，比他年长两岁，来自高消费的大都市周边小城布罗克顿（Brockton）一个有钱的爱尔兰家庭。她父亲詹姆斯是生于爱尔兰的富商，她的三个兄弟都事业有成：查尔斯是布罗克顿的市长；吉姆是警长；约翰毕业于哈佛大学医学院，在附近的温思罗普（Winthrop）当医生。如果专门挑一个家族代表所谓的"暴富的爱尔兰人"（中产阶级中坚，有别于穷得叮当响的"棚屋"爱尔兰人），非希基家族莫属。1887 年感恩节前夜，P. J. 肯尼迪和玛丽·奥古斯塔·希基（P. J. 称她为"海之星"）在圣心教堂完婚。婚后刚满九个月，也就是 1888 年 9 月 6 日，他们有了第一个孩子，取名约瑟夫·帕特里克·肯尼迪。接着是 1891 年出生的弗朗西斯·本尼迪克特（Francis Benedict），但大约一年后死于白喉。然后是 1892 年出生的玛丽·洛蕾塔（Mary Loretta），以及 1898 年出生的玛格丽特·露易丝（Margaret Louise）。

就布里姬特·肯尼迪来说，在她拼尽全力才能生存的世界里，她活得足够长寿。她不仅亲眼见证了儿子功成名就，还亲眼见证了儿子的第一个儿子诞生在那个世界里。1888 年 12 月，她在家里离世，享年 67 岁。[33]

实际结果表明，她儿媳在某方面和她极为相似：她儿媳也对儿子寄予了莫大的希望。恰如 P. J. 是家庭苍穹上最明亮的那颗星，约瑟夫在自己家同样如此，玛丽·奥古斯塔在那孩子身上倾注了最主要的精力。每当沉浸在儿子的日常生活里，娇惯他，紧盯他完成学校的课业，不断提醒他约翰舅舅已经在哈佛大学念书时，玛丽总会将儿子称为"我的小约约"。小约约能感觉出母亲的溺爱，每天他都从当地的教区学校跑着回家，为的是跟母亲一起吃午饭。多年后，儿子已经在波士顿社会崭露头角时，玛丽·奥古斯塔仍会兴奋地回忆说："他想我了。"她还会补充说："他想我，想赶紧回到家，想再看我一眼。"[34] 17

一开始，他们全家住在子午线街（Meridian Street）151 号，具体位置在东波士顿商业区。那是一幢三层的深红色砖墙楼房，这种建筑如今的名称为联排别墅，那地方靠近 P. J. 名下的酒馆之一。没过多久，他们乔迁——这个词有向前和升高两重含义——到了一所大房子里，地址是韦伯斯特街（Webster Street）165 号，那条街是俯瞰海湾的林荫大道，位于杰弗里斯角（Jeffries Point），房子的后院是个延伸到水边的坡道。约瑟夫小小年纪便成了家里的老大，几个做家务的爱尔兰小姑娘把他当小王子那样宠爱，妹妹们也是招之即来。多年后，玛格丽特提到哥哥时总会说："当时我把他当成了神。"即使当年约瑟夫还很年幼，他却似乎在家里掌管大权。对此，洛蕾塔说道："即使他喊我过去给他搬东西——无论搬什么，我都会兴奋得发狂，只要他心里有我就好。"在主要由女人构成的世界里，约瑟夫是核心，所有事情都围着他转，他真的以为这样的安排原本就是事物的常序。[35]

有关约瑟夫·肯尼迪童年时代的细节基本上已经佚失，部分原因是，后来那些年月，他几乎没兴趣谈论此事。他成年后一直跟妹妹们通过信函和电话保持联络，还向她们提供财政支持，虽然如此，关于全家人住在一起时的真实生活，或者他跟妹妹们的关系，他几乎没提供几条线索。[36] 作为从不回首往事的人，约瑟夫还致力于隐藏如后事实：他成长在条件优渥的环境里，从不缺少任何东西，拥有其他人不曾拥有的各种便利。["约瑟夫可不是那种在荒蛮中拼搏过的人，"他的外甥女玛丽·罗·麦卡锡（Mary Lou McCarthy）后来评论道，"他这辈子过得相当安逸。"][37] 承认这样的事，就等于承认自己的成功不完全靠自己，约瑟夫最不愿意做的就是这种事。儿童时代的约瑟夫是儿童读物作家小霍雷肖·阿尔杰（Horatio Alger Jr.）的忠实读者，因为该作家书里的各种人物都是白手起家，崛起于逆境，他喜欢这样的主题。他还逐渐坚定了如后信念：但凡有天赋的人，只要付出努力，定能成就许多伟业。他从未说过或者暗示过自己曾经是贫困儿童，或成长阶段经历过困苦。不过，他的确一向坚称，他的成功完完全全靠的是自己。[38]

年轻的约瑟夫特别尊重父亲，他总会带着愉悦的心情回顾父亲允许他跟在身边参加各种竞选集会和火炬游行。作为东波士顿最著名的几个人物之一的儿子，他特别骄傲，无论在商圈还是政治圈，父亲都取得了罕有的成功。他崇拜父亲在组织能力方面的精明和才智，他可以看出当地人对父亲的尊敬。毫无疑问，在意志坚定的母亲玛丽·奥古斯塔的激励下，他身上还有如后意识：应当把眼光放得更高远。父亲的成就无论多伟大，实际上极其有限，也极其局部。的确，无论 P. J. 肯尼迪追求成功的决心有多大，他始终没有高远的志向：将自己的影响力扩大到城市一隅之外。他不过是个普普通通的民众代言人，对于走上街头，站在各十字路口鼓动选民们，他几乎没兴趣，他更愿意躲在幕后发挥政治影响。他在州众议员任期内毫无建树，1892 年当选州参议员后，他也没取得什么成就。州参议员的任期为一年，他干了两届，然后就不干了。他的政治世界的中心在东波士顿，当个选区首领是他的天职。[39]

玛丽·奥古斯塔可不这么认为。她对丈夫取得的成就以及自己的爱尔兰根基感到骄傲，尽管如此，她还是恨铁不成钢，总是拿自己和家人与"正宗的"波士顿人进行对比——对比对象为贝肯山以

及后湾区（Back Bay）一带的新教徒们——她心里清楚，丈夫热衷
的那类教区政治入不了那些人的眼。与 P. J. 相比，她可不那么乐
于接受这一不成文的社交游戏规则："隔离但平等"。她想为约瑟夫
争取到更多东西，为约瑟夫争取到与统治波士顿的精英们平起平坐
的社会地位，还想让约瑟夫进哈佛大学，而不是"暴富的"爱尔兰
家庭通常送儿子们就读的那些大学，例如由耶稣会管理的波士顿学
院（Boston College）和圣十字学院（Holy Cross）。她强迫儿子自我
介绍时只说"约瑟夫"，不说全名"约瑟夫·肯尼迪"，以便隐去
他的爱尔兰血统。[40] 1901 年，儿子在教区学校完成七年学业后，夫
妻二人做出决定，将儿子送进了波士顿拉丁学校（Boston Latin），
旁人都能感觉出玛丽在这件事上的强大影响。该校是全美历史最悠
久和最负盛名的公立学校，校友包括《独立宣言》的五位署名人
（富兰克林、汉考克、霍珀、潘恩、塞缪尔·亚当斯），以及科顿·
马瑟（Cotton Mather）、拉尔夫·沃尔多·爱默生（Ralph Waldo
Emerson）、亨利·沃德·比彻（Henry Ward Beecher）等名人。20
世纪到来后，上流社会的大多数新教徒不再将儿子们送往波士顿拉
丁学校——他们更喜欢现如今散落在美国东北部的那些专属上流社
会的预科学校——不过，波士顿拉丁学校仍然是一所高不可攀的扬
基学校，到校第一天，即便信心满满的约瑟夫也会感到无比兴奋。
9 月 12 号，他登上横穿运河的渡轮，前往全新的学校环境时即
如此。[41]

19　　　学校的课程安排既传统又严谨，教学重点是让学生们做好准
备，以应对哈佛大学各学科的入学考试。六年制的拉丁文为必修

课，其他六年制课程包括科学、数学、英文，历史为五年制，还有四年制的法文。在这样的温室环境里，约瑟夫感到很难熬。虽然他脑子还算好使——他具有精准的分析能力和超强的记忆力——成绩单上的 70 分和 60 分却连成了串，不及格科目包括基础法文、基础物理、高级拉丁文。他的课堂表现极其差劲，以至于最后一学年还蹲了一级。让人奇怪的是，如此差劲的学习成绩似乎没有伤着这孩子的自我意识，至少对他没有持续的伤害。对那些只看重分数、毫无幽默感的书呆子，他不屑一顾。他更是反其道而行之，将所有精力集中到了社会领域，以及运动方面。[42]

约瑟夫个头高挑，身材修长，体态优雅，在运动场上成绩骄人。他是校网球队队长，打篮球，还成了军事训练方面的专家，在学校课外活动中享有很高的地位。想当初，作为"王者"，他率领波士顿拉丁学校校队参加全市军训比赛，并且胜出，这让他成了校园里的英雄人物。然而，约瑟夫真正让人眩目的成绩是在棒球场，他是个超级"平飞球"击球手，一直保持着令人吃惊的 0.667 的平均击球率，达到了高级水准。在全市高中队比赛中，这项击球绝技让他赢得了"市长杯"，主持颁奖仪式的约翰·F. 菲茨杰拉德市长（他未来的岳丈）为他颁发奖杯。在接下来的岁月里，约瑟夫经常会非常详细地回顾每一场比赛，如果哪位听者不小心流露出哪怕是一点点兴趣，定会引发他大谈特谈赛场上的一些高光时刻。[43]

当初美国高中的情况与现如今美国各地高中的情况一样，人们给予运动员的关注多于他们应得的关注。外加约瑟夫自信的心态、不知疲倦的体能、耐看的外表——他有一双蓝色的明眸，一口雪白

波士顿拉丁学校最后一学年的约瑟夫·肯尼迪。

的牙齿，顶着红褐色的头发，还有健硕的体魄——学校的老师们以及与他同时在校的学生们都喜欢他，也就不足为奇了。1907 年金秋，在轰轰烈烈的数周里，他再次当选校橄榄球队经理［《波士顿环球报》（*The Boston Globe*）报道了此事，还刊登了一幅大照片］，当选毕业班学生会主席，还被任命为棒球队队长。多年后，他把波士顿拉丁学校称为"圣殿，某种程度上说，如果我们在那里待的时间更长点，说不定所有人都会感觉比我们的同龄人强一些，因为我们总是认为，其他人上的都是些容易混日子的学校"[44]。

也许他说得没错。不过，这孩子各科成绩那么差，还留过级，加上他是个爱尔兰裔天主教徒，用我们当代人的认知能力衡量，他居然会被哈佛学院（Harvard College）1912 届毕业班录取，定会让人惊掉下巴。可是，他的确被录取了。毫无疑问，由于在课外活动中的付出，约瑟夫取得的激动人心的成绩助了他一臂之力，另外还有如后事实：波士顿拉丁学校是哈佛的生源供给方，该校提供的学生——25 名学生，占毕业班的半数——超过全美各地所有公立和私立高中。相比耶鲁大学和普林斯顿大学，哈佛招收的公立学校毕业生和天主教徒（以及犹太人）更多，这可能也是原因所在。[45]另外，招生办公室的人肯定也清楚，这个成绩不怎么样的男孩恰好是波士顿重要政治人物之一的儿子。

V

所以，1908 年 10 月第一天，约瑟夫·帕特里克·肯尼迪跨过查尔斯河（Charles River），站到了美国最著名的大学的土地上。20
世纪之初，尽管哈佛大学的具体位置在波士顿城外，位于邻近的剑
桥地区，这所大学却是"正宗波士顿"的核心；作为进入享有特权
的精英阶层的名片，这所大学本身远比它所在的地方和地址更重
要。美国作家和改革家埃德蒙·昆西（Edmund Quincy）生于19世
纪的北方，也是哈佛学院的校友，其父亲曾是这所学院的院长，他
有感而发的观点广为流传。"但凡进过那里的人，"说到这里，他拍
了拍面前的哈佛大学三年期在校生目录，里边的名单罗列了所有毕
业生的信息，然后接着说，"都会成为名人。没进过那里的人，人
们见到后会问：那人是谁？"[46]

　　约瑟夫清楚其中的奥妙，他母亲也清楚。从他呱呱坠地那天
起，母亲就梦想着这一时刻的到来。他知道，母亲知道，母亲的丈
夫也知道如后事实：约瑟夫的奶奶以前是个用人，奶奶的名字实在
太俗，带有明显的爱尔兰特征，那些贵族女性喜欢把家里的女佣称
为"我们家的布里姬特"。无论约瑟夫的感觉多么虚幻，他已经来
到此地，已经是哈佛的人。如果约瑟夫内心对前途感到不安，他也
不会表现出来。从学术上说，他看不出担心的理由。人尽皆知的
是，波士顿拉丁学校在学业上对学生要求很高，所以，哈佛大学无
论如何也不能把他怎么样。前者刻板的课程安排如今变成了哈佛的
选课制，这一制度没有核心要求，学生们甚至也没必要选主修科
目。任何人都可以不费吹灰之力避开难度大的科目，选择阻力最小
的途径。约瑟夫正是这么做的。虽然他的头脑对数字应付裕如，他
却没选数学，也没选科学，相反，他集中力量主攻政府管理和经济

学，顺带还挑了几门人文学科的课程。

对约瑟夫而言，他更看重的不是哈佛大学的课程，而是各种课外活动，这做派跟他在波士顿拉丁学校一模一样。除非上课的老师有要求，否则他极少主动翻开课本。不过，全面看透这所大学的社会顶层和运动巅峰让他费了很大的劲。著名记者沃尔特·李普曼（Walter Lippmann）是 1910 届毕业生，高他两届。像李普曼一样，约瑟夫无法完全参透究竟存在多少隐形的哈佛大学，它们又是多么不重样。[47]有来自传统豪门的、享有特权的青年男子组成的哈佛大学，那些家族包括卡伯特家族、班克罗夫特家族（the Bancrofts）、温思罗普家族（the Winthrops）、维德家族（the Welds）、洛奇家族（the Lodges）、索顿斯托尔家族（the Saltonstalls），以及那类学生的"终极俱乐部"（final clubs），例如"坡斯廉俱乐部"（Porcellian）、"埃迪俱乐部"（A. D.）、"飞行俱乐部"（Fly）等，这样的学生有时候上课，有时候逃课，他们仅仅满足于平均分达到"绅士级别的 70 分"，并以此为目标。有运动型的人组成的哈佛大学；有致力于学术的文化人组成的哈佛大学；有社会活动分子组成的哈佛大学，这类人的精力主要集中在享受当下，然后到华尔街谋个好差事；有敢于破除传统的局外人组成的哈佛大学，他们是为了奔个好前程而来；还有公立学校毕业生组成的哈佛大学，他们每天早晚往返于家和学校之间。[48]

约瑟夫·肯尼迪住在哈佛园（Harvard Yard）的宿舍里，虽然如此，他毫无疑问属于前述最后一类学生。尽管事实上学校安排新生们集中住在哈佛园的各宿舍里，在各食堂一起进餐，但没过多久，约瑟夫已经意识到，社会环境是依照鲜明的等级差别划分的。对许多学生来说，被合适的组织接纳是重中之重。像犹太人李普曼一样，信天主教的约瑟夫永远不会成为那些精英组织的成员，甚至接近那些组织也无可能。

约瑟夫没少尝试加入那些组织，换作各方面条件跟他一样的其他学生，由于担心被拒，或心知肚明这种努力注定失败，谁都会避免这么做，他却勇往直前。如果一扇门在他面前关上，他就去敲开另一扇门。他从不服输，他的超级竞争力就更不必说了；在未来许多年的商务活动中，他身上具备的这两种特性帮了他很大忙。但在通向哈佛任何一个高端终极俱乐部的独木桥上，它们却毫无用武之地。他的姓氏不对，家庭背景不对，信奉的宗教派别也不对。没准他追求目标时咄咄逼人的态势反而让他错过了目标。也是，他用力过猛，缺少掩盖目的的圆滑。他成了其他大学社团的成员，其中包括"速成布丁俱乐部"（Hasty Pudding Club）。四年级时，他还加入了"德尔塔阿普塞伦俱乐部"（Delta Upsilon），那是一家层次较低的俱乐部，犹太人和享受奖学金的男孩甚至都可以加入。不过，在人生的后半程，让他内心一直隐隐作痛的是，没有一个来自"坡斯廉俱乐部"和"飞行俱乐部"的人跟他套过近乎，这让他最迫切追求的认可落了空。（像他一样，1904 年毕业的富兰克林·德拉诺·罗斯福也对未能进入"坡斯廉俱乐部"始终耿耿于怀。）在哈佛大学最终判定某人是圈里人还是圈外人时，约瑟夫·肯尼迪被判定为圈外人。[49]

在运动场上，约瑟夫同样体验到了失意，恰如高中时期的许多明星学生一样，在大学校园里，他突然紧张地意识到，自己不过是个极为普通的人，身边多得是具有超级天赋的人。大学前三年，他一直是棒球队成员，还是个大力击球手，不过，他的防守和跑垒始终跟其他队员配合不到位，直到三年级，他才得以进入校队。虽然他有令人垂涎的推荐信，但整个大学期间，他仅仅打过四场比赛，七次站在击球手位置上，[50]而且从未当过高级击球手。

总而言之，遥想当年，约瑟夫·肯尼迪的哈佛大学经历可谓好坏参半。对待各学科的学业时，他延续了得过且过的方式，而他的确侥幸过了关，多数科目的成绩为 70 分，从未得过 90 以上的分数。[51]运动方面，成就也离他而去。尽管他全力以赴，努力争取拿下大学里最令人向往的地位的象征——成为顶级俱乐部会员——却始终未能如愿，这让他一辈子嫉妒怨恨。不过，他拿到了学位，成了永远的哈佛人。他聪明伶俐，擅长社交，对于不在意他结交权贵往上爬的同学们而言，他在他们当中左右逢源。他和一些波士顿精英也建立了联系，未来将证明这非常有用。

最值得称道的是，在哈佛那些年，约瑟夫·肯尼迪将自己打造成了罗丝·菲茨杰拉德（Rose Fitzgerald）的首席追求者，后者是市长的女儿。

VI

许多年前，肯尼迪一家和菲茨杰拉德一家在缅因州老奥查德海滩（Old Orchard Beach）同时度假，那时约瑟夫和罗丝第一次相

23　遇，当时他们还是孩子。某报当年刊登的照片显示，七岁的约瑟夫和五岁的罗丝站立的地方相隔也就两三米。在后来的年月里，两人都想不起那初次相遇。不管怎么说，由于两人的父亲都是著名政治人物，在竞选活动中，两位父亲时不时会把第一个出生的孩子带在身边，两人可能还有过其他短暂接触。

此外，某种程度上说，P. J. 肯尼迪和约翰·F. 菲茨杰拉德［许多人称他为"菲齐"（Fitzie），或"约翰尼·菲茨"（Johnny Fitz），不久后，人们又称他为"蜜糖菲茨"］是竞争对手，因此，他们偶然相遇的机会比人们以为的少许多。像肯尼迪家族一样，菲茨杰拉德家族当时也是第二代爱尔兰裔美国人。不过，P. J. 肯尼迪内敛、平实，甚至有点冷峻，菲茨杰拉德则欢快、好斗、新潮、精力充沛，喜欢用机关枪一样的语速目空一切地谈论所有事情，他说话像开闸放水一样滔滔不绝，第一次听他说话的人定会感到惊诧不已。

在其他许多方面，这两个男人也是天差地别。向权力巅峰攀登时，P. J. 肯尼迪有章有法、遵从实际、精于算计，耐心地躲在幕后做事，小心翼翼地斟酌每一个步骤。菲茨杰拉德正相反，是个典型的搅局者，他善于表演、辞藻华丽、虚情假意，习惯于先开枪后提问。他个头矮小，身高仅有约 1.65 米，有一张又大又圆的脸盘，蓝眼睛，一头中分的淡黄色头发。他着装整齐，得意于自己的爱尔兰身份，拒绝沿袭任何党派的战略方针。虽然一些人认为他是个丑角，但他的确拥有街头的精明，以及敏锐的政治触角，他总是发誓说自己"做事比所有人更卖力"。的确如此。照片上的他总是笑得阳光灿烂，每次遭到他人无视，他总是阴沉着脸，紧锁眉头。有人说，他这个样子有点像拿破仑，但他一点都不在乎。[52]

　　1863 年，约翰·菲茨杰拉德出生在波士顿北城，父亲是杂货商托马斯·菲茨杰拉德（Thomas Fitzgerald），母亲是罗萨娜·考克斯·菲茨杰拉德（Rosanna Cox Fitzgerald），两人分别来自爱尔兰韦克斯福德郡和卡文郡（County Cavan）。年幼的约翰各学科成绩优异，顺利进入了波士顿拉丁学校，成为最早（即使不是第一个）进入该校的爱尔兰人之一。他胸怀当医生的梦想，考入了哈佛大学医学院。不过，第一学年即将结束时，他退学了，因为鳏居的父亲突然离世，他必须养活弟弟妹妹。很快，他顺着圆滑的政治爬杆节节上升，首先成了波士顿市公共事务委员会成员；然后成了州参议员（正是任此职期间，他跟 P. J. 肯尼迪成了同事）；之后成了代表第九区的国会众议员，干了三届；再后来，1905 年 12 月 12 日，他开始竞选波士顿市市长，他的口号是"更大、更好、更繁忙的波士顿"[53]。

　　他有政治天赋，这没人怀疑。据说，"蜜糖菲茨"是第一个，也是最专业的"爱尔兰交换机"践行者——他与某人握手的同时跟第二个人交谈，还笑着跟第三个人打招呼。人们口口相传的一个故事如后：他可以一口气跟别人交谈 15 分钟，讲话速率高达每分钟 200 个单词，让对方插不上一句嘴，然后拍着对方的肩膀说，他太喜欢这次交谈了。一晚又一晚，他总是忙前忙后，似乎精力无穷，常常一晚进两次晚餐，甚至三次——有个统计出来的估算如后：担任市长最初两年，菲茨杰拉德出席了 1200 次晚餐、1500 场舞会、200 场野餐会，还做了 3000 场演讲。[54]这看起来难以置信，即使这样的估算有所夸张，

24

将其砍掉一半，完成剩下一半活动的人几乎也达到了超人水平。还有，他是这样一种人，连续参加晚会时，他会在裤兜里揣好几个备用的领子，如此一来，整晚跳舞时他都会以精神焕发示人。他 50 岁生日是这样庆祝的：早上 7 点跑了百米冲刺，9 点跑了 400 米，中午参加了一场摔跤，下午 1 点打了场拳击。[55]

　　1889 年，约翰·菲茨杰拉德娶了昵称"乔茜"（Josie）的表妹玛丽·约瑟芬·汉农（Mary Josephine Hannon）。表妹家在马萨诸塞州阿克顿（Acton），父母来自爱尔兰利默里克郡（County Limerick）。乔茜个头娇小，身材苗条，有一头柔软的棕色头发，腰板笔挺，90 岁时腰都没弯。她害羞腼腆，与丈夫形成了鲜明对比。1890 年 7 月，第一个女儿降生了，取名罗丝·伊丽莎白（Rose Elizabeth），随后又有五个孩子相继降生。罗丝出生在全家人住过的第一座房子里，地址是波士顿北城花园苑街（Garden Court Street）4 号，北城是她父亲的政治势力中心。接下来一段时间，全家搬到了一座布局不规整的大房子里，房子在波士顿西北约 43 千米的西康科德（West Concord）。不过，1904 年，企图在政治领域更好地施展拳脚的菲茨杰拉德买下了一座有复折式屋顶的意大利风格的房子，内有 15 个房间，房子位于波士顿南边多尔切斯特（Dorchester）的韦尔斯大道（Welles Avenue）。在父亲的教导下，罗丝·伊丽莎白经常前往波士顿市许多地标性建筑参访，并深受启发，渐渐对历史产生了浓厚的兴趣。她是个优秀的学生，天生才思敏捷，有惊人的记忆力。与此同时，她还从母亲那里继承了坚定的宗教信仰，以及处变不惊的性情。[56]

约翰·菲茨杰拉德和玛丽·约瑟芬·菲茨杰拉德。大约摄于1889 年。

　　从一开始，罗丝就是父亲的掌上明珠，尽管父亲经常不在家，到末了，父亲仍然是她一生中占支配地位的人物。"罗丝像极了她爸爸，"很多年后，一个童年时期的玩伴这样评论，"她总是引述她爸爸的话——实际上，以前我们总爱管她叫'老爸说'。"[57]从年幼时开始，罗丝就陪着父亲四处出席政治活动（1897年，七岁的罗丝在白宫见到了第25任总统威廉·麦金莱），对政治产生了深刻且持久的爱，无论是母亲，还是弟弟妹妹，甚至她未来的丈夫——尽管丈夫对自己和儿子们都怀有政治野心——都远不及她。让她乐在其中的不仅是各种竞选集会，以及乐队闪闪发亮的铜管乐器，还有像雪花一样飘落的彩色纸屑，她也享受密室中的战略制定，以及暗中操控，唯有这样，才会出现各种竞选胜利和接管政府。"她在政治领域无所不知，"数十年后，看过她在两次竞选集会上的活动后，她儿子的新闻秘书皮埃尔·塞林格（Pierre Salinger）惊叹不已，"她知道怎样赢得选票，怎样通过电话与人交谈，怎样筹款，等等。演讲时，她绝对是个万人迷。"[58]

　　随着时间的流逝，罗丝开始接替母亲的一些政治职责。作为政治人物的妻子，人们盼望乔茜一轮接一轮出席各种礼仪活动，由于极度害羞，她不愿这么做。每当她勉强同意参加活动，她的表情总是一脸阴霾，离场时也是一脸冰霜，令人畏惧。罗丝16岁左右就开始以女主人和迎宾员身份参加"蜜糖菲茨"数不胜数的竞选活动，陪同他出席宴会、新船下水、建筑竣工等活动。她的确在某种程度上替代了她母亲的角色。她喜欢身在其中的每一个时刻，因为早熟，也因为惊艳的美，她赢得了媒体的赞誉。由于摆出的姿态完美，动作沉稳，观察人士评论说，她的举止自带一种帝王相。在市长举办的许多晚间活动中，她的钢琴伴奏技术也派上了用场，因为她父亲最爱放开歌喉狂飙爱尔兰男高音，高歌一曲《甜美的艾德琳》（Sweet Adeline）。有人邀请时，父亲喜欢这么做，而多数时候根本无人邀请。

1906 年 6 月，罗丝毕业于波士顿多尔切斯特高中。当时未满16 周岁的她成了这所学校有史以来最年轻的毕业生，在同年级的285 人里，她的学习成绩排名第三。在毕业典礼上，走上前台的她身材娇小，举止优雅，顶着一头油亮的黑卷发，脸上挂着摄人心魄的微笑，示人以大气和稳重。向她颁发毕业证的不是别人，正是当市长的父亲。父亲则满脸洋溢着骄傲，第二天发行的《波士顿邮报》（The Boston Post）刊登的一幅照片捕获到了那一瞬间。该报头版刊出了夺人眼球的标题——《最美女毕业生?》。毫无疑问，这一标题得到了市长的鼓励。[59]

VII

罗丝似乎觉得，整个世界尽在掌握中，很快，她又有了让人激动不已的理由：她找到了爱。那年夏季，稍早几日，在缅因州老奥查德海滩，她和约瑟夫·肯尼迪第一次正式见面。虽然他们的邂逅很短暂，她却被对方的精气神和健硕好看的外表击中了。[60]那年秋季，约瑟夫邀请她前往波士顿拉丁学校参加舞会。她特别想接受，结果却拒绝了对方的邀请，因为父亲"拒绝让我前往。他不同意一个 16 岁的女孩前往莫名其妙的地方参加舞会，与可能招惹是非的人见面"[61]。罗丝和约瑟夫没被吓住，那一学年，他们继续保持名义上的秘密关系，当时她还在多尔切斯特高中上大学预科班，同时还在波士顿洛厄尔学院（Lowell Institute）参加关于欧洲文化和语言的一些讲座。约瑟夫经常在讲座结束后见她，而且总是陪着她一路走（几乎总是如此）回家，或者，他们会约好在朋友们的晚会上见面。

27　　"在多尔切斯特高中最后一学年，以及接下来那年，"罗丝后来回忆道，"约瑟夫和我想出了办法，我们见面的次数相当多。没有我们想象中那么多，不过比我老爸知道的要多。"波士顿拉丁学校毕业班有专用课本，有人在约瑟夫用过的课本上用双关语写了如后一段评语："未来他的谋生不会很轻松，在'谢维尔'海滩放养那些飞马［暗指波士顿里维尔海滩（Revere Beach）的旋转木马］；因为每匹马背上都有一朵美丽的玫瑰——马背是玫瑰最适合的地方。①"[62]

　　罗丝的父亲却另有想法。如果女儿和约瑟夫·肯尼迪结婚，将把波士顿最著名的两大爱尔兰家族结合在一起，定会在媒体上引发高度关注，对这样的关系，菲茨杰拉德大皱眉头。也许他认为，对女儿来说，约瑟夫还不够好，也许那时他觉得，那年轻人成不了真正的、忠实的伴侣。另外，也许菲茨杰拉德自己和 P. J. 肯尼迪的低烈度竞争左右了他的想法，他好像更倾心于另一名接受过哈佛教

――――――――――――――――――

　　① "玫瑰最适合"，暗指罗丝的名字（Rose Fitz）。——译注

1907 年，肯尼迪一家和菲茨杰拉德一家在缅因州老奥查德海滩度假。从左往右第二人为 P. J. 肯尼迪，第三人为罗丝，第四人为"蜜糖菲茨"，从右往左第二人为约瑟夫。

育的爱尔兰裔天主教追求者，即长相帅气的休·纳恩（Hugh Nawn），他是多尔切斯特区一名富裕的承包商的儿子。（罗丝很喜欢休·纳恩，不过她认为，纳恩缺少约瑟夫那样的魅力。）先不说后续结果如何，当菲茨杰拉德意识到罗丝对约瑟夫的热情不会降温

28 时，他迈出了极端的一步：1908 年，他把罗丝及其妹妹阿格尼丝（Agnes）送到了位于荷兰的圣心女修道院。

父亲就罗丝的教育所做出的各种决定让她一辈子懊恼不已。父亲已经碾碎她前往卫斯理女子学院（Wellesley College）求学的念头，当年那所学校已经录取她了——父亲认为那太世俗，除此之外，她才 17 岁，学校把录取年龄放得也太宽了！眼下，做父亲的正在把她送往海外，送进一座修道院。不过，一向是乖乖女的罗丝接受了这些决定，没有丝毫怨言。她寄给家人的那些信件表明，那次经历让她在许多重要方面获益匪浅，在深耕美国以外的世界性兴趣方面更是如此。她的法语水平明显提高，还学习了德语。修道院严格管控的时间表未能阻止两个姑娘前往欧洲大陆各个地方旅行，随后兴高采烈地向家人汇报各种经历。罗丝意识到，她不在意学校对虔诚的重视，以及严格的规章制度，这让她自己也非常讶异。[63]

罗丝从未在写给家人的信里透露，她屋里的桌子上一直摆放着约瑟夫·肯尼迪的照片，她也没说自己特别想念后者。这种感情是双向的。对约瑟夫而言，菲茨杰拉德市长的反对让他愈发觉得这段感情可贵，也让他追求自认为全城最美、最著名的天主教女孩时决心更加坚定。1909 年年中，罗丝返回美国后，两人的关系就像罗丝从未离开过。但是，接下来那学年罗丝在纽约圣心学院（Academy of the

Sacred Heart）上学，那是一所女子寄宿学校［不久后，该校改名为曼哈顿维尔学院（Manhattanville College）］,[64]他们见面的机会变少了。直到 1910 年，罗丝返回波士顿后，两人才小心翼翼地规划了分别在哈佛园、朋友家里、基督教科学派（Christian Science）教堂约会，谁都想不到能在最后一处地方找到他们。这期间，两人的浪漫交往得以全面恢复。1911 年 1 月，罗丝在父母家举办的一场声势浩大的首次亮相晚会上正式进入社交圈，约瑟夫及其父母，以及另外 400 多位嘉宾莅临现场，其中包括波士顿所有著名的民主党政治家。当然，媒体也到了现场，第二天就出现了如后报道：首次亮相的可爱女子一脸庄重，身着白色雪纺裙，她是波士顿爱尔兰人里的大美女。[65]

对于约瑟夫·肯尼迪追求罗丝一事，她父亲的态度终于软化了。他可以看出女儿的决心，另外，无论多么不情愿，他也必须承认，约瑟夫带来的诸多好处显而易见——受过良好的教育，有雄心大志，主动献殷勤，长相帅气，具有超常的耐力，这方面足以匹敌菲茨杰拉德。不仅如此，在追求个人事业方面，年纪轻轻的约瑟夫也让人印象深刻。离开哈佛大学时，他已经目标高远，准备进入波士顿的一些金融机构，那一领域仍然在扬基新教徒的严格掌控中。也就是说，他进入了银行。早在上大学期间，年纪轻轻的他已经显露出管理营利企业的天赋，他早已领悟到，权力来自金钱。[1] 他的头脑对数

29

---

① 在哈佛最后一学年之前和之后的两个夏季，约瑟夫和朋友乔·多诺万（Joe Donovan）投资了一辆旅游观光巴士，取名"五月花"号（Mayflower）。多诺万开车，约瑟夫当讲解员。在两个旅游季里，也即始于前一年春末，止于当年初秋，两位合伙人每人净赚了好几千美元。——原注

1911 年，罗丝·菲茨杰拉德正式进入波士顿社交圈。

字应付裕如，在哈佛求学期间，他已经跟一些学生建立了务实的关系，那些学生的家族控制着城里的各大银行。另外，后来他对一名采访者说："银行业让人无所不能，因为在各行各业，它都扮演着重要角色。"[66]

1912 年毕业当年，约瑟夫·肯尼迪为自己谋到一份州银行查账员职位，担任这一职务让他得以查阅大波士顿地区各银行的账册账簿，得以了解各银行如何经营和赚钱。那里是他的起点，后来他精明地坐到了东波士顿哥伦比亚信托投资公司（East Boston's Columbia Trust）总裁的位子上，那是一家小银行，19 世纪 90 年代中叶创立时，他父亲还助了一臂之力。根据报道，那年刚满 25 岁的约瑟夫是马萨诸塞州最年轻的银行总裁，或许在全美范围内亦如是。他决心充分利用这一点。约瑟夫从位于温思罗普的家里（1908年竞选街道专员失利后，P. J. 肯尼迪搬了家，全家住进了这处沿海飞地上一座布局不规整的房子里）去上班，每天都乘坐通勤列车。他每天花费大量时间，利用所有家庭关系，为之前一直流失资产的信托投资公司注入生气。他经常忘吃午餐，要么就在办公室用饼干和牛奶凑合一顿。

约瑟夫在移民中颇受欢迎，而他们占了银行客户的绝大多数。他有意避开许多银行家那种刻板的、冷漠的保守风格，与客户们打成一片，还一起说说笑笑，他们中有许多穷人，他则凭借良好的风范，站在他们的立场考虑各种问题，从而赢得了他们的尊重。与客户建立密切的人际关系是业务成功的关键——约瑟夫不仅向员工们大力倡导这一信条，还以身作则。他经常向经济状况陷入绝境、遭

30

遇其他银行拒绝的客户伸出援手，这样的事例比比皆是。鲜有报告提及他总是死死盯住底线——在业务领域，他进行同业拆借以及撤销抵押物赎回的速度不亚于任何银行家。[67]

约瑟夫艰辛付出的一番努力获得了回报：他做成交易总是易如反掌，无愧于天生的商人，在很短的时间内，他使哥伦比亚信托投资公司的存款增加，还带来了新业务。六个月内，他让银行持有的股份增加了 27%。对这样的成绩，甚至"蜜糖菲茨"也得脱帽致敬。[68]

至于菲茨杰拉德自己，不久后，他将面临一些棘手的事。多年来，一直有人觊觎他的市长职位，还多次起诉他腐败，还有人宣誓作证，说他行贿，任人唯亲。后来，1913 年，一个名叫詹姆斯·迈克尔·柯利的民主党同僚宣称，他将挑战菲茨杰拉德再次参选的诉求。柯利是个寡廉鲜耻的、口若悬河的煽动家，身高 1.83 米，体重 180 斤，各方面都碾压竞争对手。他还得悉，菲茨杰拉德长期与一个曲线优美的、名叫伊丽莎白·瑞安（Elizabeth "Toodles" Ryan）的女性交往，对方是他在一家饭店酒吧里结识的香烟广告女郎，绰号叫"再见"。柯利给乔茜写了封信，在信中威胁说，如果她丈夫不退出竞选，他就公开这一绯闻。"蜜糖菲茨"拒绝退出竞选，柯利便公开宣称，他将高调开办一系列讲座，题目包括"史上有名的大情人：从克利奥帕特拉到'再见'"，以及"浪荡公子：从亨利八世到现如今"。很快，菲茨杰拉德办公室对外宣布，市长不再参选。一首小曲开始在民间流传："一杯威士忌，'再见'的臀部/令'蜜糖菲茨'出丑。"[69]

1913 年 12 月底，各家报纸都开始猜测，罗丝·菲茨杰拉德和约瑟夫·肯尼迪可能会订婚。1914 年 6 月 20 日，约瑟夫送给罗丝一枚看不出瑕疵的两克拉钻石，正式宣布订婚。钻石是约瑟夫从哈佛同学那里打折买的，后者已经进入了自己家族的珠宝钻戒行业。

一周后，奥匈帝国的弗朗茨·斐迪南大公在萨拉热窝遇刺身亡，刺杀他的人是个年仅 16 岁的波斯尼亚塞族民族主义者。一开始，极少有美国人关注此事——与 1908 年以来发生在巴尔干地区诸国的各次危机相比，这次危机不见得更糟，而在此之前的各次危机均以和平方式得到了解决。不过，在盟友德国的敦促下，奥地利人却力求彻底击败塞尔维亚人，结果是一连串事件集中爆发，导致第一次世界大战于当年 8 月初拉开序幕。随着欧洲各国军队动员起来，第 28 任总统伍德罗·威尔逊（Woodrow Wilson）领导下的美国却宣布中立，在之后的两年半内，美国将坚定地秉持这一立场。[70]

1914 年 10 月 7 日，战争引发的金融衰退尚在路上，罗丝和约瑟夫成婚了。红衣主教威廉·奥康奈尔（William O'Connell）为他们主持了婚礼，"蜜糖菲茨"将新娘交给了新郎。按照罗丝的心愿，父母将婚礼招待会的规模控制得很小（这是个谨慎的举动，或许罗丝考虑到了父亲近期的丑闻），随后，新娘和新郎前往费城［他们在那里观看了世界职业棒球大赛（World Series）上波士顿勇士队（Boston Braves）和费城运动家队（Philadelphia Athletics）的头两场赛事］和西弗吉尼亚州白硫黄温泉镇（White Sulphur Springs）度蜜月，他们整天骑马、打高尔夫、打网球。10 月 25 日，星期天，他们返回了波士顿。28 日是星期三，他们搬进了那座坚固的、毫不张扬的、位于比尔斯街的房子里。[71]

1915 年 7 月 25 日，度完蜜月返回波士顿刚九个月，罗丝诞下了夫妇两人的第一个孩子小约瑟夫·帕特里克·肯尼迪。关于第一个外孙，兴高采烈的"蜜糖菲茨"逢人便说："他的爸妈早已决定，将来这孩子肯定会当美国总统。"[72]22 个月后的 1917 年 5 月 29 日，也就是美国刚刚做出重大的参战决定后，第二个孩子出生了。父母给他起的名字是约翰·菲茨杰拉德·肯尼迪。

第二章

小孩玩的东西

I

约翰·菲茨杰拉德·肯尼迪出生于 1917 年 5 月，那时也是美国和世界历史的转折点，它的影响注定会激荡数十年，对肯尼迪一生及其职业同样意义非凡，并且一直持续到 46 年后他在达拉斯遇害。4 月 6 日，美国介入第一次世界大战，所有参战国均认为这一举动至关重要，因为当时各国间的战斗已经进入血腥的第三年，而且看不见尽头。5 月，美国国会通过了《义务征兵法》（Selective Service Act），以便组织军队，直接参战；6 月，第一支美国军队抵达法国。与此同时，俄国国内的巨变迫使沙皇尼古拉二世退位，结束了延续数百年的沙皇统治，使那个国家的所有战争努力付之东流。自由主义的临时政府接管政权后发誓继续参战，不过，俄国的动荡状况恶化。4 月 16 日，革命的布尔什维克党领袖弗拉基米尔·伊里奇·列宁（Vladimir Ilyich Lenin）在流亡十年后抵达彼得格勒（圣彼得堡），迎接他的是狂暴混乱的局面。数月之内，列宁领导的布尔什维克将夺取政权，让俄国退出战争。[1]

34　　　可以这样说，美国介入第一次世界大战标志着美国世纪的真正来临，它将持续到 20 世纪末，随后进入 21 世纪。其间，在全世界的见证下，美国将成为有史以来——在经济、政治、军事诸方面——最强大的国家。[2]布尔什维克借革命巩固了对俄国广袤的陆地板块的控制后，又对外宣称成立更加庞大的苏维埃社会主义共和国联盟，很久以后，这场革命同样会以一些特别深刻的方式重构全球政治。最终，美国和苏联成了两个超级大国，双方陷入了一场持续数十年的冷战，在此期间，华盛顿和莫斯科做出的决定主宰了国际政治。随着时间跨度长久的美苏对抗在 20 世纪 80 年代末走向结束，着墨记述那一历史纪元落幕时，历史学家埃里克·霍布斯鲍姆（Eric Hobsbawm）将其称为"受 1917 年俄国十月革命影响重构的世界"[3]。

　　5 月 29 日下午 3 点，在比尔斯街 83 号二楼的主卧室里，约瑟夫·肯尼迪和罗丝·肯尼迪的第二个孩子降生到了这个世界。如果前边说的一切在当时看只是未来，某些有远见的观察人士已经可以看出将要发生的一些事的大致轮廓。① 1835 年，法国分析人士亚历克西斯·德·托克维尔（Alexis de Tocqueville）早已预见到，美国将凭借地理优势和发展潜力纵横世界大部分地区。[4]19 世纪和 20 世纪之交时，这类评论已经成为常态，因为年轻的美国已经在经济和

---

　　① 肯尼迪出生那天，《波士顿环球报》在晚间版报道了当天的重大事件。该报头版的几个标题分别声称：英国在最近的一场海战中损失了三艘战舰；美国政府正在追逐新晋对手；法国人在凡尔登附近取得了一场重大胜利；参加过南北战争的一些退伍老兵正在号召全美年轻人再造他们的辉煌。（"61 岁的男孩们向 17 岁的男孩们喊话：'当年我们扛起了战旗，现在轮到你扛了。'"）——原注

人口方面碾压其他国家。[5] 1900 年，美国铁路总里程已达 34 万千米——比整个欧洲铁路总里程还要长——还是世界上最大的小麦、煤炭、钢铁生产国。仅安德鲁·卡内基（Andrew Carnegie）一个实业家生产的钢就比全英国所有钢厂加在一起生产的还多。1914 年战争爆发时，美国制造业在世界制造业的占比高达 32%（远高于1900 年的 23.6%）；相比之下，当时英国制造业占比仅为 13.6%（远低于 1900 年的 18.5%）。那之前半个世纪，也即南北战争结束以来，美国经济比有史以来所有经济体的增长速度都快——差距犹如天文数字般巨大——很大程度上是由于数百万具有开拓精神的移民来到美国，他们虽然也许未受过良好教育、贫穷，但拥有无穷的抱负、精力、智慧。[6]

不过，1914 年，美国还只是个年轻的新贵，正处在主流历史的干流里等候上场，有点像大国俱乐部里的一个学徒。战事持续了三年，在大部分时间里，伍德罗·威尔逊总统一直让美国置身欧洲冲突之外。一开始，他的做法是发布一份中立宣言——这是美国对欧洲战争的一贯政策——他请求所有美国人避免选边站，以展示"自我控制的尊严"，同时做到"无论在思想上还是行动上都不偏不倚"[7]。不过最终证明，置身事外说易行难，对威尔逊总统如此，对普通美国民众同样如此。长期以来，威尔逊总统一直是个亲英派，他很快便认可了英国人的信念，即同盟国（包括德国、奥匈帝国、意大利）的胜利必将导致自由事业和法治社会的灭亡。他曾经预言，如果德国赢得这场战争，"将改变人类文明进程，将美国塑造成军事国家"。威尔逊总统的几名首席顾问和外交官——尤其是他的心腹助理爱德华·豪斯（Edward House）上校、美国驻英国大使沃尔特·海因斯·佩奇（Walter Hines Page），以及罗伯特·兰辛（Robert Lansing），后者最初是美国国务院顾问，后来成了威尔逊总统的国务卿——持有相同的反德观点，这些观点最终演变成了各种反德政策。[8]

美国和英国、法国、俄国等协约国的经济关系同样使其基本不可能保持中立。长期以来，英国就是美国的首要客户之一，战事初起时，英国交给美国的新订单，尤其是军需品订单如雪片般纷纷落下。对协约国的销售——使得对同盟国的销售黯然失色——帮助美国经济从衰退中恢复，而衰退正是战争爆发造成的。[9]美国保持中立期间，这类交易中的多数由美国私人银行提供资金，向英法两国放贷总额高达 23 亿美元。同一时间段，德国收到的贷款仅为 2700 万美元。威尔逊当局一开始反对这些交易，其理由是，这么做会背离国家的中立立场。后来，当局意识到，这些对美国经济都是必需的。[10]

那一时期，战争仍在持续。对约瑟夫·肯尼迪而言，关于战壕里洒满鲜血的消息满天飞，这唯有让美国置身战争之外的理由更加充分。1914 年，从第一轮开火起，他已经断定，那是欧洲人的争斗，应当让欧洲的人们自己去战斗。从那时以来，他一直坚定地秉持这一立场。另外，作为爱尔兰裔美国人，他没有穿起军装保卫大英帝国的意愿，对于英国宣传机构及其盟友美国的说法——这是一场拯救文明于德国暴行的史诗级的生存斗争——他唯有嗤之以鼻。

1916 年 7 月初，在约瑟夫·肯尼迪的父母位于马萨诸塞州温思罗普海边的家里上演的一幕代表了他当时的想法。他邀请一些哈佛大学时期的朋友到海滩上度周末，他们的话题很快转向了索姆河战役，当时战斗正在法国北部展开。谈到英国和法国士兵们的猛烈攻击和英雄壮举，在场的小伙子都沸腾了。① 而约瑟夫·肯尼迪则像个局外人。回忆当时的情境时，罗丝是这么说的：一开始，对客人们兴高采烈的闲聊，约瑟夫只是听，没怎么插嘴。"他只是难掩悲哀地摇摇头而已。"后来，他实在控制不住，终于打破了沉默，他说，他们的"整体态度对他来说既奇怪又费解"。在他看来，上万年轻人即将被撂倒，而他们的生命才刚刚开始，"从他们父母的世界里和记忆里被剔除，从他们对未来的逐梦里被剔除"。这一切都是为了争抢一小块土地。"他是［这样］警告朋友们的，如果接受战斗是宏伟壮丽的想法，他们就是在为这场毫无意义的战争贡献势头，毫无疑问，这既会摧毁胜利者，也会摧毁战败者。"¹¹

那天晚上，聚会结束时，大家匆匆告别。随后，约瑟夫和罗丝来到楼上，一起查看酣睡的小约瑟夫，孩子很快要满周岁了。"这

---

① 1914 年到 1917 年美国保持中立期间，有 3500 名美国人自愿赴前线当急救车司机，大约 450 人是哈佛大学即将毕业的学生，或是哈佛校友，包括小说家查尔斯·诺德霍夫（Charles Nordhoff, 1909 届毕业生）和约翰·多斯·帕索斯（John Dos Passos, 1916 届毕业生）、诗人 E. E. 卡明斯（E. E. Cummings, 1915 届毕业生）和罗伯特·希利尔（Robert Hillyer, 1917 届毕业生）、法学学士阿奇博尔德·麦克利什（Archibald MacLeish, 1919 届毕业生）。阿兰·西格（Alan Seeger, 1910 届毕业生）的诗《我和死亡有个约会》未来会成为约翰·F. 肯尼迪最喜爱的诗作［他侄子皮特·西格（Pete Seeger）是民歌演唱家和社会活动家，未来会成为肯尼迪的同班同学］，1914 年 8 月他加入了外籍军团，1916 年 7 月 4 日战死。其时索姆河攻势刚刚开始，约瑟夫·肯尼迪正在位于温思罗普的家里招待朋友们。最终，先后有 1.1 万哈佛人参加了那场战争，其中包括美国宣布参战以后那段时间；这些人里有 373 人战死，其中 43 人尚未毕业。——原注

是唯一能延续到永远的幸福。"轻轻说完这句话，约瑟夫转身走了。[12]

这句话直接道出了约瑟夫·肯尼迪的世界观的核心，这不仅会影响他如何看待那次世界大战，也会影响他如何看待下次世界大战。由于他对人类本性持批判态度，他更倾向于以经济学为基础看待国际问题，而不是从道德或地缘政治出发看待这一问题。不仅如此，他判断这类问题时，总会考虑它们对他个人以及他的家人的意

37 义。在对外政策领域，这样的心态使他倾向于孤立主义，也让他总是遭受目光短浅和自私自利之类的非议。

不过，那年夏季，约瑟夫·肯尼迪在温思罗普做出的分析很有说服力。在那次特殊的聚会上，也许他只是少数派，不过在 1916 年，的确有许多深思熟虑和消息灵通的美国人跟他的想法一致：对所谓的"战斗之宏伟壮丽"深表怀疑，坚决反对美国直接卷入战斗。无论那些战地记者给索姆河战役披上多么浪漫的色彩，例如"极其壮丽的美"和"崇高的目的"，约瑟夫却非常清楚丑陋的真相：这场战争是可悲的。仅仅第一天，就有近两万名英国士兵阵亡，由于炮火攻击，其中约有 30%直接死在了自己的阵地上。时间移至战斗结束，英法两国死伤 60 万人，抢回的土地面积仅为 212 平方千米；德国方面则损失了 40 万人。同年，在法国凡尔登，33.6 万德国人死亡；1917 年，在比利时帕斯尚尔，为争抢大约 68 平方千米土地和铁丝网，超过 37 万英国人死亡。对欧洲当年的状况，美国驻英国大使佩奇极为愤怒——"破产的屠宰场里住满了尚未配对的女人"[13]。

1916 年总统选举期间，约瑟夫·肯尼迪真心诚意地将选票投给了伍德罗·威尔逊，后者的竞选口号在夸张的同时也是一种承诺："他会让我们远离战争！"这种有号召力的呼喊起了作用，威尔逊侥幸过关，成功连任。不过，他的承诺是短命的。威尔逊长期坚信美国再也无法将自己孤立于国际强权政治之外，因而他相信，由于占据着独一无二的最佳位置，他必将成功地协调出一份公平的解决方案，停止杀戮。与此同时，他也有如后担忧：唯有美国直接参战，才能确保他在谈判桌旁赢得一个席位。[14] 他身处两难境地，正左顾右盼之际，德国已经疯狂下注，试图打破军事平衡：1917 年 2 月 17 日，德国开始了全面的潜艇战，位于战区的所有船只都成了猎物。两天后，威尔逊与柏林方面断绝了外交关系。

两个月后，美国参战之际，约瑟夫·肯尼迪没有表现出任何热情。许多从前反对介入的人眼下都体会到了爱国热情的冲击，他却不在其中。与哈佛大学时期的绝大多数朋友不一样，他没有报名参军。不过，6 月 5 日，即约翰·肯尼迪出生一周后，他前往当地投票站填写了兵役登记卡。很快他就会明白，他不会因为已婚和已为人父而被免除兵役，不过，身在"重要生产岗位免除兵役"没准能行，条件是他得有一份符合规定的工作。1917 年 9 月，有人向他提供霍河造船厂（Fore River Shipyard）总经理助理职位，他立刻抓住了机会。船厂位于波士顿以南约 17 千米的昆西（Quincy），该厂按合同为这场战争建造驱逐舰。[15]

38

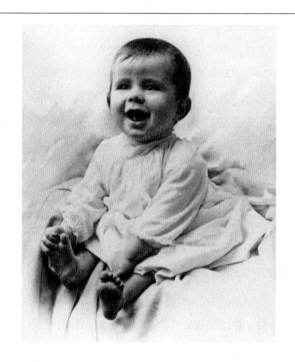

快乐的杰克，大约 6 个月时。摄于 1917 年秋季。

约瑟夫·肯尼迪几乎不懂造船，不过，他学什么都快，而且他最不缺勤奋，常常每周工作 70 小时，还经常睡办公室，同事们都惊叹他的耐力。除了星期天，罗丝和家人极少能见到他。让他意外的是，1918 年 2 月，征兵局下发通知，他已被列入"一级准备"名单，随时可能应征入伍。约瑟夫立刻以"正在重要生产岗位顶岗"为由申请延期，在递交的申请里，他还附了一封长信，在信里罗列了自己在霍河造船厂承担的各项职责，[16] 顶头上司为他出具了证明。一番努力有了成效，他从未收到过延期通知，但也未收到过应征通知。在霍河造船厂，他一直干到战争结束。

战争的结束快于许多人的预料，美国人在其中的贡献相当重要。1918 年 7 月，协约国在巴黎东北第二次马恩河战役中取得了胜利，全面阻滞了德国人的推进。接着是大规模的默兹河-阿尔贡战役，由向北推进到法国色当的一支美军部队于 9 月 26 日带头打响。在持续六周的残酷战斗中，分散到西线大部分地段与英法两国军队并肩作战的美国士兵就超过了 100 万。在随后的战斗中，超过 2.6 万美军战死，另有 10 多万美军受伤——截至当时，那次战斗成了美国历史上最血腥的军事行动——之后协约国取得了战场优势。德国同样难逃厄运，其潜艇战和地面战双双遇阻，各部队和各城市都精疲力竭，人们发动起义，德皇也退位了。德国的盟友奥匈帝国和奥斯曼帝国双双放弃了战斗。与此同时，大量美军增援部队和海运装备使各协约国得到了源源不断的补充。和平变得至关重要，德国人接受了严苛的停战协议。协议于 1918 年 11 月 11 日上午生效，准确时间是当年第十一个月的第十一天的第十一点钟。[17]

39　　　没人能全面计算出那场战争的代价，不过，那场战争的量级再清楚不过了：各交战国认为，大约 1000 万军人和差不多同等数量的平民死亡，2000 万人受伤，当中有 800 万人终身残疾。死于战场的美国军人有 5.3 万人。经济损失同样巨大，这足以解释 1918 年到 1919 年欧洲何以普遍遭受了饥荒。在欧洲大陆大部分地区，经济活动萎缩了，在某些国家，几乎不可能运送货物。德意志帝国、奥匈帝国、奥斯曼帝国，以及俄罗斯帝国都消亡了，有那么一个时期，布尔什维克革命似乎要向西传播，并深入羸弱且疲惫的欧洲腹地。"我们正处在命运的死角，"英国观察人士、经济学家约翰·梅纳德·凯恩斯（John Maynard Keynes）写道，"在如今活在世上的人们的一生中，人们灵魂中普遍存在的成分燃烧得如此晦暗。"[18]

II

　　　战争最后几个月，一切都乱糟糟的，像许多美国家庭一样，肯
40 尼迪一家也在疲于应付一个紧迫的威胁：1918 年夏季和秋季横扫全球的大流感，那种疾病致死的人比全球战争本身多出两倍还多——大约在 5000 万人到 1 亿人。在美国，有将近 70 万人死亡。（在欧洲，大流感杀死的美国军人数量——6.3 万——多于死在战场上的美国军人。）那是一种完全不同寻常的疾病。星期一还活得好好的人，到星期三晚上就死了。有些人死得极快，双肺严重积水，实际上是呛水而死。另一些人苟延残喘的同时患上了第二种细菌感染。死亡率最高的是 20 多岁和 30 多岁的人。[19]

最早的几个病例于 1918 年冬末在美国中西部确诊，而此前大量美国士兵乘船前往欧洲，其中一些人的双肺无意间带上了病毒。1918 年 4 月，那种病就出现在了西线，然后传播到了西班牙，在那里导致太多的人死亡——大约 800 万——因此"西班牙大流感"这一称谓闻名于世。仲夏之际，那个病消停了一阵，随后更致命的第二轮疫情开始散布到世界各地；9 月，疫情从美国东海岸的波士顿一路南下到纽约，再到巴尔的摩（Baltimore），接着继续往南。那个月，超过 1.2 万美国人死亡。

约瑟夫·肯尼迪接到任务，要应对这一灾难给霍河造船厂造成的冲击。由于数十名工人染病，他把船厂的一些宿舍改成了医务室，试图将患病的工人隔离开，避免进一步传播。他在昆西市一连住了好几天没回家，毫无疑问，部分原因是避免将传染风险带给家人。除了罗丝、小约、约翰，如今家里又多了罗斯·玛丽（Rose Marie，后改名为罗斯玛丽，家人则称呼她为"罗茜"），她生于 9 月 13 日。"她是，"回忆到此，罗丝顿了一下，接着说，"一个非常漂亮的小宝宝。她可爱、安静，比前两个哭得少，当时我以为，部分原因是她是个女孩。"罗丝的剪贴簿里有一张剪贴的照片，标注的文字如后："小宝宝定会有辉煌的未来。"[20]

10 月，那波来势汹汹的疫情达到了顶峰，几乎传遍了世界的每一个角落。在美国，仅当月就死了 20 万人。接着在 11 月，出于至今仍然不明的原因，那场危机缓解了；到 1919 年初，那场瘟疫便结束了。瘟疫流行期间，仅印度一国就有多达 1700 万人死亡，岛国萨摩亚失去了超过 1/5 的人口，用历史学家罗伊·波特（Roy

Porter）的话来说，那是"人类有史以来经历的最大的单次人口结
41 构震荡"[21]。战争对疾病的传播负有部分责任，造船业的进步亦有
部分责任。数十年来，造船业促进了环球旅游，让世界变小了。

肯尼迪一家平平安安地熬过了那场流行病。不过，超长的工作
时间和超高的工作压力拖垮了约瑟夫，让他患上了溃疡。1918 年
末，他的身体垮了，必须前往一家"康复农庄"静养数周。对罗丝
而言，约瑟夫不在家算不上什么变化，因为丈夫在霍河造船厂工作
期间原本就很少回家。甚至在那之前——说实话，从他们刚结婚起
就如此——约瑟夫在哥伦比亚信托投资公司工作期间，就玩命地工
作超长时间，周末也经常那样。他常常夜里回家，好在他并不总是
如此。碰上这种事，罗丝从不过问他去了哪里——或干吗去了。
"约瑟夫的时间由他自己掌握，"罗丝在回忆录里这样记述道，"以
前如此，将来永远都会如此。以前中学和大学占了他太多时间，如
今则是生意。"[22]

真的都是因为生意吗？罗丝对此谨言加慎言。不过，她小心翼
翼的说法也在暗示，嫁给约瑟夫时，她已经在某种程度上模模糊糊
地感觉到自己会遇到什么，她早就知道，约瑟夫的生活里有个区
域，那里没有她的位置，那是个她无法踏足的隔间。关于他们两人
婚前的那些时日，传记作家戴维·纳索（David Nasaw）写道："在
哈佛期间以及毕业以后，约瑟夫一直对罗丝表现出忠诚，和他辈分
相同以及地位相同的男人们对喜欢的女孩们都那样。他没有追求其
他适合结婚的女子，不过他也没有不和其他女子往来，婚前他一直
如此。"两人结婚后，这种情况好像仍在持续。也就是说，约瑟夫

没有放弃沉迷女色。他有绯闻，还不在少数，女秘书、女速记员、女服务员、女演员，他都染指过。[23]这该让他妻子多么吃惊——如果确有吃惊这回事——我们无从得知。罗丝非常清楚，父亲对母亲不忠；以女主人和竞选伙伴身份跟随"蜜糖菲茨"四处活动那些年，她遇到的许多政治家和名人都对妻子不忠。即便如此，即便罗丝极为擅长抑制和忽视那些让自己不快的事（毫无疑问她不会为子孙后代留下这方面的片言只语），可是，每当夜晚来临，丈夫不在身边，这样的时刻不可谓不难熬。

那些如此宁静的夜晚无疑颠覆了罗丝的日常，甚至约瑟夫在家时也如此。她不再是媒体描绘的笃信天主教的波士顿大美女，整天忙于出席各种舞会，在世界各地旅游，会见某些名人，跟在充满活力的父亲身边出席这个或那个宴会、竞选集会、新船下水仪式，或者首演当晚在某个包间里现身。她曾经多么热爱那样的生活，虽然婚姻和家庭生活自有其魅力，但很难想象间或出现的怀旧思绪不再让她心旌飘摇。新的生存方式让她难得有机会施展令人生畏的和无所不能的才智，以及对政治的热衷，还有她对世界的广泛的好奇心。[24]

无论身处美国社会什么地方，罗丝总能注意到，女性正在取得越来越多的成就。1920 年 8 月，美国宪法第十九修正案赋予女性投票权。虽然女性仍被排除在地方政治和联邦政治领域之外，但她们已经意识到，通过大量民间的、宗教的、志愿者的社团和俱乐部，她们发声的机会越来越多。[25]更多女性正在进入就业队伍，尽管是在男人极少从事的那些岗位，如护理、教学、文秘工作。随着各种新的纺织纤维和服装染料带来更多自我表达方式，以及衣料剪裁方式上限制越来越少，时尚在不断变化。女性的裙摆越提越高，领口越开越低，紧身内衣被扔进垃圾堆，或丢进箱子底，放到阁楼上。随着饮酒、吸烟、直言不讳地谈论性等行为越来越时髦，对女性而言，怎么做合适，怎么做不可接受，界限越来越模糊。反观 1915年，参加社交应酬时，中产阶级和上流社会的大多数年轻女性必须有年长的女士陪伴；仅仅十年后，她们的约会已经无人监管，凡遇这种场合，男人可以"约出"女性，为其大把花钱。罗丝几乎没有明确表示过她渴望全副身心接受这样的新世界——在许多重要方面，这与她和母亲共同信仰的守旧的天主教淑女风范相抵触——不过，在一次简短的表白中，她承认，"生活一去不复返"[26]。

据我们所知，约瑟夫和罗丝的婚姻明面上出现裂痕唯有一次。详情不得而知，不过，根据亲属们的描述，1920 年初，身怀第四个孩子——凯瑟琳（Kathleen，昵称基克）将于 2 月 20 日出生——的罗丝突然返回了位于多尔切斯特区韦尔斯大道的娘家。约瑟夫总是在工作，常常不回家，罗丝受够了，感情缺失实在太熬人。即使约瑟夫在家也心不在焉，因为他拒绝谈论工作，不再与罗丝分享他的梦想和计划，而他向罗丝示爱那些年却经常主动这么做。罗丝感到孤独，她告诉父母，想到还会有更多这种事便头痛不已。长期以来，"蜜糖菲茨"和乔茜对女婿及其冷酷的野心一直持有怀疑，然而他们并不赞成罗丝的处理方式。三周后，"蜜糖菲茨"直截了当地对女儿说，她自己种下的苦果，必须自己吃下去。孩子们需要她，丈夫同样需要她。"你已经做出了承诺，罗丝，""蜜糖菲茨"对她说道，"眼下你必须信守它。过去的已经过去，以前的日子再也回不来了。[不过]你肯定有办法搞定，我知道你能搞定。"[27]

罗丝照做了。完成教堂静修后，她返回了位于比尔斯街的家里，并且下决心尽到好妻子和好母亲的责任。事过之后，即使罗丝对这一阶段的婚姻的明确捍卫——"[别人]从来没听到过我们争吵，我们总能相互理解，相互信任，这就是事实"——并不真的是事实，但几乎可以肯定，她可能从未考虑过离婚。她深信的天主教信仰禁止她这么做。不仅如此，宗教教义给予她一种静心的方法，还教会了她所有夫妻都会面临各种压力，尤其在养育孩子阶段，在婚姻生活中做出牺牲真的非常崇高。[28]

Ⅲ

那些年的确也有许多美好时光。星期六夜晚，约瑟夫和罗丝常常前往波士顿听交响乐演出。约瑟夫在哈佛上学期间养成了对古典乐浓厚的兴趣，而罗丝在荷兰求学期间学过作曲和表演。他们一起享受现场音乐会的乐趣，以及在家里的维可托乐留声机上放音乐的乐趣。有时候，罗丝会坐在起居室的钢琴旁弹奏流行歌曲，约瑟夫和孩子们或来访的朋友们会和着曲子唱歌。每逢星期天，两人会把孩子们塞进他们的福特 T 型车里，前往 17 千米外的温思罗普看望约瑟夫的父母。工作日上午，心情好的时候，罗丝会带着孩子们在四周到处走动，一只手拉着骑儿童三轮车的罗斯玛丽，一只胳膊抱着小杰克（他们这样称呼他），小约则自己跟着走。[29]有时候，他们会逛一两家商店——两个男孩尤其喜欢逛柯立芝商业街（Coolidge

Corner）的"五分一毛店"——也会前往坐落在弗里曼大街（Freeman Street）的圣爱丹教堂，罗丝后来说，这么做是为了给孩子们灌输如后思想："教堂并不属于星期天或年历上某些特殊的日子，而是日常生活的一部分。"[30]

的确如此，罗丝一直坚持自己的孩子要遵守各种宗教礼仪，出生后几天就要开始接受洗礼，随着逐渐长大，他们要先后接受第一次忏悔、第一次圣餐，以及坚信礼。每次就餐前和就餐后，以及睡觉前，她都会领着孩子们祈祷。她还监督孩子们每次出游时衣兜里必须揣一本玫瑰经。她还坚持每个星期天和每月第一个周五全家人一起做弥撒，而且一次不落。在每个神圣的义务日，全家人都要坐在教堂的长椅上——例如1月6日主显节、8月15日圣母升天节、11月1日万圣节，等等。在这些日子里，男孩们都要去充当辅祭男童，女孩们都要戴上面纱，手捧祈祷书。[31]

在这些时刻，约瑟夫也会显露柔性的一面，常常以鲜花或充满爱意的字条让罗丝惊诧不已。每个孩子出生时，他都会送给罗丝一个经过深思熟虑的、往往非常昂贵的礼物。无论哪个孩子生病，这位工作狂父亲都会变得非常配合。杰克多病的体质特别牵扯家人的精力。1917年5月他出生时，一切都顺顺当当的——波士顿产科医生弗雷德里克·L.古德（Frederick L. Good）和护士应召来到肯尼迪家接生（他将要为肯尼迪家的每个孩子接生，后来又为他家的几个孙辈接生），事后他说，孩子既健康又帅气。然而，从很小的时候开始，小杰克就既多病又虚弱。罗丝穷尽一切办法，加强他的体质，却完全无济于事。1920年2月，两岁零九个月时，这孩子染上了猩红热，那时凯瑟琳刚出生没几天。那些年猩红热是导致儿童死亡的主要疾病之一，这种病还会遗留严重的后遗症（如肾病、风湿性心脏病、关节炎等），而且它传染性极强，在住房不宽裕的人家，这是一种潜在的灾难。布鲁克莱恩镇本地医院不接收传染病患者，约瑟夫只好求父亲和岳父帮忙，安排非波士顿居民小杰克住进了波士顿市医院。

"杰克到达那家医院时，"罗丝清楚地记得，"小小年纪的他已经病得不行了。"由于刚生完孩子，罗丝正按照当时的习俗卧床三周，因而无法前去看护，于是她喊来约瑟夫前往医院，约瑟夫则更改了两个月的日程，以便每天下午和晚上前往医院陪在儿子床边。[32]当时情况非常急迫，约瑟夫已经做好最坏的打算。在极度痛苦的几天里，杰克一直徘徊在生与死之间。不过，他最终渡过了难关，活了下来，这很大程度上靠的是主治医生爱德华·普雷斯（Edward Place）的疗法，该医生是享誉全美的治疗麻疹和猩红热的首席权威。7 月初，约瑟夫写了封亲笔信给普雷斯医生，"对你在杰克最近生病期间做的无与伦比的工作"致以最诚挚的谢意。接着他还补充道："杰克这次病得这么重，我们全家以前从来没人病成这样，所以我以前几乎没想过这样的事可能对我有什么影响。在最黑暗的那几天里，我意识到，除了让杰克康复，一切都不重要了。"[33]

在那段令人心力交瘁的日子的某个时间点，约瑟夫曾经——向上帝，或者向自己，或者向两者——发誓，只要杰克能活下来，他会把一半财产捐给教会。当儿子康复时，他真的填写了一张 3740 美元的支票，占他流动资产的一半（理论上说，他拥有的比这多得多），交给了圣阿波罗尼亚行业协会（Guild of Saint Appollonia）。十年前，为了给城里的天主教学龄儿童免费治疗牙齿疾病，当地成立了这家协会。就杰克本人而言，由于他可爱且身体柔弱，深得护士们的喜爱。后来，其中两位护士还来家里看望了他。在写给约瑟夫的一封信里，护士莎拉·米勒（Sara Miller）是这么说的："他是个超级可爱的男孩，我们都特别喜欢他。"数周后，安娜·波普（Anna Pope）在信里表示："杰克毫无疑问是我见过的最乖的小男孩。……我索要一张杰克的照片，这要求也许太过分，不过他真的太可爱了，是个优秀的小患者，每个人都喜欢他。离开他以后，我觉得很孤单。"杰克出院后，由于担心他还有传染风险，家人把他送到了缅因州波兰泉（Poland Springs）的豪华公寓饭店（Mansion House Hotel），进行为期数周的康复。直到 5 月，在生病三个月后，将满三周岁的杰克才回到位于布鲁克莱恩镇的家里。在病历里，护士是这么记述的：他是个"优秀的小患者"，终于见到婴儿妹妹时，他看起来"非常幸福"[34]。

　　那一时期，肯尼迪一家的生活又正常前行了。前一年，约瑟夫在海登斯通公司（Hayden, Stone and Company）获得一份管理工作，那是一家大型证券交易公司，在波士顿和纽约两地都设有运营机构。从入职开始，他便青云直上，跟随盖伦·斯通（Galen Stone）学会了市场运作以及内幕交易（当时这种交易不违法，只是人们普遍认为这么做不道德）的复杂性。斯通身子发福，留着上髭，是公司创始人之一，后来成了约瑟夫的良师益友。约瑟夫对解决困难热情极高，处理数字和账册驾轻就熟，做股票投资和房地产买卖属于半路出家。那一时期，他在金融界顺风顺水，为公司和自己带来许多好处。斯通是庞德克里克煤炭公司（Pond Creek Coal Company）的董事长，而他从斯通嘴里听说，亨利·福特即将收购该公司。收购计划公开前，约瑟夫以每股 16 美元买入 1.5 万股该公司股票，投入的大部分资金是借贷而来；媒体公开福特公司的各项收购计划后，庞德克里克公司的股价直线上扬，约瑟夫立刻卖出该公司的股票，净赚超过 50 万美元。[35]

社交方面，约瑟夫一向野心勃勃。为了成功，他会精心打扮，前往裁缝铺定制西装，穿定制的衬衫，还先后加入了伍德兰高尔夫俱乐部（Woodland Golf Club）和米德尔塞克斯俱乐部（Middlesex Club），后者是新英格兰地区最古老的共和党俱乐部（尽管他保留着民主党身份）。他搬了新家，地址是布鲁克莱恩镇那不勒斯路 131 号。[36]眼见家庭成员增加得越来越多，换个地方是必需的，不过更重要的是，新住所坐落在豪华社区，那里地块大，房子大，更符合像他那种身份的人。新房子坐落在约 6 亩的地块上，有正式的入口、12 个房间、弧形的飘窗、高高的天花板，房子里还配有冰箱和洗衣机。他们将比尔斯街的房子转给了约瑟夫忠诚的助手和密友、人称"埃迪"的爱德华·摩尔（Edward "Eddie" Moore）及其妻子玛丽。由于这两人没孩子，玛丽成了那不勒斯路那所房子的"内部成员"，只要有需求，她就过去，甚至成了肯尼迪家不断增多的孩子的保姆。

罗丝对那次搬家感到非常高兴，她喜欢新住处的华丽，这让她想起 10 多岁在多尔切斯特区拥有的许多东西，另外，那地方离比尔斯街很近，她认得新社区的路。最重要的是，那里有容纳不断壮大的家庭所需的空间。她把宽大的全景前廊改造成了游戏室，用折叠屏将孩子们隔开——"他们两个人、三个人、四个人一起玩，视具体情况而定。那样一来，他们可以一起玩，可以互相照应，每次一口气玩好几个小时，把危险降到最低，避免互相推倒，避免用某种利器扎伤别人，还可避免把重东西摞到婴儿车里或车顶。"[37]罗丝很快又怀孕了，1921年7月，她生下了尤妮斯（Eunice）；接着，帕特里夏（Patricia，昵称帕特）于1924年5月出生；罗伯特（Robert，昵称鲍比）生于1925年11月；琼（Jean）生于1928年2月；最后是爱德华（Edward，以埃迪·摩尔的名字命名），生于1932年2月。

为管好不断壮大的家庭，罗丝不仅全天依靠家政帮忙，还要依赖一个详尽的编目系统，其中包括索引卡和索引表，里边记录着每个孩子生病的情况、治疗方法以及措施。用她自己的话说，她成了"行政主管"，全面监管孩子们的着装、日常活动，管理一个复杂的运作体系，其中包括女佣、护士、厨师等。

我必须确保手头有足够多优质的尿布，需要更换时必须换掉，还要洗净，随时备用。……每天还要洗净和消毒足够数量的奶瓶和奶嘴。我自己动手做得不多，不过我必须保证事情做得恰到好处，按日程来，每天最重要的日程不冲突。如果保姆们在厨房里煮奶瓶和奶嘴，准备"配方食品"，熬煮菜汤（当初没有罐装婴儿食品），而厨师需要使用炉子以及别人准备

47

晚餐所用的厨具，厨房里就可能出现危机，骂人的话和感情受伤都会出现，从管理角度看，士气和效率会急剧下降。[38]

后来一些年，罗丝受到一些人的指责，因为她采用的是一种严厉的、过于教科书式的育儿方法，她注重"效率"和秩序，而不是爱和情感。她的确极少拥抱和亲吻孩子们，特别注重表面，例如正确的着装、正确的表达、坐有坐相站有站姿。她还特别关注孩子们的体重，尤其是几个女孩的体重。或许正如某些人所说，她应对丈夫拈花惹草的方法是从感情上把自己孤立起来，与家人分开——另外，通过经常不带丈夫和孩子出门旅游度假，她还把自己的身体与家人部分地隔开。一次，罗丝准备与家人告别，跟妹妹阿格尼丝一同前往加利福尼亚旅行六周，五岁的杰克令人难忘的谴责道出了真相："丢下孩子们自己去玩，你可真是伟大的妈妈！"[39]

多么张扬的行为——不过，只能一定程度上这么说。值得注意的是，杰克的上述评论正出自罗丝自己。这句话摘自罗丝1923年4月3日的日记，她记下这句评论也是在强调这小男孩的智力和早熟。另外，她在回忆录里承认，杰克的话让她很受伤，第二天，孩子们聚集在前门廊跟她道别时，她觉得很伤心。"他们看起来像是被遗弃的样子，我跟他们吻别时，眼泪都快掉下来了，"接着，她话锋一转，"在街上行驶一段距离后，我突然想起忘了带什么东西，所以我又折了回来——结果发现他们都在门廊上玩，还开心地大笑，显然完全没在想我。接着，我心安理得地去旅行了。"[40]

至少在一定程度上，"行政主管"式的方法是必需的，这是由罗丝的实际情况决定的。1915 年到 1921 年，在六年时间里，她有了五个孩子；1925 年底之前，又增加了两个孩子，从那往后，又增加了两个。除此之外，大女儿罗斯玛丽显露出发育迟缓的征兆，需要额外照看。在大部分时间里，罗丝是个高效的单身家长，这是因为她丈夫的工作不仅整天将其拴在办公室，还经常一连数天甚至数周不允许他回城。与那个时代的大多数母亲相比，罗丝的家庭收入高，允许她雇用更多人做家务——她自己也很爽快地承认这一点——即便如此，全家人的后勤保障需求也非同一般，尤其还要考虑她当年的承诺：理想的育儿理念以成就为导向。维多利亚时代的理念是，正确的育儿方法能让孩子一辈子都沿着对个人和社会有意义的道路前行。这样的理念催生了一些运动，如以新英格兰地区为中心的"共和国母性"（Republican Motherhood）运动，促使众多女性高度专注于自己的后代，以培养众多爱国的儿子最终为共和国效力。[41]

　　罗丝抑制自己对孩子身体上的爱恋，这么做与我们当代人的感情特别不合拍，毫无疑问，这与当年许多家长的想法也不合拍，即便如此，这种做法背后有专业理论的支撑。罗丝具有如饥似渴地学习的特点，她贪婪地学习了那个时代各种"科学的"养育儿童建议，然后身体力行。当年的总统夫人埃莉诺·罗斯福（Eleanor Roosevelt）以及无数女性也都那么做。L. 埃米特·霍尔特（L. Emmett Holt）的研究报告《如何关爱和喂养孩子——有问必答：如何正确地使用母亲和孩子的看护人》（*The Care and Feeding of Children: A Catechism for the Use of Mothers and Children's Nurses*）成了畅销书，因此作者也成了斯波克医生①类型的名人。那本书告诫母亲，不要溺爱孩子，不要跟他们一起玩耍，不要对他们流露太多感情。书里还说，只能亲吻婴幼儿的脸颊和前额，"不过，这么做越少越好"。喂饭时间表和睡觉时间表应当受到特别严格的管控，应当在固定的时间间隔内给孩子称体重。（没错，信息应当记录到索引卡上。）孩子们应当有大量的新鲜空气和室外运动。罗丝依照其中的每一条建议身体力行，她还特别关注霍尔特医生强调的口腔卫生。医生还强调，对健康的体魄和好看的外表而言，健全的牙齿必不可少，母亲们可千万不要对正确护理孩子牙齿的事掉以轻心，认为那是以后的事。罗丝雇了个正畸医师为孩子们矫正牙齿，她还坚持让孩子们每次就餐后必须刷牙。[42]

不只霍尔特医生一个人持这种观点，广泛查阅 1910 年到 1935 年聚焦母性的各类杂志文章后，人们发现，许多作者认为，"过多的爱"对孩子的幸福反而是最大的威胁。基于霍尔特医生的一些理念，在颇具影响力的《婴幼儿心理护理》（*The Psychological Care of Infant and Child*，1928 年出版）一书里，作者约翰・B. 沃森（John B. Watson）强力推荐一种严谨的、有管控的、以守时为中心的育儿方法，他还警告说，给予孩子们太多母爱有害无益。他还特意指出，应当最大程度避免亲吻和拥抱。"如果必须这么做，晚上道晚安时，在他们额头上吻一下。早上起床后跟他们握握手即可。"[43]

---

①　即本杰明・斯波克（Benjamin Spock），美国儿科医生，其著作《婴儿和儿童保健》（*Baby and Child Care*）在 1946 年首次出版六个月后就卖出了 50 万册。——编注

IV

49   由于住家抚养团队足以应付几个小不点孩子的基本看护，罗丝得以腾出手，集中精力于几个大孩子的智力发育和社会发展。罗丝定期带几个大孩子参观波士顿的历史景点，除了前往布鲁克莱恩镇一些有意思的地方，还前往华盛顿大街（Washington Street）的公共图书馆，这非常像她小时候"蜜糖菲茨"带她成长的方法。（她经常在半路心血来潮让孩子们解数学题，例如："2加2等于几？再减3呢？再加2呢？"）罗丝坚持认为，"他们应当学习历史，尤其是自己国家的历史"。前往地标性建筑时，她会向孩子们讲解那地方发生过什么，它为什么很重要。她还鼓励孩子们多提问题，讨论问题，这样孩子们就能记住。"我做这事坚定不移，也许我做得有点过，因为好事也会有做得过分的时候，"罗丝回忆道，"不管怎么说，他们确实学到了东西，他们的兴趣在逐年增加，而且我以为，这可能是他们成年后都愿意在公共事务中为国服务的一个原因。"[44]

尤其需要指出的是，杰克好像对历史和广泛的世界事物十分着迷，他的好奇心似无止境。罗丝注意到这一点是在白天领着孩子们四处参观，以及晚间在床头给他们读书时。杰克喜欢各种各样的冒险故事——例如《水手辛巴德》（Sinbad the Sailor）、《黑骏马》（Black Beauty）、《彼得·潘》（Peter Pan）——尤其喜欢《比利·维斯卡斯》（Billy Whiskers），那是弗朗西斯·特里戈·蒙哥马利

（Frances Trego Montgomery）笔下的一套插图丛书，书里的主人公是一只淘气的山羊，它结了婚，还有两个"孩子"。罗丝认为，书里的插图都比较粗糙丑陋，不过杰克喜欢书里的故事。知道山羊比利横渡太平洋时曾在三明治群岛（Sandwich Islands）落脚后，杰克便要求妈妈帮他寻找这处听起来神秘的地方的信息，罗丝照做了，翻出了家里的地图集，以便杰克自己查找信息。还有一次，罗丝给大孩子们念复活节故事里基督骑毛驴进入耶路撒冷那一段，马上要念到耶稣受难和复活时，杰克突然问："妈妈，我们都知道耶稣基督后来的事，不过，那头毛驴后来怎么啦？"[45]

　　杰克脑子快，傲视一切，各方面都像姥爷"蜜糖菲茨"，这或许可以解释爷孙两人为什么那么要好。那几年，"菲茨姥爷"经常过来看望孩子们，还常常把两个大男孩带出门，每次都会转悠好几个小时，去看体育比赛，或者到波士顿公园划天鹅船，或者到他曾经担任参议员的州议会大厦转转。他的幽默感、富于感染力的随时随地学习的精神、只要孩子们在场就高兴得不得了的心态，男孩们都喜欢。（与之形成鲜明对比的是，爷爷 P. J. 肯尼迪"在场时绝不允许我们捣乱，不许我们眨眼睛"，杰克回忆道。）孩子们总是聚精会神地听老爷子颠来倒去讲那几个相同的故事，不仅百听不厌，还会扯着嗓子喊："再给我们讲一遍，姥爷！"[46]

　　由于曾经充满传奇的政治生涯抛了锚，年届 59 岁的菲茨杰拉德有的是时间陪外孙们玩。迫使他退出市长竞选的"再见"丑闻过去两年后，他赢得了 1916 年民主党竞选参议院议席提名，不过，在普选中，他败给了共和党人亨利·卡伯特·洛奇。1918 年，他卷

罗丝和五个孩子。左起：尤妮斯、罗斯玛丽（前面）、凯瑟琳、杰克、小约。大约摄于 1922 年。

土重来，代表第十区竞选众议院议席，七个月后，国会调查组搜集
到选票舞弊证据，他被迫退出竞选。渴望在高光时刻再捞一票的
"蜜糖菲茨"于1922年宣布，他将再次挑战洛奇，竞选参议院议
席，后来他突然转为竞选州长。杰克·肯尼迪最早的记忆之一是跟
随姥爷在波士顿各选区跑来跑去，姥爷放开嗓子高歌他的专属歌曲
《甜美的艾德琳》时总是跑调，无论见着谁或逮着谁都侃侃而谈。 51
人们都喜欢姥爷，不过那可不够，结果"蜜糖菲茨"以大比例票数
败选。他的政治巅峰时刻已成过往。[47]

　　杰克一直体弱多病，这与身体健硕且威猛的哥哥形成了鲜明对
比。不过，在学业方面，杰克在当地的爱德华奉献学校表现良好，
[在比克内尔小姐（Miss Bicknell）的指导下] 年仅六岁便顺利升
入二年级，这比大多数他那个年龄段的孩子早了一年。他是个万人
迷，不用说，也是个淘气包。母亲告诫他要严肃对待学校的课业，
他则轻松地回答："你知道，我做得挺好，如果学得太多，我肯定
会发疯。"当年（1923年）秋季，杰克和小约在一家商店偷窃假胡
子被逮住。这事过去以后，他们成立了一家俱乐部，但凡加入俱乐
部的新人都要挨针扎。一家餐厅的警示牌写着如后文字："本餐厅
禁止狗入内。"他们在"狗"前面潦草地加了一个"热"字。还有
一件事发生在1923年，全家人刚度完假回来不久，杰克向父亲承
认："嗯，我刚回到家没几个小时，那些穿警服的人已经在追踪我
了。"说这话前，他刚刚戏弄了一个小女孩，那女孩立刻将他指认
给了一名警察，他立刻玩命地跑回了家，在地窖里一直躲到天黑才
出来。[48]

对两个精力过剩的小孩来说，这些都是标准的胡闹。不过，对全家的"行政主管"罗丝来说，这意味着需要为他们找个更有纪律性的环境，那一时刻很快到来了。那天，小约哄骗杰克，两人围绕街区沿相反方向骑自行车比赛，结果兄弟两人迎头相撞，杰克进医院缝了 28 针。还有一次，两个男孩将邻居家待回收的空瓶子偷回家，躲在地窖里，身边满是空奶瓶，玩得正欢时，被罗丝逮了个正着。罗丝选择将两人从爱德华奉献学校转到六个街区外的私立格里诺低年级贵族学校［Noble and Greenough Lower School，不久后更名为德克斯特学校（Dexter）］，那所学校有许多运动队，"还有由老师监督的课外活动"，一直延续到下午 4 点 45 分。[49]

1924 年春季，校长玛拉·菲斯克（Myra Fiske）女士面试了两个男孩，她对两个孩子很满意。她留意到杰克早熟的智力，写道："非常高兴我们决定收下杰克·肯尼迪。他是个好小伙。"那年秋季，兄弟两人到新学校报到登记，立刻进入上流世界，那是个精英的堡垒，里边鲜有天主教徒，黑人和犹太人更是前所未闻。"或许我们是最早的和仅有的天主教徒。"杰克后来回忆道，这说法未免夸张，不过并不过分。[50]

52　　嘲笑和霸凌接踵而至，这在新学校无可避免。"几乎所有人都是新教徒，"校友奥古斯都·索尔（Augustus Soule）回忆道，"我认为，学校是个势利场，孩子们都很势利。我还认为，那年月，波士顿大多数上流家庭把孩子送到了那所学校，那些家庭都特别瞧不起爱尔兰人。……如果你是爱尔兰人和天主教徒，那就真的是个耻辱——男孩们对肯尼迪两兄弟不满时，会一起对着他们喊爱尔兰人或天主教徒。"

德克斯特学校留存的穿正装的杰克的照片。摄于 1925 年。

有时候还会拳脚相加。小约比弟弟年长，也更加强壮，不用说也更好斗，更爱用拳头说话，对打架的事满不在乎，隔三岔五还会向那些大男孩挑衅。杰克的策略完全不同，他总是利用哥哥打架的事跟别人打赌，去赢校园里流行的垃圾硬通货。奥古斯都·索尔回忆道：

> 那年月，校园里的硬通货就是弹球，那可是大事，孩子们都在裤兜里揣一小袋弹球。我还记得回家后对爸爸说："我需要更多弹球。"
>
> 爸爸每次都问："你原来的哪儿去了？"
>
> "哦，有次打赌全输了。"
>
> "跟谁赌？"
>
> "我跟杰克·肯尼迪赌的。"
>
> 那是一种难忘的记忆：小约打架，弄得浑身都是血，杰克就在附近转悠，心安理得地跟别人赌弹球。依我看，那正好说明这哥俩真的是天差地别！[51]

尽管小约和杰克遭到全面排斥，兄弟两人仍然喜欢那所学校。他们积极参与各项运动，最终，小约以凶狠的后卫身份，杰克以灵活多变的四分卫身份成了橄榄球队首发阵容的队员。[52]两人都遇到了尽职且能干的老师，而菲斯克校长深受学生们爱戴，每天早上，她会把全体学生集合到一起背诵校训（"今天做到最好，明天做得更好"），然后背诵林肯总统的葛底斯堡演讲词或连任就职演讲词，要么就背诵文学名著片段或《圣经》片段。[53]

由于别样的机智，以及对历史自然而然的爱，杰克成了菲斯克校长眼中的红人。一天，他请校长领着他前往历史遗址列克星敦和康科德，还主动提出用爸爸的劳斯莱斯汽车载着他们过去。"我不记得罗丝来了，"多年后，菲斯克回忆道，"所有男孩都走出教室看那辆著名的劳斯莱斯。车子开过来了，却是一辆破旧的老福特！杰克永远不会忘记其他男孩如何嘲笑他——劳斯莱斯出问题了！"⁵⁴

V

20世纪20年代中期，杰克居然提议用家里的豪华轿车从事学校的课外活动，可见他家当时的经济状况不一般。真实情况是，约瑟夫·帕特里克·肯尼迪拥有不止一辆劳斯莱斯，而是两辆，并且他的财富还在逐日增加。1923年初，他离开了海登斯通公司（他在该公司干得风生水起，虽然如此，他非常确定，作为爱尔兰裔天主教徒，他永无可能成为公司合伙人，他的判断无疑是正确的），自立门户，在波士顿金融区米尔克大街（Milk Street）老东家的公司门外不远处的一扇门后开设了自己的公司，牌匾上的铭文为"银行家约瑟夫·P. 肯尼迪"。34岁时他已经有自己的事业了，手下仅有两名雇员——和善且忠心耿耿的总管埃迪·摩尔，以及会计师E. B. 德尔（E. B. Derr）。"眼下在市场上赚钱太容易了，"约瑟夫·帕特里克·肯尼迪对一个哈佛朋友说，"出台对这一做法不利的法律之前，我们要赶快赚钱。"⁵⁵

54

"杰克·肯尼迪队长"的父亲发给他的电报，发报日期为
1926 年 5 月 19 日，德克斯特学校某场橄榄球赛前。电报正文为：
"亲爱的杰克，祝你和球队午后与里弗斯学校（Rivers）队比赛时
好运，望你们发挥出色。爸爸。"

约瑟夫·P.肯尼迪真的做到了。这里说的是老约把控时机精准到位，他预料经济会从战后的低迷状态全面复苏。20世纪20年代末，农场主也想通过奋斗迎来全面复苏。不过，汽车产业发展神速；得益于各种新技术的应用，制造业大幅发展——如电动机、铝材、复合材料——导致各种新消费品增长势头迅猛。经济扩张同样给美国民众带来了可支配收入的增加，人们更愿意在新电器用品，以及餐饮、美容产品、影视作品方面花钱。20年代末，美国制造了全世界近半数工业品，在出口方面排名第一——1929年，全球出口份额近1/6由美国承担。当时，每五个美国人里就有一人拥有汽车。越来越多的美国公司开始走向海外，例如，通用电气公司和可口可乐公司将重金投向了德国；为控制中东石油，数家美国公司与一些英国公司展开了争斗。[56]

某种程度上，唯有事实才能让人真正看清世界的变化，第一次世界大战改变了全球力量平衡，为争夺全球领导权，美国正在挑战倒下的和分裂的欧洲。在战争进程中，金融主导优势已经跨越大西洋，从伦敦转移到纽约，因为欧洲的国际债务猛涨，而美国则成了最大的债权国。到停火时，美国的国内生产总值与欧洲所有国家的国内生产总值总和相等。旧世界的领袖们充分注意到了这一点，他们开始主动认可如后前景：一个全新的以美国为首的世界秩序。然而，在地缘政治竞技场上，华盛顿当局的表现不如预期，而事实表明，战后缔造世界和平的进程困难重重——伍德罗·威尔逊总统和国内对手之间痛苦的、没完没了的斗争导致联邦参议院拒绝让美国成为新成立的国际联盟的成员国。这一结果保留了以欧洲为世界中

心的概念（历史终将证明，这是个伪概念），让某些人欢欣鼓
舞——例如像约瑟夫·P. 肯尼迪一样的人——他们希望美国不受
55 外国政治的束缚，唯恐那么做会侵蚀到美国的主权，威胁到美国的
生活方式。许多希望美国成为国际联盟成员国的人甚至也从容接受
这一失败，只将其视作繁荣发展道路上的小坎坷。[57]

约瑟夫·P. 肯尼迪创办自己的公司时，市场繁荣还要数年才
会到来，当时华尔街的氛围却反映了不断增加且普遍乐观的情绪。
在盖伦·斯通的指导下，他学会了利用内幕信息将风险最小化，将
收益最大化。由于他对数字无感，又无技术，反而让他对股市欺诈
变得悟性极高，当年那么做是合法的，只是许多人认为那么做会让
人声名狼藉。股票池是当年人们爱用的策略，构建池子时，需要好
几名交易员联手行动，买入冷门股票的股份，持续买入和卖出，人
为制造一种暴涨的假象，如此即可吸引一些不够熟悉的投资人。一
旦达到事先约定的最高价，就会有人进入池子"拔掉塞子"，在股
票跌回真实的市场价值时，一些被骗的投资者会留在池子里，手里
紧紧抱着自己的钱袋子。实战中还有个精细化的选项，股价下行时
立刻卖空股票。[58]

数十年弹指一挥间，约瑟夫·P. 肯尼迪的几个儿子成为著名
政治家后，一些批评人士反复指责他于 20 世纪 20 年代勾结犯罪团
伙成员非法私卖酒类，他的大部分投资资金来自此种操作，说到
底，那可是禁酒令时代。（美国宪法第十八修正案于 1919 年在一些
州获得通过，并于第二年开始生效，该修正案禁止在全美范围内制
造、运输、销售致醉酒类。）[59]从未有人拿出确凿证据证明这类指

控，戴维·纳索和丹尼尔·奥克伦特（Daniel Okrent）的缜密研究也未能发现任何证据。① 不仅如此，正如纳索所说，"肯尼迪是个私酒贩子"这一概念与人们所知的那个人相去甚远。他做生意总是小心又小心，总是高度重视给外人留下负责任的形象，还要维护这一形象。作为盎格鲁–撒克逊白人新教徒（WASP）金融圈以外的爱尔兰裔天主教徒，他再明白不过的是，对手们总是对他虎视眈眈，盼着他摔跟头；他每走一步都要小心翼翼。他并非不乐意在法律边缘玩火，只要条件有保障，冒点金融风险未尝不可，虽然如此，他仍会极度小心不越线，不跨入非法领域——毕竟那么做会损失惨重。[60]

56

时间来到 1925 年末，约瑟夫·P. 肯尼迪已经成为身价好几百万的富翁。大学毕业前他发过的誓言——35 岁前赚到第一个百万——已经成真，而且还超越了。[61]

不过，他仍然不满足。几乎每一天，他都会收到提醒，他和他的家人永远不会被"真正的波士顿人"完全接纳——即便他在物质方面早已将显赫的哈佛朋友们甩在身后好几条街。从自家儿子们在学校遭遇的对待，从自己的女儿们成年之际受邀参加正式社交晚会时遇到的障碍，从他自己在海登斯通公司升职时遭遇的天花板，他把一切都看得一清二楚。在波士顿以南约 24 千米的科哈塞特滨海

---

① 所谓私卖酒类的说法可能来自这样的事实：1933 年，禁酒令解禁后，约瑟夫·P. 肯尼迪通过进口翰格威士忌（Haig & Haig）和帝王威士忌（Dewar's Scotch）狠狠赚了一大笔。说实在的，禁酒令正式解禁前，他早已从一些英国酒厂获得分销权，在新成立的萨默塞特进口公司（Somerset Importers）的库房里储备了数千箱烈酒（货物来源合法，有华盛顿颁发的"医疗用品"进口许可）。（Whalen, *Founding Father*, 136.）——原注

区（Cohasset），他为家人租下了一座消夏别墅，房子坐落在布满礁石的海滩上。他也因此体验到了精英阶层指向明确的偏见：许多波士顿精英家族在那里避暑，他们非常明确地表示，不想跟新来的爱尔兰裔美国人有任何接触。社区的女主人们都不爱搭理罗丝，约瑟夫申请科哈塞特城郊俱乐部（Cohasset Country Club）会员资格时也遭到了拒绝。[62]

对这类失望，其他人很可能会一笑而过，因为他们非常清楚，与约瑟夫·P. 肯尼迪在金融领域取得的巨大成就和他那让人艳羡的大家庭相比，这些都算不上什么。不过，约瑟夫·P. 肯尼迪从来不会那样分析问题，他的自尊不允许他那么做。在骄傲且乐观的"凡事都无所谓"的外表下，他是一个没有安全感的人，他的自我价值意识与成功联系得如此紧密，以至于微不足道的失败和被拒——哈佛大学那种社会轻视以及城郊俱乐部那种排外——也会给他留下深深的和持久的伤害。一路走来，无论他取得了多少成就都无济于事。"他妈的！我出生在这里，"在一次访谈中，提到波士顿时，他的失望逐字逐句地增加，"我的孩子们也出生在这里。我他妈的还能做什么才能成为真正的美国人？"[63]

他想走出去：想跳出波士顿狭隘的社会环境，想把全家搬到一个更为开放、由贤明人士治理的地方，在那里，他可以大把大把任意度过自己的时间，也就是说，搬到纽约市里。波士顿"那地方不适合养育信天主教的孩子们"，这是他搬离以后说的话。也许真的不适合，不过，想到搬家这主意，同样是天主教徒的妻子立刻皱起了眉头。罗丝·肯尼迪自己在童年时期转过好几次学，她觉得那种

经历让人很不爽，她不希望同样的事落在自己的孩子们头上。她喜　57
欢波士顿城，珍视那座城市厚重的历史，以及它作为美国革命摇篮
的历史地位，很少有人能借助那座城市的众多地标认路，而她却
能。不过，她丈夫固执己见，而她也习惯于在重大问题上夫唱妇随
（她经常在公开场合说，丈夫是"构筑我们生活的建筑师"）。她
发现，自己的立场在逐渐软化。前往曼哈顿看望约瑟夫后，她意识
到自己喜欢上了那地方，看过的几场百老汇演出也让她很享受。
1927 年 9 月，一场脊髓灰质炎——1921 年让富兰克林·罗斯福下
肢瘫痪的同一种疾病——在马萨诸塞州暴发后，德克斯特学校宣
布，10 月以后才能开学，罗丝就此最终答应了：那就搬到纽
约吧。[64]

　　1927 年 9 月 27 日，肯尼迪一家至少九人搭乘一节专门租下的
列车车厢南下，来到俯瞰哈德逊河的布朗克斯区绿树成荫的里弗代
尔社区（Riverdale）。一家人在独立大道（Independence Avenue）
和第 252 大街拐角处一座灰泥外墙的房子里安顿下来，房子是租来
的。不远处是波浪山庄，著名作家马克·吐温和美国第 26 任总统
西奥多·罗斯福（Theodore Roosevelt）都在那里居住过。搬到里弗
代尔是罗丝提议的，因为从主要方面看，那里与布鲁克莱恩镇相
似：那里是郊区，附近有几所特别好的学校，从家里出发步行不远
即可到达。9 月 28 日，即到达后第二天，几个学龄的孩子进入了私
立的、无宗教派别的里弗代尔乡村学校（Riverdale Country
School）。[65]

VI

　　罗丝·肯尼迪同意搬家了，她同意或许另有一个动机：希望自己和孩子们能经常见到约瑟夫，后者在纽约金融界坐得越来越稳，这种两地分居的状况再也不能继续了。他们落脚未稳，丈夫已经将大部分时间投入与好莱坞有关的领域，他把正在成长的电影产业作为副业进行投资。数年前，在哥伦比亚投资公司担任总裁时，约瑟夫曾经对一名同事说："我们必须进军影视业，这是个新产业，还是个金矿。"20 世纪 20 年代初，在海登斯通公司时，他曾经参与许多电影的制作和分销，还迅速控制了新英格兰地区 31 家连锁影院。在把控时机方面，他再次显示出卓越的能力：在资本全额投资方面，电影产业正快速成长为全美最大的产业之一。美国全国散布着大约两万座影院，规模跨度从小城镇的有 100 个座位的场所到豪华的城市"电影院"，这种影院内有巴洛克风格的大厅，以及 1000 个或更多的软座椅。1922 年，各类电影每周能吸引 4000 万观众；至 1929 年，这一数字增长到了 1 亿——当年全美人口仅有 1.22 亿，每周前往教堂的人仅有 6000 万。[66]

　　不过，让约瑟夫·肯尼迪震惊的是，这是个经营不善的产业，混乱、浪费、结构缺陷比比皆是，好像是为他这种眼里只有数字和利润的人专门定制的。1926 年，他买下了一家垂死的公司，名为"电影预约公司"，很快他就以每月制作两到三部好莱坞烂片的速度大赚特赚。在这类电影里，艺术特色一文不值——作为制片人，约瑟夫·肯尼迪最关心的是电影能不能赚钱。西部片和情节片占了主导地位，《帅酷的牛仔》（*The Dude Cowboy*）、《炽热的红蹄子》（*Red Hot Hooves*），这类名称的电影的主演都是无名之辈，或过气的明星。［他也曾经尝试签约当年的全美棒球明星鲁斯宝贝（Babe Ruth），最终徒劳无功。］每部片子的预算很少超过三万美元。[67]

约瑟夫·肯尼迪对好莱坞名流们的态度与他对波士顿精英们的态度如出一辙，即打心眼里瞧不起他们，却也不得不寻求他们的接纳。1927 年初，他突然想到一个主意，让各电影厂的负责人到哈佛大学开设以电影产业为主题的系列讲座。商学院院长和哈佛校长A. 劳伦斯·洛厄尔（A. Lawrence Lowell）双双在邀请函上签了名，邀请函随之发了出去。虽然许多电影界大亨没说什么——有几个还互相拆台——但在全国首席大学发表演讲，这样的荣耀足以让他们折服，而这一点正如约瑟夫所料。他们一个接一个接受了邀请，来到了哈佛校园，而且心里都抑制不住敬意和激动。"我迫不及待地想告诉你们，来到一所如此了不起的大学发表演说，让我深受感动。以前我从未亲眼见过大学校园。"这是马库斯·洛伊（Marcus Loew）发自肺腑的感慨。包括阿尔弗雷德·朱克（Alfred Zukor）和哈里·华纳（Harry Warner）那样的影视巨擘也说过类似的话。对约瑟夫·肯尼迪而言，这番努力成了他压倒一切的个人成就，让他作为新的"内部成员"在好莱坞舞台上赢得了领导地位。[68]

对约瑟夫的电影事业，罗丝仅知道大概（约瑟夫经常在起居室支起放映机，在家里首映一些影片，让孩子们异常高兴，也让其朋友们目瞪口呆），而且她以为，约瑟夫会在纽约市经营他那不断壮大的商业帝国。的确如此，约瑟夫把公司最重要的"金融办"留在了曼哈顿第46街不远处的百老汇1560号。不过，大部分时间，他

59　总是在西部出差，有时一连数周在外。另外，他也不是纯粹为了业务。电影编剧赛·霍华德（Cy Howard）后来评论道：

> 在那些日子里，好莱坞是东部银行家外遇的理想之地。那里与东海岸相去甚远，乘火车三天才可抵达，几乎不必担心妻子和情人会在某餐馆或大街拐角偶然相遇。除了这个，电影产业的本质让数十名像约瑟夫一样的好莱坞制片人有完美的借口掩饰自己花大把时间与数不清的美丽女演员朝夕相处，她们也只是正巧为制片人工作。不难理解，电影产业实际上是一种掩饰，让男人们得以通过合法的嫖娼形式携带情人出席晚餐，甚至是晚会。[69]

约瑟夫·肯尼迪充分利用了这一优势，持续不断地与各路女演员和女舞者约会。

1927年11月，肯尼迪全家搬到里弗代尔不久，约瑟夫遇到了葛洛丽亚·斯旺森（Gloria Swanson），她是好莱坞居统治地位的性感女人，也是当年电影产业最有权势的女人，还是史上第一位拒绝出演某个百万片酬角色的女演员，她本人和她出演的影片是全美各地美容院和教堂仪式后草坪聚餐时的热门话题。她是更年轻、更精致版的罗丝——两人都有深色的头发，光洁的皮肤，体形娇小——28岁的她用市井机智和活力，以及低沉迷人的嗓音俘获了约瑟夫。

一次，两人共进晚餐期间，约瑟夫向她保证："我们一起定能赚大钱。"约瑟夫名声在外，是好莱坞最精明的投资人之一，葛洛丽亚对此心知肚明。约瑟夫的精力和帅气的外表吸引了葛洛丽亚，她最终同意让约瑟夫管理她的经济事务。经过数年过度消费和糟糕的投资，葛洛丽亚的财务状况一团糟。[70]

很快，两人成了情人。据葛洛丽亚回忆，两人第一次发生性关系是 1928 年 2 月，在佛罗里达州棕榈滩（Palm Beach）一家饭店里（那时罗丝·肯尼迪还在波士顿，女儿琼即将出生）。"在火车上，他吻过我后，我就知道会发生这事。躺倒之后，我也知道，这事会继续。我在想，为什么会这样？我们都婚姻幸福，都有孩子。……然而，所有辩解都没用。我心里非常清楚，各种调整和欺骗都会出现，无论如何都不可避免，除了丈夫，身边这个陌生男人拥有了我。"接下来，在贝弗利山罗迪欧大道（Rodeo Drive）约瑟夫租住的房子里，还会有多次"在一起的亲密时刻"，每次事后，"约瑟夫都会安排一个司机［多数时候是时刻陪伴在他左右的埃迪·摩尔］送我回家"[71]。对葛洛丽亚的迷恋是约瑟夫以前跟任何情人都没有过的，这让他过上了一种分裂的生活，一方面是妻子和家人，另一方面是情人，好莱坞超级巨星，他的终极奖品。不过，生活也并非完全分裂——一次，葛洛丽亚和丈夫跟罗丝和约瑟夫一起前往欧洲旅游［两个女人还在巴黎吕西安·勒隆（Lucien Lelong）女性用品专卖店一起购物］，她也经常出入肯尼迪家，是他们一大家子的常客。[72]

最初，葛洛丽亚试图反对那次欧洲行，但无济于事。"一旦他做出决定，"她后来记述道，"这世界就没有足够大的杠杆撬得动他。我会整天跟他辩论，不过我清楚，最后还是他把我驳倒。"因而她同意"用一件大披肩盖住'红字'①，跟他妻子、我丈夫、教区牧师一起喝茶，毫无疑问，当然还有媒体"[73]。

　　罗丝坚决否认丈夫和葛洛丽亚除了业务关系还有其他关系。按照尤妮斯·肯尼迪·施赖弗的说法，20 世纪 60 年代以前，关于这种绯闻，母亲甚至没听说过任何传言，听说后也未予理睬。她所说的一无所知似乎很难让人信服，更为可信的是，这段罗曼史正在进行时，罗丝就知道了，不过她选择将其藏在心里，假装没那回事。她家的一个用人回忆说："肯尼迪夫人就是有这种让人惊奇的本领，将自己不想知道、不想面对、不想处理的事拒之门外，相反，她真会相信自己想相信的事。"考虑到罗丝具有看似高度受限的观点，她内心或许有一小块地方甚至会宽恕这种关系，或者说，至少她可以理解这种关系，她这种观点建立在虔诚的天主教徒只能有适当的性行为的基础上——从本质上说就是，除非为了生殖，否则无论是频度还是持续时间，性交都应受到极力限制——另外，她也知道，这与她丈夫的性欲相抵触。[74]

　　站在约瑟夫·肯尼迪的立场看，其实他也明白，拈花惹草不对，通奸违反上帝的教诲。不过，他同时也相信忏悔，相信对罪行应当宽宥，所以他继续着偏离婚床的行为。他过分痴迷于获胜、征

---

　　①　"红字"出自美国作家纳撒尼尔·霍桑的小说《红字》（The Scarlet Letter），代指罪恶和耻辱的标记。——编注

服，他总是想得到更多、更多、更多——在生活的所有领域均如此。一名认识约瑟夫的记者推测，对约瑟夫来说，情妇是"除了钱以外富人必须拥有的东西——就像鱼子酱。它与性无关，它是形象的一部分……这是他对男子气概的想法"[75]。

约瑟夫·肯尼迪似乎从未认真考虑过为了某个女人离开罗丝，即使那女人是葛洛丽亚·斯旺森。这位女演员曾在回忆录里提到，约瑟夫考虑过为她离开罗丝，不过，这一说法未免太牵强。[76]她是个大猎物，堪称全世界最诱人的女性之一，与她约会为约瑟夫在好莱坞树立了威望——远不止如此——在约瑟夫无比惊讶的哈佛朋友圈里也是这样。就算这一艳遇对约瑟夫很重要（如葛洛丽亚所希望的），约瑟夫给予葛洛丽亚的时间也比他能给予的少。对约瑟夫而言，家庭是尤其神圣不可侵犯的，即使他经常以一种奇怪的和冷漠的方式表达这一点。犹如与他地位相同的男人们通常所为一样，他喜欢的处世方法为，家里有个贤妻，出门时有几个女友相伴。时间移至 1929 年秋，这一外遇已走到尽头，而约瑟夫则打算离开好莱坞，离开电影业——500 万美元已经到手，深受溃疡折磨的他却轻了 27 斤。[77]

约瑟夫心里明白，他需要约束自己，需要回到更为含蓄的美国东北部，回到妻子和孩子们身边。1929 年初，P. J. 肯尼迪病情危重，当时他已 71 岁。（玛丽·奥古斯塔早在 1923 年就已亡故。）父亲临终的那些日子里，约瑟夫回到波士顿，在病榻旁陪伴了好几天；P. J. 似乎又恢复了活力，儿子约瑟夫认为，这是他可以返回加利福尼亚的信号，最终迎来的却是 5 月 18 日父亲去世。父亲葬礼那天，约瑟夫没有从好莱坞返回（他让罗丝和小约代他出席），做完决定后，他很快就后悔了。约瑟夫从来不是反躬自省的人，即便如此，他心里也清楚，他已经40岁，如今父亲也走了，唯恐再次失去家人的他必须将所有事情的主次重新理顺。他必须回家了，家可不是炫目且年轻的南加州，不是荒蛮的西部。[78]

　　另外，尽管职业操守早已深深嵌入约瑟夫的骨髓，但他一直觉得，很难把足够多的注意力从洛杉矶移到纽约滴答作响的股票行情显示器上。如今，他已经踏上逐步往东部过渡的路，他有心思这么做了。他觉察出，华尔街即将发生一些大事，所以他做了个重大决定，他的决定与身边的人群以及众口一词的专家观点相悖：他退出了股市。当年约瑟夫经常向人际关系广泛的、如日中天的律师盖伊·柯里尔（Guy Currier）咨询，后者警告他，股市似乎在暴涨，令人不安的、不确定的、危险的信号从四面八方冒出来。易于悲观的约瑟夫表示同意。即使在身边众多银行家、实业家、股票交易员都看涨时，他却已经将手里巨量的证券投资组合做了系统性清算。1929年9月，股价开始下跌时，他已经可以做到隔岸观火。10月29日，"黑色星期二"，股价跌到底时，他仍在隔岸观火。[79]

　　历史学家弗雷德里克·刘易斯·艾伦（Frederick Lewis Allen）是约瑟夫的哈佛校友之一，在其经典作品《浮华时代》（*Only Yesterday*）里，对那个时刻有一段精彩的描述：

　　　　星期二上午10：00，交易所大厅的铃声几乎还没响起，如同暴风雨般的股价下跌就出现了，数额巨大的股票被抛进市场，不管是能以什么价格卖出。5000 股、10000 股一次抛出的交易出现在行情显示器上，价格低得惊人。不仅数不清的散户在抛售，大股东——那些新经济时代的领导者、几星期前还可以自称是百万富翁的人们，也在抛售。一位炒股专家发现自己被拼命要卖出股票的经纪人一次又一次地重重围住——根本就没有人想到要买进。[1][80]

VII

如此看待肯尼迪夫妇这一阶段的婚姻肯定会很吸引人：最多不过是精心的伪装，或不过是两人都在维持一种不再生育的合作，两人都对另一方几乎无感，只是在冷静地履行将孩子们栽培为成功人士的承诺。这样的诱惑理应遭到抵制。如果（像某些作者坚称的那样）20 年代末期肯尼迪夫妇的关系在很大程度上已经变得无性可言，如果他们仍在勉强维持两人之间感情的方方面面，同样真实的是，他们仍然维持着牢不可破的夫妻关系。他们之间的鸿雁传书（尤其是约瑟夫寄出的那些信件）足以证明这一事实。他们经常充满爱意地谈论孩子们，谈到一起走过的历史和一起参与的各种宗教活动，字里行间充满了恬适。让约瑟夫骄傲的是，罗丝是尽职尽责

[1]　引自弗雷德里克·刘易斯·艾伦：《浮华时代：美国 20 世纪 20 年代简史》，汪晓莉、袁玲丽译，上海财经大学出版社，2008 年，第 246 页。——编注

的母亲，也是拥有智慧和天赋的妻子，而罗丝既崇拜又珍视约瑟夫认真履行承诺——他给孩子们带来幸福，对孩子们的各种活动和成就表现出兴趣。[81]

　　不过，20世纪20年代末，两人婚姻关系中的紧张确实真实存在，不仅他们家的用人看得出来，几个大点儿的孩子同样看得出来，孩子们非常清楚，自己的父亲跟其他女人不清不楚。约瑟夫长期缺位，待在加利福尼亚（以及棕榈滩，每到冬季他就喜欢待在那里）不回家，加上罗丝经常外出旅行，数星期不回家，这意味着经常会有相当长时间肯尼迪家的孩子们必须与代理家长一起生活，这样的生活无非有两种形式：跟用人一起，或者跟死心塌地的埃迪·摩尔和玛丽·摩尔一起。对这一阶段父母婚姻不睦，以及母亲经常不在家，年幼的杰克会感到怨恨吗？史料对此语焉不详，不过可以肯定的是他会，至少一定程度上会。[82]其实每个孩子都会怨恨。后来的一些作家将罗丝的多次旅行视作她感情荒芜、缺乏母爱，采用"经理人式"的方法抚养孩子的证据。不过，尽管她永远保留一部分自我，不会让母性消耗自己，偶尔与家庭活动保持若即若离，外人真有资格为此责备她吗？她有八个孩子，未来还会增加一个，婚姻的另一半长期有外遇，不定期还会带个情人回家吃晚餐，还自以为那么做没什么大不了。对罗丝来说，维持独立身份不过是一种自我保护的方式。对数不胜数的当代观察人士来说，罗丝是保证全家人在一起的黏合剂，杰克也这么认为。正如她家的一名密友对传记作家所说："约瑟夫为一家人提供了火种，罗丝则提供了钢材，如今依然如此。"[83]

　　数十年后，杰克为母亲做了发人深省的、宽宏大量的总结：

"以前她总会与人拉开点距离，如今依然这样，我以为，对于有九个孩子的人，生存之道就该如此。我还认为，对一大家子人来说，她是真正的模范母亲。"[84]

全家搬到纽约后，无论在家里会感到什么样的紧张氛围，杰克似乎对新的环境和里弗代尔乡村学校适应得相当不错。老师们描述他聪明、自信、有风度；朋友们都记得，他人见人爱，喜欢运动；女孩们则为他发狂。六年级时，在历史课双月考成绩单上，杰克获得了一连串"优异"（各科考试成绩都在 90 分以上），还获得了全校最佳作文结业奖。"肯尼迪家没人会宠着孩子们，"杰克的社会学老师之一哈罗德·克鲁（Harold Klue）回忆说，"孩子们要懂得自立，独自思考。"[85]

比方说，杰克肯定会认为自己从未受到过娇宠。肯尼迪家的所有孩子都曾经在某个时刻恳请父亲增加每周的零花钱，这方面堪称有格调的是杰克的一次尝试，那是全家搬到纽约第一年的某个时刻，他给"尊敬的 J. P. 肯尼迪先生"打了个报告，标题为《恳请加薪》，其中还模仿了《圣经·哥林多前书》第十三章的一句话：

> 最近我每周的零花钱为 40 美分，这些钱我都用在了飞机和小孩玩的其他东西上。既成了童子军，就把孩子的事丢弃了。① 如果我花掉 40 美分里的 20 美分，5 分钟后我的兜就会

---

① 《哥林多前书》13：11 的原文为："我作孩子的时候，话语像孩子，心思像孩子，意念像孩子；既成了人，就把孩子的事丢弃了。"——编注

64　　瘪掉，损失的20美分我没有任何办法挣回来。既然当上了童子军，我就必须购买水壶、背带、毯子、探照灯、斗篷，以及各种能长期使用的东西……所以我恳请提高30美分，以便购买童子军用品，支付更多需要的东西。[86]

申请奏效，"J. P. 肯尼迪先生"批准了"加薪申请"。

升入七年级后，杰克的成绩跌落到平均水平。看过他的综合表现后，宽宏大量的校长给他的评语为："值得表扬。"杰克的一名同学则回忆说，那年他重点关注的似乎是"为星期六下午场电影找个女伴儿"[87]。（像许多12岁的男孩一样，杰克在女孩们身边觉得害羞——按照家人的说法，姑娘们开始给他家里打电话后，他几乎无法与她们说话。）也许再次搬家带来的干扰也影响了他的学业：1929年5月，他们家搬到了纽约富人区布朗克斯维尔庞德菲尔德路（Pondfield Road）一座有12个房间的殖民地时期的建筑里。布朗克斯维尔是占地2.6平方千米的村庄，位于里弗代尔附近，往南24千米就是曼哈顿中心区。约瑟夫花费25万美元（约等于如今的370万美元）购置了那处名为"皇冠之地"（Crownlands）的宅子，它坐落在36亩绿荫地上，有个草坪网球场，还有五个车库，花匠和司机分别有独立的住房。小约、杰克开始乘坐公交车前往里弗代尔上学，后来鲍比也加入了他们，几个姑娘都在公立布朗克斯维尔学校（Bronxville School）上学。

然而，那一时期，约瑟夫购置的最重要的房产不是"皇冠之地"。自从在科哈塞特滨海区遭到羞辱后，全家人在那地方往南约

80 千米的科德角半岛海恩尼斯（Hyannis）港度过了好几个夏季。海恩尼斯港是比邻大镇海恩尼斯镇的一个小村子，村里大约有 100 座房子，个个结实，房间宽敞，木瓦盖顶或有护墙板，每座房子之间有修剪整齐的树篱或低矮的石墙相隔。当时那地方还没成为后来的时髦之地，与科哈塞特滨海区、巴尔港（Bar Harbor）、纽波特（Newport）相比，那里远不是波士顿精英们理想的消夏之地。尽管如此，那里有好几样东西无可替代：铁路交通发达，有好几处沙质海滩，有一座天主教堂，有喜迎约瑟夫·肯尼迪成为会员的高尔夫俱乐部，还有游艇俱乐部，随着小约、杰克和其他几个孩子的成长，他们可以在那里学习驾驶游艇，可以比赛。最理想的是，"真正的波士顿人"尚未开始往海恩尼斯港扎堆，他们一来，就会有人瞧不起暴富的爱尔兰裔天主教徒肯尼迪家族。还有，那地方让罗丝的婚姻和家庭在马萨诸塞州有了根基，这是她最渴望和最想要的。 65
肯尼迪一家租下了"马尔科姆小屋"（Malcolm Cottage），那是一座位于马钱特大道（Marchant Avenue）的房子，有三重房顶，布局不规整，木质的墙板漆成白色，百叶窗为黑色，有好几个宽敞的门廊，有个网球场，孩子们可以在 15 亩大的斜坡草坪上玩耍，还有个朝向楠塔基特海峡（Nantucket Sound）的景色超棒的私家海滩。面朝大海左手处有一道延伸进海里的防波堤，以防海浪撞击。

　　1928 年，约瑟夫以自己和罗丝两人的名义买下了这处房产，立即委托施工公司将房子或多或少扩大了一倍，使之有了 15 个房间、9 间浴室，还在地下室里添置了一套美国无线电公司（RCA）的家庭影院设备（在私宅里安装这东西，当年真是闻所未闻）。每当肯

肯尼迪家的八个孩子站成一排：琼、鲍比、帕特、尤妮斯、凯瑟琳、罗斯玛丽、杰克、小约。摄于 1928 年 8 月，海恩尼斯港。

尼迪家里人提到"家"时，说的就是这地方。约瑟夫刚刚返回东海 66
岸，仍然整日忙得不可开交。与其他住宅相比，这地方将成为约瑟
夫着手塑造孩子们的地方。[88]

尤其对两个年龄最大的男孩来说，海恩尼斯港注定比布朗克斯
维尔社区那所房子更有意义。因为，上学期间，他们在家住宿的日
子很快要到头了。寄宿学校正在向他们招手。

第三章

二儿子

小约和杰克先后出生，兄弟二人年龄相差不到两岁。在以男性为主的家庭里，他们恰好是男孩。正如父亲、爷爷和姥爷成长阶段各自在家都享有特殊地位，小约和杰克在众多兄弟姐妹间也骄傲地享有各自的重要地位。不过，兄弟二人并不平等，由于小约是孩子里的老大，他才是坐头把交椅的人。从面部特征和深色的头发看，小约继承了菲茨杰拉德家的基因，若论体形和秉性，他像自己的父亲——强健、好斗、合群、好动，笑起来迷人，脾气火爆，特别自信，竞争意识强；与之形成对比的是，杰克不好动，更加内省，更像罗丝。小约很小就知道，他是大儿子，作为承载全家期望的人，他背负着特殊的使命，浑身散发着责任意识，这让他看起来比实际年龄大了几岁。他一腔热血，目标明确，决心不辜负父母为他制定的那些严苛的标准。

如果小约对自己在家里的地位有任何怀疑，父母会帮忙抹平。做父亲的将他看作自己的延伸，而罗丝很早就认定，健硕且帅气的长子注定会成就伟业。体弱多病的二儿子居然跟哥哥一样聪明，甚至会超越哥哥，在很长一段时间内，父母两人无论是谁都觉得不可思议。顺便说一句，快速浏览一下兄弟两人分别从学校寄回家的信件，肯定会看到相同的结果。（半个多世纪后，罗丝在一次采访中坦承，测试结果显示，杰克的智商更高。不过她说，无论在测试时还是之后她都不信。）[1] 在作家多丽丝·科恩斯·古德温（Doris Kearns Goodwin）笔下，小约小时候，爸妈无论听到他喊他们还是听见他跟别人说话，只要听见他的声音，他们脸上就会漾满灿烂的笑容。"综合各方面情况看，这显然是个被爱包裹的孩子。幼小的小约和父母之间产生的共鸣，无论哪一方永远都不会真的明白，无论哪一方也都永远不会忘记。"[2]

老约经常不在家，每遇这种情况，逐渐长大的小约便开始扮演父亲的替身角色。他执行纪律毫不含糊。"孩子们怕的不是父亲，"肯尼迪家的一个熟人说，"而是小约。他们从来不敢躲在任何地方偷偷抽烟，真实原因是，小约发现后会把他们打得屁滚尿流。"不过，小约也会心里充满爱，温柔无比，在运动场上和游泳池里耐心教几个小不点儿。这就是孩子们的世界：小约放学回家时，人们经常看见一个或好几个小小孩跑出门抱住他，吻他，好像他不是哥哥，而是爸爸。对小鲍比来说，小约成了他心中的英雄人物。"我家小约哥哥最关心我们了，"鲍比长大后说，"他教我们划船、游泳、玩橄榄球和棒球。"[3]

父子间的亲密在晚餐过程中表现得尤为明显。在肯尼迪家，吃饭不仅仅是吃饭，他们家的晚餐往往还是研讨会，在餐桌上，老约常借机就当天发生的国际国内大事向自己的男性后裔提问。（唯一的禁忌话题是金钱和生意："大商人是美国最被高估的一些人。我不过是东波士顿的一个小屁孩，我来了，两样都得到了。这没什么可惊讶的。"）最初阶段，父亲的问题总是指向大儿子，后者多数时候总是鹦鹉学舌般重复父亲的观点；杰克长到一定年龄后，也会在父亲的鼓励下参与其中，不过往往是在哥哥发言之后。"你怎么看，杰克？"父亲常常这样引导，"说说你的看法。"再后来，鲍比也加入了这一组合。在这种沙文主义氛围里，父亲和几个儿子热烈地讨论问题时，家里的几个女孩唯有满怀崇敬倾听的份。即便如此，经常受邀共进晚餐的杰克的挚友莱姆·比林斯回忆说，"既聪69 明又伶俐"的凯瑟琳（除了母亲，大家都称呼她"基克"）"在许多方面更像杰克"，她经常参与这样的交谈。[4]老约出差在外时，罗丝会主持这样的对话，她往往会事先列个清单，问题通常偏向文学和历史，她的提问同样会首先指向两个大男孩。以下是两个例子。

"巨大的沙尘暴正横扫大草原（Great Plains），可怜的人们吸入的都是沙子和灰尘。如果你们处在这种情况中，该怎么办？"

"环球飞行的可怜的阿梅莉亚·埃尔哈特（Amelia Earhart）还在失踪状态，都过去好几周了，还没找到她，这好像不太可能。孩子们，你们觉得她会在什么地方？"[5]

对孩子们的朋友来说，受邀前往肯尼迪家一起进餐肯定会是紧张时刻。肯尼迪先生和肯尼迪夫人会不会转向他们，询问他们有没有犀利的想法？如果他们没听懂问题，如果他们未能马上理解正在

　　身穿周日盛装的杰克和小约。摄于 1919 年，地点为布鲁克莱恩镇。

70　讨论的话题，那该怎么办？哈里·福勒（Harry Fowler）就是这样一个朋友，某个夏季，他怀揣这样的想法去了肯尼迪家，他是因为好玩，为了放松才去的。"天呐，多美好的星期天下午！"他仍然记得，跟肯尼迪一家一起进午餐时，他正是这么想的，"真没法理解，肯尼迪夫人这么做到底是为了什么？"[6]

说实话，朋友们没必要担忧自己会被问到，在这类研讨会上，他们原本就不是参与者。肯尼迪先生尤其明确地表示过，他仅仅对自己的儿子们会说什么感兴趣。他只是想把他们打造成他希望的年轻人，他们的朋友参与其中只会让他分散注意力。杰克的同学之一以前不知道他家的规矩，傻傻地提了个问题，得到的回答"相当简约，好像［肯尼迪先生］不想被别人打扰"。与之相比，如果是他那几个儿子提问，无论提出的问题多么不着调，都会从父亲那里得到完整的和详尽的答复，经常还会有反问伴随其后。[7]

即使外人对前述别扭的教育方式持有异议，但对约瑟夫·肯尼迪尽心尽意为孩子们好，以及他在养育孩子方面的投入，人们仍会赞不绝口。同时代的大多数父亲倾向于在家里与孩子拉开距离，与他们相比，约瑟夫倾向于深度参与抚养子女，尤其是他从好莱坞返回以后。[8]罗丝更在意从感情上与孩子们保持距离，与之形成对比的是，约瑟夫更愿意接近孩子们，也更温柔——琼是第八个出生的孩子，她长大后谈到约瑟夫时用的是"温馨"一词。约瑟夫几乎从不居高临下地对孩子们说话；如果孩子们做错了事，他很快会原谅他们；如果孩子们没能达到他的预期，他很快会接受现实，然后朝前看。尽管如此，他绝不娇惯孩子们。即使因为生意的事出差在外，孩子们也能感觉出，他心里有他们，因为他不停地给他们写信，鼓励他们，引导他们，为他们的自我提高提供一些小诀窍，但在择业以及生活哲学方面，他极少尝试强迫孩子们。或者说，至少他不会大力施压——因为他自己心中的英雄既不是艺术家，也不是诗人，更不是哲学家，而是实干家。约瑟夫理所当然地认为，必须引领孩子们往这一方向发展。最重要的是，他总是说，肯尼迪一家应当团结一心，面对可能发生的一切——哪怕一家人面对着全世界。就孩子们来说，他们崇拜约瑟夫，张口闭口总会提到他。他每次回家，孩子们都会挤在门口迎接。每当孩子们遇到问题，通常会先问爸爸，然后才问妈妈。[9]

"他从不打骂孩子，从不伤害任何一个孩子，同时他也有办法让我们准确知道他希望我们成为什么样的人。"肯尼迪家最小的孩子爱德华（早先大家都称呼他泰迪，后来改称泰德）2009 年出版的感人至深的回忆录《真正的引导人》（*True Compass*）中如此写道。在一次交谈中，父亲的措辞"如此简约和生动"，65 年后，做儿子的依然能准确回忆起他说的每一个字："你可以过严肃的生活，也可以混日子，泰迪。无论你做什么选择，我同样会爱你。不过，如果你选择混日子，我就不会在你身上多花时间。你自己拿主意吧。咱家孩子太多，与你的事相比，我有兴趣操心的事已经多得顾不过来了。"泰德信誓旦旦地说，父亲对他的爱从来都毋庸置疑。"我们都知道，我们随时可以回家，可以犯错，可以失败，但无论说了什么，做了什么，回到家一样会受到尊重和喜爱。"[10]

杰克非常清楚小约的长子地位，这在孩子群里给了他一个自己永远无法逾越的地位。即便如此，他心里仍然会感到不爽。即使这情况让他无法完全接受，他也只能理解。心理学家阿尔弗雷德·阿德勒（Alfred Adler）曾就出生顺序如此论述："第二个出生的孩子的脾气堪比被夺走一切的人的妒忌，毫无来由会生出被轻视的感觉。这种人的目标可能设定得太高，因此后半生会痛苦不堪，随后内心的和谐也会被打破。对此，一个四岁的小男孩的表达非常到位，他边哭边喊：'我的岁数永远都超不过哥哥，我太不幸了！'"美国著名作家亨利·詹姆斯（Henry James）与哲学家哥哥威廉（William）的岁数差距与杰克和小约的岁数差距相似，他曾经写道，威廉"只不过比我早16个月开始体验这个世界，却拥有巨大优势，让我整个童年时期和青少年时期没有一点办法追上他或超越他"[11]。

在肯尼迪兄弟姐妹中，唯有杰克尝试过挑战小约的首领地位。兄弟二人凭体力打斗时，杰克因为身体弱，个头小，极少占上风，即便如此，在哥哥眼里，弟弟的精明足以构成威胁。兄弟二人经常在起居室里动手，每次打斗都把几个小不点儿吓得缩进墙角或往楼上跑。（鲍比总是吓得最厉害，双手捂住耳朵，拼命哭喊。）始终不变的结局为，每次都是杰克被锁住双手认输。在运动场面对面竞争时，小约的身高和力气通常会碾压杰克的坚韧和身体协调。因为总是被打压，杰克只好操起弱势一方常用的几件武器：狡诈和胆量。72 罗丝多年后回忆起一个典型的插曲，那是在海恩尼斯港期间，杰克吃完自己的甜点，从小约的盘子里一把抓过哥哥那份就跑，在哥哥拼命追赶的过程中把点心都塞进嘴里，为躲避被抓和挨揍，他被迫跳进水里，他知道上岸会有什么后果。[12]

数十年后，有人问杰克，少儿时期有没有碰到过真正让他过不去的事，他想到的唯有一样：哥哥。"他生性好斗，"这是他对小约的评价，"后来我们扯平了，不过，在我童年时期，那可是个大麻烦。"[13]

老约非但不设法阻止儿子们争斗，反而纵容他们。1926年7月，在写给大儿子的信里，他是这么表述的："别忘了，杰克每天坐在钢琴旁边练习一个小时，还花半小时到45分钟读书，所以，他真的比你花的时间多。"[14]两个儿子当着他的面动手时，他也只是旁观，即使他们打起来，他也绝不劝阻，就好像他在给兄弟二人灌输将来闯进现实世界时必定会非常需要坚韧一样。

Ⅱ

父母表现出偏袒哥哥，杰克会生气吗？外人猜测，他一定会，至少一定程度上会。不过，根据莱姆·比林斯的说法，杰克觉得，原谅父母偏袒哥哥相当容易，因为他从未察觉父母对自己不公，还因为处在二儿子的位置，他得以拥有空间，不显山不露水，他珍视这些。这也成就了他对一切天生好奇，也让他得以沉浸在阅读中，从而躲开肯尼迪一家人极其兴奋的生活，哪怕这种躲避只是暂时的。杰克认为，他在心智能力方面与哥哥有一拼，甚至会超越哥哥。由于常患各种疾病，经常卧床，他练就了非凡的智力，在全家人里，这方面他一枝独秀。这让小约大受刺激，因为他希望自己在所有方面都是最好的。[15]

文字以及文字承载的意思让杰克兴趣盎然。他妹妹尤妮斯是这么描述的：他是家里唯一"事事都翻找资料查询答案的人"，也是"所有跟智力有关的事做得最好的人，所有这些事他独占优势"。罗丝回忆"他嗜书如命"，而且"他读的远不止我从家长教师协会书单上和图书馆推荐的书单上精心挑选的那些书"。在所有兄弟姐妹里，唯有他内化了母亲的口头禅：阅读是"最重要的获取知识的手段"。传记、历史、冒险故事、骑士精神——这些都是他喜欢的类型，同时他还拼命阅读英国作家罗伯特·路易斯·史蒂文森（Robert Louis Stevenson）和苏格兰作家沃尔特·司格特爵士（Sir Walter Scott）写的书，他还翻来覆去反复阅读英国作家托马斯·麦考莱（Thomas Macaulay）的《古罗马叙事诗》（*Lays of Ancient Rome*）。历史华章自带节奏，让肯尼迪欣喜若狂，他对读过的书籍有着惊人的记忆，让人惊诧不已的是，甚至数十年后，他仍然能分毫不差地说出书里的许多场景和句子。"他具有非常强烈的浪漫化和理想化的倾向，"罗丝说，"实际上，他某种程度上有梦想家的倾向。我经常有种感觉，他眼下正在做的事只占用了他一半心思，比方说，在家做算术题时，从地面捡起衣服时；而他思想里的另一半已经飘向远方，正在编织美丽的白日梦。……我还能想起他童年时期翻来覆去阅读那本《亚瑟王和圆桌骑士》（*King Arthur and the Round Table*）的情景。"[16]

在某一更早的时间节点，外人也可以看出，杰克有一种颇具讽刺意义的自我意识，以及对肯尼迪家族各种怪癖的背离，从他哥哥身上却完全看不出这些。杰克此一时是肯尼迪家族成员，彼一时却完全像个外人！在高度崇尚守时的家里，他经常迟到；即便母亲像着了魔一样注重家里的秩序和礼貌，杰克却表现得粗心大意、丢三落四、不恭不敬——随着时间的推移，他愈发如此。1932 年冬，两个朋友到布朗克斯维尔火车站接他，只听他调侃道："我想路过家门口时停一下，到婴儿室看一眼，看看家里是否添了新丁。"从家里出来时，他大声说："我的天，还真有！"（他说的是 2 月 22 日刚出生的泰迪。）[17]

正如罗丝后来所说，从童年时期开始，杰克"就想自己所想，按自己的套路做事，某种程度上说，就是不按常理出牌。有时候，实际上是经常，他让我紧张不安，因为我认为，我知道什么是最好的。不过，同时我也非常吃惊，暗自欢喜和高兴。他是个让人快乐的小男孩，说话总是特别形象，出人意料"。肯尼迪的一个朋友评论说，与他的三个兄弟相比，杰克至少没那么"爱出风头和斤斤计较"。他的另一个熟人由此发挥了一下，将杰克描述为"一个独行侠，一个独立的人。原因也许是，在一个竞争尤其激烈的家庭环境中，他某种程度上让自己不参与竞争，还学会了深藏不露，在自己和他人之间竖起了一道墙"[18]。

"毋庸置疑，"历史学家赫伯特·帕尔梅（Herbert Parmet）写道，"这个善于反思的二儿子是几个儿子里最不像父亲的人。"[19]

不过，杰克深爱着自己的家人，对家人特别忠诚。他非常在意父母的想法。在预科学校上学那几年，他特别珍视假期回家的日子。当时他父亲已经将好莱坞抛诸脑后，居家时间很多。尽管父亲仍在不停地追求女性，但父母的婚姻俨然更加稳固了。（在回忆录里，罗丝·肯尼迪将 20 世纪 30 年代初期描述为黄金时代，因为她和约瑟夫经常很长时间在一起，手拉手沿着科德角海滨一起散步，或者在布朗克斯维尔社区的林子里一起散步。）与此同时，杰克和基克之间形成了一种特殊的关系，基克比杰克小三岁，不过她很大程度上像杰克一样，具有一种反应极快的、幽默的自嘲意识（与他们两人相比，小约的幽默更伤人，更刻薄）。杰克发现，妹妹四射的魅力以及崇尚自由的精神特别迷人。杰克也喜欢跟其他几个弟弟妹妹在一起——泰迪出生时，杰克问父母，他能不能当弟弟的教父，父母满足了他的愿望。（他的另一项提议就没有那么幸运了，由于弟弟的生日跟美国第一任总统在同一天，他提议给弟弟起名乔治·华盛顿·肯尼迪。）泰迪长大一点后，杰克教会了他骑自行车和驾驶帆船。[20]

更重要的是，尽管杰克和小约之间有分歧，各方面竞争激烈，但兄弟二人同样精力充沛，感情深刻。从年龄很小开始，两人就是对方的首要玩伴，他们一起经历过数不清的冒险——例如在布鲁克莱恩镇、纽约、海恩尼斯港，以及后来在预科学校和大学期间。[1]杰克从哥哥那里学会了驾驶帆船——如何成为有用的船员，如何搬动船首三角帆的压载物，在各种竞争激烈的比赛中如何保持领先态

---

① 一次恶作剧的结果超出了小约和杰克的预设。兄弟二人确信，布朗克斯维尔社区那所房子的房顶肯定是理想的伞兵跳台。他们用布条和绳子制作了一个降落伞，慷慨地邀请家庭司机的儿子跟他们一起分享乐趣。他们帮助那孩子绑好伞具，然后帮着他从跳台跳了下去。幸运的是，唯一的损伤是脚踝扭伤。——原注

Feb 1932

57

THE CHOATE SCHOOL
WALLINGFORD.CONNECTICUT

Dear Mother,

It is the night before exams so I will write you Wednesday.

Lots of Love.

P.S. Can I be Godfather to the baby

1932 年 2 月，杰克用印有乔特中学信头的便笺给妈妈写的一封信。附言内容为："我能当小宝宝的教父吗？"

势。老约曾经回忆说，两个大男孩"在海恩尼斯港这边独自驾船出
海时，会变得特别小，小到完全看不见他们的脑袋。从岸上看，他
们的船好像是空的"。两个男孩用妈妈的名字将第一条船命名为
"罗丝·伊丽莎白"号，他们花费数不清的时间修补它，还学会了
用完美的技术和速度操控它。正如两人之间经常竞争一样，无论是
在运动场上，还是在校园里，兄弟二人作为团队一致对外时更加
好斗。[21]

75　　　　杰克多年后写了一封信：

> 　　我一直认为，作为大哥，小约的成功无与伦比。年龄还很
> 小时，他就已经具备了对弟弟妹妹的责任意识。我还认为，他
> 从未忘记这一点。……他能给鲍比递好几个小时的橄榄球，陪
> 泰迪游泳，教妹妹们驾驶帆船。……我还认为，如果肯尼迪家
> 的孩子们如今有什么成就，或者将来真的取得任何成就，很大
> 程度上肯定与小约的行为有关，跟他长期以来的示范作用有
> 关，这比其他任何原因都重要。他让爸妈养育一大家子的任务
> 变得无比轻松，爸妈手把手教他的，他都传递给了我们。经他
> 传递的爸妈的教导非但没有稀释，反而还增强了。[22]

76　　　　当年杰克的父母教育孩子们时，着重聚焦于如后几点：教育的
重要性，避免懒惰的重要性，尊重公共服务的重要性，忠于家人的
重要性。不过，说一千道一万，总归就是个赢字。老约一而再再而
三地强调，最关键的不是表现得多好，不是为竞争而竞争，而是打

败所有参与者，稳稳拿到头奖。与第一相比，崇高的体育精神甚至也会黯然失色。他公开说："咱家不需要失败者，只需要胜利者。"孩子们成长到 6 岁或 7 岁，约瑟夫和罗丝会让他们参加各种游泳比赛和帆船比赛，小心翼翼地将他们安置在不同的年龄组，以免他们相互竞争。约瑟夫总是激励他们第一个冲过终点线。"他总是跟我们说，得第二没有任何好处，"尤妮斯说道，她后来成了优秀的帆船水手和全能运动员，"重要的是赢——不要第二或第三，那没用，一定要赢、赢、赢。"不足为奇的是，在海恩尼斯社区，肯尼迪一家得到了如后声誉：不够优雅的竞争对手，为获胜不择手段。虽然老约自己不是娴熟的帆船水手，但他总是跟在孩子们的船后，在小本子上记录他们在表演中或训练中的不足。无论谁犯懒，晚餐时都会在全家人面前接受严厉谴责，然后独自灰溜溜地在厨房吃饭。[23]

"我丈夫是个相当严厉的父亲，"罗丝很久以后承认，"他喜欢让几个男孩在运动场上以及他们参与的所有事情上获胜。如果他们没赢，他会跟他们讨论失败的原因。不过，他对失败的人可没那么大耐心。"[24]

保罗·蔡斯（Paul Chase）是杰克的朋友，他仍然记得近距离看到——以及听到——约瑟夫·肯尼迪先生不惜一切代价必须赢的说教："有好几次，由于找不到人，杰克请我和他一组参赛。一次，我们输得很惨，返回海滩时，老家伙一路上教训了我们半个小时。他说他看了我们的比赛，对我们两人的表现感到不快。他声称，参加比赛就得他妈的尽最大努力去赢我们参与的这种输得非常悲惨的比赛，不然没有任何意义。他对我们真的很生气。"[25]

　　蔡斯透露的逸闻暗示了如后可能，同时也是对约瑟夫·肯尼迪如此冷血更为中肯的评价：他这么做与其说是为了赢，莫如说是为了让孩子们做尝试时拼尽全力。多年后，罗伯特·肯尼迪写道，父亲期盼的是，即使他人在比赛时表现得更有天赋，肯尼迪家的孩子们也必须更加努力。"'你已经尽自己的能力做到了最好，'这是他最常说的话，'去它的吧！'"[26]

77　　去过海恩尼斯港那所房子的观光者会惊讶于那里日间活动的安排。在那地方消夏，完全没有节日里的慵懒，没有时间享受阳光的滋润。老约无法容忍自己的后代四处闲逛，即便闲散一小会儿也不行，他坚持要有排得满满的日程。他妻子同样如此。每天晚上，罗丝会张贴第二天的日程，罗列出各项事务——网球、游泳、高尔夫、帆船运动等，有时还会有专业教练在一旁指导。罗丝在报刊上看到想让孩子们阅读的文章，会把它们剪下来，用大头针钉到餐厅旁边的公告栏上，她还在房子的各个地方专门安放了许多落地灯，以鼓励孩子们阅读。① 周五夜晚是电影放映夜，地点为地下室的家庭剧场，里边有 27 个座位。周六往往是大量体育活动的日子，晚饭后还会再放映一部电影，或者玩一场猜字游戏。几个小点儿的孩子由一名保姆监督，严禁他们骑自行车跑到房子以外；几个大点儿的

---

　　① 罗丝是个一向严谨的语法学家，也是高雅演讲的拥趸，她希望孩子们通过广泛阅读学会基本的文字表达原理。而她对结果深感失望："让我烦恼的是，他们中的多数好像备受文字折磨，不知如何正确使用，'我'的主格和宾格不分，'谁'的主格和宾格不分，'必须'和'想要'不分，'也许'和'可能'不分。他们还随意拆开不定式，随心所欲（像着了魔一样）地滥用标点符号，以介词结尾。"（RK, *Times to Remember*, 113.）——原注

位于海恩尼斯港的房子。

孩子由一名女家庭教师看管，每天傍晚亮灯时分，他们必须回到屋里。每次进餐五分钟前，所有人都必须在餐桌旁就座；每天的晚餐会在 7 点 15 分准时开始。罗丝在每个房间都放置了时钟，所以没人会迟到。[27]

肯尼迪一家属于美国最富裕的家族之一，尽管如此，那些到过他家的客人极少看见炫富或过度消费的迹象。恰恰相反："我们每人一条餐巾，"泰迪很久以后记述道，"那餐巾要用整整一星期。如果洒上汤水——这原本就是餐巾的用途——那就糟透了。"房子里的家具很让人舒服，不过大多数很普通；那些自行车和运动器械往往都很老旧，破损严重，这意味着一直要把它们用到散架。每到生日，孩子们最多只能盼望收到一两件礼物，还不准有奢侈品出现。他们每周的零花钱也非常少。[28]

肯尼迪一家人很亲密，多数历史资料显示，接下来几年，他们过的是一种与世隔绝、自娱自乐的生活，他们与海恩尼斯港其他家庭交往不多，这些家庭大多是来自匹兹堡的新教徒家庭，其中之一是莱姆·比林斯家。比林斯不否认这一点，让他怀疑的是，反天主教偏见在家庭交往中起了多大作用。"每当海恩尼斯港有家庭聚会，他们家那些孩子肯定会受到邀请，匹兹堡新教徒家庭的孩子们与信天主教的肯尼迪家的孩子们在一起玩没问题，"比林斯说，"我清楚这一点，当年我常去肯尼迪家，我比肯尼迪家的孩子们更了解海恩尼斯港那些男孩女孩，因为我在匹兹堡跟那些孩子一起长大，不过这并不意味着当时的活动没邀请肯尼迪家的孩子们。我觉得他们参加的活动比他们能参加的少，因为他们家是个自给自足的家庭。他们家什么都有，他们家自己放电影，还有全套运动器械。"[29]

竞争文化随时随地主宰着肯尼迪家的孩子们。去过他们家的人常常会被问及如后问题："我们几个里谁长得最好看？""谁最会逗乐？""你最喜欢谁的衣服？"让一些毫无戒心的访客大为惊讶的是，在他们家草坪上比赛，表面看非常友好的触式橄榄球，也会变成凶猛的、激烈的争抢。充满乐趣的跳方格游戏也会变成比赛，看谁的蚌壳在楠塔基特湾漂得最远亦如是。在等候汽车间隙，只要有几分钟空闲，他们家总会有人挑头玩游戏。棋盘游戏和猜字游戏也能变成激烈的竞争。小约和杰克分别长到 12 岁和 10 岁时，兄弟两人经常在当地的帆船比赛中获胜，他们从不懈怠。不久后，尤妮斯也取得了同样的成绩。至于帕特里夏，她成了高水准的高尔夫球手。有时候老约也参与体育活动，他带几个儿子一起玩的都是有把握自己获胜的运动。老约是个优秀的低差点高尔夫球手，他经常能打出低差点，每场能打到 85 杆以内。挑战小约和杰克时，每次老约都能取胜。打网球亦如是，老约总能轻松取胜。直到有一天，小约差点打败他，当时小约才 16 岁。从那往后，这对父子再也没打过网球——约瑟夫·肯尼迪宁愿挂拍，也不愿输给任何一个儿子。[30]

数年后，周末常去他们家的一名访客总结出"拜访肯尼迪家的规矩"：

> 必须预料到，肯尼迪家每个孩子都会问来访的客人对他家另一个孩子的看法，主要分四个方面：一、着装；二、发型；三、反手击球；四、近期的公开成就。一定要回答"好极了"。

如此回答，晚餐过程就会相安无事。现在说说橄榄球，说是
"触式"，实际上是谋杀式，如果不想打球，那就别去他家。如
果去了，就得打球，不然会让你到厨房吃饭，而且没人会理
你。别被他家那几个女孩骗了，即使怀有身孕，她们也会让你
输得没脸见人。最重要的是，即使你是校橄榄球队组织进攻的
四分卫，也不要提议比赛。因为肯尼迪家的孩子们都是规则制
定者。而且，在肯尼迪家，所有人在领导力方面都是最高
分。……在每场比赛疯狂奔跑，在场上大呼小叫。但不要显示
出感觉很好玩，否则他们会谴责你比赛时不够认真。[31]

当然，作为人生哲理，单纯为了赢本身就有问题。在某一层
面，约瑟夫和罗丝同样可以理解这一点。他们的大女儿罗斯玛丽漂
亮，圆脸，性情温和，笑起来脸上有两个酒窝，模样可爱，她从未
展现出家人那种不惜一切的拼搏气质。她比杰克仅仅小了 16 个月，
无论是爬行还是走路，都比其他孩子晚。阅读和写作对她都很困
难——在很长一段时间里，她写的信很潦草，而且她从右往左写。
跟小约和杰克一样，她曾经在爱德华奉献学校上学，不过，在幼儿
园上到最后一年，老师们集体做出决定，不让她升入一年级，让她
蹲班一年。这一次，她好不容易得了 70 分，勉强过关，不过困难
依旧。和其他几个孩子不一样，她骑自行车时掌握不了平衡，投球
投不准，操控不了雪橇。吃晚餐时，她用不好刀子，因而她盘子里
的肉都是事先切好的。驾驶帆船对她太难，因而家人不让她做这
事，在兄弟姐妹里，唯独她没有属于自己的船。父母为她的事咨询

过一大堆专家，包括哈佛大学心理学系的负责人，以及华盛顿特区的一位专家。"每个人都告诉我，她大脑发育不健全，"罗丝回忆说，"但该怎样对待她，该把她送往哪里，该怎样帮助她，这些好像永远都是找不到答案的问题。……以前我从未听说过大脑发育不健全的孩子。"[32]

有一段时间，约瑟夫和罗丝选择了一种当时较为开明的方式，用如今的话说其形式就是"主流教育"。他们做出的决定是，罗斯玛丽一定要上正规学校；他们没有采用那个时代已成惯例的、人们在常规情况下对待"低能人"（当年人们给这种人贴的标签）的冷酷方法。常规学校教育无法继续时——在当时的美国，为有特殊需求的孩子提供教育的学校极少——他们选择了家庭教育，还为此雇了一些家教，由罗丝扮演监督管理者角色。罗斯玛丽进步缓慢且短暂，她学会了书写，不过只会用大写字母书写。给这个女儿写信时，罗丝避免使用手写体；由于担心会让罗斯玛丽感到不满，跟她说话时，罗丝克制着自己，尽量不在话语中夹杂法语的表达方式，跟别的孩子说话时，她没有这种担忧。在罗丝的一再坚持下，罗斯玛丽受邀参加大多数社会活动，包括参加游艇俱乐部的舞会。只要小约和杰克在场，一旦察觉罗斯玛丽被晾在一边，他们宁愿中止自己的玩乐，也会让她继续跳舞。[33]

数年后，罗丝表示过内疚，由于她对罗斯玛丽过分用心，对年龄相近的杰克的重视也许就不够了。"妹妹随他之后出生时，对大家都是不小的震动。让我感到沮丧和不知所措的是，我该拿她怎么办，该把她送往哪里，关于她我该找谁咨询。我的确花费大量时间，前往各个地方，让她受教育，让她接受身体检查及心智方面的检查。我以为，杰克会感到被忽视了。"对罗斯玛丽之后出生的凯瑟琳和尤妮斯，罗丝没有这样的担忧，她们两人和儿子不一样，少一点母爱，她们照样会过好。[34]

　　1929年9月，罗斯玛丽满11周岁前不久，家人将她送到了位于宾夕法尼亚州伯温（Berwyn）的德弗洛学校（Devereux School）。那所学校专为智力方面有障碍的学生提供特殊教育。罗斯玛丽努力适应离家生活，可她做不到，因为学校不鼓励家长前去看望。11月中旬，父亲收到了罗斯玛丽写给他的第一封信，他立即写了回信。"我都不知道该怎么说好，收到你的信，我是多么高兴和开心，"父亲难掩兴奋之情，"你这么快就给我写了信，你真棒。"接着，他告诉罗斯玛丽家里有什么新情况，还告诉她，葛洛丽亚·斯旺森很快会给她写一封信，同时寄一张照片给她。他还鼓励她努力学习："让我特别高兴的是，在成绩单上，我看到你取得了好多进步。我敢肯定，未来几个月，我会从成绩单上看到你取得更多进步。"但事情并非如此。罗斯玛丽一定程度上适应了学校的校园环境，在学业方面，她却止步不前——几位老师说，她缺乏信心，除了一些特别简单的事，她无法集中精力。她甚至无法理解一些最基础的概念。1930年她第二次返校时，以及1931年她第三次返校时，父母都希望她表现得更好，但每次他们都大失所望。[35]

Ⅲ

　　随着 20 世纪 20 年代结束，小约和杰克双双成长为 10 多岁的少年，父亲开始在他们的教育提升中扮演关键角色。罗丝则继续看管几个女孩，以及鲍比。罗丝原想让几个儿子都上天主教学校，不过，约瑟夫认为，如果想参与政界的竞争，他们必须和来自显赫家族——这也意味着新教徒家族——的男孩们在一起。"在天主教学校上学没问题，"约瑟夫后来说，"那些学校都不错。不过我认为，只要去教堂，孩子们宗教上的需求就能得到满足。去新教徒学校上学会让他们视野开阔。"他觉得，唯有这种学校才能把他的几个儿子塑造成他想让他们成为的人——同时可以为他们铺平前往哈佛大学的道路。[36]

　　不过，究竟该选择哪所学校？约瑟夫广泛咨询，包括咨询哈佛大学同学拉塞尔·埃尔斯（Russell Ayers），当时他在乔特中学教历史，同时也是该校棒球队教练，后者鼓励约瑟夫把几个男孩都送到他所在的学校。乔特中学是一所声誉颇高的私立寄宿学校，从那里毕业的许多学生进了常春藤联盟学校（尤其是耶鲁大学），该校生源来全美 40 个州以及境外数个国家，不过，在新英格兰地区的预科学校里，它不是最精英的。[37]有些纽约金融界大佬的后裔在那里上学——镀金时代的"强盗男爵"安德鲁·W. 梅隆（Andrew W. Mellon）的儿子保罗·梅隆（Paul Mellon）是那所学校的毕业生——不过，那些真正具有贵族血统的家族都把儿子们送往历史更悠久、名声更大的圣马克中学（St. Mark's）、圣保罗中学（St. Paul's）、格罗顿中学（Groton）。约瑟夫·肯尼迪家只是新晋的富裕家族，血统也过于爱尔兰化，在那些学校，他的孩子很难被完全接受。[38] 在乔特中学，肯尼迪家的儿子们似乎更容易被接受，而且，更为有利的是，那所学校离布朗克斯维尔社区更近——位于 110 千米外的康涅狄格州沃灵福德镇（Wallingford）——比另外几所学校近得多。

"该不该做这事，我唯一犹豫的是，"1929 年 4 月，在写给乔特中学副校长 C. 沃德尔·圣约翰（C. Wardell St. John，他和校长是双重表亲）的信里，约瑟夫如是说，"我意识到，一旦孩子们离开家，去那里上学，实际上也就永远离开家了。因为在那里要上三年学，接着是四年大学，遇上这种事，谁都会意识到，从那往后很少能见到他们。也许我自私，想让他们至少在家多待一年。……不过，我正在跟孩子的母亲商议此事，很快会做出决定，按照你的指示填写那些申请文件。"几天后，约瑟夫致信拉塞尔·埃尔斯："我已经下定决心，只要乔特中学接收他们，我就把他们送过去。"[39]

那年 9 月，小约在乔特中学登记入学。开学之初的艰难一晃而过，待他适应后已经成为模范生，但凡天赋中缺失的他都会通过努力补齐。（其中一位老师给他的评语为："与想象力相比，小约更擅长处理现实问题。"）很快，他还成了运动场上的佼佼者，拥有如后项目的运动装：帆船、摔跤、橄榄球、曲棍球，等等。1930 年春季学期结束时，负责他的宿管员给他的评语为："他是整座楼里为数不多的最佳住宿生之一。他遵守纪律——其他孩子仅在后半年必须这么做时才这么做——与其他所有男孩相比，他更绅士，也更有男子气概。"[40]

一开始，父母给杰克设定的计划是，继续走哥哥那条路，1931年登记入学，上中学三年级（或称高一）；后来父母又决定，让他提前一年入学，也就是1930年9月入学。[41]不过，后来计划又有变化，好像是因为听从了罗丝的建议——她怀疑乔特中学存在对新教徒的偏倚。那年秋季，杰克转而被送进了位于康涅狄格州新米尔福德（New Milford）的坎特伯雷中学（Canterbury School），那是一所天主教寄宿男校，该校不仅追求让学生们做好准备，进入天主教大学，也让他们准备进入常春藤联盟大学。[42]

1930年9月24日，杰克出现在那所学校里，身上没穿校服，他是当年的32名新生之一。那是他一生中第一次孤身一人来到一处陌生的、不准外人入内的地方。校园显得阴冷，毫无特色的建筑散布其间，中心有一座石砌的教堂，胡萨托尼克河（Housatonic River）流经校园附近。将杰克安置到那地方，而不是追随哥哥走过的路前往沃灵福德镇，没人知道杰克对此究竟怎么想；也许他真的有心尝试一下孤军奋战，或者臆想过那么做。"这地方真的相当不错，不过头一夜我真的特别想家，"他到校不久给姥爷"蜜糖菲茨"写的一封信里承认道，"游泳池很棒，不过橄榄球队看起来很糟。各种宗教都有，各学科相当有难度。唯一出校园的时间是看哈佛对耶鲁、陆军对耶鲁［之间的赛事］。这地方夜里冷得要命，白天也特别冷。"为了让妈妈放心，他在写给妈妈的信里说："每天早晚我们都做祷告，我感觉下次回家我会变得相当'虔

诚'［原文如此］①。"⁴³

不久后，杰克开始各种疾病缠身——例如荨麻疹、高烧、头晕、反胃、红眼病。校医务室成了他的第二个家。人们不禁怀疑，其中一些疾病是不是由于一些事情加重了——如果不是病根——如离家导致的震惊，向哥哥取得的成就看齐所带来的压力，践行肯尼迪家族的信条之需要，也就是肯尼迪家的人绝不能抱怨太多，绝不能说想爸妈了，想兄弟姐妹了。（"我的两个膝盖特别红，皮肤还长了一些白色肿块，"杰克致信家人，"不过我觉得我能扛过去。"）杰克在好几封信里详细描述了疲劳和保持体重带给他的困扰——他的体重一直在 106 斤左右浮动，对 13 岁的男孩来说，这真谈不上强壮——以及在运动场上个子相对较矮带给他的各种挑战："橄榄球训练相当艰苦，我是队里体重最轻的球员。我的鼻子、一条腿、骨架的其他几个部位被撞了无数次，我这身子骨都开始变得怪怪的了。"他仔细描述了祷告期间感到头晕和虚弱，差点昏死过去，又生怕父母认为他比哥哥体弱，便直截了当地向他们指出："小约在教堂里还昏倒过两次呢，所以我认为我能扛过去。"⁴⁴

杰克致信母亲："我得了荨麻疹，这病弄得我全身痒痒，脸、双手、双膝、两脚。我还感冒了。除此之外我还好。每次出门，医生就逮住我，说我穿得不够，其他男孩也都穿得不够。"杰克的行文虽然不规范，但已经是最好的了，一些同学写的东西更糟糕。他接着写道："一个家伙把脑袋磕破好几块，滑雪橇时把锁骨弄折了，

---

①　原文写作 pius，应为 pious（虔诚）。——译注

他就是其中之一。医务室治好了他一条胳膊，才两天就让他离开了。他是一年级的小不点儿，两天后又倒下了，得了肺炎。医务室不该放他出来，因为他体弱，脸色苍白。还有个孩子去医务室是因为有点感冒，后来得了肺炎。"关于自己的视力，杰克在信里补充道："越来越糟了，两米以外，所有东西都看不清。如果你们想让我等到复活节以后，认为这样最好，我就等。"[45]

1930 年秋季往后，罗丝·肯尼迪编写的索引卡上的内容显示，从 10 月到 12 月初，杰克的体重在持续减轻。在罗丝的请求下，坎特伯雷中学校长纳尔逊·休姆（Nelson Hume）安排一位名叫施洛斯（Schloss）的当地医生给杰克看病，医生的药方是一种特殊的增重饮剂。休姆 1931 年 1 月致信约瑟夫·肯尼迪："杰克告诉我，施洛斯医生开的补药很快就会喝完。"接着，他补充说，作为校长，他很关心杰克的健康："我马上就着手亲自负责杰克增加体重一事。"学校方面认为，增加牛奶摄入是关键，校长还告诉肯尼迪先生，学校会安排杰克整天喝牛奶。[46]

碰上这种久拖不愈的疾病，为救助自己的孩子，如今的大多数父母会飞奔到学校，肯尼迪夫妇却不这样。历史记录显示，罗丝和约瑟夫的儿子在坎特伯雷中学上学期间，他们只去过学校一次。当年极少有人认为这有什么不正常［不过我们能看到萨金特·施赖弗（Sargent Shriver）不一样的经历。他是杰克的同学，后来成了杰克的妹夫，他不像杰克那样有各种健康问题，在校第一年，他父母无数次利用周末前往学校看望他］。约瑟夫和罗丝的确经常给杰克写信，他们还通过信件与老师们以及校行政部门交流。[47]

84

少年杰克渐渐适应了校园生活，学业方面，他的一些科目好于另一些科目。英文方面，课程进展到他最喜爱的作家之一沃尔特·司各特爵士的作品时，他得了最高分 95 分。其他科目的分数分别是：数学 93 分，历史 80 分，科学 78 分，拉丁文 68 分。（无论什么外语，对他来说永远都是一大难题。）[48] 从他寄出的信函里，人们可以感觉出一种按捺不住的躁动，一种萌芽的知性，一种对雄辩辞藻的偏好。"英文课眼下学到了《艾凡赫》（Ivanhoe），"杰克致信父亲，"虽然我记不住物质性的东西，例如票证、手套，但我能记住《艾凡赫》之类的东西，上次我们考这个，我得了 98 分。"这封信的结尾也很优雅："然后铃响了，这并非一种结束形式，因为真有铃声。"他还描述过一位校外人士为他们开设"我听过的最有意思的讲座之一，讲的是印度"。华尔街股市暴跌一年后，他在一封信里请求父亲为他订一份"《读者文摘》，因为市场暴跌很长时间后我才听说此事"。最后他还不忘补充："请给我寄几个高尔夫球过来。"[49]

对杰克而言，拉丁文是个严重问题，后边的内容摘自他的一封信："今天我们有个拉丁文考试。我最后一个把卷子交给老师，我认为他收了卷子，因为我把卷子给了他。当时他正在发几份改过的卷子，他肯定把我的卷子也发下去了，因为我的卷子不见了。我没法让他相信我把卷子给了他，所以他给了我零分，这会把我的分数拉低到 40 分左右，我猜这个月我的平均分会非常非常低。开学糟糕的前几周过后，我的其他科目都相当好，不过第一周的分数占了总分数的 1/5，所以我的平均分应该在 69 分左右，或者稍高。真是糟透了！"[50]

像其他 13 岁的男孩一样，杰克对自己的变声感到惊讶不已。练习合唱时，他觉得自己的声音像家里的狗一样："我的嗓音肯定在变，因为我提高音调时，那声音就像巴迪（Buddy）在号叫。另一个音调就像巴迪噎着了，再换一个音调，就像巴迪和我喘不上气快死了。"[51]

后来，在刚开春的 4 月，杰克突然感到一阵阵要命的肚子痛。约瑟夫·肯尼迪雇了一名外科医生和一名护士前去为他诊断，他们很快找出了病因——阑尾炎。杰克在学校附近的丹伯里医院（Danbury Hospital）做了阑尾切除手术。手术过程很顺利，可是事后出现了一些不明的并发症，另外，康复过程很缓慢。随着 5 月到来，大人们做出决定，杰克暂时不回学校，而是返回布朗克斯维尔社区的家里静养，其间由数位家庭教师定期登门给他补课。杰克补回了落下的课程，通过了各门考试，不过，这次磨难标志着他在天主教学校独自生活经历的结束。在此期间，他父亲已经安排他转学到乔特中学。[52]

IV

对于这一决定，以及和进取心十足的哥哥重新团聚这一前景，杰克·肯尼迪本人做何感想，无人知晓，不过，资料里没有任何反对的记载。不管怎么说，在获准入学前，杰克必须参加乔特中学的资格考试。他通过了数学和英文两门考试，然而，他没有通过拉丁文考试，差了八分。学校同意他补考，不过，这意味着夏季要在海恩尼斯港的家里接受家教，为考试做准备。家教布鲁斯·贝尔莫（Bruce Belmore）对这名学生印象深刻，他给副校长沃德尔·圣约翰写了封信，说杰克是个"好小伙，他一定会给乔特中学带来荣耀"。9 月转瞬即逝，但杰克事后才意识到，他看错了通知，弄错了参加拉丁文考试的时间，罗丝立即从海恩尼斯给学校发了封电报。1931 年 10 月 2 日下午，杰克前往乔特中学签到，参加补考。这次他通过了考试，进入该校三年级。[53]

读者可以尽情想象由专职司机驾驶私家劳斯莱斯车载着杰克到达的情景，三年级学生都住在乔特大楼（Choate House）里，那是一座布局不规整的、褐色木瓦盖顶的三层建筑，哥哥帮杰克把行李从车里抬上了楼。杰克第一次围着榆树掩映的校园转了一圈，学校坐落在新英格兰地区起伏不平的丘陵地带，校园里有好几处运动场、网球场、马厩，还有一座教堂、一个医务室、一座图书馆，整个校园是按照伊顿公学的模式修建的。不难猜测，肯定是小约带着他在校园里转了一圈，向他讲解了那地方的文化，讲解了学生们当中盛行的"啄食顺序"，还讲解了最好能碰上哪些老师，但愿能避开哪些老师。或许头一晚兄弟二人在食堂里一起吃了晚餐，也是在那里，小约拍了拍弟弟的后背，然后走出食堂，隐没在秋季的夜色里，回到了自己的宿舍以及朋友们当中。杰克则前往校长家参加欢迎晚会。

那之前，罗丝·肯尼迪夫人已经告诉校长乔治·圣约翰（George St. John），和大儿子相比，小儿子更需要关照。"事实上，"

1931 年 9 月，海恩尼斯港海滩。从左至右：鲍比、杰克、尤妮斯、琼、老约、罗丝、帕特（罗丝前面）、基克、小约、罗斯玛丽。

罗丝提到杰克时说，"他讨厌按部就班的学习，不过他喜欢历史和英文——这些科目能激发他的想象力。在此，我再次向你对杰克的关心和耐心表示感谢。我们认为他特别有人格魅力，不过，他跟小约大不一样，而你对小约的悉心照料我们早已看在眼里。"[54]

不苟言笑的圣约翰校长秃顶，用烟斗吸烟，祖上不是教师就是农场主，凭着自己的努力上了哈佛。早在那个学期之初，他就向罗丝做出保证，所有事情都安排妥当了。他告诉罗丝，杰克"在餐厅进餐时就坐在离我不远处的一张餐桌旁，每天我都能跟他对视三次，总之他很好"。校长夫人克拉拉（Clara）也亲自致信肯尼迪夫人："每个人都喜欢你儿子，他已经快速在学校生活中为自己找到了相应的位置。"他与其他三年级学生一起吃冰激凌，一起围着钢琴唱歌。[55]

不过，没过多久，这样的评价就会改变。乔治·圣约翰是个严苛且迂腐的学究，管理学校像管理自己的封地一样，学校严格的规章制度针对的不仅是学生们，也针对老师们。老师们必须肩负双倍责任，既当老师，又当男孩们的宿管员，还要和男孩们住在一起。如果老师们想结婚，必须事先征得圣约翰校长同意。每个人都在校长的管控之下。只要不质疑他的权威，在精神层面，他可以非常宽宏大量，因为他最在乎自己能否做到令行禁止。（"哪怕有一个男孩各方面跟不上，"这是他经常挂在嘴边的话，"也说明学校多招了一个学生。"）作为虔诚的圣公会亲英人士，圣约翰校长常说："拯救男孩灵魂的同时，拯救的还有他的代数。"他向家长们保证，学校会提供优质的教育、严格的体育锻炼，以及"男子气概"。无论谁前往镇上，都必须事先征得教务长允许，高年级学生才可以看电影。着装要求必须严格执行——上课期间，所有学生必须着便装，打领带；吃晚餐时则必须穿正装（按照当年流行的样式内穿硬领白衬衣）。[56]

年少的杰克·肯尼迪总是一副心不在焉、不修边幅的样子，举止放荡不羁，他就这样迈入了一个死板严苛的环境中。入学刚一周，绰号"卡普"（或"卡皮"）的宿管员厄尔·莱因巴克（Earl "Cap"／"Cappy" Leinbach）就给了他如后评价："杰克有种让人喜欢的人格魅力，楼里所有男孩都真心欢迎他的到来，不过，他不太守规矩。"很快，杰克便与学校指定的舍友小戈弗雷·考夫曼（Godfrey Kauffmann Jr.）发生了口角，后者的父亲是《华盛顿明星报》（The Washington Star）的所有者。小戈弗雷抗议杰克硬生生将他们共用的壁橱变成了垃圾堆，在屋里随手乱扔课本。莱因巴克只得干预，事情得到了解决。不过，两个男孩继续频繁动手打架——有一次，他们用白粉笔在房间中央画了一条线，谁都不许对方跨过那条线。（即便如此，他们依旧经常惹麻烦，夜里熄灯时间过后很久，他们仍在不停地说话——还开着灯。）

88

帅气的、蓝眼睛的莱因巴克在第一次世界大战期间当过军方情报员，他美丽的南方妻子是所有男孩的梦中情人。他把杰克收入羽翼下，某种程度上成了杰克的良师益友，他喜欢小伙子的机智和活力。让杰克印象深刻的是莱因巴克军人式的勇气——在战争中，德国人即将把他拉出去枪毙前，显然因为胆大，他逃了出来。杰克入学第一个月行将结束时，莱因巴克评价杰克待人待物的态度"逐渐有了改善"，他还特意指出，"杰克生性活泼，爱冲动，他感觉很难适应安静状态，好在他已经做出回应，眼下非常配合。从所有方面看，他都是个好公民"[57]。

对这一评语，圣约翰校长不敢苟同。不久后，校长夫人克拉拉给肯尼迪夫人写信说，小约"已经用在校表现证明，他是我们会重用的'大孩子之一'"。她丈夫则告诉肯尼迪先生，小约的弟弟各科成绩"尚未达到我们为他制定的标准。……他的问题仍然是没有实际行动"。对校长的说法，老约回信表示认同，他说，杰克的天赋颇丰，只是"付诸行动时漫不经心"。他还敦促校长想办法激励他儿子，对其严加管教，免得这种骑士般的散漫方式毁了他。[58]

圣约翰校长对肯尼迪兄弟的家长态度热切，或许暗合了某种期许：这对夫妇一定会对学校的资金需求有所行动。其中的讽刺之处在于，实际上圣约翰校长并不喜欢约瑟夫·肯尼迪那样的天主教攀附者，而且并不真的希望他们的孩子来自己的圣公会学校上学。不过，学校必须支付各种账单，而肯尼迪家有钱。圣约翰校长曾经隐晦地暗示，学校需要一部有声电影放映机，约瑟夫·肯尼迪心领神会，赠送学校一部价值 3500 美元的高端型号放映机，因此赢得了校长的感谢，附带赢得了如后承诺：对两个儿子给予更多关照。"我们会尽我们所能表示感谢，表达我们诚挚的谢意，"圣约翰校长致信约瑟夫，"我时刻关注着杰克。"[59]

不过，在校长和老师们眼里，杰克仍然不愿意遵守学校的规矩，不愿意削足适履。他好像很早就下了决心，不会追求哥哥小约那样的成就（更不用说超越了）。对于乔特中学吹嘘的价值观，以

89

及小约努力践行的乔特中学的学习方法和处事方法，他只是满怀困惑，冷眼旁观。从这个层面上说，他的放任自流似乎反映了他在试图保留自己的个性，以创造一种自我意识。为保证各科成绩优异，小约从来都没有任何懈怠（到头来，他的平均分未见得比弟弟高多少）；而杰克似乎只是将努力学习挂在口头。人尽皆知的是，小约集中精力时犹如激光聚焦；反观杰克，老师们抱怨说，他总是"无法有效地集中精力"。小约尊重等级制，对规章制定者和执行者言听计从；杰克嘴上说服从权威，暗地里却嘲笑其背后的自负。小约一向注重整洁的个人形象，总能得到乔特中学教师团队的褒奖；杰克却随性、邋遢、放任——在一些人眼里，他的不守规矩很吸引人。[60]

另外，上述二分法无法全面勾勒出兄弟二人的轮廓。杰克散漫的背后隐藏着如后焦虑：他生活在哥哥的阴影里，小约无论走到哪里，都能赢得一片赞誉。还有——或许可以这样说——就是一种心照不宣的默认：兄弟二人竞争，杰克几无赢的可能，至少那个阶段如此。（只要不参与竞争，就不会输。）在杰克懒散的表象下有着明显的书呆子气质，以及对现实世界的广泛兴趣——当然还有关于这个世界的知识。杰克的朋友——绰号"里普"的拉尔夫·霍顿（Ralph "Rip" Horton）说过，每逢一大帮男孩聚在一起收听热门广播智力问答节目《请给答案》（*Information Please*），多数人只能答对少数几个问题，而杰克轻轻松松就能答对半数以上。那些男孩总会追问："你是从哪儿知道这些东西的？"杰克的回答是："估计是读书多吧。"这种回答既不是吹牛，也不是假谦虚。[61]

"杰克读书特别多，不过还不至于多到让他感到累，"拉尔夫·霍顿回忆道，"我觉得他可以读得相当快，当然了，他读得特别多，不过他不炫耀。……好像他比我们这些人吸收得更好。他还喜欢读《纽约时报》（*The New York Times*），我认为这显然预示了他的未来。他每天都读那东西，从第一版读到最后一版，我觉得这让他深入洞悉当时的政局及各种国际活动，他对那些特别有兴趣。"[62]

拉尔夫·霍顿是纽约人，当然，他也看到了新朋友的其他方面："他是个兴趣广泛的男孩，喜欢体育，喜欢打闹，喜欢没规矩，喜欢打高尔夫，还喜欢女孩子。不过他做什么都没常性，绝不会全心全意很投入地做任何事。他喜欢来纽约找我玩。"[63]

90　　换句话说就是，杰克·肯尼迪是个相当典型的14岁少年。在高度结构化的、受传统束缚的预科学校里，他不墨守成规，与周围环境格格不入，他的形象不应当被过度渲染。尽管他散漫、心不在焉，与规章制度冲突不断，但他仍在尝试融入环境，尝试受大家喜爱，尝试让同辈人接受，尝试得到父母认可。体育运动是实现这些目标的一条路径，入学第一年，杰克在写给家人的信里流露出对运动成就的不舍追求。结果却事与愿违。他信誓旦旦地告诉父亲，他肯定能进篮球队，跟哥哥一起打球，然而，在选拔赛中他便惨遭淘汰。更让人气馁的是，橄榄球场也没有他的位置。在乔特中学，最容易获得大家高看的是橄榄球，小约可以做到叱咤球场，而杰克的体重实在太轻，身体太瘦弱，根本禁不住比赛期间的冲撞。他只好满足于跻身学校一线球队之下较低水平的一支球队。[64]

唯有打高尔夫球之际，杰克可以做到手眼高度协调、完美结合。虽然他没能进入前六名组，但他的确进了组。高尔夫在学校属于小众运动，即便如此，对于实现父亲所说不惜一切代价必须赢的思维方式，这也算一种安慰。杰克心里非常清楚，在健壮的、没人能碾压的小约身边，他瘦弱的体格看起来十分可怜——在父亲眼里更是如此。1931 年 12 月，杰克在一封信里用很长的篇幅描述他在一尺厚的雪里玩橄榄球，后来雪变成了冰。最后他还提醒父亲，不要以为只有哥哥才那么强壮：

　　［小约］向我显摆他多么结实，他做的第一件事就是生病，这样他就可以躲开感恩节晚餐了。少年壮志。后来他又向我显摆印度摔跤。再后来一次，我把他上上下下打量了一番，看见了他的脖子，难道那些六年级学生把他痛揍了一顿？噢，哥们，他脖子上全是包，他们差点儿把他打死。他在大厅里拳脚并用，一个六年级学生把他拖进大厅，所有六年级学生都打了他一两下，我可不愿意成为那样的六年级学生。如果那些包是那次留下的，肯定是来了几个特别壮的家伙。[65]

　　披露杰克这封信是必需的，以上内容进一步证明，在乔特中学第一个学期行将结束时，这个 14 岁的孩子感到了需要表现的压力，需要达标的压力，需要得到父亲赞许的压力。在学校里，虽然杰克和小约过的是完全不同的生活，两人在不同的圈子里活动，住在不同的宿舍里，只是偶尔才能见到对方，但在弟弟的精神世界里，哥哥的身影无处不在，他是家庭苍穹中耀眼的明星、家里的金童，无论是在父母眼里，还是在乔特中学管理层和教师队伍眼里，他都不能犯错。

不过，这情况不会延续到永远。杰克心里清楚，18 个月后，哥哥会从这地方毕业，迈向下一个成功的起点。至少在一定程度上，杰克心头的压力会得到释放。而且，1931 年圣诞假期即将来临，乔特中学的所有学生正准备散伙回家之际，年少的杰克·肯尼迪仍然挣扎在最核心的两难处境里：如何才能诚实地面对自己的感觉，以及在肯尼迪这一姓氏以及它所蕴含的一切之下，如何才能活出自己的人生。

第四章

杰克和莱姆

I

恰如在坎特伯雷中学期间一样，在乔特中学的四年里，杰克总
是病魔缠身。另外，现实情况是，当年的诊断通常不那么准确。杰
克经常缺课，也许他缺的课比同年级任何人都多，很难说这不会影
响他的成绩。1932 年初，在六天时间里，校长夫人克拉拉·圣约翰
一口气给罗丝·肯尼迪写了五封信。

1 月 20 日："让杰克继续待在医务室里……因为他好像没完全
恢复。"

1 月 21 日："杰克起来了，也穿好了正装……恢复了活力……
再过 24 小时，他就能完全恢复到在医务室里自由活动。"

1 月 22 日："天气实在太糟，我们不敢冒险让杰克今天出院。"

1 月 23 日："不要因为我写信说杰克仍在医务室就感到灰心！
我们没理由为他担心，但他还有点咳嗽。……我们开始让他吃开普
勒麦芽糊精和鱼肝油［根据罗丝的请求］。我会叮嘱他的宿管员监
督他按时吃。"

1月25日："你会和我们一样高兴，［因为］今天我们允许杰克出门，到灿烂的阳光下。我们特别高兴。"[1]

93　对于二儿子不守规矩，肯尼迪夫妇早就丧失了信心，对他体弱多病，他们也早已超然看淡，对他反复进出医务室，他们也早已习惯。"［他体弱多病］让我们揪心，而我们更关注的是，"多年后，罗丝评论时披露，"他好几个学科根本不用功，或者，这么说吧，对那些他无论如何都没兴趣的学科，他缺乏试图学好它们的'斗志'。"同样是在乔特中学严格管理的体制内，小约就"没有任何问题"，轻轻松松就能做得很好，"杰克无法或不愿意遵守纪律。自己想做的，他就很用心，学校想让他做的，他就不上心"[2]。

罗丝的丈夫试图用温和的方式改变这孩子的粗心大意。1932年4月，他写道：

> 浏览学校寄来的月度报告时，我留意到一笔10.80美元的开销，是3月熨烫外衣的费用。虽然我想让你穿着帅气，但让我惊讶的是，这笔费用非常高。我以为，如果你多花点时间把衣服收拾整齐，而不是扔得满地都是，就没必要经常熨烫。还有，在这些时候，缺了某些东西，例如学士帽，日子也不会难过到哪里。我还以为，在这些时候，多留神这些开销只会有好处，这么做，你的账单金额就不会太高。[3]

1932年春，杰克的各科成绩一路下滑，尤其是法文和拉丁文，卡皮·莱因巴克制定了严格的新规，按照新规，杰克每晚必须给他背诵法文和拉丁文生词，学习期间不许离开屋子。两人还一起补习代数。莱因巴克向乔治·圣约翰校长保证，他正在竭尽全力帮助未成年的——不可否认，也是讨人喜欢的——青年被托管人："让整个事情复杂化的是杰克那蛊惑人心的微笑和迷人的个性。实话实说，我必须抑制被感动的冲动，还得做出笑脸谴责他，因为每次面对别人的质疑，他总能找出最荒诞，同时也是最具创造性的托词，为自己的不作为辩护。……不可避免的事实［是］，他的行为真的有趣，真能引起哄笑。"就从一箩筐搞笑的事里挑一件说说：某天早上，莱因巴克查房时，让他惊诧不已的是，这孩子前一天从沃灵福德镇电影院的纸板海报上抠下了跟著名女演员梅·韦斯特（Mae West）本人一样大的画像，把它藏到了床板和褥子之间。[4]

还有，前往杰克的宿舍查房经常让这个前军人叫苦不迭。"每当杰克想找一件干净衬衣或外衣，"莱因巴克向圣约翰校长报告，"他必须把抽屉里和衣柜里所有衬衣和外衣翻出来，然后，他没'有时间'把衣服放回去。每天早晚我都会查他的房，我总能看见地板上到处是东西，什么都有。只要看见我进屋，他会立刻开始收拾东西，他特别乐意这么收拾东西，嘴里还常常念叨：'不把东西收拾整齐，我就别想离开这房间！'"[5]

毫无疑问，莱因巴克的措施有助于避免一些更为严重的违纪问题，但他未能实质性地改变这个青年学子，使其在学术上取得成就，尽管他定期预言杰克很快会有突破。1932 年 5 月，校长夫人克拉拉转发了罗丝·肯尼迪的一封信，后者请求学校暑假期间不要强行给杰克安排家教（她刚刚生下泰迪，有九个孩子需要照料，她

说，再安排一个家教，她照应不过来）。教学部主任弗兰克·惠勒
（Frank Wheeler）回复道："杰克·肯尼迪智商高，是三年级最不靠
谱的几个学生之一。……我认为，我们必须想尽一切办法给他安排
一名家教。如果罗丝愿意把杰克送到暑期班，即可避免所有
担忧。"[6]

于是校长向约瑟夫和罗丝两人发出吁请，夫妇两人同意让杰克
参加暑期班，为的是"弥补此前的欠账"，这欠账要从第一年算起。
杰克按要求补了课，但仅此而已。（暑期班结束时，代数老师抱怨
说，他对课业漫不经心，还抱怨他"总体上学习态度不端正"。）[7]杰
克长期以来形成的想法是，只要不低于下限，及格就好；只要能拖
就拖到考试前，临时抱抱佛脚；在校四年时间，他一贯如此，且不
知悔改，考试一门接着一门，他的成绩都是中等。第一年年末，他
的拉丁文成绩为 62 分；第二年年末，这门课的结业成绩为 69 分，
至此他终于可以长舒一口气，结束长期以来与这门语言课的艰难缠
斗。① 四年法文课结业时，他的累计平均分为 67 分。（"除了体罚，
实际上我已经试过了所有方法，"愤怒的法文老师第一年年末向校
长报告，"他的卷子乱七八糟，而且他总是忘带课本、铅笔、作
业。"）他的数学平均分为 69.67 分。他讨厌化学和生物。即便是
他喜欢的科目英文和历史，他几乎也没留下什么高光时刻，得分通

95

----

① 1933 年 6 月，圣约翰校长通知约瑟夫·肯尼迪："杰克希望放弃拉丁文课，我们
完全赞成他的决定，除非你有坚实的理由希望他继续学习这一课程。这孩子完全有能力学
好这门课，不过，他不喜欢这门课，或者说，他'看不到学这门课的意义'；而且，另外
有许多课程提供同样的逻辑思维和准确性训练。"（乔特中学档案室资料，1933 年 6 月 27
日圣约翰致信约瑟夫·肯尼迪。）——原注

常也就 70 多分和 80 分出头。在同年级 110 人里，杰克最终排名第 65 位。[8]

当然，以上那些评判标准很难勾勒出一个人的完整形象，因为那些标准将天资与动机和勤奋混为一谈了。与此前杰克·肯尼迪所在学校的老师们如出一辙，乔特中学的老师们也从他身上看到了他的潜能、他的智力、他对文字的感觉、他从印刷品里快速和准确地捕获信息的能力。哈罗德·L. 廷克（Harold L. Tinker）是杰克五年级阶段的英文老师，他给杰克的总分很低，不过，每次他都对杰克的试卷给予高度评价，还给出了如后结论：杰克是个有天赋的作家，尽管拼写一塌糊涂，标点符号不规范，但他的词汇量和用词好得没的说，足以抵消那些不足，未来可以考虑以写作为职业。[9]廷克还发现，只要杰克专心致志，常常能深入洞悉课堂上正在讲解的小说或诗歌——他偏爱罗伯特·弗罗斯特（Robert Frost）的诗——在这方面杰克的认识比其他同学的更全面，小伙子对世界事务的渊博知识也让他印象深刻。1933 年秋季学期，历史老师拉塞尔·埃尔斯的评价如后：杰克是他教历史课以来遇到的"极少数伟大的思想者之一"。无论是老师还是朋友都注意到，杰克的兴趣面和知识面主要集中在外交史和当代国际事务领域，他还有惊人的记忆力，这让他有能力轻松背诵特别长的诗。多年后，评价杰克时，英文和历史老师柯特妮·赫梅尼（Courteney Hemeney）是这么说的："即使是从未读过的书，他也一下就能读懂，而且他的文笔一向流畅和精辟。"虽然他"不像哥哥小约那么稳定，却经常有才华横溢的闪光时刻"[10]。

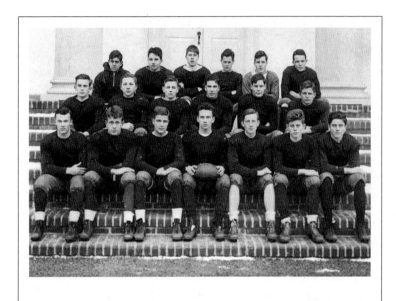

乔特中学高二橄榄球队，第一排右数第二人为杰克。摄于 1933
年秋季。

杰克有潜力，这样的说法反而让约瑟夫·肯尼迪感到恼火，因为他眼里的二儿子漫不经心，缺少实际行动。1933年晚秋，约瑟夫前往学校观看了一场杰克参加的橄榄球赛，不久后在寄给圣约翰校长的信里，他直言不讳地表达了自己的担忧。事情已经到了"非常关键的阶段"，约瑟夫写道，而且杰克"肯定没有在正轨上。[与杰克交谈期间]我观察到的与之前我注意到的没多大区别，就是说，凡是他想做的事，他可以做得非常棒。不过，他好像完全没有责任意识，按我的思路，他必须尽快具备这种意识，不然的话，我非常担忧后果"。约瑟夫觉得有必要强调这一点，他接着补充说："以这种随遇而安的性格对待自己没兴趣的事，外加一定程度的无动于衷，对他未来的成长可不是好兆头。"不过，约瑟夫仍然心怀希望："我感到非常非常有把握的是，不只在学习方面，还有其他事情上，只要能让他双肩挑起责任，也许他会下决心关注它们。他身上有太多不可或缺的好品质，因而他肯定能认识到，一旦走上正轨，他一定会成为真正有价值的好公民。"[11]

征得约瑟夫·肯尼迪同意后，圣约翰校长与杰克分享和讨论了他父亲的来信。事后，校长告诉约瑟夫，谈话很有成效，他看不出担心的理由："事实上，关于杰克，我没有感到特别不安或担忧。我跟他一起生活和学习，时间越长，我们之间的谈话越多，我对他的信心也越充分。我敢跟你打赌，赌什么都行，就像如今你为小约感到骄傲一样，两年内，你也会为杰克感到骄傲。"[12]

96

‖

97　　那一年，在一篇论文里，杰克深入分析了上帝为何允许世上存在邪恶，以及人们生存在差异如此巨大的环境里，公平怎能真的实现。既然人类的生存环境差异如此巨大，杰克问道，上帝真能"给予每个人理应得到的公平吗"？

　　　　一个男孩降生在一个富裕人家，在正派的环境里长大，接受了优质教育，有好的玩伴，从父亲手里稳稳当当地继承了一笔产业，结了婚，最终去世，盖棺定论，他是个公正的和诚实的人。下面是另一个极端的例子。一个男孩降生在贫民窟里的贫苦人家，玩伴都是坏蛋，没受过教育，最后成了懒汉，因为没别的选择，他最终成了个好酒的流浪汉，死的时候一文不名。难道 [有钱的] 男孩有能力是因为他们降生在财富堆里，或者说，贫穷的男孩有错是因为他降生到了悲惨里？答案往往是："穷孩子成为好人那一刻往后，今生必有好报。"对我们许多人来说，这一说法预示的前景太不靠谱，不过其中 [必有] 某些道理。可是，跟一出生就被腐朽和污秽包围的男孩相比，嘴里含着金汤匙出生的 [那个] 男孩成为好人的机会又能高出多少？在我们这些笃信宗教的人看来，这似乎很难是个"公平交易"。因此我们认为，从"最公正的上帝"那里并不总能得到公平，我们这些可怜的俗人又怎能指望得到公平。

少年杰克·肯尼迪本人是富裕人家的儿子，上述说法等于承认，他几乎看不出来，不那么幸运的人有什么理由相信传统基督教承诺的善报。他承认，善报也许真的会出现，不过，对出生在贫苦和绝望中的人来说，由于条件和机会不均等，过一种在道德层面高尚的生活，这样的任务令人望而生畏。总之，不公正是现实世界永恒的问题，连《圣经》都给不出多少答案。[13]

这是个哲学上的核心立场，在世界经济大萧条时期，16岁的杰克·肯尼迪已经把它夯实在自己心里，长大成人的他——先后成为众议员、参议员、总统——从未改变这一立场。

约瑟夫·肯尼迪的朋友凯·哈利（Kay Halle）是个有钱的社会 98 名流。在约瑟夫的陪伴下，她去医院看望了杰克，观察到杰克的早熟。病房里的杰克所患疾病一个接一个，因而卧床不起，那是哈利第一次见杰克，一次就留足了印象。"杰克躺在床上，脸色特别苍白，这让他鼻子周围的雀斑特别显眼。他身边堆满了书，我几乎看不见他。当时我印象特别深刻，因为在那时，那么年幼的孩子居然在读温斯顿·丘吉尔写的《世界危机》（The World Crisis）。"哈利没说那天躺在病房里的杰克身边史诗般的关于第一次世界大战的历史巨著是不是全套六册。丘吉尔对那场战争的解释与他父亲约瑟夫的观点可谓截然不同，人们不禁会好奇，杰克对丘吉尔的观点怎么看。当年老肯尼迪死守的观点是，第一次世界大战是一场巨大的浪费，白白牺牲了上千万年轻人；反观丘吉尔，虽然他从多方面批评英国和协约国的战略，他却为那些领袖和参战将士歌功颂德，说他们有责任感，放弃了自己的利益，选择了牺牲，受到了某种比自己更重要的东西的驱使，他们的事业完全是为了正义："每个人都是志愿者，激励他们的不仅是爱国精神，更是一种普遍的信念：人类的自由受到了军队和帝国暴政的挑战。"[14]

作家芭芭拉·利明（Barbara Leaming）的看法是，杰克阅读《世界危机》一书，就此他一生都痴迷于丘吉尔，且钦佩丘吉尔（后来，在青春期阶段，他阅读并喜欢上了这个英国人的百万字鸿篇巨制——马尔巴罗公爵的传记，伟大的军事指挥官、政治家，丘吉尔的祖先），此书还激发他对如后问题保持了浓厚且长久的兴趣：战争是如何开始的，以及如何避免战争。[15]这看法似乎是对的，毫无疑问的是，既然杰克对国际事务的兴趣与日俱增，那一阶段，他也在追踪国际政治——1933年，杰克在乔特中学读五年级，当时德国正遭受着经济萧条的蹂躏，阿道夫·希特勒和他领导的民族社会主义工人党登上了权力舞台；法国和英国的信任危机正在加剧；正在崛起的日本展示军事力量，加剧了东亚的紧张局势。

不过，关于美国国内事务，包括经济大萧条导致的弥漫全美的混乱和贫困，人们从年轻的杰克身上看不出他对这些问题给予过同等的关注——尽管五年级时他以不公正为题写了篇论文。一定程度上，乔特中学与世隔绝的生活方式让当年那些在校生与外部世界断绝了接触。不过，由于杰克每天阅读《纽约时报》，他肯定清楚经济滑坡给美国同胞带来的毁灭性影响。既然他记忆力超强，他甚至有可能知道许多细节，1929年到1933年，美国国民生产总值下跌了一半；多达10万家企业关门停业；公司利润从100亿美元降至10亿美元；到1932年总统选举年，全美多达1/4的劳动力失业，另有数百万人只能保住半日工作；当时美国没有国家安全保障网：没有失业补偿，没有福利体制，没有社会保障。

每逢周末和假期回家，杰克肯定近距离观察到父亲对国家现状越来越深的忧虑。这是个新情况，因为过去数十年间，约瑟夫·肯尼迪几乎没显露对政治进程的持续关注——他一直过于繁忙，忙着赚钱和制作电影。天主教伙伴阿尔弗雷德·E. 史密斯（Alfred E. Smith）历史性获得民主党提名，以候选人身份参与 1928 年美国总统选举，这都没能让他感到振奋。从党籍关系上说，约瑟夫仍然是民主党人（这更多是出于传承，而非信念），而且他在 20 世纪 20 年代中期"柯立芝繁荣"时期获得了丰厚的利润，尽管如此，他强烈地感觉到，就延长经济繁荣年代来说，赫伯特·胡佛（Herbert Hoover）赢得总统大选的机会比阿尔弗雷德·史密斯大得多。（史密斯的竞选风格太随性，在几个主要方面，他秉承了约瑟夫青年时代波士顿爱尔兰伙伴们粗放的老套路，或许这让约瑟夫感到尴尬。）[16]

股市崩溃和继而出现的经济萧条改变了约瑟夫。由于他在股市崩溃前极其专业地及时撤出，以及事后熟练地参与卖空，他的巨额财富分毫未损，实际上还有所增加（1935 年，他的财富估计高达 1.8 亿美元，换算成今天的价值即 36 亿美元），虽然如此，当时他却以无望的、自我为中心的词语描述未来，因为他唯恐激进的社会巨变会毁掉社会秩序和经济秩序，将他为家人打造的一切毁于一旦。他的政治哲学仍然停留在早年的状态，愤世嫉俗——大体上是，世间最重要的是获得和守住权力——但他凭直觉感觉出，尽管商业在 20 年代曾经至高无上，但 30 年代必定是政府占主导地位，改革者占据舞台中心，因而他必须转移关注点。长期以来，他一直坚信金钱会带来权力，如今他看到了其中有诸多局限；如今他认为，真正的权力源于政治。[17]

约瑟夫·肯尼迪将自己的所有希望投到了一个人身上，即富兰克林·德拉诺·罗斯福，当时后者是纽约州州长，1932 年民主党推举参选美国总统的候选人。据说，他们两人的接触可以回溯到第一次世界大战期间，当时约瑟夫是霍河造船厂总经理，他曾经暴躁地与罗斯福谈判，而后者当时是美国海军部助理部长，两人谈的是战前为阿根廷建造的两艘无畏级战舰提前回到霍河造船厂进行返厂维修的后续。（事情经过为：收到应收款前，约瑟夫拒绝交船；而罗斯福反对这么做，看到约瑟夫态度强硬，罗斯福只好派遣海军的拖船将两艘战舰拖走。）[18]眼下已是 15 年后，约瑟夫一直在近距离观察美国经济体制的缺陷，正是这种缺陷让他得以致富，他笃定地相信，与一无是处的胡佛相比，罗斯福更胜一筹，因为罗斯福反对底层革命，代表了资本主义的最大希望。另外，这其中也有冷酷的机会主义心态：约瑟夫认为罗斯福会赢得选举，通过罗斯福，或许他能为自己找到进入政界的门票。从罗斯福的角度看，通过约瑟夫，他不仅看到了竞选总统的资金来源，还能与金融界建立罕有的、让人敬畏的联盟。[19]

"罗斯福是个实干家，"这是后来约瑟夫对一名记者说的话，"他有能力把事情做好。……早在他参选前，早在他成为候选人之前，我就开始为他工作了。我想我是仅有 12 美元银行存款时就公开支持他的第一人。我这么做是因为我曾亲眼见证他做实事，我早就知道他能干什么，会怎么干。另外我觉得，经过长时间的无所事事，我们需要一位具备领导意愿的领袖。"他还对另一名记者说："我希望［罗斯福］入主白宫，为的是我自己的安全，也是为了所有孩子的安全。为了他当选，让我干什么都行。"[20]

他们两人是让人着迷的一对，某些方面极为相似，其他方面则反差鲜明。两人均睿智且自我，在诚实的外表背后，两人都擅长隐藏真实意图，且都对学术领域的各种抽象观念和抽象理论的争论不胜其烦。（在哈佛大学，两人差了八个年级，不过他们都满足于在学业上混日子，反而将大学里的社会生活摆在优先位置。）两人均热情和外向，善于结交有天赋的和忠诚的追随者，没人听说他们当中谁与他人有过深度交往——或者说，对自己的妻子没有二心。他们两人的差别同样鲜明。约瑟夫热情投入和专心致志的事，罗斯福反而会冷眼旁观和从容不迫，唯有一举多得才会让他满足。在约瑟夫眼里，人类社会阴暗、命中注定；罗斯福则相反，在最困难的境遇里，他往往也能找出各种理由保持乐观，对民主理想的力量，他信心更足。虽然约瑟夫的才智令人敬畏，他的心胸却不够开阔，容不下怀疑；罗斯福的心胸可用有容乃大形容，他喜欢容纳不同的观点。两人最鲜明的差别是，约瑟夫总是将自己的孩子摆在首位，罗斯福则不同，有时候他似乎对选区的支持者——他所谓的"全民一家亲"——更热情，远比对自己的孩子热情。[21]

一段基于共同利益的联袂就这么开始了，其间，两人的相互猜忌从未缺席，不过，20世纪30年代中前期，两人在一段时间内曾

101

表现出一定程度的情同手足，或者，至少可以这样说，两人的共性基于相同的幽默和欣赏，两人都对对方的才智和成就惺惺相惜。1932 年，约瑟夫将大量时间和金钱投入罗斯福的竞选活动，就经济问题为候选人的各次演讲出主意，还召集一些富裕的民主党人，鼓动他们为竞选捐款。他还帮助说服报业巨头威廉·伦道夫·赫斯特（William Randolph Hearst）在民主党全国代表大会上打破僵局，排除了对罗斯福的威胁，使其在初选阶段迅速获胜。在接下来的 9 月，约瑟夫短期内陪同候选人乘坐火车前往美国西海岸各州，罗斯福号召政府深度参与应对经济危机，通过"新政拯救美国人民"之际，约瑟夫倾尽全力为其呐喊助威。大选之夜，约瑟夫在纽约华尔道夫酒店包下两层，举办了一场盛大的胜选晚会，开足音量通宵达旦播放罗斯福的竞选主题歌《幸福的日子又来了》（Happy Days Are Here Again）。接下来数周，约瑟夫说了一箩筐奉承话，例如：在一封电报里，他告诉罗斯福，他女儿罗斯玛丽上学的女修道会学校里的一名修女声称，新政府的施政一定会"像另一次基督复活"。（罗斯福肯定想到了，基督复活之前遭遇的是死亡，因而他对那封"超棒的电报"只是聊表谢意而已。）[22]

　　竞选期间，未来数年注定要成为公众人物的约瑟夫·肯尼迪身上的两个鲜明特点已经露出端倪：他深耕媒体，且痴迷于形象塑造。混迹好莱坞那些年，他已经领悟到，正确的宣传报道可以让人名誉和威望双丰收。因此，他常常与报道罗斯福的记者们混在一起，抓住每一次机会与他们套近乎。"他更喜欢与媒体人在一起，而不是与政客们在一起，"记者欧内斯特·林德利（Ernest Lindley）

说，他两年前完成了第一部罗斯福传记，"他喜欢回答问题时妙语连珠。"[23]

约瑟夫原本希望在新一届政府里担任财政部部长，不过，让他懊恼的是，总统就职典礼结束一年后，他没有获得任何提名。这主要是由于白宫内部的反对，特别是其貌不扬的、矮个子的、烟不离手的总统首席秘书路易斯·豪（Louis Howe）的反对。路易斯·豪认为，华尔街的人个个寡廉鲜耻，他讨厌任命这类人的所有提议。约瑟夫的自尊受了伤，私底下，他对罗斯福颇有微词——在通信往来中，在电话交谈中，在面对面开会时，他总会向罗斯福唠叨他的忘恩负义和麻木不仁——唯有双方私下见面时，总统催眠般的魅力总会像魔咒一样解除约瑟夫的二心，每次告别前，他都会赌咒发誓给予罗斯福永久的支持。1934 年，约瑟夫第二次与财政部的空缺失之交臂，继而他又拒绝成为美国驻爱尔兰代表，然后，他同意领导证券交易委员会。那是个新设立的机构，为的是监管股票交易，那也意味着，臭名昭著的股票投机人摇身一变，成了藏身在华尔街的警察。[24]正是出于这一原因，总统的助手们都反对这一任命，不过罗斯福这次没有让步。他的理由是，放手让小偷抓小偷，准成。[25]

Ⅲ

翻阅记述杰克在乔特中学时期的各种材料，让人印象最深的是，他浑身都是机智。在那一时期的各种评论里，以及后续的口述历史中，这一主题始终存在，在他写给家人和朋友们的信里，这一主题同样存在。很难说当年的圣约翰校长是这个年轻人的坚定拥趸之一，连他都承认，在讽刺单调乏味的每日生活、借生活里的事让人开怀大笑方面，杰克的确有天赋。[26]

在沃灵福德镇生活的四年里，杰克的幽默感和魅力在很大程度上可以解释他最显著的才能，即他交朋友的能力。不是每个人都喜欢他——少数同学认为他油嘴滑舌，目空一切。不过，多数情况下，甚至 1933 年他哥哥毕业前（哥哥获得了骄人的成就——赢得了哈佛奖杯，该奖项仅仅颁发给体育和学业均最优异的毕业生），他已经受到普遍追捧，至少在同年级的男孩中如此。[27]"说到杰克，"西摩·圣约翰（Seymour St. John）说，他是校长的儿子，未来会子承父业接任校长，"没人真的佩服他的作为，也没人敬重他的作为，只是大家都喜欢他的人格魅力。他咧嘴一笑，树上的鸟都会掉下来。"[28]从一开始，杰克就不缺伙伴，许多人接近他是因为他那无拘无束且放浪形骸的笑声，而且尽管他家很有钱，他从不炫耀。早期的一个伙伴是里普·霍顿，他家在纽约市经营奶制品公司。有时，两个十多岁的孩子会结伴前往曼哈顿闲逛，霍顿手里有进入地下酒吧和其他俱乐部的入场券。

另一个熟人是阿尔·勒纳（Al Lerner），纽约人，后来，在某一恰当时刻，他更名为艾伦·杰伊·勒纳（Alan Jay Lerner）。他与弗雷德里克·洛伊（Frederick Loewe）联手创作了几部炙手可热的百老汇音乐剧，其中有《南海天堂》（*Brigadoon*）、《窈窕淑女》（*My Fair Lady*）、《卡米洛特》（*Camelot*）。杰克最喜欢最后一部，由于其中一句著名的台词"短暂而辉煌的时刻"，这部音乐剧成了他总统任期的代名词。

不过，最终还是莱姆·比林斯成了杰克最铁的哥们，在杰克的余生中，莱姆一直拥有这一殊荣。1933 年春季学期行将结束时，两人一起编纂学校的年刊《简报》（*The Brief*），那是他们第一次相遇。莱姆长相帅气，戴眼镜，一头淡黄色卷发，说话调门高，鼻音重，个头高挑，身体壮实，身高 1.88 米，体重 160 斤。虽然他动作不怎么协调，但因身高和体重上的优势，每场橄榄球赛他都能进入首发阵容，他还是校队的主力队员。莱姆是匹兹堡市一名著名医生的儿子，他父亲刚刚意外亡故，由于华尔街股市暴跌，父亲身后几乎没留下财产。他母亲的先辈们于 1620 年搭乘"五月花"号来到美国。跟杰克一样，莱姆也有个比他名气大得多的哥哥。哥哥用了父亲的名字，叫小弗雷德里克·比林斯（Frederic "Josh" Billings Jr.），绰号"乔希"，他是乔特中学 1929 届的班长，还是学生会主席、校年刊总编、橄榄球队队长；后来，他成了普林斯顿大学体育和学业双优生，罗德奖学金获得者。两个"二儿子"立刻成了好朋友，好到如胶似漆。那年暑期，杰克从海恩尼斯港给莱姆寄了一张明信片，在结尾处，他写道："咱们秋季学期见，妈的这不马上就开学了！"[29]

9 月，返回学校后，他们的友谊加深了，两人都喜欢粗俗的笑话和风言风语，都公然无视权威。"在我一生认识的所有人里，杰克最有幽默感，"莱姆回忆道，"我觉得，在我认识的人里，找不出第二个像他那么爱逗乐的人。"[30]他们两人只要碰在一起，总会拿自命不凡、狂妄自大、抱残守缺开涮，在乔特中学的校园里，这些特性比比皆是。不过，他们相互之间也极其依赖对方。杰克将莱姆当作忠诚的、聪明的知己，他与病魔做斗争期间的某种守护人；莱姆依赖杰克，不仅因为他们之间无条件的友谊，更因为父亲亡故后，杰克使他情绪稳定下来。两人互相喜欢，还因为他们之间不存在竞争。那年寒假，杰克邀请莱姆去棕榈滩，那里是富人的游乐场，老约刚刚花费 11.5 万美元买下一套有六间卧室的两层度假屋，房子坐落在临海的北洋大道（North Ocean Boulevard）上，有游泳池和网球场。[31]

接下来数年，在肯尼迪家位于不同地方的家里，莱姆成了一名"内部成员"。莱姆很早就注意到，无论是对地方、对物品，肯尼迪一家似乎都缺少占有意识。"他们真的没有像样的家，就是那种每个人都有固定的房间，可以在墙上挂些照片，在架子上放些纪念品那样的家，"多年后，莱姆这么评论，"他们不过是假期从寄宿学校回趟家而已，哪间屋子空着，住进去就是。"莱姆经常听见杰克一到家就问母亲："这次我住哪个房间？"莱姆意识到，即便如此，他也被肯尼迪一家人吸引——吸引他的是他们强大的活力、博大的胸襟、忙乱的日常。"跟他们在一起，生活就是快节奏。"他喜欢兄弟姐妹间那种无拘无束，他们互相之间玩笑不断，他也惊讶于他们互相之间的忠诚。莱姆去肯尼迪家的次数如此之多，以至于很长时间内，当时年纪尚小的泰迪误以为莱姆是他们家的一员。泰迪说："直到三岁，我才弄明白，莱姆不是我亲哥哥。"他接着补充道，在海恩尼斯港的家里，很长一段时间内，莱姆的衣服比杰克的还多。[32]

莱姆和杰克。摄于 1934 年冬。

约瑟夫·肯尼迪当然感觉得出，莱姆·比林斯与杰克非同一般
的关系同样存在于莱姆和肯尼迪家所有孩子之间。几年后，他给小
伙子写了封信："亲爱的莱姆，现在是恰当的时机告诉你，肯尼迪
家的所有孩子，从小约开始往下数，都因为是你的朋友感到骄傲。
因为这么多年来，你给了他们少有人能给的欢乐：真正的友谊。让
我高兴的是，我们所有人都跟你混熟了。——约瑟夫·P. 肯
尼迪。"[33]

杰克从许多方面主宰着两人之间的友谊。他喜欢捉弄人和刺激
他人，他最亲密的朋友常常也会成为他刺伤的对象。莱姆在肯尼迪
家很快有了一串绰号，如"酸柠檬""受气包""不落好"。不久
后，杰克给莱姆写信就开始使用如后抬头："亲爱的丑八怪""亲
爱的屎粑粑"。1934 年 4 月的一封信是这么开头的："收到了你寄
来的非常无聊的明信片。"[34]收到这类奚落，多数时候莱姆会一笑置
之，不过并不总是如此——偶尔，别人也会明显感觉到他在生气。
杰克有时也会大为光火，尤其是听到别人议论他对待朋友不公时。
一次，莱姆收到信息混乱的邀请，让他前往棕榈滩的家，正当他不
知所措时，杰克给他寄来一封信，口气依然毫不客气：

> 我所见过的臭大粪里，数这次最臭。我家里人感恩节不过
> 来，请你过来，可你那时太忙，你和里普［·霍顿］还要去圣
> 劳伦斯。后来里普要来，你也决定来。不过，那时候我家里人
> 已经决定过来了。然后因为房间不够住，你的屁股就坐不住
> 了，别忘了感恩节那会儿有的是房间，可你不过来，后来里普

决定过来你才要来。……后来我听老爸说，过来没问题。情况就是这样。至于你搅和起来的臭大粪，你爱怎么着就怎么着吧。……如果你把事情经过好好看一遍就会明白，挨骂是你自找的。[35]

作家戴维·皮茨（David Pitts）很好地总结了这两人之间的互动："像许多密切的、相互依存的关系一样，他们之间的友谊错综复杂，在两个孩子生命的这一阶段，好像谁都没完全明白这种关系的本质或极限。显然莱姆在其中倾注了更多感情。他需要杰克，而杰克也知道这一点。不过，同样明显的是，杰克也需要莱姆。最初几年，他们互相考验对方，男孩们都喜欢这么做，双方都谋求占主导地位。"[36]

那时西摩·圣约翰是耶鲁大学的学生，每次回家，他都能看见这两个男孩形影不离，他的记述颇具见地："他们的捣乱行为是表现幽默的重要形式，表明在校时无忧无虑，这让他们有了保护性外衣，有安全感。"西摩·圣约翰接着说，两人相互依存，莱姆"每次都追随杰克捣乱，为其喝彩"。当年杰克最恨的人是 J. J. 马厄（J. J. Maher），他是校内臭名昭著的纪律检查员和学生宿舍西楼宿管员，他容不得两个男孩之间的友谊，因而向校长状告他们目中无人，"缺心眼，一天到晚黏在一起嘲弄别人"。单身汉马厄是个毫不留情的纪律检查员，是个肌肉紧致和发达的人，他同时兼任校一线橄榄球队教练。让他骄傲的是，他是队里最强壮、跑得最快的人。就两个男孩的越轨行为而言，马厄的确是个极为诱人的目标，例

106　如，过完假期返校后某天傍晚，两人一起把杰克的大箱子从楼上拖进地下室，一路隆隆作响。愤怒的马厄冲出屋子，对他们大喊大叫，因为他们弄出的动静太大。他还提醒他们，这种事不应该晚上做，应当早上做。杰克马上道歉，不过，第二天一早，他们把同样的事又做了一遍——而且是在太阳升起之前。让两个孩子开心的是，马厄气得暴跳如雷。[37]

IV

1934 年 1 月，圣诞节假期刚过不久，罗丝·肯尼迪给学校写了封信，询问可否允许杰克前往罗得岛州普罗维登斯（Providence），陪同罗斯玛丽参加舞会。"我提出的请求看似有些荒诞，因为这位青年女士是他妹妹，她有自卑情结。"当年的辅导员乔治·斯蒂尔（George Steele）欣然批准："我充分理解，对你和对杰克的妹妹来说，批准他前往有多么重要。……我知道杰克肯定想为罗斯玛丽做这事。"[38]

那年，15 岁的罗斯玛丽在位于普罗维登斯市埃尔姆赫斯特（Elmhurst）的女修道院圣心学校上二年级。父母的希望是，新环境没准会激发她的学习热情，1932 年秋季学期，父母将她从德弗洛学校转到了那里。跟以往一样，她进步缓慢，而且是间歇性的，她集中注意力的时间有限，这让所有尝试为她上课的老师心灰意冷。像以往一样，她渴望家人的认可和关心。"衷心感谢你们寄给我的可爱的信，"罗斯玛丽 1934 年春致信父母，也许嬷嬷们帮她完成了这封信，她的笔法和语法跟十岁的孩子差不太多，"我有了三瓶香水，不过还可以。我很满意。我特别喜欢手绢。……为了我在埃尔姆赫斯特幸福，你们为我做了一切，我怎么感谢都不够。再次感谢你们的好心。"[39]

杰克再无机会前往罗得岛，因为他自己突然病倒了——这次真是凶多吉少。杰克和莱姆在棕榈滩打网球时膝盖擦伤，后来伤口感染。先不说那次擦伤究竟是不是起因，他感觉糟透了。时间移至2月初，他被送进了纽黑文医院。他的病情每况愈下，根据莱姆的说法，"死亡触手可及"。流言在学生们之间传播开来，如杰克就在死神门前；在学校的小礼拜堂里，人们由衷地为他祈祷。可能是白血病，不过，医生们排除了这一可能性。莱姆回忆说："是某种非常严重的血液病。"这好像是准确的诊断。与老约交换意见时，说到动情处，圣约翰校长几乎不能自制，他说："杰克是人世间最好的人之一——最有能力、最有意思的人之一。关于杰克，我有说不完的话！"在写给杰克的信里，圣约翰也在字里行间流露出内心的温情："我一直想你，真希望你现在就住在我家；不过，值得宽慰的是，你处在良好的医学照料之中。"[40]

像往常一样，在杰克长达一周的磨难期间，罗丝没去看望儿子，她选择留在棕榈滩。（她丈夫确实去了医院，埃迪·摩尔也去过。）杰克在乔特中学四年期间，罗丝从未去过康涅狄格州——尽管杰克经常生病。然而，在四年时间里，罗丝独自一人出门旅行无数次，还陪老约去过几次欧洲。（1929年到1936年，她先后出国17次。）杰克无数次住进校医务室期间，母亲从未前去探望，杰克

107

究竟怎么想，已无据可查，不过，人们完全可以猜出来，这伤害了他。我们完全可以想象，每年春季，学校一年一度庆祝母亲节，杰克心里的某个地方会暗自希望，哪怕母亲来一次也好；或者，在某个场合，从纽约布朗克斯维尔开车来一趟不过两小时。罗丝这种保持距离的做法会让杰克更自立、更独立，即使这么说不失为一种补偿，这说法本身也几乎没什么安慰作用。[41]

杰克病重期间，罗丝的确与学校以及医院的医护团队保持着密切的书信往来。"杰克感觉最难受时，他的幽默感仍然每时每刻伴随着他。"杰克的病情稍有好转，圣约翰夫人就写信将情况通报给了罗丝。杰克第一次吃过东西后，"对他来说好像已经过去了特别漫长的一段时间……他对我说：'他们决定给我早饭吃，算是做对了，不然的话，我猜护士一定会一路小跑来到我床边，床上床下到处找我，我会饿得连影儿都没了！'"[42]

各种病症消退后，杰克被送到了位于佛罗里达州的家里，在那里住几周恢复健康。在家教的辅导下，杰克在那边也能跟上学校的课程进度。他还给圣约翰校长夫妇写了封亲笔信，感谢他们在住院期间给予他"数不清的关照"。复活节假期后，他回到了学校。生病期间，他的体重减轻到 113 斤，返校时已回升到 127 斤。紧接着就是考试，他向母亲承认，虽然"我没取得耀眼的成绩，但我通过了，这本身就是小成就"。在写给父亲的信里，他哀叹春季多雨的天气，以及如后事实："马厄先生度完假回来了，整个人比以前黑多了。"[43]马厄在宿管员报告里承认，"如果说我理解杰克，与其说是在陈述事实，不如说是一种满怀喜悦的表达"。他管理的这个青年学子是"理论和实践两方面都特别完美的特立独行的个体，用常规的集体精神和社会意识启发他……根本没用"。马厄接着记述道，杰克的基本处事态度，就是明着告诉他人"我是个充满活力的年轻人，脑子快，有一兜子主意。如果我让你得逞，你就会坏我的事，所以别拦着我。有本事你抓我啊"。在报告结尾处，宿管员表达了如后希望：这种"傻到家的游戏"已经没了激情，这年轻人已经开始懂得"自由和规矩"之间的分寸。[44]

6月，随着整个学年的结束，杰克再次病倒，再次住院。这一次，家人决定将他送往位于明尼苏达州罗切斯特（Rochester）闻名遐迩的梅奥诊所（Mayo Clinic），希望彻底查清折磨他的究竟是什么问题。这一次，父母二人谁都没陪伴他，重任落到了埃迪·摩尔肩上。杰克非常伤心，尤其是因为，他心里清楚，莱姆·比林斯正在海恩尼斯港与家里的其他孩子一起享受夏日阳光。（不巧的是，莱姆在肯尼迪家洗澡时烫伤了，也在医院里躺了三周。）[45]梅奥诊所的医疗团队让杰克经历了一连串使他感到难堪的捅捅戳戳，在写给莱姆的一连串信里，杰克描述了自己经历的磨难。许多说法相当下流。"我在这边真的是掉进了苦海，现在我整天肚子疼，"其中一封信写道，"我的吃食还是豌豆和玉米粒。有个漂亮的金发女士给我灌了一次肠。那次，哥们，让我的兴奋点差点到顶。"[46]

"我这边是全国最热的地方，除了肯尼迪家的洗澡间，"听说莱姆烫伤后，杰克幸灾乐祸地表示，"今天有一哥们把一根手指捅进我的直肠里，让我相当难堪的是，我没绷住，大笑起来，这一笑让这整个地方的管理部门一通忙乱。你感觉怎么样？希望你在那边住得安心。……他们问了我一些最不可言传的问题，我脸红得不行，尤其是，他们问了我屎粑粑的颜色。他们还特别使劲地拽了一下我的鸡鸡，我都不好意思偷偷笑了。"[47]

在这个 17 岁之人的脑海里，性永远占有一席之地。"我的生殖力被榨干了。跟以前的我相比，我只剩下了空壳。我的鸡鸡看起来像是在绞肉机里过了一遍。"护士们都"非常撩人，我真的成了医院的宠物……我跟你说，护士们几乎跟你一样肮脏，你这个满脑子臭大粪的家伙"。在这个年龄段，杰克已经显露出沙文主义女性观，他吹牛说，其中一名护士"想知道我能不能跟她练练"。让他失望的是，那名护士再也没来他的病房。[48]

这类不成熟的胡吹乱侃和淫秽说法，其目的肯定是掩饰必定极为痛苦的经历。在那个地方，离家半个大陆远，身边全是陌生人，而他必须接受数不清的一串检查，好像每项检查都是专门设计的，为的是摧残他的尊严。不过，从他写的那些信里，人们几乎看不出他流露过自怜，或者，处于他那种境遇的许多十多岁的孩子——成年人亦如是——必然会有的感觉，即恐惧。他病了，痛苦，然而他不想承认这一点，也许他都不想对自己承认这一点。相反，他超然于外，像旁观者那样不间断地观察着自己的生活，他写的信充斥着典型的斯多葛派的坚忍，以及隐晦的、极富创造力的幽默感。"我今天只灌了两次肠，感觉肚子饱饱的。"他 6 月 30 日致信莱姆。最终还是有了好消息："医生们终于找到了我的问题所在。我不知道是怎么回事，不过有可能是让人恶心的痔疮类，或是一种重要器官上的疾病。"实际上，那个夏季从未有过确诊的事，只不过医生们推测，杰克罹患的是过敏症，或结肠痉挛（如今的说法是过敏性肠道综合征），或者，往更严重说，就是结肠炎。如果真是那样，足以解释他增加体重何以困难重重。如果结肠出血或溃疡，很容易导致严重问题。杰克回家时，带回的医嘱是一套适度的饮食安排，还有采取措施释放精神压力，当年的医生们认为，这是导致他生病的主因。[49]

那年夏季，杰克在海恩尼斯港居住的时间不过数周，因而他决心充分利用那段时间。在所有住处里，他最喜欢海恩尼斯港，尤其是因为，住在那边有机会前往楠塔基特海峡。在杰克一生的那一阶段，年纪轻轻的他已然成为技术高超的竞技帆船船长，且拥有如后名声：胆大、狡猾，常常出乎对手的意料。一名观察人士记述道，他和小约每次都力争"在出发阶段分秒必争，他们会迎着风玩命驶向风向标，完全不在乎小失误可能带来什么风险"。竞技船船长收帆之际，他们依然保持满帆，灵活把控船舵，他们还擅长在阵阵微风中捕捉起风信号。最初几年，兄弟二人驾驶的是两条 16 英尺长的维阿诺小型帆船（Wianno junior），他们给两条船起了好听的名字——将第一条命名为"十人团"号（Tenovus），第二条是在泰迪出生后命名的，因而船名为"又一个"号（Onemore）。1932 年，老约又为船队添了一条船，他买下一条 25 英尺长的二手维阿诺大型帆船（Wianno senior），船上有个小舱室，可以乘船在海上过夜。110 杰克将其命名为"胜战"号（Victura，"与赢有关"），作为航行工具，这条船多次为他铸就辉煌的胜利。[50]

V

1934 年秋，杰克返回乔特中学，升入毕业年级。他和莱姆·比林斯成了舍友。尽管马厄发出了警告——时间将证明，他的确有先见之明——这种安排必然会引发恶作剧，但圣约翰校长依然批准他们同住。考虑到杰克和莱姆暑假期间通信往来披露的事实——对于莱姆来说，他们的关系早已超越友谊——两人依然申请成为舍友，这难免让人浮想联翩。此前一年的某一时刻，莱姆爱上了杰克。最初他只是满足于纯柏拉图式的精神层面的友谊，后来他发现，虽然他非常确定自己的感情不会有回应，约束自己却变得越来越困难。[51]

不过，这事该如何继续？公开表达自己的感情，承认自己的性取向直指男孩，尤其是杰克，等于冒险中断已有的友谊，莱姆不想这么干，他选择了暗示。在英国私立学校，但凡想跟其他男孩发生性关系的男孩，都会把想法写在手纸上（手纸可以用水冲掉，甚至吞掉，以避免追踪），然后交换纸条。乔特中学的学生们沿袭了这种心照不宣的传统。6 月初，莱姆给杰克写了这样一种纸条——毫无疑问，他经历了极度痛苦的思想斗争。纸条没有留存下来，我们无从得知它的准确内容，不过，我们手里有杰克的回信。"请不要再次在手纸上给我写东西，"那个月晚些时候，杰克躺在医院的病床上给莱姆回了封信，"我可不是那种男孩。"也许是为了缓和朋友那边的尴尬，或是为了掩盖自己或者双方的难堪，在同一封信的后半部，他大谈特谈自己的病情，以及自己日渐衰弱的男子气概。[52]

杰克是否已经略知莱姆对自己的兴趣，已无从考证。从那一时间段他写的那些信里，我们可以看出，他把莱姆当作像自己一样讨女人喜欢的男人。一年前的 1933 年 6 月，他给莱姆写了第一封信："请代我向普希［即普希·布鲁克斯（Pussy Brooks），莱姆认识的一个匹兹堡女孩］问好，在女人面前放松点。"毫无疑问，在一所预科男校里，像这样的偶发事件本质上不能完全说明人的性取向。不过，从间或出现的迹象看，莱姆的确有些与众不同。1934 年初，这两个男孩身穿正装，前往曼哈顿哈勒姆区冒险，为的是找个妓女，在同一个女人身上丢掉处男身。杰克挑了个女人，进了屋，而莱姆——他后来回忆道——浑身不自在地等在门外。从屋里出来后，杰克颇费了一番口舌，才把朋友哄进屋，但似乎莱姆并没有在那地方丢掉处男身。[53]

还有一次，傍晚时分，杰克和莱姆以及另一名男校友皮特·西泽（Pete Caesar）离开校园，与奥丽弗·考利（Olive Cawley）和普希·布鲁克斯到校外厮混，他们开车去了不远处一家农场。半道上，五人团发现，学校的一辆校车正尾随他们。在杰克的建议下，皮特和普希留在车里，其余三人设法悄悄藏了起来。几名校警赶到后，只看见一个男孩和一个女孩搂抱在一起，他们便驱车离开了。与此同时，杰克和奥丽弗在一个谷仓里找了个藏身处，莱姆在另一个谷仓里躲进一捆草垛中，静静地等候另外两对把事情干完。[54]

既然遭到杰克明确无疑的拒绝，莱姆退缩了，从那往后，好像他再也没提过相同的要求。他只能眼睁睁地看着杰克越来越迷恋奥丽弗，那是个漂亮的、活泼的、皮肤黝黑的纽约姑娘，在新泽西州私立金伯利学校（Kimberley School）上学。[55]与那个时代异性恋男人的常规做法不一样，杰克显然没有中断与莱姆的友谊。甚至在后来的岁月里，当莱姆是同性恋的事清楚到毋庸置疑，两人的关系依旧牢不可破。"杰克是个超级宽容的家伙，"两人的朋友里普·霍顿说，"他特别理解人。"第二次世界大战后成为两人朋友的记者查尔斯·巴特利特（Charles Bartlett）也说过几乎相同的话："我喜欢莱姆，我也意识到，他是杰克的好朋友。杰克不是那种喜欢鸡蛋里挑骨头的人，他接纳朋友，不对他们评头论足。"[56]

实际情况是，杰克喜欢和莱姆在一起，珍视与莱姆的友谊。在半个世纪后的一次访谈节目中，颇具洞察力的西摩·圣约翰认为，莱姆是个悲剧性人物，随着时间的推移，他的身份完全被杰克·肯尼迪及其家人覆盖，认识杰克前，"他没有任何长期坚守的东西"。认识杰克后，"无论杰克做什么，他都会紧随其后，甘当小跟班"。西摩·圣约翰也看到了这种友谊值得称道的地方，尤其是从杰克那方面说，他随时可以指望朋友紧随其后，在他陷入绝望时，在他长期罹患各种疾病期间，在他常年与小约较劲过程中，莱姆总会提振他的精神。"正因为有了比林斯的忠诚，［杰克］得以从青春期的磨难中信心十足地崛起，他的信心非但没有崩溃，反而得到了加强。"西摩·圣约翰说道。[57]

眼下，随着两人升入最后一学年（莱姆原本可以在 1934 年毕业，不过，似乎是要证实西摩·圣约翰的观点，为了跟杰克以及朋友们在一起，他留级一年），他们决心好好享受这一年。预感到会出问题的马厄将他们安置在自己房间隔壁的一间屋子里。[58]麻烦很快就来了。杰克从海恩尼斯港带来一架老型号的维可托乐留声机以及一堆唱片，他们的房间很快成了十多个朋友的聚会地。马厄将吵闹及混乱情况告诉校长，不久后，在狭长且正式的英式餐厅里，当着全体学生的面，乔治·圣约翰校长说起了一小撮自私的、贪图享乐的捣乱分子，他们似乎在故意毁掉学校的平静。他们是一帮"无赖"（Mucker），校长说，还不如无赖，他不会容忍这情况。[59]

听到校长称他们为"无赖"，杰克和几个哥们心想：太棒了！这称谓真是绝了。他们一帮人立马奔赴沃灵福德镇，每人花 12 美元制作了一枚形为铁铲的小金饰，还在饰品上镂刻了"乔赖部"三个字，此为"乔特中学无赖俱乐部"的简称。（在汽车出现前的岁月里，"无赖"的另一层意思是铲屎者，即在街上铲马粪的人。）他们接下来的越轨行为最坏也不过是"轻罪"——例如偷偷溜出校园喝奶昔，以及课后时间放音乐。他们从不喝烈酒，也不吸烟。鲜花节期间，他们计划每人用铁铲拉上自己的约会对象抵达舞会现场，然后在户外的一堆马粪旁手握铁铲拍照留念。[60]

听说他们的计划后，圣约翰校长怒不可遏。全校人员在餐厅进午餐期间，他把"无赖"们的名字一一点了出来，谴责他们败坏乔特中学的道德和完美形象，命令他们前往他的办公室。在办公室里，他开除了他们，还命令他们将宿舍腾出来，做好离校准备。震惊不已的男孩们步履沉重地回到各自的宿舍，正发愁如何向父母交代，结果校长又把他们叫了回去，还告诉他们他改主意了：他们不会被开除了。不过，他告诉那些孩子，再也不许有什么俱乐部，不许有恶作剧，整个复活节假期，他们必须待在学校。[61]

应圣约翰校长的邀请，约瑟夫·肯尼迪和莱姆的母亲罗曼

113 （Romaine）前往学校，与校长面对面讨论这次危机。校长对他们说，他们的儿子是罪魁祸首，他希望二位家长明白，现实情况非常严峻。与校长单独谈话期间，对校长严肃的话语，肯尼迪父子不停地点头称是，杰克也表达了悔意。约瑟夫承认，俱乐部成员的那些行为让他深感震惊，不过他内心也有疑惑，这有什么可大惊小怪的。作为这种精锐圣公会环境的局外人，他不清楚圣约翰校长的反天主教立场是否在其中起了某种作用，校长是否基于谣传对这事做出了过激反应。（因为"无赖"一词还有第三重含义：在波士顿后湾区沼泽地带干清扫工作的下层爱尔兰天主教移民。）谈话过程中，圣约翰被打断，接了个电话，约瑟夫趁机转向儿子说："我的天，儿子，最好你没继承你老爸的率直，或说脏话的名声。如果让我创立你们那疯狂的无赖俱乐部，我就不会用'无赖'这个词起名！"[62]

114 明眼人可以看出，两位肯尼迪——这里指的是这对父子——对"无赖"事件的反应不过是一种特权感，即规章制度对杰克起不了太大作用，圣约翰真的拿杰克没办法。不仅如此，就约瑟夫·肯尼迪处理此事的经过而言，旁人可以强烈地感觉出，他以当事人的父亲为傲。他十分清楚自己的名声：在孩子们的一生中，他是个专横的、霸道的存在，他不停地向他们——尤其是对几个男孩——灌输某种不恭不敬和独立自主的思想境界。1933 年，按照哈佛大学法学院教授费利克斯·法兰克福特（Felix Frankfurter）的建议，父亲将刚从乔特中学毕业、尚未前往哈佛大学登记入学的年轻的小约送进

　　杰克和三个"无赖"伙伴在沃灵福德的某条街上。从左至右：拉尔夫·霍顿、莱姆·比林斯、布奇·施赖伯（Butch Schriber）、杰克。

了伦敦政治经济学院，师从哈罗德·拉斯基（Harold Laski）一年，后者是著名的民主社会主义理论家和经济学家。拉斯基的政治哲学和经济哲学与约瑟夫自己的哲学有天壤之别，不过，他这么做是出于如后考虑：让英国人持续监管一个时期，必定会拓宽小约的知识面，使其具备更强的能力，以捍卫更保守的立场。这并非什么新近才有的哲学：长期以来，肯尼迪家的访客都注意到，在餐桌研讨会上，约瑟夫·肯尼迪先生从不强迫小约或杰克或其他孩子站到自己的立场上，反而鼓励他们坚持和捍卫各自的观点。[63]

不过，见多识广和坚持己见是不够的，奉献和责任同样重要。就这些而言，杰克始终是父亲的一块心病，在乔特中学那些年，从最初到最终，杰克从未让父亲省心。最后一年，通过一封又一封信（请注意，每封信都是父亲亲笔书写，当时他在华盛顿领导着一个新设立的、重要的政府机构），父亲敦促和劝诱二儿子，激励他以"骄人的成就"完成学业。一封写在公文纸上的、标注日期为 1934 年 12 月的信可为佐证：

　　经过长期历练，我看人很准，因而我确切地知道你有本事，你今后的日子长着呢。上天给了你能力，如果你不用，不尽全力尝试，岂不是很傻？不管怎么说，即使作为朋友，如果我不敦促你充分利用自己具备的各种素质，我就是缺心眼。如果你将来想弥补年龄幼小时忽视的一些基本素质，那会非常困难，这就是我一直敦促你做事要尽全力的原因。不是我期望过高，即使你最终没能成为真正的天才，我也不会失望。只不过我认为，无论如何你都可以成为具备正确判断力和理解力的好公民。[64]

春季学期差点被开除，事过不久，乔特中学从那些爱惹事的孩 115
子里挑出三个人，给了他们一次机会，安排他们与哥伦比亚大学心
理学家普雷斯科特·莱基（Prescott Lecky）面谈。也许是受到父亲
的敦促，杰克接受了那次机会。莱基的报告披露，他认为这小伙很
有能力，"不过，用心理学术语说，毫无疑问他有心理闭锁状况。
家人都知道他做事轻率、凌乱、效率低下，而他自己泰然接受这些
评价"。莱基问杰克，他是否希望以这样的态度在世上成就事业，
杰克没吭声。"他认为自己是个自立的、聪明的、勇敢的男孩，"莱
基继续写道，"可他从未意识到，除非他丢掉多年形成的自我防护
手段，否则长期保持前述几个特质将难上加难。他说，他从不担心
自己做事凌乱，因为他从来没整洁过；不过，显然他迟早必定会担
心，除非他放弃自己最看重的一些特质。"

莱基确信，最重要的是，在杰克身上，所有问题的根源可以归
结为与小约的竞争。"我哥是全家做事效率最高的人，"杰克告诉莱
基，"而我做事总是有头没尾。如果我哥做事效率没那么高，我提
高效率就会容易许多。他做事比我好太多了。"因而莱基的结论为：
"杰克显然是在回避竞争，也可以说是退出赛场，以说服自己他本
来就没参与。"[65]

对这个尚未找到未来之路的年轻人，莱基给出了相当敏锐的评
价。莱基无疑是对的，二儿子的地位所导致的手足竞争和自卑情结

足以解释杰克的反体制天分以及懒散的处世方式。再者，谁都可以
怀揣这样的信念走遍天下。或许，杰克潜意识里正在追随父亲的足
迹，追随那个 30 年前在波士顿拉丁学校时期同样不求上进的学生。

　　不管怎么说，1935 年春，随着杰克准备离开乔特中学——他已
经 18 岁，个头高挑，清瘦结实，面部棱角分明，长相帅气，一头
乱发无论怎么打理都不规整——对于四年的在校生活，他可以从中
得到某种程度的满足。他健康问题不断，有时会消耗全部精力，部
分基于这一原因，他在学术方面的表现鲜少超越中等水平。然而，
尤其在哥哥离校后（那是他在校四年的中间节点），他体验到了前
所未有的自由。他还遇到了伴随其一生的朋友莱姆·比林斯，还与
一大帮哥们儿纵情享受了欢乐时光。不仅如此，在乔特中学的几年
里，他学会了依靠自己，独立自主，即使在逆境中亦如此；他还学
会了最大限度运用自己的魅力和幽默感来获取利益。"仅仅依靠他
那笑容，无论在哪个学校，他都有办法摆脱困境，"乔治·圣约翰
校长承认，"他是个非常让人喜欢、非常让人爱的人。"校长这么说
是有根据的：尽管杰克·肯尼迪的排名在班里很难达到中上，但同
学们都投票认为他"最可能成就事业"。毫无疑问，这样的结果很
大一部分基于肯尼迪家的巨额财富，这在校园里人尽皆知，另外就
是，在莱姆的率领下，前"无赖"们热情高涨地前后奔走，大肆为
领头人拉票。当然，这样的结局同样源于杰克在学生里的超高
人气。[66]

　　这次投票是杰克嵌入乔特中学管理层眼里的最后一颗钉子，眼
看让人头痛不已的"无赖"通过这种方式得到认可，校领导们一定

非常郁闷。不过，他们同样可以看到小伙子身上的希望，与成就斐然的哥哥相比，他要强得多，因为哥哥缺少创新性思维。"杰克自有一套聪明的、个人主义的想法，"圣约翰校长早前致信约瑟夫，"若想束缚他的思想，会比在小约身上实现这事难上许多。……如果他学会将幽默用对场合，学会用他那独特的方法看待各种事物，将其当作优势而非劣势，他独特的观点和诙谐的表达方式等天赋会帮助他成功。在现阶段，更加传统的思想，更加慎重的、成熟的观点会对他更有利；不过，尊敬的肯尼迪先生，我们必须宽容对待像杰克这样的男孩，给他时间调整……和成长；在我们这样的家长和老师眼里，与很少惹是生非和更加循规蹈矩的男孩相比，杰克这样的男孩最终的出路往往更有意思，也更有成就。"[67]

副校长沃德尔·圣约翰也做过同样的暗示。"杰克脑子里装着成为伟大领袖的想法，"这是他在春季学期结束时的记述，"某种程度上说，我有种感觉，将来他会成为那种人。"[68]

时间会揭晓，上述两人的说法终将成为最具洞察力的评价。

第五章

大一时光

1935 年 9 月 25 日，18 岁的约翰·F. 肯尼迪和父母以及妹妹凯瑟琳（基克）登上了法国"诺曼底"号（Normandie）越洋邮轮，远赴英格兰。那年春季，杰克申请了哈佛大学和普林斯顿大学，两所大学都录取了他。[1] 参加哈佛大学入学考试时，他的英文和历史都得了 85 分，当年人们认为，这属于尖子生的成绩。[2] 不过，出乎人们意料的是，他不想追随哥哥小约的脚步，前往父亲的母校，相反，他想跟莱姆·比林斯和里普·霍顿一起去普林斯顿大学上学。父亲对他的决定未置可否，不过，父亲坚持让他推迟入学，像哥哥那样前往伦敦政治经济学院，师从左翼经济学家哈罗德·拉斯基一年。

约瑟夫这么做的动机恰如他对大儿子做的一样：接触拉斯基的民主社会主义思想必然会激励杰克学术上的独立性，使他磨砺出更强的能力，以捍卫更保守的立场。第一轮实验很成功（虽然确有让人质疑的时候——让杰克觉得特别有意思的是，哥哥刚从伦敦返回时，张口闭口都是准社会主义观点），因而做父亲的认为，当然有

理由会再次成功。做父亲的后来说，拉斯基是个"疯子和思想古怪 118
的人。他书里的所有东西，我都持不同看法。我们的想法泾渭分
明。不过，我从没教过家里的男孩对我不喜欢的人持不同看法。他
们听我说的够多了，所以我断定，他们必须接触反方的某个有学问
的和有活力的人"[3]。这充分说明了约瑟夫的哲学，他对两个儿子信
心满满；也阐明了他的认知：在经济大萧条重压下，政治已经向左
转，而他的两个儿子有必要了解这个新世界。在哈佛大学讲坛上，
拉斯基向来是让人耳目一新的教师，他精通美国和美国政治，或者
说，他长期与一些重要人物保持着通信往来，例如富兰克林·罗斯
福、专栏作家沃尔特·李普曼、费利克斯·法兰克福特、小奥利
弗·温德尔·霍姆斯（Oliver Wendell Holmes Jr.）；再或者，一些
人认为，他是有史以来最能言善辩的人，拜他为师必定有益无损。
还有，伦敦政治经济学院的全球视野和学生组织定然会让两个儿子
更好地掌握其他国家的文化。（听说小约跟一个美国人同屋后，约
瑟夫建议儿子"尽最大可能与外国人多接触。在你的余生中，跟你
一起生活的美国人多的是"。）[4]

后来常见的说法为，杰克前往伦敦的原因是父亲强迫他那么
做。不过，实际情况是，有一段在欧洲的经历，这样的前景把他迷
住了，因而去欧洲是他自愿的。早在前一年秋季，还在乔特中学上
最后一学年之际，杰克就给父母写信说，他想去英国，还说他已经
认识到，为了让这事成真，他必须在学业方面好好表现一番："莱
姆和我一直在说，这季度我们表现得太差劲了，我们已经决定，停
止做傻事。我真的意识到，如果想去英国，重要的是，今年我必须

把该做的事做好。把这件事从头到尾想过一遍后，我真的觉得，我一直在蒙自己，还以为自己做了很多实事。"⁵

不过，到头来还是约瑟夫·肯尼迪的希望促成了最终决定。杰克后来说："我父亲希望我上街时两边都看看。"⁶

15 岁的基克一同踏上了这段旅程，这对杰克来说是个额外奖赏。出发前，父母已经做出决定，基克暂时放下位于康涅狄格州诺顿（Noroton）的天主教寄宿女校圣心修道院的学业，前往塞纳河畔讷伊（Neuilly-sur-Seine）的圣心修道院分校学习一年，那所学校位于巴黎郊外富人区。如此即可复现基克的母亲结婚前经历的那种教育。罗丝一直试图约束基克天马行空般的思维方式和行为方式，始终未能成功，她认为，女儿太招男孩们喜欢，而男孩们太容易让基克的学业跑偏。解决方案是：把她送往海外一个修道院多学习一个时期，在那边，她还可以学习法语及法国文化。⁷

基克崇拜两个哥哥，不过，她最喜欢杰克。兄妹二人都喜欢善意地拿对方开玩笑，都偏爱应答如流，让身边的朋友们开心不已。杰克是家里读书最多的人，他常常讥笑基克看似肤浅的各种兴趣，基克则常常反过来取笑杰克的虚荣浮夸和骨瘦如柴。不过，两人的关系牢不可破。"基克真的认为你是个伟大的家伙，"数个月前父亲写信给杰克，"她对你既有爱又有忠，虽说你受之无愧，你也该为此感到非常骄傲。也许这事你看得不太明白，不过你妈和我都清楚。基克认为你可能是有史以来最伟大的家伙，在女修道院里，你写的那些信带给了她大多数欢乐。"⁸从杰克的角度看，他珍视基克睿智的、开诚布公的、天不怕地不怕的人格魅力，这些都跟他极为相似。但凡他带回家的女孩，他都会征求基克的看法。而他的一些朋友都在第一次遇见基克时爱上了她——基克不是传统意义上的美女，不过她迷人，女人味十足，有一头浓密的暗褐色头发，她的活泼以及随和的魅力会让人神不守舍，她的追求者源源不断。

杰克和基克都对身边的人们兴趣盎然，没完没了地聊那些共同的社会经历。"晚会结束后，"一个朋友回忆道，"凯瑟琳超喜欢穿着睡衣跟杰克一起聊到半夜，他们聊每个到场的人的个性。有时候两人如此亲密，我会误以为他们是双胞胎。"[9]

从兄妹二人当年的以及后来的通信往来中，人们很容易看出他们关系密切。在乔特中学"无赖"事件期间，杰克通过信件向基克描述了其中一些高光时刻，这激发她十万火急地给杰克和莱姆·比林斯发了封电报："尊敬的公敌一号和二号，随电文附送你们及另11个无赖所有美好的祝福。有老家伙们在入殓现场，我们为无法到场深感遗憾。"[10]乔特中学管理层扣押了那封电报，让杰克的处境雪上加霜。老约把基克臭骂了一顿，还说她这是"火上浇油"。杰克也对妹妹非常生气，不过很快就烟消云散了。总之，无论是口气还是内容，那封电报都类似公文，如果换位思考一下，他自己没准也会迫不及待地那么做。[11]

那年夏季，在海恩尼斯港的家里，兄妹二人再次形影不离，无论谁招呼一声，两人就会钻进一辆常备的车里，立刻出发（当时杰克已有驾照），前往游艇俱乐部跳舞，或前往"闲时剧院"（Idle Hour Theatre）看电影，或前往雷克索尔杂货店（Rexall Drugstore）吃冰激凌，肯尼迪家在这些地方都办有记账付款手续。如果回家太晚，两人会关掉车灯，沿着车道将车子悄悄开回车位停好，手提鞋子潜回屋里。第二天一早，基克会在枕边看见母亲留下的一张字条："下次记住准时回家。"[12]

II

眼下又是兄妹二人一起，还是一起前往欧洲。那是两人第一次一起出远门，他们的交通工具实在太震撼了！在所有远洋邮轮里，"诺曼底"号邮轮曾是最大的远洋客轮（直到如今依然如此），也是最大和最快的运营客轮。该邮轮的处女航就在几个月前，那次航行创造了一项跨大西洋速度纪录，从法国勒阿弗尔（Le Havre）前往美国纽约，用时 4 天 3 小时 14 分，平均时速 30 节。该邮轮豪华的内饰完全采用艺术装饰风格，所有进出通道和楼梯均体现出极度奢华。远不止如此，93 米长的餐厅里是镀银墙面，层高 7.3 米的天花板通体镀金，内部空间比凡尔赛宫的镜厅还大，可同时摆放 157 张餐桌，容纳 700 位客人用餐。其他设施包括室内和室外游泳池、一个剧院、一座小教堂、一处冬景花园、一个露天网球场。乘船的肯尼迪一家都被迷住了，这是罗丝日记里的记述，只是杰克大嚼特嚼法国美味佳肴招致了一些人的非议。"这里的吃的真让人欲罢不能，"杰克写给莱姆，"老家伙没完了指责我吃得满脸都是，而且事情他妈的越来越让人难堪。还真让他说着了，一次我吃一块甜点，里边流出的汁像皮条客一样黏糊，他说我的脸都快跟你的脸一样了。"[13]

肯尼迪一家原计划在英国南部沿海城市普利茅斯（Plymouth）

上岸，不过，恶劣的天气迫使船长将船直接驶向位于法国诺曼底的勒阿弗尔。接下来，一家人在不远处的港口小镇迪耶普（Dieppe）登上一艘小船，前往位于英国东萨塞克斯的纽黑文，那是一次艰难的穿越。"除了老约，所有人都病了，杰克、基克和所有住在上层甲板的人在雨天都快冻死了。"罗丝在日记中写道。[14]

抵达伦敦后，肯尼迪一家住进了位于梅菲尔（Mayfair）的克拉里奇酒店（Claridge's hotel），不远处是格罗夫纳广场和邦德街，那里的商店鳞次栉比。此时的欧洲山雨欲来风满楼。英国大选将要到来，欧洲大陆上紧张关系也在加剧。那年早些时候，德国领导人阿道夫·希特勒发出警告，各敌对国应习惯于在平等基础上与德国打交道——早在3月，他已经宣布纳粹德国空军（建制空军）的存在，还下令征召所有身体健康、年满19岁的男性入伍。这两项措施均违反了《凡尔赛和约》——第一次世界大战末期，协约国强加给各战败国一系列条约，这是其中最重要的条约——且在欧洲各政府机构引发了极度恐慌。苏联和法国的反应是，双方签署了一项友好互助条约。9月，即肯尼迪一家在纽约登船不久前，希特勒强制推行《纽伦堡法》，该法否认犹太人享有德国公民权和婚姻权，严禁犹太人和"雅利安人"发生婚外关系。纳粹标记也出现在德国官方旗帜上。10月2日到3日，贝尼托·墨索里尼领导意大利入侵了阿比西尼亚（埃塞俄比亚），这明显违反了国际联盟对侵略的制裁规定。[15]

对当年消息灵通的观察人士以及后来多如牛毛的历史学者来说，前述那些进程都是极为不利的凶兆，且确凿无疑地证明了脆弱

杰克、老约、罗丝、基克在"诺曼底"号远洋邮轮上。摄于
1935 年 9 月 25 日。

的国际关系正在分崩离析。第一次世界大战结束后，随着秘密外交和双边交易的结束，随着旨在解决地缘政治危机和阻止国家间暴力行动的国际联盟的设立，在美国总统伍德罗·威尔逊的主导下，众多协约国领导人拥护一种解决国际事务的新方法。各种裁军努力会让世界更安全，也会为避免另一场毁灭性全面战争做出贡献。让威尔逊总统大失所望的是，美国参议院拒绝让美国成为国联成员国——这可是威尔逊战后世界愿景的核心板块——不过，尽管美国行政当局随后由共和党主宰，许多美国政府官员依然得以就广泛的议题秘密参与了多场国联会议。[16] 1933 年希特勒掌权后，各裁军谈判均遭到破坏——希特勒当即退出了所有裁军谈判，让接下来的努力没了下文，世界裁军会议也无限期休会。与此同时，墨索里尼侵略阿比西尼亚的行动也招致世界各国言辞激烈的口诛笔伐，但仅此而已。意大利随即退出国联，随后迅速向纳粹德国靠拢。[17]

　　杰克对这些政治阴谋给予过多少关注，如今已说不清。他阅读各种日报，（还以母亲为榜样）将自己感兴趣的各种文章剪下来。不过，在伦敦早期阶段，他把主要精力投向了深入那座城市的社会生活。伦敦政治经济学院很吸引他，可他不喜欢哈罗德·拉斯基。他觉得拉斯基没有幽默感，妄自尊大，其民主社会主义思想既脱离实际又狭隘偏颇。[18] 有那么一瞬间，想到在学术上要拜此人为师一年——或者，哪怕是一学期——如同一场噩梦即将降临。说来也巧，恰在此时，又一场神秘的疾病袭来，把杰克送进了医院，并且再次让医生们大惑不解。黄疸让他浑身泛黄，关节疼痛，查不出血细胞，不过，他没有明确的指向性症状。医生们认为这很像甲肝，

不过他们无法确诊。"他们对我做了一些奇怪的事，"杰克在病床上
对莱姆写道，"不仅仅是用一根巨大的针捅我的两颊。今天是最尴
尬的一天，我刚刚醒来，由于太冷，刚刚［勃起］一半，就来了个
大夫。他原计划按住我的鸡鸡下边，然后让我咳嗽。不过，刚掀开
我的被子，看见我的'鸡鸡·马厄'正生机勃勃地抖作一团，他立
马改了主意。"（杰克用他憎恨的乔特中学宿管员的名字 J. J. 马厄
为自己的阴茎起了个名。）与此同时，那个"特别性感"的夜班护
士"每次都在我身上捏来捏去，所以我必须时刻提高警惕"[19]。

毕竟耳濡目染过一些著名的拉斯基学说，在适当的时候，杰
克·肯尼迪会充分地将其表现出来。可能是为了让人们对他的学术
造诣加深印象，杰克曾多次主动谈起他和拉斯基之间有联系。一些
政治掮客也会提到，杰克在伦敦政治经济学院学习过一"学期"。
实际上，他在伦敦待满了一个月，然后就回美国了。父母认为，他
的健康问题在美国会得到更好的监管。[①] 在一封信里，杰克明确告
诉莱姆："爸爸说我想回美国就能回。"不仅如此，老肯尼迪还认可
儿子不久后前往普林斯顿大学入学（学校已经批准他的申请）。
1935 年 10 月 21 日，莱姆收到了报喜的电报："周四下午到达普林

　　[①] 离开英国前，杰克是否随父母一起前往温斯顿·丘吉尔位于肯特郡查特韦尔
（Chartwell）的乡间宅邸拜访过，如今已无从查证。"［他］快 70 了——一位快乐的、健谈
的乡绅，也许他是我这辈子见过的最多才多艺的人，"罗丝在日记里如此描述未来英国首
相，将来丘吉尔必定会成为她丈夫难缠的对手，"花园里有一间工作室，他常去那里，画
画，感兴趣的什么都画，为的是放松。"（摘自罗丝·肯尼迪的私人文件，未标注日期，1
号资料盒。实际上，当时丘吉尔刚满 61 岁。）听说杰克生了病，丘吉尔给约瑟夫写了封
信："听说你为儿子担忧，我也深感忧虑，不过我深信，事情很快会过去。"（Maier, *When
Lions Roar*, 13.）——原注

斯顿，望安排宿舍。"[20]

　　莱姆兴奋至极，立即回了封电报："这可是最好的消息，赶快回家。"而且，他的确有地方让朋友住。不可否认，地方的确不够宽敞，当时他和里普·霍顿在校园里合租了一套位于南重聚堂（South Reunion Hall）四楼的潮湿的公寓房，内有两间卧室。大澡堂位于地下室，需要下 72 级台阶，整座大楼早已从昔日的辉煌变得破旧不堪。公寓内仅有一个暖气、一个窄小的厕所，不过，价格便宜，而且是观看爬满常春藤的纳索堂（Nassau Hall）的最佳位置。纳索堂是校园里最古老的建筑，建于 1756 年，当时那所大学的名称还是新泽西学院（College of New Jersey）。[21]

　　即便杰克对新住处感到绝望，他也没表示出来。凭着家里财富所彰显的阔绰，他绝不会选择这样一处地方。初来乍到时，他仍然沿袭了在乔特中学时的生活做派，衣着风格随便，甚至有点邋遢。在莱姆逼仄的寝室里，睡在折叠床上，他照样心情大好。此外，他心里清楚，必须过这种斯巴达式的清苦生活，也是由于朋友手头拮据。尽管杰克在往来信件里肆无忌惮地贬损莱姆（莱姆从来不敢以同样的方式反过来对待他），他对朋友依旧特别忠诚。他对莱姆的缺钱状况感到忧虑，并承诺帮助朋友摆脱困境。"你手头缺钱一事让我不安，"杰克从伦敦写信给莱姆，"因为在普林斯顿大学见不到你那张长满霉霉［梅毒］的脸蛋，肯定就不会有开心日子。"他打算给莱姆 500 美元，接着写道："这钱我没用，你可以上完大学还我。这样一来，你就没必要找那老不死的屌叔叔艾克（Prick Uncle Ike，莱姆的亲叔叔）借钱了。告诉我这样安排行不行，你需不需

124

［原文如此］这笔钱，反正我用不上这钱。"[22]

三个前"无赖"重新聚首是件快乐事。很快，他们每逢周末去纽约市享乐，乘坐火车 90 分钟即到。不过，说到学业，即使杰克没有更加懒散，他的懒散也可谓一如既往。他很少打开课本。作为教育机构，普林斯顿大学让杰克感到失望——在他的头脑里，这所学校像乔特中学一样让他沮丧，它不像大学，只不过是某种拥挤不堪的寄宿学校，明显与世隔绝，压抑得像个新教机构。一个朋友回忆说："我认为，对普林斯顿乡村俱乐部一样的氛围，他有点不抱幻想了。"更糟糕的是，不久后他又病了。他可以勉强出现在课堂上，不过他鲜少那么做，在伦敦出现的黄疸又回来了——一名观察人士记述道，他的皮肤蒙上了一层黄褐色色调，"好像晒了日光浴"[23]。11 月 11 日，杰克返回美国不到两周，父亲写了封满满都是感情的信，提议由他们安排人监管他的健康，暂定观察到感恩节，然后共同就他能否继续上学做个最终决定："毕竟，就整件事来说，我最关心的是你的幸福。我不希望你在大学阶段休学一年（这么做通常会让男孩万分快乐），在此期间不停地与糟糕的身体状况搏斗，然后突击补习各科学业。一年固然重要，但如果这么做会在你余生中留下印记，那它就没那么重要了。……你知道，我真的认为你是个非常优秀的人，我唯一的兴趣是，怎么做才对你最好。"[24]

III

感恩节来了又去，杰克的身体状况没有改善。家人把他送进波

We're puttin' on our top hat,
Tyin' up our white tie,
Brushin' off our tails,
In order to
Wish you

A Merry Christmas

Rip.　　　Leem.　　　Ken.

三名普林斯顿大学舍友制作的 1935 年圣诞贺卡。贺词灵感来自当年新上映的电影《礼帽》（*Top Hat*）的主题曲，主演为弗雷德·阿斯泰尔（Fred Astaire）和金杰·罗杰斯（Ginger Rogers）。主题曲里有一句歌词：里普（拉尔夫·霍顿）、里姆（莱姆·比林斯）、肯（杰克·肯尼迪）。

士顿的彼得·本特·布里格姆医院（Peter Bent Brigham Hospital）做进一步检查和观察。（11月10日，莱姆和里普给杰克发了封电

125 报："告诉我们参加你葬礼的时间。"）然而，医生们对杰克的病情感到困惑，这导致普林斯顿大学校医给杰克的系主任写了封信："也许你熟悉1939届［毕业班］的约翰·菲茨杰拉德·肯尼迪，他的情况很有意思。自从他来校后，我们一直与给他治病的医生们保持联系。就目前的情况看，我们建议他休学一年，原因是他的病情

126 需要做各种检查和治疗，使他得以完全康复，以期明年秋季返校，重读一年级。"[25]

如此一来，入学刚刚六周的杰克·肯尼迪做普林斯顿人的历史就结束了。后来他再也没回校。在波士顿卧床不起的前景似乎很可怕，不过他没理由反驳父亲的如后论据：这么做是必需的，"无论时间长短，我们必须有个明确的结论，因为这次我们必须把这事彻底解决"。医生们忙碌起来。"他们要做的事还真不少，"躺在病床上的青年患者致信父母，"不过我是个相当棘手的难题。"[26]后来他给莱姆写了一大堆信——风趣、淫秽、放荡不羁、信口开河、镇定自若，满满都是让人惊叹的活力。母亲早就注意到，杰克的文笔自他还是小孩时就如此。

1936年1月18日："今早我的血细胞计数为3500。我入院时为6000。1500会死人，所以他们喊我'还差2000肯尼迪'。"[27]

1月［没标日期］："［这是］我风雨飘摇的事业中最悲摧的经历。今早他们进来时带了个巨大的橡皮管，我心想，没什么好奇怪的，然后我转过身子，以为那东西要插到我屁眼里。我不知道他们

是不是以为我的脸是我的屁股什么的，不管怎么说，他们把管子从我的鼻孔插到了胃里。然后他们把酒精倒进管子里。那时我都快疯了，因为我受不了那东西，你知道烈酒会让我怎么着。"[28]

1月27日："他们什么都没跟我说，除了说我是白血病，缺细胞病［也许他说的是'粒细胞缺乏症'，一种罕见的血液病］。昨天在我的表格上见顶［原文如此］，可以看出，他们在估摸我的身材，要给我配个棺材。放开了吃、喝、睡奥丽弗［·考利］，因为明天或下星期我们就可以出席我的葬礼了。"[29]

1月27日："亮了！星期六晚汉森（Hanson）给了我最腻乎的吻。她相当不错，所以将来得找更大更好的。昨晚跟 J. 玩得不错，所以给你长脸了。我必须承认，跟芭妮·戴（Bunny Day）没弄成，失手了。"（在此前的一封信里，杰克曾吹牛说，他很快就会"爬到"她"身上"。）[30]

在这些信件里，虽说杰克用的都是嬉笑怒骂的语句，但他对莱姆的残忍一定程度上显露出他高人一等的感觉。"我不明白你和里普为什么不招姑娘们喜欢，"杰克在信里不仅口吻挖苦，落款还用了自己的昵称之一，"准确说你的长相没那么丑。我猜她们［原文如此］还是因为你自己的问题，让女孩们一见你就不喜欢。今天一大早我就在想这一问题。……这肯定很糟糕。我觉得你天生就不是有女人缘的男人。尼汉斯先生（Mr. Niehans）都有女朋友，就连艾克·英格兰（Ike England）都有。老实说，哥们，我都糊涂了！好吧，赶紧把你乱扎的我那条皮带还我。就这样吧。肯。"[31]

当然，杰克的信里也有温情的一面，这是他最不愿意暴露的弱

127

点。但在他那天不怕地不怕的个人风格里，无论温情藏得多深，莱姆无疑会把它揪出来。奥丽弗·考利赢得了新泽西州蒙特克莱（Montclair）举办的第一届全美花生节女王（Peanut Festival Queen）桂冠，即将前往纽约投身模特事业，彼时的杰克因为她深受打击，只好求莱姆帮忙："找你就奥丽弗的事给我出出主意——经过这次故意怠慢，我还应该主动联系她吗？"（杰克不久前给奥丽弗写过信，却没收到回复。）"你的舍友在求你，还求你不要动我的信纸。那信纸是我的一个女性崇拜者送的礼物，那女人崇拜我呼出的气息，"他说的是比林斯夫人，"可不幸的是，她有个儿子，满嘴都是口臭。"易受伤害的莱姆无疑感到了刺痛，不过他总能察觉朋友内心深处对他的情意。里普·霍顿也深知杰克内心的这一面，他后来说："［他］非常阳光，非常机智，是个特别重情义的好朋友，非常非常珍视老友间的情义。"他还补充说，有时候，跟身边那些朋友相比，杰克更在乎朋友间的情义。[32]

莱姆接受采访时评价杰克道："我觉得这事很有意思，因为，说实话，像杰克·肯尼迪这种认识这么久的朋友，我还真找不出第二个。……他身上肯定有某种东西，让人们想成为他的朋友，经年不衰。更有意思的是，咱们说现实点，既然杰克的思想和兴趣变化快，步调确实比同时代所有人都快，为什么他还想跟所有这些人保持朋友关系？"[33]

由于成绩太差，莱姆丧失了领取普林斯顿大学奖学金的资格，杰克立刻开始说教。"丢了奖学金真他妈的糟透了，"他开始讲大道理了，"不过，我的建议是，你他妈的一直就是个木瓜——没钱乱花钱，不该度周末偏要度周末，基本上都是瞎耽误工夫。"杰克不否认他在其中有一部分责任，好在他还知道劝诫朋友，唯有努力才能扭转局面。"如果你打算继续度假，可以到［棕榈滩］，因为这里地方足够宽敞。不过，你一直是头蠢驴，除非你赶紧过来，晚了就没机会了。如果你现在就好好干，也许你还能赢回奖学金。"[34]

这番道理奏效了，为赢回奖学金，莱姆付出了必要的努力。

128

除了明确白血病为误诊，波士顿的医生们没做出任何确诊。1936 年 2 月，杰克被送往棕榈滩进行康复，当时他父亲也在那里，正在等候当届罗斯福政府给他安排个重要工作。作为证券交易委员会的负责人，他成功地干满了一届，完美收官，眼下他正指望拿到个更大的角色——当然了，应该拿个内阁职位，最理想的职位是财政部部长。罗斯福 1935 年向左转——他创建了公共事业振兴署，这是一项规模庞大的就业和基础设施建设计划，他还签署了《社会保障法》（Social Security Act），使之成为正式立法——约瑟夫对此并不在乎，或者说，即使在乎，他也没把这事说出来。相反，他付给《纽约时报》专栏作家阿瑟·克罗克（Arthur Krock）5000 美元，让克罗克将他零散的笔记整理成书，还为那本小书起了个时髦的书名——《我支持罗斯福》（I'm for Roosevelt），署名肯尼迪，赶在 1936 年总统大选年正式出版，以奉承方式表达一名富翁对"新政"以及罗斯福第二任期的忠心。那本书的主要论点是，商人们都应该感谢罗斯福，因为他拯救了资本主义，那本书还把 1933 年以来每一项经济成就归功于罗斯福总统。[35]

为防止他人嚼舌头，说肯尼迪出版这书无非是为了在华盛顿谋个高级职务，他在书的开篇附了个谦恭的、不真诚的免责声明：
"我对自己或对孩子都毫无政治野心，我记录下对总统的不多几个
想法，无非是想表达作为父亲对全家人未来的担忧，以及作为美国
公民对如后事实的焦虑：总统的思想体系千万不要迷失在不值当的
感情迷雾中。"[36]

杰克刚到佛罗里达没两天，父亲就做了个决定：为恢复体力，
杰克需要新鲜空气和体力劳动。（杰克本人却另有想法："女孩太
少，很久才见到一个。"早前杰克在信里向莱姆抱怨："说到很久才
见到一个，我正盼着很快就能滚床单呢。"）在阿瑟·克罗克的建
议下，约瑟夫安排儿子前往"杰伊六牛牧场"（Jay Six Cattle
Ranch），让他在那里艰苦劳作数周。牧场位于气候温润的亚利桑那
州本森地区（Benson）。对美国东海岸的城里人来说，身在那种地
方会感受到天翻地覆的变化。不过，劳作——制作泥坯砖、围捕牲
畜、扎篱笆——似乎达到了预期效果。[37]杰克的身体奇迹般地康复
了。很快，工作之余，他还有时间穿过边界，去了墨西哥诺加莱斯
（Nogales）。在一封致莱姆的信里，他说："只要 65 美分就可以在
墨西哥一家鸡院［原文如此］爽一次，感觉很到位，很干净。"他
的那封信名为"跟舍友一起游览墨西哥妓院"。他还兴奋地感叹道：
"室外空气、骑马、墨西哥人，这些已经让我的身体变得美妙。"[38]

读者肯定能从这些充满淫秽的吹牛中多多少少嗅出点艺术天
分，因为我们的主人公正在打造一种满满都是男子气概的健康形
象——精力充沛、喜欢户外、体格健壮、年轻力壮——这与当年脆
弱的现实世界形成鲜明的对比。"我觉得那些都是他瞎编的，"谈到

杰克 20 世纪 30 年代中期那些关于性的自夸，大学时期的一个朋友后来作如是说，"那是当年的男性伦理标准，我觉得 3/4 都是他瞎编的。我不觉得他那么做有什么不妥。"杰克当初是在告诉朋友们，也是在告诉自己，他在寻求成为什么样的人，以及能成为什么样的人。早在他真的成为登徒子之前，他已经将自己打造成那样的形象。[39]

返回东海岸之前，杰克先去了趟好莱坞，他声称他在那边遇到个漂亮的女群演，还一起滚了床单。"是我见过的长得最漂亮的，"他向莱姆吹牛说，"回去后给你看她的照片。"[40]接下来是在海恩尼斯港度过的一个充满欢乐和嬉戏的夏季，有肯尼迪家的孩子们——21 岁的小约、17 岁的罗斯玛丽、16 岁的凯瑟琳、15 岁的尤妮斯、12 岁的帕特、10 岁的鲍比、8 岁的琼、4 岁的泰迪——以及许许多多来访者，像往常一样，外来的人都对这家人排得满满的日程以及无穷的精力惊诧不已。来人中有许多亲戚，包括罗丝的妹妹阿格尼丝和她丈夫约瑟夫·加根（Joseph Gargan）的三个孩子：玛丽·乔（Mary Jo）、乔伊（Joey）、安（Ann）。（9 月，阿格尼丝因为栓塞突然离世，时年 43 岁；接下来数年，加根家的孩子每年都来科德角度夏，让约瑟夫和罗丝养育的孩子群扩大到足有 12 个。）成熟且有责任心的小约在弟弟妹妹中很受尊重，如果说杰克没得到这样的尊重，他机智的个人主义风格以及对弟弟妹妹的关心同样赢得了他们的喜爱——尤其是罗斯玛丽。杰克总是默默地保证有精神缺陷的妹妹在晚会上不会被落下，尤妮斯回忆说："杰克总是带她参加俱乐部舞会，和她一起跳舞，逗她开心，还确保自己的几个密友会邀请她跳舞，让她觉得大家都喜欢她。半夜时分，他会把妹妹送回家，然后再返回舞会现场。"[41]

那年夏季，小约和杰克一起从玛莎葡萄园区（Martha's Vineyard）的埃德加敦（Edgartown）启航，前往楠塔基特，然后返回海恩尼斯港，其间参加了数不清的帆船赛，他们的许多时间是在水上度过的。8月末，杰克赢了一场重大的个人比赛，获得了1936年度大西洋海岸锦标赛（Atlantic Coast Championships）冠军，并且大幅度领先——领先第二名4分钟——震惊了众多参赛者。毫无疑问，争强好胜的约瑟夫·帕特里克·肯尼迪雇来的斯堪的纳维亚维修专家起了作用，他雇用此人一个夏季，为的是照料全家人的船只，确保每条船随时处于一流的参赛状态。

杰克还挤出时间做了其他事：向哈佛大学重新递交申请。他最终认识到，与体量稍小的、与世隔绝的普林斯顿大学相比，他更喜欢哈佛，而且父亲一直希望他到那里上学。小约也催促他赶紧来剑桥地区，以便兄弟二人团聚。当时小约已经升入大三，经历了许多不如意——各精英"终极俱乐部"对他不理不睬；在棒球场上，他仍然籍籍无名——不过，他喜欢哈佛的政府行政管理课程，身边还有一帮朋友，大家都喜欢他的精力无穷，喜欢他的热情。女性是个重头戏，他以父亲为榜样，感情不专，他更喜欢演艺圈的女孩而非本校的女孩。（前一类女孩不那么缠人，这是他的说法，也不那么爱提要求。）有一次，在哈佛大学的一场舞会上，他邀请了年轻的电影明星凯瑟琳·赫本（Katharine Hepburn），对方接受了他的邀请，条件是她母亲必须一起出席舞会。[42]

130

以下是杰克在海恩尼斯港写的信，落款日期为 7 月 6 日：

> 各位先生：我写此信是为今秋前往哈佛随 1940 届毕业班上学之事。去年我曾申请前往哈佛……1939 届毕业班，获准入学。后来计划有变，我决定前往伦敦政治经济学院求学一年。……从［佛罗里达］返回后，我又去了亚利桑那，一周前返回。和医生见面后，他说他认为明年我上大学完全没问题，因而我决定向哈佛大学递交申请。如需提供其他信息，我会立即与你们联系，或者，我可前往波士顿与你们当面协商。[43]

为慎重起见，杰克给普林斯顿大学也寄出了一封相同的信。不过，不到三天，哈佛大学一年级主任给他回了好消息：他可以入学。[44]杰克走了一条弯路，如今的说法是，在高中和大学之间有一个"间隔年"（gap year）。8 月，他来到剑桥地区时，比大多数大一学生年长一岁，比少部分人年长两岁。当时他身高已经达到 1.83 米，体重 135 斤，自我感觉身体像以往多年一样好。

Ⅳ

1936 年秋，杰克·肯尼迪在哈佛大学登记入学之际，学校的状况和 30 年前父亲注册入学时完全一样。从那时倒推 60 年，他的曾祖父帕特里克·肯尼迪在东波士顿登岸时，哈佛大学是全美最古老的、富人捐款最多的、最负盛名的大学。杰克入学时，正赶上学校 131

300 周年校庆，以及伴随而来的各种各样的庆祝活动。（9 月 18 日，来自全世界 500 所大学的 1.5 万名校友组队参加了在哈佛校园里举办的各种演讲和庆祝活动，富兰克林·罗斯福也莅临现场。）[45] 不过，那年秋季，几乎没证据显示，当时的校长詹姆斯·B. 柯南特（James B. Conant）抱有沾沾自喜的得意。柯南特校长的先人早在 1637 年就来到了马萨诸塞湾殖民地，而他父亲仅仅是多尔切斯特区一个地位低下的照相凸版雕刻师。三年前，身材瘦削且戴眼镜的化学家柯南特成了哈佛大学的校长，从那时起，他就决心将学校打造成由更多精英管理的、更专注学术的机构。他的前任劳伦斯·洛厄尔是个保守的贵族，刚好在老约登记入学不久后的 1909 年开始担任校长，并且在随后 1/4 个世纪里为学校的基础建设做出了诸多贡献，同时也强化了学校强烈排外的声誉，例如：设置招收犹太人的比例；将人数稀少的黑人一年级学生排除在入住哈佛学生宿舍之外；由于玛丽·居里（居里夫人）的性别，拒绝授予她名誉博士学位。一名高级教授遭人揭发为同性恋，他不仅强制对方立即辞职，还强迫那人用一把枪"摧毁自己"[46]。

柯南特校长不是严格意义上的平等主义者，不过他认识到，哈佛大学需要做出改变，需要将学术研究摆在社会身份认同之上。位于中西部和加利福尼亚的同行院校正在崛起，哈佛大学重点学科的教授们拒绝接受教授职位，这样的消息（即便仍属鲜少）已经不再是闻所未闻。柯南特校长认为，教师升职标准太随意，学校里充满了"平庸之辈"，他们都做不出一流的原创性研究。他着手强化教师队伍的雇用标准和任职标准。他认为，在校生的构成"过于偏向东部"（90% 左右的学生来自东海岸各州），必须通过将"哈佛全美奖学金"发放给那些明显有天赋的来自美国中西部和远西部的申请人，才能予以纠正，若非如此，那些人恐怕无法承受每年 400 美元的学费，或另外 700 美元的食宿费。"在专业领域、商业领域、公共事务领域，许多没有经济来源的孩子极有可能成为未来的领军人物，"柯南特校长宣称，"国家需要他们的天赋和特性。"许多学生的家庭背景为中层和下层爱尔兰人、意大利人、犹太人，他们每天从大波士顿地区的家里乘坐地铁赶往学校，让他们分外高兴的是，校长将杜德雷学生宿舍楼（Dudley House）一楼划拨出来，如此安排，这些孩子就有地方吃自带的午餐了。[47]

著名记者白修德（Theodore H. White）是哈佛大学 1938 届毕业生，也是每天乘坐地铁上学的学子之一，他为柯南特校长的改革感到欢欣鼓舞。"他开始撼动教师体制和学生体制时，目标确实高远。"白修德以赞许的口吻引用了校长于 1934 年 8 月对一年级新生讲话时说的一席话，接着，他在其吸引人的回忆录《追寻历史》（*In Search of History*）中回忆道："'如果把位于你右边的每个人视作波旁分子，把位于你左边的每个人视作共产党员，你在哈佛就学不到任何东西。'这是当年他对我们说的话。接着，他向我们解释道，将来我们从哈佛学到的，正是我们自己能从哈佛获取的；哈佛是开放的，所以——出发，去寻找。"[48]

校园生活或多或少像以往一样继续着。像往常一样的还有，学生们把自己划分为三六九等——与几位前任的时期相比，在柯南特校长时期，这种做法未见减少——那些特权阶层的地位仍像以往一

132

样难以撼动。白修德将学生群体划分为三个等级：白人等级、灰人等级、肉丸等级。所谓白人，指的是那些来自预科学校的"脚穿白鞋"的毕业生，他们都拥有显赫的姓氏——白修德所在班级就有两个姓罗斯福的，一个姓赫斯特的，一个姓洛克菲勒的，一个姓摩根的，一个姓索顿斯托尔的，还有某个名叫小约瑟夫·肯尼迪的人——他们中许多人死守着历久不衰的哈佛绅士格言："保持三门课70 分，一门课60 分，远离媒体。"灰人等级里的人都出自公立学校，是"中产阶级身体倍儿棒的儿孙们"。他们玩橄榄球、棒球、曲棍球，参与编辑学生刊物《深红报》（*Crimson*），以及校刊《讽刺》（*Lampoon*），竞选学生组织领袖。［与白修德同年级的灰人有卡斯帕·温伯格（Caspar Weinberger），他后来成了美国第 40 任总统罗纳德·里根（Ronald Reagan）的国防部部长。］位于白修德分类最底层的就是他那类人，所谓肉丸等级的人——靠奖学金读书的男孩们，以及走读生，其中有许多意大利人、犹太人、爱尔兰人。"我们来哈佛不是来享受游戏、女孩、交友、老榆树、秋日飘零的落叶、查尔斯河青草茵茵的河岸、波士顿老霍华德剧院（Old Howard）的滑稽戏表演，"白修德写道，"我们是为获取哈佛大学的校徽而来，校徽上有'真理'两个字。不过，在现实世界，它意味着未来能在某个地方、某个官僚机构、某个院所、某所学校、实验室、大学、法律事务所等找到一份工作。"[49]对这些学生而言，哈佛大学的社会生活是一本合上的书——每天一早，他们在哈佛广场的某个地铁站来到地面，直接前往课堂，然后乘坐傍晚的地铁离开学校。

各个等级内还可进一步细分。安东·迈拉尔（Anton Myrer）的小说《最后一辆敞篷车》（*The Last Convertible*）的时代背景正是那一时期，书中平淡而可爱的叙事者乔治·维尔登（George Virdon）正是出自公立学校的中产阶级学子，他到哈佛上学也正是为了奖学金，全书描述的也正是这种极其势利的"四校合一"之人（"St. Grotlesex"men）——毕业于圣马克中学、圣保罗中学、格罗顿中学、米德尔塞克斯学校的人——这种人"总的来说都有自己的圈子，吃饭和消磨时间都在封闭的终极俱乐部里，对班级和分数的态度都非常随意，几乎等于在校园里建起了校中校。在一堂关于哈布斯堡王朝的课上，一个毕业于格罗顿中学的人坐在我旁边的位子上，可他自始至终没跟我说一句话，一个字都没说！我不是说他在感情上伤害了我，准确说——我认为他根本没看我。一些像我这样的人对此事可以见怪不怪，泰然处之。至于其他人……就像酸水腐蚀重要器官一样难受：他们能把这事压在心里，不过永远都无法释怀"[50]。

对于人以群分一事，有些学生完全不把它放在眼里。在白修德看来，他那个班里最突出的榜样是才气过人的小阿瑟·M.施莱辛格，他父亲是哈佛大学的历史教师，不知怎么搞的，他既能跟肉丸等级的人混在一起，也能跟白人等级、灰人等级的人打成一片。由于智力早熟，心怀无尽的好奇心，他不问人们的来路，只要有意思就行。"什么人都能跟可爱的白修德成为朋友，因为他对所有老朋友都特别忠诚，满满都是感情。"这是施莱辛格在回忆录里对朋友的描述。[51]

两年后，杰克·肯尼迪来到哈佛大学时，他也会绕开白修德的前述分类。按照家庭财富和学术门派划分，杰克理应被划归最高等级，不过，他上的私立高中虽说相当有名，却不属于前边说的"四校合一"类型。[按照安东·迈拉尔的分类，相比于"四校合一"之人，来自大型预科学校的人"更容易与人相处"，当然，他们也倾向于与更低层次的人划清界限。大型预科学校包括安多佛中学（Andover）、米尔顿中学（Milton）、埃克塞特中学（Exeter）、乔特中学。]更重要的是，他是个爱尔兰裔天主教徒，不属于享受特权的"盎格鲁-撒克逊白人新教徒"圈子。因此，他也是某种局外人，这让他明显心生疏离，即一种无法确定自己究竟属于哪种人所导致的冷漠。这也让他更易于接受其他阶层的局外人，也更倾向于交往那些不论背景的人。在乔特中学时期，他与不同背景的男孩交往时游刃有余，最要好的朋友莱姆·比林斯来自匹兹堡，是个享受奖学金的中产阶级学生。在哈佛上学时期，杰克的交友方式同样如此，尽管他的大多数朋友属于灰人等级和白人等级，他的熟人圈却非常广。后来，人称"托比"的托伯特·麦克唐纳（Torbert "Torby" Macdonald）成了他最好的朋友。托比本人同样背景复杂，是个来自波士顿郊区的中产阶级爱尔兰裔天主教徒，毕业于安多佛中学，大学一年级时，他天天从家里乘车上学。

　　施莱辛格回忆说，那个年代，学生们每天要做的事相当繁杂。由于电池驱动的手表尚未出现，手表基本上每晚都得上弦。穿长袜还要用吊袜带，鞋子都是系带的，乐福鞋是不被接受的。写作时，学生们要从墨水瓶里用钢笔蘸墨水——圆珠笔在当年闻所未闻。那时候没有电视，没有电热毯，没有空调。当时的礼节比如今正式得多，哈佛大学的学生极少蓄胡子，留平头。除了自我认作无产者的人，戴帽子的人很少。拉德克利夫女子学院的女生都得穿裙子，前往哈佛广场时，她们还必须戴帽子。[52]

和如今一样，当年哈佛园同样远离哈佛广场狂欢般的喧嚣和热闹，园区是一片面积为133亩的田园般的绿洲，那里承载着大多数哈佛一年级学子，也是那所大学象征性的中心。除了散布其间的学生宿舍，那里还有20多座形状各异的教学楼和办公楼，各种方形院子和庭院周边布满许多步道，横七竖八地贯穿昂贵的草坪，古老的榆树群落形成巨大的华盖，让那里自有一种封闭感。园区周边有20多个进出口。杰克在卫尔得楼（Weld Hall）分得一间单身宿舍，卫尔得楼距离怀德纳图书馆（Widener Library）仅有咫尺，该图书馆是全球最大的大学图书馆里的翘楚，馆墙外那排雄伟的立柱和灰色的立面在园区里最夺人眼目。从图书馆的柱廊上眺望，越过远处的树顶，可以看见哈佛大学纪念堂镀金的正面和大钟上黑色的指针。大学一年级阶段，年轻的杰克是否踩脏过图书馆的门廊，值得怀疑——和白修德不一样，杰克上大学就是为了享受游戏、女孩、滑稽戏表演。整个一年级阶段，他一直在混日子，英文、法文、历史三门课仅仅得了70分，经济学80分，不过，学业在他心中排位第二，这说明，就积攒学习动力而言，"间隔年"对他没什么帮助。[53]

并非完全如此，对杰克而言，大学生活就是运动加追女孩，轮流进行。他梦想着在橄榄球场创造辉煌，在无数个清爽的秋日下午无数次触地得分，跟其他100名一年级学生在查尔斯河畔一起参加

135　选拔赛。进入校队绝无可能，不过，通过强化训练，他进了一年级队——在训练结束后，他说服托比·麦克唐纳为他传球，一练就是数小时——不过，他瘦弱的体形是个弱点，尤其在那个年代，只要参赛，每名队员既要进攻又要防守。他是个有天赋的接球手（在这方面全队中能力最强，在一次季后赛总结会上，球队教练作如是说），而且，他知道如何擒抱，不过他太瘦，无法有效阻挡对方。"杰克是个大个子，高个的菜豆荚，"他的一个教练回忆道，"他看起来不太像运动员，使劲吹一口气，就能把他吹个跟头。他没有打橄榄球的体格。就他那身板，根本扛不住比赛。"[54]

而且，杰克丰富的课外活动不仅损害了他的学业，同样影响到他高远的体育志向。听说某个周末有人在海恩尼斯港纵情，牵涉其中的有杰克和几个队员，以及好几个女孩，教练立刻将（的确）该为此负责的队员做了降级处理，那人正是杰克。"他妈的橄榄球情势已经无法挽回，"杰克向莱姆抱怨说，"几个教练发现了我们弄的小晚会，如今大家都知道我是'花花公子'……我被降到了三队。"[55]

杰克在游泳和高尔夫两个项目上成就更大，这两项都是哈佛大学的小众体育项目。他在仰泳方面声势夺人，在一次选拔赛中，他在这一领域甚至击败了哈佛大学的上届冠军。约翰·斯特林·斯蒂尔曼（John Sterling Stillman）是杰克的同学，在肯尼迪执政时期，他担任过商务部副部长，他的剪贴簿里有杰克在校第一年代表一年级队参加各场游泳比赛的项目介绍，当时的游泳队从未输过，因此被视为学校有史以来最强的队伍。人们认为，1937年3月6日，杰克参加的 300 码混合泳帮助哈佛队打败了达特茅斯学院（Dartmouth College）队。杰克本希望进入校队，参加当月晚些时候与老对手耶鲁大学的大赛，然而，运动会召开数天前，他躺进了校医务室。为保住体重，麦克唐纳将牛排和奶昔偷偷带进医务室杰克所在的病房，这远远不够——在游泳队选拔赛中，杰克以三秒之差输给了理查德·特里加斯基斯（Richard Tregaskis）。后来，后者因《瓜达尔卡纳尔岛日记》（*Guadalcanal Diary*）一书成了著名的第二次世界大战战地记者。在高尔夫领域，杰克也进了一年级队。升入二年级后，他在赛艇领域也成了名人——当时小约已是哈佛游艇俱乐部（Harvard Yacht Club）成员，兄弟二人各驾一条船，为哈佛大学赢得了"麦克米兰杯"（McMillan Cup）。[56]

"我让杰克·肯尼迪在哈佛的几个游泳队前前后后待了三年，" 游泳教练哈尔·乌兰（Hal Ulen）回忆道，"我仍然非常清晰地记得他。他是个好小伙，瘦弱，不那么壮实，但总是把手头的东西分给大家。他身上没有个人主义，团队意识更强。实际上，他很谦虚，每当摄影记者过来给全队照相，他都会躲起来。"[57]

杰克认定，哈佛大学适合他。他喜欢那地方的环境氛围、校园的宁静和优雅、流淌的查尔斯河、芳草茵茵的两岸、那里的历史及传统。作为宿舍，卫尔得楼没什么特别的，然而，他喜欢那座楼的中心位置，而且他跟楼里的同学们都相处得很好。哈佛大学邻近波士顿，与附近好几所女子院校为邻，这些都是加分项。相比于普林斯顿大学，甚至园区里的哈佛广场都有相当数量的餐厅和书店。

恰如在乔特中学时一样，杰克活在小约的阴影里，不过，好像

136

这一事实并没让他过度担心。童年时期和青少年时期，相差两岁犹如一道宽广的鸿沟，如今那道沟似乎变窄了。他们相处得很和谐，而且定期见面。1937 年 4 月是为秋季学期挑选宿舍的时间，杰克选择了温思罗普宿舍区（Winthrop House），部分原因是热爱运动的学生都喜欢那个区，还有就是，他哥哥也住在那个区。与此同时，杰克强调他要走自己的路，小约的老师约翰·肯尼思·加尔布雷思（John Kenneth Galbraith）对此做了记述，他是个身高 2.03 米的加拿大移民，当年还只是个年轻的经济学讲师。至于小约，加尔布雷思的描述如后：他"身材修长，帅气，长着一头浓密的头发，表情严肃，言谈举止少了点幽默。他对政治和公共事务相当感兴趣"，另外，"表达自己的想法时，他总是会抛出'老爸说'"。（罗丝在他这个岁数也会这样引用"蜜糖菲茨"的话。）杰克则相反，他也"长相帅气，不过，和小约不一样，他喜欢社交，惯于寻欢作乐，倾心于社会生活，对女性既多情又多心。没人会培养这样的学生"[58]。

这一论断似乎有失公允——毫无疑问，如果这种学生里的一些人看起来有天分，有前途，还是值得培养的。不过，大学一年级时，我们现在谈论的这个喜欢拉帮结派的 19 岁的人的确没显露什么说明他未来会有建树的征兆。在同班同学里，他没给人留下什么印象；竞选一年级学生会主席，他也以惨败收场（第一轮投票即遭淘汰）。他最辉煌的一次作为是荣膺一年级吸烟者会（Freshman Smoker）主席——同时也是司仪——角色，晚会是每年春季学期结束时，一年级学生们在哈佛大学纪念堂举办的一场活动。那是一场重大活动，仅来宾名单就有上千个名字；两年前，他哥哥主持了当年那场活动。通过那次活动，杰克充分证明了他的价值，他弄到了丰盛的免费食品、烟草、姜汁饮料。一些人说，他主办了哈佛大学有史以来让人印象最深刻的吸烟者晚会，前去捧场的艺人就有40多名，包括两支爵士乐队，以及三人演唱组合（The Rhythmettes），莅临现场的还有棒球明星迪齐·狄恩（Dizzy Dean）和弗朗基·弗里施（Frankie Frisch）。[59]

那晚的头牌人物是格特鲁德·尼申（Gertrude Niesen），著名女演员和伤感歌手。那次活动显示出杰克·肯尼迪身上的某种东西：虽然他只是大学一年级在校生，但对一个比他年长好几岁的高调艺人说俏皮话，他一点都不憷。杰克的俏皮话如行云流水，张口就来，格特鲁德接话头和回嘴同样张口就来，两人的默契在彩排时就开始了，一整天下来一直如此。"杰克抛给她的都是幽默的说法，她回得也精彩，那是特别特别有趣的两小时，一个妙不可言的夜晚，"一个同学回忆道，"杰克根本没把格特鲁德·尼申当回事儿，格特鲁德也没把他当回事儿。两人的配合特别棒。……到晚8点或9点，演出继续进行，我觉得所有人都沉浸在那晚融洽的氛围里，格特鲁德·尼申真的开心到了极点，那段时间，杰克·肯尼迪一直不停地拿她开玩笑。"另一个同学说，那场吸烟者晚会"让杰克的才干第一次崭露头角，人们第一次认识到，他与普罗大众有些不同"[60]。

一直以来，为通过各门考试，杰克投入了必要的努力——但在某些情况下，真的难说他有投入。（"今天考试，所以必须打开课本看看这门课是他妈的关于什么的。"杰克写给莱姆。）[61]留存下来的试卷极少，不过，他的法语六级的试卷长达 10 页，其中一半用英文写，另一半用法文，从他努力应付考试中可以深入窥探他的思维过程，以便了解他将来会成为什么样的人。[62]杰克自选的题目为 16 世纪上半叶的法国统治者弗朗索瓦一世（Francis I），他以年表形式罗列了弗朗索瓦从崛起到登顶的过程，强调了这位年轻君主的狡诈且野心勃勃的母亲在儿子崛起过程中的关键作用，以及他 20 岁出头就有的拈花惹草的嗜好。"野心勃勃，娇宠过度，活力无限，体格健硕，有能力从事超强的体力活动，他是那个时代的骄傲和象征，"杰克写道，"他对生活的强烈兴趣形式多样，例如逐猎、战争、女人。"

138　　　　在弗朗索瓦的一生中，女人是他的主要兴趣之一，他有过许多风流韵事。与海峡对岸的同代人亨利八世不一样，他结婚不是出于内心原因，也不是为满足感情；他结婚是出于国家原因，所以他错失［作为有情人］在史书上代代相传。他的几次婚姻无疑都出于政治，没费什么时间。他的第一个妻子是路易十二的女儿克洛德（Claude），他让克洛德一直忙于生孩子，多数孩子死了，而他一直忙着与勒富瓦（Le Foix）那样的女人进行"爱情战"。他懂女人的地位，除了母亲和姐姐，女人都没有地位，也没多大影响，这种情况至少持续到他后半生。[63]

从年轻的杰克·肯尼迪的上述描述中，人们能看出点门道吗？十有八九可以说，能。而且，杰克钦佩弗朗索瓦敢于冒险的政治能力和军事野心。"还没在宝座上坐稳，在短时间内，他就已经达到财富的巅峰。"这是杰克的记述，尽管最终结果证实，弗朗索瓦对政权的掌握不牢靠，早晚会遭到查理五世"有条不紊的机器"碾压，最终结果是，1525 年，弗朗索瓦在意大利北部帕维亚（Pavia）惨败。从那往后，这位国王经历的是一种越来越"心烦意乱的生活，和追随他的数千名侍臣一起轮流居住在各个城堡"。

> 我一直试图勾勒出弗朗索瓦的性格和时代。研究他一生的事业，好像他没死在帕维亚是一种遗憾，虽然能追溯出一些辉煌，但他的事业［从那往后］急转直下。弗朗索瓦对生活有强烈的追求：他看似肤浅，对生活却有某些深刻的理解，正因为如此，才有了文艺复兴那样的完美化身。……在法国大地上，他在城堡建设方面留名青史，作为资助人和鉴赏家，他懂得这方面的建筑技术。从法国的尚博尔城堡（Chateau of Chambord）中可以发现弗朗索瓦统治时期的精神实质，至少可以认识那一时期最好的一面。那是他那个时代所有伟大东西的有生命力的纪念碑。他的一生并非一事无成，可以说他达成了人生目的，在剧烈震荡中让法国摆脱了中世纪精神。[64]

当年讲授该门课的老师哈夫丹·格雷格森（Halfdan Gregersen）对杰克的试卷肯定没有好感。往好处看，法语语法问题也是漏洞百

出；关于历史细节，杰克过于依赖少数二手资料来源。格雷格森给
他打的分为 60+。[65]（70 年或 80 年后的今天，在不那么注重分数的
年代，这样的试卷肯定能得 80-或 80 分。）

V

大学一年级阶段，尽管杰克·肯尼迪在学业方面表现平平，他
父亲对看到的结果却非常满意，因为当年在哈佛上学时，在学业方
面，他自己就是平庸之辈。"我对你过去一年来做出的几乎是完全
彻底的变化印象深刻，"约瑟夫 1937 年 2 月给儿子写信，他在信里
只字未提罗丝担心儿子在夜总会荒废的时间过多，"你知道，我一
直认为你有极大的发展潜力，我还认为，你已经开始用上了自己的
潜力。"约瑟夫还鼓励两个儿子追求女孩，跟女孩们在城里闲逛，
对他们在体育领域坚定地追求有所建树感到高兴。他还坚信，学业
有它自己的位置，不过它主要是一种手段，为的是达到目的，即权
力和社会地位。正如理应做到的那样，杰克充分利用了课外活动的
各种机遇，而且，他的舞台是哈佛大学，这正好遂了老约长期以来
的心愿。"收到一封老约吹捧我的信，"杰克立刻提笔将此事告诉了
莱姆，"这些日子他真的拜倒在我脚下。"[66]

与此同时，肯尼迪夫妇也没忘敦促几个大点儿的孩子拓宽视野，
了解整个世界。圣诞节假期，在棕榈滩度假期间，老约表达了对欧洲
战事即将到来的担忧，因而他敦促二儿子，在仍有可能之际，前往欧
洲大陆游览一圈。"你应当做个计划，在枪炮声响起之前看看欧

洲。"[67]这是他对杰克说的话。杰克原打算 1937 年夏季从科德角启航，驾驶自己的船参加比赛，听到此话，他的头脑立马热起来。到哈佛上学后，杰克对欧洲历史产生了独特的兴趣 [在四年里，他注定要追随几位著名历史学家，例如罗杰·比奇洛·梅里曼（Roger Bigelow Merriman）和威廉·L. 兰格（William L. Langer）]，他也想近距离看看欧洲大陆。他决定带上自己的汽车，还要带上一个朋友。不出意料，他要带的人正是莱姆·比林斯。约瑟夫·肯尼迪跟比林斯夫人协商一致，由他垫付莱姆的费用，双方同意莱姆从普林斯顿大学毕业后至少偿还其中一部分费用。

1937 年 6 月 30 日，杰克和莱姆两人乘坐"华盛顿"号（SS Washington）邮轮从纽约启航。随他们一起搭船的还有杰克的福特车。那是辆敞篷车，有个可以撑开和放下的车顶，大一时他（在父亲资助下）用分期付款方式购得。对子孙后代更为重要的是，杰克在行李箱里塞了个真皮封面的小笔记本，那是基克送给他的，他在封面上的题字是"我的国外游"，里边都是他触景生情时记述的内容。他的第一段记述一如往常："非常平稳的越洋之旅，头几天相当无聊，不过在船上溜达一圈，发现了几个女孩——主要是安·里德（Ann Reed）。跟船长一起喝鸡尾酒，他认识立顿红茶创始人托马斯·立顿爵士（Sir Thomas Lipton），因而也认识爷爷。最让我感兴趣的是希尔将军（General Hill）和他神秘的女儿。他是国会议员，他女儿是什么，一切皆有可能。"[68]

一开始，两个朋友彻夜不眠，以确保不错过匆匆一瞥杰克的祖先所在的爱尔兰，后来他们又认定，那么做不值当。莱姆仍然记

得，如果那么做，"第二天必须睡上整整一天"。邮轮刚在勒阿弗尔
靠岸，他们便迫不及待地跳进福特车，首先必须去的是圣米歇尔山
（Mont-Saint-Michel），然后是鲁昂（Rouen），那里的大教堂让他
们印象极为深刻。从那里出发，他们驱车去了巴黎以北大约 80 千
米的博韦（Beauvais），在一个名为科特雷特（La Cotelette）的简朴
小旅店过了一夜。就这样，他们建立了一套旅程大多数时间需要遵
守的旅行模式：白天四处参观建筑珍品和历史地标建筑，晚上在简
易旅店落脚——莱姆的预算负担不起更好的条件。"这就是杰克性
格的另一面，"回忆当初时，莱姆仍然心存感激，"每晚住 40 美分
一夜的地方，他仍然高兴如常，我们吃得极差……不过他都依着
我，［因为］那是我跟他在一起的唯一方法。"[69]

一开始，莱姆最大的兴趣是参观各地的教堂和纪念碑，后来杰
克也被吸引。不过，相比历史遗存的美，他对历史遗存的规模更感
兴趣。"12 点起床，"杰克在 7 月 8 日的日记中写道，"写信、吃午
饭、找到钱，然后费好大劲才找到治比林斯'胃病'的药——然后
出发去法国东北部城镇苏瓦松（Soissons）——看了'贵妇小径'
（Chemin des Dames）——战时最大的战斗场面之一发生在那里。还
看了被炸的教堂——然后去了兰斯（Rheims），看了那边的教堂，
然后是皇家酒店（Hotel Majesty，两人间 1.00 美元）——我的法语
提高了一点，以及比林斯一开口变得像法国人了。早早上床——总
体感觉欧洲好像不会再打一场战争。"[70]

第二天到达巴黎：

　　7月9日——兰斯、蒂耶里堡（Chateau-Thierry）、巴黎。
总体印象，好像罗斯福——他那样的政府——在一个像法国这
样的国家不会成功，法国好像缺乏全盘看问题的能力。这里的
人们不喜欢莱昂·布卢姆（Léon Blum）总理，因为他把他们
的钱都拿去送人了。这对法国人来说非常糟糕。总体印象是近
期似乎不会发生战争，另外，为了对付德国，法国做了过于充
分的准备。德国和意大利结盟的持久性也值得怀疑。我们从那
里［兰斯］去了蒂耶里堡，路上还搭了两个法国军官。大约8
点到了巴黎。由于用法语说了错话，邀请其中一位军官共进了
晚餐，好在成功地让他买了单。转了一圈，找到个相当便宜的
房间过夜。[71]

141

　　让两个大男孩恨得牙痒痒的是，法国人随时会在美国游客身上
占便宜。每选定一家饭店，两人总喜欢把车停在饭店角落，免得店
主起坏心，从他们身上榨取更高的费用。车灯需要修理，杰克肯定
修理店宰了他一刀。"又受骗了——这些法国人，逮着机会就抢。"
杰克酸溜溜地如此记述道。[72] 不管怎么说，他和莱姆都喜欢这座
"光之城"，在红磨坊歌舞厅（Moulin Rouge）和其他夜总会，他们
总会待到很晚。7月13日，即巴士底日（法国国庆日）前夜，在
巴黎圣母院举办的弥撒活动中，杰克弄到了接近前排的座位（通过
美国驻法使馆帮忙，因为他父亲在那里有关系），和法国总统坐
在了一排，而圣公会教徒莱姆只能坐在老远的后排座位上。第二
天，两人去了巴黎世博会，会展上展出的现代飞行器把杰克惊呆

了——他凭直觉认为，这是未来的作战模式，未来的地缘政治力量所在。[73]

在法国期间，莱姆一直惊讶于朋友越来越强烈的嗜好，即见到当地人就上前询问他们对希特勒和德国的威胁怎么看，战争是否会来，如果来了，法国是否会赢。回答因人而异，不过都有个共同的主题，即新建的马其诺防线（为防止德军入侵，法国政府在东北方向修建了一连串钢筋水泥防御工事，配备了武器装备）会保证法国的安全。杰克还找到了美国记者约翰·根室（John Gunther）所著的《欧洲内幕》（Inside Europe），他们向南方的西班牙前线靠近时，那本书成了他的床头读物。[74]

"城墙非常高，里边非常漂亮，"这是杰克在布卢瓦（Blois）记述的观感，"看见了吊死 1500 人的反叛者之墙，还有查理十三世一头撞死的地方。最终将城墙抛在身后，前往建在水上的舍农索（Chenonceau），印象也非常深刻。……继续驱车前往昂古莱姆（Angouleme），穿过图尔地区（Tours）到了普瓦捷（Poitiers），两处都是空城，住宿一夜每人才 10 法郎。"出乎他们意料的是，那一带的氛围对游客不太友好，他们还感受到了用旅行支票兑换现金的困难。"我们驱车穿越的那些小农场让人印象深刻，"杰克记述道，"美国人真是身在福中不知福。这里的人们有点东西就很知足，由于这是个非常保守的国家，他们的东西真的很少，至少巴黎以外的地方都这样。"[75]

VI

早在离开美国海岸前，两个常春藤盟校校友就讨论过前往西班牙，那个国家正处在痛苦的内战中，一方为马德里的共和政府，另一方为弗朗西斯科·佛朗哥将军率领的法西斯叛军。其实两个校友心里都明白，前往西班牙，没有成功希望——他们的护照上明确标注着"不适用前往西班牙"。虽然明知不会成功，但他们仍然尝试从圣让-德吕兹（Saint-Jean-de-Luz）以南过境，遇到的边境警察让他们掉转车头。好在他们亲眼看见了被叛军炮轰过的西班牙边境城市伊伦（Irún）。接下来几天，杰克抓住每一次机会和难民们交谈，然后把听到的内容记录下来。难民们悲惨的故事自带印记，一名被关押的父亲的经历让杰克尤其不寒而栗：整整一周颗粒未进，有人给他一块生肉吃，然后有人带着他看了儿子的尸体，儿子身上被人挖走了一块。[76]

在法国南方城市比亚里茨（Biarritz）看过一场斗牛后，杰克和莱姆更加相信难民们讲述的那些暴行了。"非常有意思，不过也非常残忍，"杰克写道，"尤其是公牛顶住那匹马时。这些法国人和西班牙人看见残忍场面时快乐到了极点，看到这些南方人如此表现，所有关于暴行的说法我们都信了。他们认为，最开心的场景是那匹马拖着肠子跑到场外。"莱姆也在旅行日记里表达了相同的看法，但后来他承认，或许他和杰克都无法欣赏这项运动的更多细节："当然，我们完全不懂这种性格，我们反而觉得它恶心。"[77]

143   然后两人去了意大利，沿途在法国西南部的图卢兹（Toulouse）、卡尔卡松（Carcassonne）、马赛、戛纳，以及摩纳哥的蒙特卡洛稍做停留。由于一路阅读约翰·根室的书，杰克一直在思考西班牙的局势。"对佛朗哥的胜利不那么积极，"这是杰克在图卢兹写下的感悟，"这说明，如果你什么都不知道，就很容易受身边人们的影响，最容易的事就是相信内心认定的事。"他接着记述道，西班牙的最终结局很大程度上取决于外部列强的选择，尤其是德国、意大利、苏联的选择。[78]

萊姆注意到了朋友对问题的思考，从杰克思考的那些问题里，他还看出了某种新动向。后来萊姆对一个采访者说，那次旅行路上，杰克依旧跟过去一样，诙谐、风趣、看见女孩就疯癫，是百万富翁的儿子，不过那时他已经显露出新的有目的的严肃，还"有了更大的兴趣和更强的愿望思考世界事务，以及将想法当场记录下来，这跟两年前在乔特中学时判若两人"。近距离观察旧世界所引发的思考，这足以看出哈佛大学的影响。"我想说的是，"萊姆评论道，"1937 年夏季，杰克·肯尼迪身上的确有了明显的变化。"[79]

游览墨索里尼治下的意大利期间，杰克再次展现出观察力。他对法西斯主义没什么好感，不过，那个国家街上的活跃气氛、当地人民的吸引力让他深受触动。两天后，他做出了如后评论："法西斯主义好像对他们不错。"在米兰期间，两人住的旅店的老板是参加过阿比西尼亚战争的法西斯退伍老兵。"他说那个国家很容易征服，不过战争令人不快。"意大利到处都是墨索里尼的照片，杰克则心存疑惑："如果没有金钱支持，他能挺多久？如果他破产了，他还愿意打仗吗？"两人都喜欢米兰的大教堂，在多明我会修道院圣玛利亚感恩教堂里，他们见到了颜料正在剥落的达·芬奇的《最后的晚餐》。从那往后没多久，杰克读完了《欧洲内幕》一书，他的评价是："根室好像相当偏爱社会主义和共产主义，是法西斯主义的死敌。"不过他依然心存如后疑惑："法西斯主义的罪恶究竟是什么？"[80]

8月5日，两个美国人开着敞篷车到了罗马。第一天夜里，他们悄悄潜入斗兽场，结果发现那里早就聚集了一大群人。"在月光下，让人印象非常深刻，"杰克记述道，不过他话锋一转，"意大利人是世间最吵闹的民族，他们什么事都插手，甚至比林斯擤个鼻涕他们都要问怎么回事。"在意大利首都期间，两个大男孩参加了一场"不可思议的"墨索里尼集会，亲眼见证了"领袖"高视阔步的姿态。他们还参观了梵蒂冈，通过老约瑟夫·肯尼迪的关系，他们拜见了教会高层领袖，包括红衣主教欧金尼奥·帕切利（Eugenio Pacelli）。早先在巴黎期间，他们曾在巴黎圣母院听他布道。[81]

为了更好地了解欧洲的地缘政治进程，杰克还凭借侃侃而谈跟《纽约时报》驻罗马记者阿纳尔多·科特西（Arnaldo Cortesi）见了一面。科特西告诉杰克，战争几乎不可能，其理由是，"如果有人真的想要战争，可以找出无数借口。……还说眼下欧洲早已做好过于充分的准备——与1914年完全不同"。那次见面激发了杰克的活力，他匆匆记下了法西斯主义的本质，以及大规模军事冲突的可能

144

性，等等。"像美国那样以经济形式分配财富的国家，可能存在法西斯主义吗？德国和意大利的结盟能持续下去吗——或者，两国之间有太多利益冲突？"[82]

接下来是游客必去的佛罗伦萨，那座城市让杰克感到失望（尽管米开朗琪罗的《大卫》让他惊叹不已），还有水城威尼斯，他们在那里遇到几个美国朋友，包括阿尔·勒纳，他们相识于乔特中学时期，勒纳也在哈佛上学，跟杰克同年级。在几张留存下来的照片里，杰克和莱姆皮肤晒得黝黑，身边是一群鸽子，背景为圣马可广场（Piazza San Marco）。在 8 月 15 日的日记里，杰克留下了一段含义不明的记述，内容为他约了个女孩，加上哥们，三个人一起乘坐威尼斯小船"贡多拉"游览："比林斯终于安排了一场同性恋三人行。比林斯强烈反对这一最不公正的说法。"[83]

VII

伟大的 1937 年夏季之旅还剩下一个重要目的国——希特勒治下的德国。如今人们都知道，可怕的灾难必将到来。即使根据后知后觉的说法，德国之旅也必须是杰克那趟欧洲之行最重要的组成部分。甚至在当时，杰克也把选择德国当作那趟旅行值得骄傲的地方。杰克那时就知道，或许莱姆也知道，欧洲的未来，甚至全世界的未来，很大程度上取决于德国元首的野心。一年前的 3 月，希特勒毫无廉耻地无视《凡尔赛和约》，让军队开进了与法国、比利时、卢森堡接壤的莱茵兰地区，即和约规定的非军事区。西方列强对此

只是袖手旁观。1936 年 8 月，希特勒下令实施为期两年的强制义务　145
兵役制。同年 11 月，为支持法西斯同伙佛朗哥，希特勒派遣德国
空中力量介入西班牙内战。对此，西方各国政府同样没什么反应。
那一时期，希特勒一直忙于威胁恫吓德国的各个邻国，尤其是那些
与德国领土接壤、拥有说德语人口的国家，同时他还把目光投向促
使奥地利并入德国版图，那里是他的出生地。

8 月 16 日，两个大男孩离开意大利，驱车向北穿越奥地利和意
大利边境的布伦纳山口（Brenner Pass），从那里前往德国。途经奥
地利因斯布鲁克（Innsbruck）时，他们在一家青年旅舍落脚。慕尼
黑是民族社会主义的摇篮，1923 年啤酒馆暴动失败后，希特勒在那
里东山再起，当时那里的建筑物都挂满了纳粹的旗帜和元首的照
片，抵达当天，杰克就记述了他的如后观点：德国独裁者"在这里
似乎相当受欢迎，就像墨索里尼在意大利一样，尽管宣传似乎是希
特勒最强大的武器"[84]。

刚抵达巴伐利亚，两个大男孩就感到社会氛围不对，他们脑子
里立刻就有了不祥的预兆。时间一天天过去，两人都有了不祥的预
感。莱姆仍然记得，"我们对德国，以及那一套'希特勒万岁'口
号，有一种特别不好的感觉"。他和杰克发现，德国人的傲慢毫无
道理，他们总是迫不及待地向两个美国人显摆他们多么优越。"起
床晚，无精打采，"杰克一早在日记里写道，"跟店主聊了聊，他是
希特勒的铁杆支持者。毫无疑问，由于宣传到位，这些独裁者在国
内比在国外更受欢迎。"在杰克看来，对德国的一些核心问题，纳
粹政权没有真正的答案，这好像不用怀疑：资源太少，不足以支撑

过多的人口；另外，还有那么多敌对势力忙于——既有单干的，也有联合行动的——拴住德国的扩张野心。[85]

杰克的怀疑论调与哥哥小约三年前做出的评价大相径庭。1934年，在伦敦政治经济学院学习的小约抽空去了趟德国，被纳粹的狂热洗了脑。当年希特勒那些凶残的目的还没那么为外人所知，另外，人们也可原谅小约年少无知（当时他还不到 19 岁）。尽管如此，他做出的表述却相当扎眼，尤其需要考虑的是，那时他已经决定投身政治。他在给父亲的一封信中写道：

146

> 希特勒来了［掌权了］，他认识到，必须有个共同敌人，得找个替罪羊。一旦摆脱这替罪羊，德国人就会觉得，终于挣脱了陷入困境的根源。这是了不起的心理学，可糟糕透顶的是，必须对犹太人这么做。不过，人们讨厌犹太人是有其根据的。所有大企业里的人们都这么认为，法律界也这么认为，人人都这样。德国人做得确实过分，对他们来说却理所应当，只是他们的方式方法实在太无耻。……至于人们对残忍的非议，那是出于需要，动用一点是必需的，为的是确保人民全心全意的支持，而推进当前的计划必须得到人民的支持。

"如你所知，"小约继续写道，"［希特勒］已经通过了'优生绝育法'，我认为这是件了不起的事。我不知道教会对此事的看法。不过，这会让生活在地球上的人类摆脱许多令人厌恶的人种。"总之，小约总结道，纳粹的计划创造了"一种非同凡响的精神，它可以带来巨大的好处或害处，其命运掌握在一人手中"[86]。①

　　走访完慕尼黑，杰克和莱姆驱车前往下一站纽伦堡。德国公路的质量让两人惊诧不已——尤其是一些新建的高速公路，那可是世界上最早的州际公路——杰克坚持沿途搭载想搭顺风车的人们，以便从他们嘴里挖掘一些关于局势的消息，以及他们对纳粹政权的看法。在纽伦堡时，他们得知，三天后希特勒将在那座城市召开集会；他们本想等候，以便参加那场集会（后来他们后悔没么做），不过，他们再次感到，人们的傲慢让他们无法忍受。他们再次上路了——"像以往一样启程，这次有点不同，我们多了个吸引力，人们喜欢向我们吐口水。"杰克的日记中如此写道，这句简单的记述没有更多细节，不知指的是什么——接下来前往英国，中途会经过荷兰、比利时，最后是法国加来港。[87]

　　由于杰克想在返回美国前与小约和基克会合，时间成了首要问题。前往伦敦途中，他们一直在十万火急地赶路。他及时赶到了，不过，他宁愿跟基克一起逛街买东西，也不跟哥哥一起去见哈罗德·拉斯基。他还前往南安普敦见了母亲，对母亲刚刚购买的几套巴黎新款服装献上了一堆溢美之词，还吃了一堆莱姆在日记里称为"混合番茄汁和大量巧克力"的东西。[88]也许是巧克力吃多了，返回伦敦后，杰克突发严重的荨麻疹。为查明病因，莱姆发疯般乱投医。一个又一个医生被难倒了，直到某天早上，杰克的荨麻疹像几天前突然到来一样，突然间消失得无影无踪。不久后，两个年轻

147

---

　　① 老约在回信里说："你对德国局势多方位的观察让我非常高兴，非常满意。我觉得它们展示了你非常敏锐的认知，我认为你的那些结论非常合理。"（摘自1934年5月4日老约写给小约的一封信，约瑟夫·肯尼迪的私人文件，21号资料盒。）——原注

　　杰克和邓克。邓克是一只腊肠犬，前往纽伦堡中途停车休息时，杰克和莱姆花八美元买下了它。杰克原想把它当作礼物送给奥丽弗·考利。刚拍完这张照片，他就开始剧烈地喘息和打喷嚏，一名德国医生诊断他对狗过敏。在荷兰乌得勒支，有人出三美元买走了邓克。

人踏上了返回美国的旅途，其间仅在苏格兰停了一站。

事后看，给 1937 年夏季杰克·肯尼迪和莱姆·比林斯那次长 **148**
途旅行赋予重要意义，这么做很有诱惑力。然而，这么做并不总是
很明智。那次长达两个半月的旅行过后，在大多数方面，他们两个
年轻人还是跟以前一样。不过，那次经历确实留下了印记。拿杰克来
说，还是小男孩时，母亲就鼓励他养成对国际事务的敏感性，那次旅
行加深了他的敏感性。让人惊讶的是，随着旅程的进行，他提出的各
种问题的实质越来越复杂，到末了，即使他提不出职业记者和外交官
那么成熟的问题，他的提问也都经过了深思熟虑。但凡"涉外"的
问题，他决心形成自己独立的判断力，而非只是附和父亲的评价，或
随意追随孤立主义的陈词滥调，这方面他比以前更强了。最具影响力
的是，那年夏季，人们可以看出，年轻的杰克·肯尼迪身上正在显现
一种能力和意愿：用全面的、不掺杂个人感情的方式看待世界事
务——这与他父亲形成鲜明的对比，在考虑外部世界时，他父亲大多
数时候总会想，这对他以及他的家人意味着什么。[89]

说来也巧，不久后，约瑟夫·P. 肯尼迪将所有公共政策事宜
个人化的倾向给他招来了一大堆麻烦，随着时间的流逝，父子俩在
世界观方面的分歧也将进一步加深。

第二部

战争时期

1943 年 7 月替换下来的 109 号鱼雷艇上的旗帜，该艇一个月后沉没。

第六章

派驻伦敦的美国人

I

1938 年 3 月 1 日，杰克·肯尼迪的父亲轰轰烈烈地踏上了英国海岸。当时杰克还籍籍无名，他离开英国返回哈佛大学上二年级刚满六个月。为报道约瑟夫·P. 肯尼迪抵达英国一事，众多携带相机的记者早已守候在码头。六天前，约瑟夫在纽约登上"曼哈顿"号（SS Manhattan）邮轮时，也是这样的场景。"除了杰克［因病留在了剑桥地区］，家里所有孩子都过来送我了，不过我根本无法靠近他们，"父亲回忆道，"报社的人、凑热闹的人、不认识的人、老朋友等，足有上千人，挤满了一舱室，我们差点儿窒息了。"约瑟夫费了很大劲才挤到甲板上，向送行的人群挥手作别。[1]

喧嚣的原因是，约瑟夫·P. 肯尼迪已被任命为美国驻英大使，他前往英国是为了赴任。几天后，他将前往白金汉宫，向英国国王乔治六世递交国书，还要与内维尔·张伯伦首相以及外交大臣哈利法克斯勋爵（Lord Halifax）举行数次初步会谈。他的家人也将于不久后前往伦敦。对大西洋两岸的记者们而言，肯尼迪一家是个无法抗拒的新闻素材：精力充沛的爱尔兰裔天主教华尔街大亨和帅气的一大家子掌管伦敦中枢——实际上，各报标题就能说明一切。《纽约时报》生活版甚至刊出了仍在美国的肯尼迪一家的行程表——读者们被告知，罗丝和多数孩子将于 3 月 9 日启程，小约和杰克将于 6 月哈佛大学春季学期结束时赶过去。[2]

对 49 岁的约瑟夫·肯尼迪来说，那是个胜利时刻，截至当时，那是他担任公职以来的巅峰时刻，也是他在富兰克林·罗斯福政府里追求显赫职位五年来担任的最高职务。这么多年来，约瑟夫一直坚信，一项重要的内阁任命即将降临到他头上，可希望一次次落空。降临在他头上的反而是二线职务，首先是证券交易委员会主席，随后是 1937 年成为美国海事委员会首任主席。在那两个职位上，他赢得了公众和媒体双方的高度评价——1937 年 9 月出版的《财富》（*Fortune*）杂志将他捧为封面人物。不过，这远远不够，约瑟夫想要的比这多得多，与他为那一届总统和那一届白宫班子做出的所有贡献相比，他理应得到更多。他为罗斯福 1932 年竞选活动捐了 15 万美元，其中 2.5 万美元是他的私人捐款，他还出了一本溜须拍马的竞选书《我支持罗斯福》，赶在 1936 年罗斯福竞选连任前出版。他还成功地帮助罗斯福的儿子吉米（Jimmy）在波士顿创办了一家保险公司，还带着吉米及其夫人前往欧洲度了一次假。1933 年，借助每周一次的布道，活跃在底特律的天主教神职人员和广播名人考夫林神父（Father Coughlin）猛烈抨击资本主义和"新政"社会项目，笼络了一大批民众（后来他转向了反犹主义和亲纳粹主义），约瑟夫则利用自己在天主教派里的影响，对他实施钳制，与许多著名主教一起孤立他，阻止他从梵蒂冈获得支持。[3]

除了以上这些，约瑟夫·肯尼迪还是总统的密友，就有关金融政策事宜向总统提供建议，并与其私交甚密——罗斯福经常悄无声息地于夜间离开白宫，前往约瑟夫在马里兰州乡下租住的马伍德庄园（Marwood），为的是呷一杯马提尼酒，在地下室家庭影院看几部好莱坞最新电影。有时候，总统还会在有 25 间卧室的庄园里过夜。[4]

华尔街的头面人物之一、美国经济超级精英中的一员，成了政府行政部门的成员，这也太反常了，的确值得大书特书。不过，约瑟夫确实符合条件。对 20 世纪 30 年代中期罗斯福在国内政策方面向左转，约瑟夫私底下时不时表示过担忧，在公开场合，他却闭口不谈内心的忧虑。华尔街大亨们将约瑟夫称作阶级的叛徒（他们对罗斯福也提出了同样的指控），约瑟夫对这些一笑置之。约瑟夫坚信，总统在第一任期内让美国经济重新运转，就凭这个，他也应当得到坚定的支持。1937 年 1 月，在第二任期就职典礼上，罗斯福对"新政"哲学做震撼人心的总结时，约瑟夫没有表示异议。罗斯福说："检验美国进步的标准不是能否为已经富裕的人增加多少财富，而是能否为几乎一无所有的人提供不时之需。"[5]

"我们得为老约做点儿什么，可我还没想好。"这是 1936 年大选后不久罗斯福对吉米说的话。[6]总统心里清楚，约瑟夫渴望成为财政部部长，不过，那根本不可能，因为时任财政部部长小亨利·摩根索（Henry Morgenthau Jr.）是罗斯福的心腹盟友，也是他在纽约州达奇斯县（Dutchess County）的邻居，他不想将其从那一职位上

153

赶走。而且，他认为，约瑟夫过于喜怒无常，过于神经过敏，心里的焦虑和怨恨太多，在政策问题上个人倾向太重，不适合担任这么重要的内阁职务。（怀疑论者会说，现任内阁中其他成员也有完全相同的特征。）他非常看重与约瑟夫情同手足的友谊，看重其在政策问题上往往不失英明的建议，也钦佩后者的管理天赋；但后者不够圆滑，渴求权力，虽说是个谋略家，但做事总是出于私利，无法让他完全放心。与此同时，总统心里也清楚，心中不快的约瑟夫会变成喋喋不休和有仇必报的约瑟夫，每个人都会竖起耳朵倾听他那张大嘴的有害言论，尤其是媒体记者。海事委员会主席一职赢得的仅仅是喘息空间，罗斯福心里清楚，约瑟夫再次开口提要求只是时间问题。果不其然，1937 年年中，约瑟夫在华盛顿到处放风说，他已经想好为自己谋个新职位——驻圣詹姆斯宫大使（即驻英大使）。

　　这想法在他脑子里已经酝酿了很长时间。伦敦大使一职是美国政府最重要的海外政治职务，欧洲战事爆发的可能性越来越大，更增加了这一职位的权重。在美国驻外职务里，无论怎么形容，都找不出能与驻英大使抗衡的岗位——这一职位是社会阶梯的顶端。通过这项任命，约瑟夫足以向波士顿的精英们证明，没有他们帮忙，他也可以坐到那个位子上，在社会地位方面，他确实高他们一等，同时还可以为自己和孩子们拿到巨大的社会晋升机会。锦上添花的是，他会成为第一位爱尔兰裔天主教驻英大使，这本身就是一种甜蜜的讽刺。最诱人的是，长期以来，这职位一直是通向更高职位的垫脚石——在历任驻伦敦大使名单上，出了五位总统、四位副总统、十位国务卿。如果他在履职伦敦期间能做到实至名归，即使将来拿不到更高职位，财政部部长的职位也应该是他的。1937 年秋，形势已经变得很明朗，出于健康原因，时任驻英大使罗伯特·宾厄姆（Robert Bingham）肯定会辞职，约瑟夫不失时机地开始了他的竞选攻势。他曾经对吉米·罗斯福说，如果得不到财长一职，他想要的就是伦敦大使一职。[7]

吉米适时地将约瑟夫的想法告诉了父亲罗斯福，他父亲听到这一说法的反应是仰天"爆笑，他笑得如此厉害，差点坐在轮椅上翻过去"。毫无疑问，约瑟夫肯定是在开玩笑。对国际事务，他这人从未显露过什么兴趣，也没显露过这方面的知识，就他那气质，看似特别不适合大国外交的复杂世界。他太直率，太世俗，从不"注重细枝末节"，而担任那一职务就是进入一个处处注意细枝末节的世界，那里的人们无论做什么都谨小慎微，一丝不苟，说话总是字斟句酌，藏而不露，不能直言不讳，每次与他人见面说过的话，当场或事后总会有人记录下来。对礼节事务和仪式不胜其烦的约瑟夫必须在日程表上排满这些事。约瑟夫总是超级自信，信心满满，认为自己什么都最清楚，但从事那份工作的话，这些几乎派不上用场，因为他只是华盛顿那帮真正掌权者的代言人。他的一言一行必须慎之又慎，为了更高利益，必须将自我深埋心底；除非身处完全私密的场合，还必须放弃表达自我的权利——谁能想象，约瑟夫·肯尼迪愿意这么做，抑或能做到这些？[8]

不过，罗斯福越是深入思考这一问题，反而越认为，这项任命利大于弊。首先，约瑟夫能满足这一岗位最重要的一项要求：他有钱。人们都期盼驻英大使经常举办大型招待会，而大使可怜的年薪仅有17500美元，年度津贴更可怜，仅有4800美元。招待会的大部分开销必须由大使本人负担，对超级富豪约瑟夫来说，这轻易即可办到。另外，约瑟夫一直跟英国的一些首席金融家保持着良好的私人关系，1935年他访问伦敦时，其中好几人为他做过东；人们都说，他与那些人关系很好。他还是个狡猾的谈判家、技术娴熟的分析家，几乎不会受意识形态或狂热氛围左右。对于与日俱增的关于战争的各种谣言，他是个值得信任的窃听者，听到有价值的消息，他会如实报告——欧洲最好的监听位置正是伦敦。最后，派驻一个爱尔兰人到圣詹姆斯宫，这情景想想都让人着迷，这种异想天开的姿态正符合罗斯福的偏好。当然，其中更多是出于战略方面的考量，这么做会让罗斯福在爱尔兰裔天主教选民中赢得更多支持，爱尔兰裔选民在好几个州把持着重要的选区。另外，作为爱尔兰裔美国人，约瑟夫不会像他的亲英派前任那样轻易屈从于文质彬彬的、能说会道的英国人。英国官员们总是对美国兄弟们摆出一副趾高气扬的架势，每看到这场景，罗斯福心里就窝火，因而他想派一位对这些无动于衷、能够时刻保持头脑冷静的使节去对付那里的东家。约瑟夫·肯尼迪恰恰是正确的人选。[9]

听说罗斯福真有可能任命约瑟夫·肯尼迪担任那一职务，白宫的顶级顾问们分成了两派。他们中许多人憎恨肯尼迪，原因是，他说话直言不讳，习惯躲在背后批评总统。他们讨厌他那副趾高气扬的样子，以及他总是言之凿凿地说，在经济和商业方面，他比他们懂得多；他们还怀疑他嘴上说忠心耿耿，实际只停留在口头——他唯一效忠的是他的家人，以及自己的前途。"难道你不认为，"摩根索提醒总统，"约瑟夫这么口无遮拦，对你领导的政府说了这么多坏话，派他过去太冒险？"罗斯福并非持有不同看法，但恰恰出于同样的原因，总统和一些助手意识到，让这个人远离国内媒体，将其派往海外好处多多。"让约瑟夫在国内到处活动太危险"，罗斯福对摩根索说，进而还安慰财长，他已经"安排人24小时盯住约瑟夫·肯尼迪，只要他开口说我的坏话，我就炒了他"[10]。

1937年12月9日，《纽约时报》首先爆料，约瑟夫将接任宾厄姆的职务。虽然当时消息还未经官方证实，但朋友们都兴高采烈地送来了祝福，波士顿的媒体更是按捺不住，详述了约瑟夫的生涯以及他的出人头地。罗丝·肯尼迪在一封信中表达了内心的赞赏："尊敬的总统先生，我衷心感谢你对约瑟夫的任命，真让人惊喜。我和孩子们都深感荣幸、高兴、激动，是你让这场盛大的喜悦成为事实，对此我们深表感谢。"与此同时，约瑟夫开始组建将要随他一同前往伦敦的对外团队——理所当然有埃迪·摩尔，还有长期助手詹姆斯·西摩（James Seymour，昵称"吉姆"）和哈维·克莱默（Harvey Klemmer），以及媒体联络官哈罗德·欣顿（Harold Hinton），后者是《纽约时报》记者，他将请假前往伦敦。约瑟夫还打电话给妹妹洛蕾塔，让她通知父辈在波士顿的所有老友前往纽约的码头为他壮行。[11]

156

在约瑟夫自己的朋友圈里，唯一不和谐的音符来自博克·卡特（Boake Carter），他是全美广播界首席评论家之一，也是"新政"的严厉批评者。他怀疑朋友是否真的适合坐上那个外交职位，在那个位置上，他必须听命于华盛顿，在美国国务院和英国外交部之间来回传递信息。约瑟夫向其保证，自己适合坐那个位置，不过卡特仍持怀疑态度。最终结局将证明，他真有不可思议的先见之明，因为他预料到，如果约瑟夫接受那一职位，到头来必将夹着尾巴灰溜溜地返回美国，必将名誉扫地，爬上更高位置的希望将一去不返。[12]

约瑟夫根本没把卡特的关切放在心上，不过，至少他感觉到，不祥之兆有点扎心。到伦敦后不久，他曾经跟记者们开玩笑说，希望他们务必"在我被召回时过来为我送行"。他在给吉米·罗斯福的一封信中写道："我在这边可能待不长，但只要事态还在发展，时间会过得又快又急。"这些有怀疑成分的预言自带戏剧特征——如果约瑟夫真的相信他取得成功的概率如此之低，他就根本不会接受这一职位——不过，这些预言多多少少也自带真实成分。[13]犹如希腊神话中的预言家卡桑德拉（Cassandra），长期以来，约瑟夫做事总是遵循如后信条：灾难每时每刻都会降临。加上 1938 年初世界政治形势险象迭生，以及约瑟夫自己缺少外交经验，外人很容易即可理解他心中的焦虑。约瑟夫刚到英国没几天，希特勒便完成了吞并奥地利，这明显违反《凡尔赛和约》，却符合他为"大德意志"擘画的蓝图。很快，他又把目标指向了捷克斯洛伐克，那个国家夹在西里西亚和奥地利之间，苏台德地区拥有大量德意志人，希特勒在那里苦心经营了很长时间。① 与此同时，随着希特勒和墨索里尼正在筹划前往布伦纳山口会面，以商讨两国在战争中如何合作，德

---

① 苏台德地区是一片马蹄形的多山土地，嵌入捷克斯洛伐克西部、北部、南部边界，其中说德语的少数民族人口计有 325 万。——原注

国和意大利的关系越来越热。亚洲方面，日军已经从中国东北（1931 年到 1932 年，日本人占领了那里）南出，占领了中国许多要冲之地，包括北京和上海那样的大城市。西班牙方面，内战仍在惨烈地进行中，意大利军队以及德国的武器和空中力量一直在支持佛朗哥领导的叛军。[14]

所有这些给英国政府带来了巨大的压力，内维尔·张伯伦接手 157 政府刚刚一年；对新任大使而言，这些则意味着战火的洗礼。尽管如此，约瑟夫开局良好。"美国的九子大使"，这是一家英国通俗小报给他起的绰号。到任初期，约瑟夫在新闻报道中收获了一轮潮水般的好评——毫无疑问，这得益于使馆积极的宣传攻势。在这位率直、非传统、有一双明亮的蓝眼睛、身体健硕、家庭成员帅气的外交官身上，记者们好像总有挖掘不完的素材。"快活的老约"，记者们都这样称呼他，还称他为"美国之父"。他做的每一件事都是新闻。一些文章称赞约瑟夫率真，因为他婉拒身穿长及膝盖的短裤向国王递交国书（不可言说的理由是：他有点罗圈腿，生怕身穿盛装会凸显这一事实）。他还终结了如后做法：将心怀社交野心的年轻美国女子带进王宫。[15]另一些文章则惊叹他会见记者时爱开玩笑，习惯把两脚架在桌子上。由于运气超好，第一次在英国打高尔夫球，在白金汉郡斯托克博格斯高尔夫球场（Stoke Poges course），约瑟夫对准 128 码外的第二洞，一杆进洞。数小时内，这一成绩上了全英各家报纸的头版——星期日发行的《观察家报》（Observer）甚至宣布主办一场征诗大赛，以诗为媒描述这一壮举——约瑟夫也贡献了一串妙语，初到英国几个月，他会多次重复这句话："与作为一个

孩子的父亲九杆进洞相比，作为九个孩子的父亲一杆进洞，我觉得
更幸福。"年龄较大的儿子们却发来一封让他泄气的电报："一杆进
洞不太可信。"[16]

II

电报来自哈佛大学，当时春季学期正如火如荼地进行。小约最
后一次尝试获取一封进入校橄榄球队的推荐信，以失败告终，当时
他正全力以赴，准备毕业论文，方向为美国的组织机构和西班牙内
战，他正盼着 5 月毕业。而杰克的二年级正上到一半，前一年夏
季，他和莱姆·比林斯周游旧世界，让他成熟了，也让他对欧洲政
治和历史的兴趣更加浓厚。不过，像许多当年的以及后来的哈佛二
年级学生一样，在接下来的秋季，他把主要精力投向了与学术无关
的二年级的两件事上：搬进学校的"宿舍区"，他将在那里继续生
活三年；尝试拿到入场券，进入哈佛任意一家精英"终极俱乐部"。

实际上，哈佛大学的住宿制度当时还相当新，是按照慈善家爱
德华·哈克尼斯（Edward Harkness）的设想，参照英国寄宿制院校
牛津大学和剑桥大学的模式设立的。劳伦斯·洛厄尔校长喜欢哈克
尼斯的想法，因而敦促他投资 1300 万美元把事情办成。根据前述
规划，在学校住宿的在校生后三年不再住传统意义上的宿舍，而是
住宿舍区，当时有七个按照新乔治王朝建筑风格新建的"傍河宿舍
区"，位于可以鸟瞰波士顿城的查尔斯河两岸，宿舍区里有宿管员、
常驻辅导老师、标准房间、图书馆、餐厅（各餐厅提供正式菜单和

点餐服务，学生们进入餐厅需要着正装，打领带）等。各宿舍区的名称就是哈佛大学的历史——其中四个区以前名誉校长邓斯特（Dunster）、埃利奥特（Eliot）、柯克兰（Kirkland）、莱弗里特（Leverett）的名字命名，另几个区以亚当斯、洛厄尔、温思罗普的名字命名，因为他们的家族长期以来参与学校的管理。[17]

在温思罗普宿舍区，杰克和托比·麦克唐纳同住一个房间，两人在一年级时就成了好朋友。他们雇用小时工乔治·泰勒（George Taylor）当用人，那是个快活的、整天嚼雪茄的非裔美国人，他别出心裁地在名片上印了一行字："众绅士的绅士"。小约雇用的也是这个人。泰勒很快意识到，他得花大把时间为杰克收拾衣服，因为杰克依然延续着满屋子随手丢衣服的马大哈习惯。"有一次，为了出门，他换衣裳，"托比回忆说，"他把东西都扔到了屋子中间，堆得跟山一样高。我让他注意满屋子扔东西的方式，因为屋里看起来快要像个大卖场了。杰克反驳说：'别装得没你什么事似的，我那些东西底下压的是谁的东西？'"[18]

托比很快熟悉了杰克的穿衣程式：每天早上醒来，他会把第一眼看见的衣服套在身上。大多数情况下，上身是一件宽松的花呢夹克衫，下身是一条皱巴巴的卡其裤，脚上是不成双的袜子，然后是磨旧的鞋子。这种不整洁的穿衣方式成了他的标志，一直延续到成年。[19]

用历史学家赫伯特·帕尔梅的话说，托比·麦克唐纳很快会成为"莱姆·比林斯在哈佛大学的替身"——或者更确切地说，在杰克的朋友圈里，他位列第二，排在莱姆之后。作为笃信天主教的爱

159 尔兰家庭的二儿子，杰克必须奋斗才能得到认可。托比也一样，他来自马萨诸塞州莫尔登（Malden），父母都是老师，父亲还是高中的橄榄球队教练。托比在安多佛中学时就是球星级运动员，精通橄榄球、棒球、曲棍球，在哈佛大学各类运动场上，他同样大放异彩。（他很快就显露了天赋，在一年级队与耶鲁大学的对抗赛中，他在第四节的跑位有时候能达到 60 码，有时候是 20 码，他的名字还上了哈佛大学橄榄球名人堂荣誉榜单。）然而，他和杰克成为密友的原因是，他们有共同的幽默感，两人都出言不逊，说话时自然流淌的诙谐犹如天造地设一样般配，两人都快人快语，两人的幽默都绵里藏针，温思罗普宿舍区的校友们听他们对话总会忍俊不禁。"托比·麦克唐纳是［杰克的］陪衬，"一个朋友回忆说，"因为托比是个特别有才的人，托比和杰克对话时，对杰克的话有时会一笑了之，有时会狂笑四五分钟，我们其他人就坐在那里看他俩开玩笑。"[20]

最重要的是，杰克和托比持有相似的人生观和信任感。两人的生日仅差八天，非常默契。朋友们都清楚这些，双方的家人也清楚——包括基克，托比刚见到基克就全身心爱上了她。托比欣赏杰克不装腔作势，对显摆家族的盛名不感兴趣，而杰克珍视托比的坚定意志和无忧无虑——以及他作为《深红报》评出的冉冉上升的橄榄球明星的地位。不过，正如莱姆·比林斯长期以来领悟到的，与杰克·肯尼迪的友谊必然受到多重限制。有一次，托比碰巧听到小约痛骂弟弟，他立刻站到杰克一边，那次他充分领教到，一旦外人插手肯尼迪家的内部纷争，立刻会遭遇一致对外。托比说："杰克立刻愤怒地转向我，明确警告我不要插手他们的家事。我再也没管过他们的事。"[21]

　　在成为"终极俱乐部"会员方面，杰克和托比的天主教徒身份极大地拖了他们的后腿。自老约那个时代以来，处于哈佛大学社交生活核心的"终极俱乐部"几乎没什么变化——它们是有身份的男人吃饭、喝酒、交友的地方。像以往一样，俱乐部成员们应邀前往波士顿贝肯山和布鲁克莱恩镇，出席上流名媛晚会；像以往一样，它们定义学校里的人，分出三六九等。尽管老约十分投入，不断努力，但他获得会员资格的申请均以失败收场；小约亦如此，他只好满足于申请加入"速成布丁俱乐部"，即哈佛大学的著名戏剧表演协会（该协会同样接收了杰克）。老约和小约双双申请失败，成了他们心中永远的痛，看起来杰克也会遭遇同样的厄运。校友吉米·鲁斯芒尼尔（Jimmy Rousmanière）后来说道：

　　哈佛大学有8个"终极俱乐部"，每个俱乐部每学年挑选 160
10~15人入会，因而每学年1000人里仅有100人成为新会员。……第二学年的整个10月都是特别忙碌的月份，在3周的时间里，每晚都有各种邀约。各俱乐部大概会分别邀请100人，每个俱乐部最终会挑出15个可能想入会的人作为备选——我认为杰克·肯尼迪的名字从未上过那种15人名单！波士顿校友会的影响力还是那么大——从前他们就不喜欢约瑟夫·肯尼迪和"蜜糖菲茨"。[22]

　　不过，有几件事对杰克有利。首先，他已经是有名望之人，第一年春季的一年级吸烟者会主席身份为他赢得了一定程度的知名度和荣誉。那是激励人心的成就，事情已经过去六个月，但那场晚会仍然是热门话题。另外，杰克具有父亲和哥哥均不具备的八面玲珑的社交智慧，他把自己广受欢迎的特点利用到了极致。他想拿下一家"终极俱乐部"入场券的决心一点都不比小约少，尽管如此，他的野心没那么大，散发出的魅力反而更多。他在政治方面也更圆滑，这体现在他集中精力主攻一个方向——"斯皮俱乐部"（Spee Club），因为该俱乐部会长拉尔夫·波普（Ralph Pope）曾经反对反天主教偏见，这种偏见在哈佛各院之间一度非常盛行。[23]

　　两年前，"斯皮俱乐部"的几个带头人将小约拒之门外，他们认为小约太爱出风头；如今他们又拒绝了托比·麦克唐纳，因为他太爱喝酒，喝酒似乎只会强化而非弱化人们对爱尔兰天主教徒的固有印象，此外，托比家也太穷。若不是因为两个前途无量的朋友，杰克同样会遭到拒绝，那两人声称，除非跟杰克绑定，三人同时入会，否则他们不会单独加入俱乐部。其中一人是有贵族血统的鲁斯芒尼尔，另一人是小威廉·C. 科尔曼（William C. Coleman Jr.），他是圣公会教徒和巴尔的摩共和党法官的儿子。波普注意到了这一点，他也意识到年轻的杰克身上有让人喜欢的东西。"无论别人说什么，"波普后来回忆道，"他总会提出问题，或做出评判，而且总是一语中的。听他说话，谁都不会不明白，或揣着明白装糊涂说：'他他妈的是什么意思？'"波普同意了，他说："不为别的——就为我们这地方需要有理智的人。我们是一帮轻量级选手。"他对兴高采烈的三人组说："那好吧，如果你们几个家伙想要这种三人搭伙的一锤子买卖，我们也想要。你们仨我们都要了。"[24]

　　杰克取得了任何一个姓肯尼迪的人此前从未取得的成就：拿到了建制权力核心圣殿的入场券，即进入了哈佛大学一家"终极俱乐部"。　　161

Ⅲ

　　壮观的乔治王朝风格"斯皮俱乐部"建筑位于蒙特奥本大街（Mount Auburn Street）76 号，在哈佛大学度过的后几年，那座建筑成了杰克·肯尼迪的第二个家，成了他的避难所，成了他避开家长和老师监管的地方，只要他愿意，还可避开舍友和哥哥。他经常在俱乐部爬满常春藤的高墙内吃饭和交际，很快，他成了俱乐部的助理财务总监和理事会成员。在天花板高耸、装有深色墙饰、挂满霍加斯（Hogarth）版画的俱乐部图书馆里，他用印有俱乐部信头的信笺给家人和朋友写信，在那里研读各学科的课业。在学识方面，"斯皮俱乐部"同样有助于塑造杰克，因为那里没有哈佛大学宿管员和辅导老师，一帮自信心十足的年轻人可以将各次进餐时间当作机会，就广泛的议题进行讨论，尽情抒发己见。与波普的"轻量级选手"说法正相反，该俱乐部不缺响当当的人物，其成员有布莱尔·克拉克（Blair Clark），他是校报《深红报》的社长，还有该　　162
报的另一名编辑克利夫兰·艾默里（Cleveland Amory）。竞争对手"埃迪俱乐部"的一名成员后来回忆说："那两年，'斯皮俱乐部'的会员构成真他妈的棒。"[25]

　　"斯皮俱乐部"成员合影，他们系的英式团队领带蓝黄相间，非常显眼。最后一排右数第四人为杰克。摄于 1938 年春。

　　颇具讽刺意味的是，那个时代的一些人认为，"终极俱乐部"的辉煌岁月已成过往。对他们来说，由于新的宿舍区规划，以及柯南特校长更注重学术而非社会差异，老哈佛大学那种明显的社会层级、俱乐部会员，以及"绅士级别的 70 分"都在逐渐消失。小阿瑟·施莱辛格是 1938 届毕业生，比杰克高两届，他在本科生文学期刊《哈佛之声》（*The Harvard Advocate*）上撰文预言，宿舍区规划，加上中西部学生以及公立学校毕业生的涌入，必然会改变大学的社会构成，有效地扼杀那些"终极俱乐部"，或者至少将它们驱赶到哈佛大学生活的边缘。"随着哈克尼斯教学方法和管理方法大行其道，"施莱辛格在文章中表示，"'终极俱乐部'继续存在的理由——它们提供舒适的生活——消失了。"因为宿舍区提供的各种设施在舒适性、方便性、总体规模方面已经全面超越。"那些俱乐部都是自负的、排外的小有机体，"该文后续部分写道，"它们也许会继续存在，由加入父辈创建的俱乐部的后代维系，在内部成员眼里，他们好像还是哈佛精英生活中的精英，但在外部人士眼里，俱乐部生活就像苏打水泡沫一样转瞬即逝。如今俱乐部更像避难所，仅有 5% 的学生是其成员，在他们眼里，俱乐部不再那么重要的日子已然近在眼前。"[26]

　　数十年后，施莱辛格必将后悔和承认，他的预言忽略了一个重要因素——"趋炎附势的力量"[27]。大学本身的同质化变少了，更民主了，不过各俱乐部依然还在，其社会地位依然处于社会秩序顶端。毫无疑问，杰克·肯尼迪成了骄傲的俱乐部会员，他非常得意于自己的新地位，课业方面也满足于"绅士级别的 70 分"。大二期间上布鲁斯·霍珀（Bruce Hopper）教授的政府行政管理课，在课程名称为"国际关系中的新因素：亚洲"的课上，他竟然得了 80 分！不过，在威廉·Y. 埃利奥特（William Y. Elliott）和阿瑟·霍尔库姆（Arthur Holcombe）合讲的"现代政府管理"课上，以及威廉·克勒（Wilhelm Koehler）主讲的"艺术史入门"课上，他都仅仅得了 70 分。他自称主攻方向为政府行政管理，他读书偏重于政治、历史、经济三个领域，后边列出的书单仅为他读过的一部分书籍：盖伊·斯坦顿·福特（Guy Stanton Ford）所著《现代世界的专制政体》（*Dictatorship in the Modern World*）；吉尔伯特·塞尔德斯（Gilbert Seldes）所著《锯屑恺撒》（*Sawdust Caesar*）；卡尔文·胡佛（Calvin Hoover）所著《德国迈入第三帝国》（*Germany Enters the Third Reich*）；赫尔曼·芬纳（Herman Finer）所著《墨索里尼统治的意大利》（*Mussolini's Italy*）；马克思和恩格斯合著的《共产党宣言》；列宁所著《国家与革命》；查尔斯·比尔德（Charles Beard）所著《政治的经济基础》（*The Economic Basis of Politics*）。[28]

在小弗雷德里克·克利夫顿·帕卡德（Frederick Clifton Packard Jr.）主讲的英语公开演讲课上，杰克得了 70 分。2017 年，哈佛大学的几名档案管理员发现了那门课的录音，令人激动的是，如今人们竟然还能听见杰克那熟悉的嗓音和说话的方式，只是那时的他波士顿口音更重些，他声音坚定，演讲主题为 20 世纪 20 年代的最高法院大法官雨果·布莱克（Hugo Black）——近期有人披露，布莱克加入三 K 党已有两年。"很难说布莱克先生到最高法院任职是否恰当，"早在那时，20 岁的演讲人已经做出判断，"任命显然是在总统非常生气的情况下做出的，是不支持罗斯福先生最高法院改革计划的保守势力在作祟。……他显然有许多理由，他推进这事，依据的正是这些理由。"[29]

当然，分数不能全面反映其背后的那个人。分数极少能做到这一点。毫无疑问，以上分数展示了关于杰克·肯尼迪的一些事，展现了他的兴趣和志向，即他在那门课里选择有关雨果·布莱克的争议为主题，而大多数与他同时代的同学——至少那份录音材料记录的情况如此——选的都是更为世俗的题目，如酸面包、藏书、如何找老婆等。温思罗普宿舍区常驻辅导老师佩森·怀尔德（Payson Wild）同时也是杰克选的"国际法的要素"课程的任课老师，他仍然记得杰克"真的有深入思考问题和用理论术语进行表达的能力"，还乐于琢磨各种重大问题，例如"人们为什么会服从"。在面对面教学过程中，那年轻人对亚里士多德和柏拉图政治理论深思熟虑的、入木三分的剖析，很快就能领悟英国哲学家霍布斯、英国启蒙思想家洛克、法国启蒙思想家卢梭的精神实质，以及国家层面的社会契约理论，这些都给怀尔德留下了深刻印象。怀尔德深信，杰克"当初就有浓厚的兴趣，后来显露的所有发自内心的务实的兴趣和关切也有基础，他一定会表现出来"[30]。

怀尔德也教过小约，他觉得在思想上小约不如弟弟扎实，他的创造性思维偏弱。不过，小约当时已经是合群的准政客，比方说："每次来到楼下，他都会仰起头喊一声：'喂，怀尔德博士，我上来啦。'杰克从来不喊，他总是悄无声息地直接上楼。"[31]

针对罗斯福领导的激进政府及他的"新政"，当年哈佛大学的

各种辩论此起彼伏。尽管杰克对政治问题的兴趣与日俱增，他把握

164 分寸却十分到位。或许因为总统在校园里是不受欢迎的人物——1936年竞选活动期间，罗斯福曾经驱车驶过哈佛广场，遭遇学生们强烈的嘘声，因为他们有钱的父母憎恨罗斯福开明的政策——杰克似乎一直在刻意回避那些年轻的民主党人以及哈佛学生自由同盟（Harvard Liberal Union）的人，而且没有证据表明，他曾公开说过什么支持罗斯福改革的话。[32] 无论是当年还是后来，总统似乎从未在他内心深处激起任何浪花。不过，父亲在那届政府里任职，杰克的确为此感到骄傲；另外，为帮助大萧条时期极为艰难度日的广大美国民众，那届政府做出了全方位的努力，杰克对此表示支持。杰克的一名密友回忆说，他支持"'新政'试图达成的目标，认为那就是政府该做的事"[33]。老约也持相同观点：与许多华尔街金融家不一样，老肯尼迪尤其坚信，在解救最底层民众方面，国家应该有所担当。

1937年秋季，杰克兄弟荣幸地领到任务，接待他们的父亲，父亲成了温思罗普宿舍区周四晚间系列讲座的演讲嘉宾。根据女服务员领队迪迪·平托（Deedee de Pinto）的说法，由于参加了体育活动，兄弟两人到达演讲厅时迟到了，而且磨磨蹭蹭的，不想掀起一波窃窃私语。"后来，宿管员说：'去啊，你们，跟你们的父亲打个招呼。'两个男孩这才一起走上台，两人都亲吻了父亲。"在大庭广众中表达亲情，两人都没表现出明显的犹豫。温思罗普宿舍区常驻辅导老师约翰·肯尼思·加尔布雷思回忆说："绝对是一场精彩的演讲，内容是约瑟夫在尚未规范化的股票市场上打拼的那些年，满

满都是逸闻趣事，都是他在各投机公司、经纪人事务所、经纪平台亲历的一些事。"结尾部分说的是他"作为证券交易委员会警官率队突击检查"，他所发挥的作用支撑起了资本主义制度。在整个演讲过程中，加尔布雷思讶异于演讲者身上迸发的自信满满、身体活力以及演讲技巧，他总结说："约瑟夫那一夜的演讲如此热情洋溢，如此大获成功，即使他儿子后来没当上总统，我也会永远记得那一晚。"[34]

那一时期，与杰克在预科学校那些年以及普林斯顿大学阶段相比，他的身体状况越来越好，不过，依旧不能达标。他仍然小毛病不断，动不动就住进校医务室，错过的课业也多于常日。秋天，橄榄球赛季到来时，他的身体状况已经允许他进入校二队，不过他几乎没机会上场。那年冬季，他患上了轻微的背痛，尽管如此，却未能阻止他参加游泳比赛，对手为宾夕法尼亚大学、哥伦比亚大学、普林斯顿大学、达特茅斯学院。[35] 1938 年 2 月，他曾经短暂返回位于明尼苏达州的梅奥诊所，就持续不断的胃部和结肠问题做了几项检查；当月月底，因为患上严重的流感，他住进了哈佛大学医务室。接下来的 3 月，他又患上了肠道感染，被迫在新英格兰浸信会医院住了好几天。尽管几个朋友专门为他购置了一台冰激凌机，安装在"斯皮俱乐部"里，但整个春季，他的体重一直在持续下降。[36]

那一时期，肯尼迪家族那种令人惊异的精力和活力始终在助推杰克前行。托比·麦克唐纳讶异于杰克的活动无穷无尽，尤其在涉及女人时。杰克比从前更吸引女人了，他那迷人的微笑，揶揄

1938 年的哈佛大学游泳队，左数第三位站立者为杰克·肯
尼迪。

的幽默感，那漫不经心的、撩人的调情，似乎永远都不会越界，不会进入粗俗或强求式的冒犯，这些都会博得女性的欢心。杰克和奥丽弗·考利的关系突然终止了，因为他追求与对方破处失败了，如今他正在努力将损失的时间找补回来。[37]波士顿女招待一个接一个地来到温思罗普宿舍区，让众舍友看得目瞪口呆。要么，舍友们会看见杰克开着福特敞篷车在纪念大道或花园大街飞驰而过，身边总会有年轻女子做伴，她们来自拉德克利夫女子学院、卫斯理女子学院、蒙特霍利约克女子学院（Mount Holyoke），或者那一地区的其他女子学院——好像每次都是不同的女孩。

杰克在异性身上的成功也让他困惑不解，至少初期阶段如此。166他曾对莱姆说，总的来说，与其他人相比，他的长相没好看多少。接着他又说，只有他的人格魅力解释得通。多年后，一名采访者问起这事，莱姆认为，那是多重因素综合在一起使然："每次回家，杰克身边总会有个女孩——通常情况下，每次都是不同的女孩。几乎毫无例外的是，只要他对某个女孩感兴趣，对方就会变得特别喜欢他。我认为，原因是他不仅有魅力，而且他对女孩们特别有兴趣。女孩们真的喜欢他，而他这方面特别特别成功。这对他很重要，因为他就想在这方面取得成功。他也是真的喜欢女孩们。"[38]有其父必有其子，换句话说——有其兄必有其弟。

感觉波士顿天地太小时，杰克和托比会开车前往史密斯学院或瓦萨学院，玩一次四人约会，每次都是两人轮流开车。（每次轮到托比开车，杰克都会打盹，杰克想睡时立刻就能入睡的能力让托比无比叹服。）不然的话，杰克会利用周末前往远方的纽约市，去那里找莱姆·比林斯和里普·霍顿，三人一起前往位于纽约东 53 街时髦的斯托克俱乐部（Stork Club）。"想当初，那里是人人想去的地方，"莱姆后来回忆说，"斯托克俱乐部也特别想吸引年轻人。他们还特别鼓励年轻的模特和漂亮的女孩去那里，俱乐部为带来漂亮女孩的男孩提供各种便利。……有为女孩们准备的各种礼品和香槟酒。当然，我们非常小心，每次我们去那里，都是每人只喝一杯酒——我们没有更多的钱可花。杰克从不介意按照我的消费水平花钱。杰克本来就不贪杯，所以只喝一杯酒也不难。他特别喜欢跳舞。"[39]

"毫无疑问，杰克从不主动让任何人知道他有钱，"麦克唐纳说，"实际上，他对钱无感，有时候还挺让人担忧。一次，我们跟两个女孩约会，在波士顿一家相当高档的餐厅吃饭。账单送过来时，上边的价钱好像是 12 美元。杰克把几个口袋摸了一遍，一分钱没掏出来。我看了下我的钱包，里边只有八张一美元的纸币。为了走出那家餐厅，我们只好向两个女孩借钱。"[40]

如果杰克·肯尼迪的花钱习惯说明不了问题，在其他一些方面，他的优越感则足够彰显。他是个声名狼藉的超速惯犯，特别喜欢把油门踩到底，在拥堵的地方钻来钻去。有一次，在剑桥区对岸的奥斯顿（Allston），在灰色的马蹄形哈佛大学体育场附近倒车时，他撞上了一位女士的车，还跟她吵了一架。事过之后，他告诉莱姆，那女人叫来了警察，还"说我撞了她四五次后向她送秋波，虽然我不知道我是在送秋波，但她说的基本属实"。杰克不但没有担责，还编了个借口，说是把车子借给了莱姆，还强迫后者担责，他是这么教唆的："如果［警察］索要驾照，你就说你是从佛罗里达州过来的——还要说对不起，已经意识到不该这么做，等等。……给他写封客气的信，承认就是了。"像以往一样，莱姆言听计从。[41]

IV

春季学期，为通过各学科期末考试，杰克拼命努力学习，他对朋友们说，希望有个完美的收官，让自己的名字上优秀生榜单。他心里肯定清楚，这事根本没戏——他需要补上的窟窿太多，分散在太多的学科里。学业以外，他的确取得了成功，在始发于科德角的帆船竞速赛中，他和哥哥小约组队赛完了全程，打败了其他九个大学队，为哈佛大学赢得了"麦克米兰杯"。赛后不久，兄弟两人随大使父亲踏上了去往英国的旅程，父亲那次回国是为了出席小约的毕业典礼。那年夏季，小约将会为父亲当秘书；而在秋季学期开始前，杰克只能旁观和学习，只有需要时才能上前搭把手。[42]

对驻英大使约瑟夫而言，那趟回国之旅令他沮丧，他原本希望实现两个愿望：出席大儿子的哈佛大学毕业典礼，以及从那所大学获得荣誉学位。好几名朋友代表他进行了大量游说活动，但都遭到了拒绝，理由是大使头衔算不上杰出贡献标志。那次拒绝让约瑟夫更加寒心，因为两年前，他曾经竞选哈佛监管理事会（Harvard Board of Overseers）席位，在十多名候选人里，他仅仅排名第十（唯有前五名得到了席位）。伙伴们安慰他说，那项荣誉是投票选出来的，但这也无法让他释怀；他愤怒地认定，唯有反天主教偏见才会导致那样的结果。申请荣誉学位遭拒，让约瑟夫感到双倍的屈辱，尤其是因为，《纽约时报》曾援引"权威人士"的话，暗示该项学位的颁发即将举行。为挽回颜面，约瑟夫不得不说自己"拒绝了"不曾颁发给他的东西，他还进一步声明，由于要在海恩尼斯港陪伴生病的儿子杰克，他无法出席小约的毕业典礼。如果当时杰克真的病了，那在争夺"麦克米兰杯"的过程中，他根本没显露任何病态。约瑟夫的暴脾气在白宫还引起了一波嘲讽，富兰克林·罗斯福听到消息后哈哈大笑，然后问道："有人相信约瑟夫·肯尼迪会拒绝哈佛大学的荣誉学位吗？"[43]

"那对他是一次沉重打击，"罗丝·肯尼迪后来承认，"所有那些希望已经逐步建立起来，到头来他根本不在考虑之列，那让人很难接受。……突然间，他觉得自己再次站到了'坡斯廉俱乐部'门口，而他心里清楚，人家永远不会接受他。"[44]

难怪他希望返回伦敦，那边的媒体对他的一举一动交口称赞，与美国国内罗斯福行政团队相比，那里的政界领袖们似乎更喜欢他的作为。由于约瑟夫的率性、他喜欢交际的风格，以及他与上台刚一年的内维尔·张伯伦的保守党政府关系密切，从抵达伦敦伊始，他就赢得了阵阵喝彩。虽然张伯伦看不起美国，看不起美国总统——在他眼里，罗斯福是个不靠谱的外行，过于害怕选区的选民——但他跟约瑟夫（两人在 20 世纪 30 年代初才第一次见面）反倒相见恨晚，这个美国人全力支持英国首相竭尽全力制止一场欧洲战争的所有努力。[45]一本正经的、不苟言笑的、满头银发的张伯伦自视实用主义者，和约瑟夫一样，他也是个白手起家的商人，还跟这个美国人一样秉持悲观的世界观，还习惯于用经济学术语描述世界事务——张伯伦坚信，希特勒主要是想平等地参与欧洲经济，一旦达到目的，他就会停止侵略行为。在这两人眼里，和平是商业和贸易的前提，因而也是繁荣昌盛的前提。在这两人眼里，共产主义显露的危险远远超过其他意识形态。约瑟夫的身份很快变了，他不仅是美国驻英大使，还成了张伯伦和哈利法克斯勋爵绝对信任的同事，成了两人可以推心置腹和无话不说的对象。[46]

约瑟夫早年致专栏作家阿瑟·克罗克的一封信展现出他对英国首相的偏爱。"张伯伦上周四的演说称得上绝佳，"他热情地说道，"我在外交部从头听到尾，被震住了。如此高尚的道德情操和政治操守我以前闻所未闻，让我印象深刻。……只要张伯伦还在掌权，还拥有强大的民意支持（似乎他得到的支持正在逐日增加），据我的推测，这一切就意味着不会爆发战争。"[47]

约瑟夫也经常前往白金汉郡泰晤士河畔的克利夫登（Cliveden）169 拜访阿斯特勋爵和勋爵夫人（Lord and Lady Astor），他们的乡下寝宫位于那里。在评论家眼里，那地方之所以出名，是因为托利党贵族们喜欢在那里聚会，而托利党决定，必要时向德国做各种让步，以换取英国置身战争之外。左翼记者克劳德·科伯恩（Claud Cockburn）将那些人称为"克利夫登帮"（Cliveden Set）。如果说约瑟夫被那帮人愚弄了，未免有点过分——他对世界事务的基本看法早在第一次前往克利夫登之前很久即已形成——围绕阿斯特夫妇餐桌进行的讨论让约瑟夫陶醉，还给他的一些主张增添了筹码。阿斯特勋爵夫人出生在美国弗吉尼亚，当时 60 岁出头，智力超群，浑身散发着魅力。为抗衡约瑟夫·斯大林治下的苏联，世界需要强大的德国，但凡有人批评希特勒治下的德国，她会立刻跳出来坚决抵制。她是史上第一位进入英国下议院的女性，名扬海外，因为她是全英国最热情的女主人之一，结交的都是当时的风云人物，例如T. E. 劳伦斯、萧伯纳、圣雄甘地。她很快就喜欢上了肯尼迪大使，反之亦然。两人志趣相投，都热情奔放、性格直率，可以这样说，他们的保守观点与生俱来；总之，他们都拥有许多要保护的东西。[48]

"奥地利国内各种重大事件的快速进展让我初来乍到的这些日子更加激动人心，在别的地方不会有这种感受。不过我还看不出中欧的一系列进展会影响我国，或影响我的工作。"约瑟夫致信阿瑟·克罗克，这段话足以概括他的不干涉主义立场。他接着表示，经济是决定性因素，"我跟人们聊得越多……我自己越深信不疑，欧洲的经济形势是整个事态的关键，英国也包括在内。在政治战线上，游戏室里正在发生的一切不是让人们回归工作岗位，也不是找出当前形势的起点。每个失业的男人背后都有一大家人嗷嗷待哺，无论头顶迎风招展的是纳粹旗还是别的什么旗，失业的事实不会有任何改变"[49]。

约瑟夫提前做了数周准备，才第一次以大使身份发表重要演说，地点在朝圣者协会（Pilgrims Society），时间为3月18日——正好在德国吞并奥地利数天后——他试图以错误的想法取悦听众，他说，除非本土遭到直接威胁，否则美国永远不会参战。不过，当他说到"绝大多数"美国人"被战争前景吓坏了"，反对加入任何形式的"紧密联盟"时，听众沉默了。当他预言，如遇全面战争，他的国家极有可能保持中立时，听众脸上明显蒙上了阴影。听众有所不知，约瑟夫演讲初稿的遣词更具挑衅性，遭到美国国务院反对，相关内容见后："如果战争——当然，我的意思是，爆发一场大规模战争——在世界范围内爆发，美国没有寻求或提供帮助的计划。"[50]

当年即将发生什么，如今的人们心知肚明，但如果回望历史，上述说法好像既幼稚，又短视，还伤人。不过，必须记住的是，遥想当年，1938 年季冬，约瑟夫的说法与绝大多数美国人的观点完全一致。大多数美国人赞同某种形式的"孤立主义"，其中最主要的就是憎恨战争，坚决反对与他国结盟。1937 年的一项盖洛普民意调查显示，接近 2/3 的受访对象认为，美国参与第一次世界大战是个错误。（必须考虑到，1917 年美国已然参战后，约瑟夫仍然顽固地坚持这一观点，后来他也从未改变。）从这一视角出发，由于英国人聪明的宣传策略，由于美国军火商和金融家的阴谋诡计，美国人才上当受骗，介入其中。真正同情法西斯主义的仅仅是孤立主义者里的少数人，当时中国正在跟日本打仗，一些人准备跟其他国家一起帮助中国。一些人赞同美国积极介入西半球事务，以保护美国不受列强的威胁（从这个意义上说，这个词某种程度上使用不当）。不过，所有美国人都提出了一个问题：欧洲人自己明显都不愿意做的事，美国何必去做，即遏止纳粹德国。孤立主义情绪往往在美国腹地最为强烈，在先辈为爱尔兰人和德国人的群体里最为强烈，不过，这是一种全国现象，超越了种族、社会经济、党派、教派的界限，由《时代》周刊和赫斯特报团发行的报纸广为传播。[51]

　　哈佛大学外交史学家威廉·兰格讶异于 1917 年以来大众观念的转变，当年那么多人相信了伍德罗·威尔逊总统的说辞：美国有责任让世界"保全民主"。杰克选修过兰格的课。兰格与 S. 埃弗里特·格利森（S. Everett Gleason）合著过一本书，其中写道："美国人曾经错误地坚信，战争可以解决所有争端，如今却反过来为对立的谬误背书：战争解决不了任何争端。"[52] 英国哲学家和观念史学家以赛亚·伯林（Isaiah Berlin）换了一种说法，表达了相同的观

171 点，在他笔下，20 世纪 30 年代的美国是"进行广泛的社会实验［新政］之地，其孤立主义思想对外部世界不闻不问"[53]。

　　大众文化同样能反映国民的情绪，例如，20 世纪 30 年代中期，欧内斯特·海明威曾在《时尚先生》（*Esquire*）杂志上撰文称："过去的文章称，为国捐躯既甜美又恰当。然而，在现代战争中死去，既不甜美，也不恰当。人们会毫无缘由地像狗一样死去。……去他妈的欧洲大锅里炖的肉汤，我们没必要去喝。欧洲一向战争不断，和平间歇不过是临时停战。我们曾经蠢到被卷入欧洲战争，我们永远不应该再次被卷进去。"[54] 相同的主题出现在达尔顿·特朗勃（Dalton Trumbo）执导的电影《约翰尼上战场》（*Johnny Got His Gun*）和威廉·马奇（William March）笔下的《K 连》（*Company K*）里，以及刘易斯·迈尔斯通（Lewis Milestone）根据埃里希·玛利亚·雷马克（Erich Maria Remarque）的小说《西线无战事》（*All Quiet on the Western Front*）改编的大热同名电影里。记者兼历史学家沃尔特·米利斯（Walter Millis）1935 年出版的畅销书《通向战争之路：1914~1917 年的美国》（*Road to War：America，1914 -*

1917）似乎为前述卷入第一次世界大战毫无意义之说添加了佐料。[55]也有人在竭力反对上述说法，其中包括非常著名的人物，例如专栏作家沃尔特·李普曼——他曾经撰文称，美国人一直在遭受"虚假历史的欺骗……一直在接受一帮天真的、无知的历史学家，以及不计后果的煽动者的误导"——他们仅仅取得了部分成功。[56]

约瑟夫的一些观点也可以在著名历史学家查尔斯·比尔德的著述中得到支持，后者在一系列书籍和文章里竭力推销如后论点：美国应当竭力避免卷入任何迫在眉睫的欧洲危机。在其 1934 年出版的《在国内敞开大门》（*The Open Door at Home*）一书里，一句特别长的话道出了其中的要义：

> 通过在自己的后花园里耕耘，通过树立一个在全国范围内自我约束的榜样（相比于在国际会议上约束 50 个国家，或通过战争打败这些国家，这么做肯定更容易），通过不做任何不用武力无法兑现的承诺，通过采纳一项与其他国家实现公平和公开商品交换的政策，通过克制自己不在任何问题上给予他人任何道德建议，通过提供一个足以全方位捍卫这项政策的海军军事机器，美国或可最小限度依赖政府机构和各种不可控的条件，最大限度地实现安全，尽全力开发自己的资源。[57]

即使事情过去以后，约瑟夫·肯尼迪也不会改口。

作为完美的政治家，富兰克林·罗斯福没有引领公众舆论的意愿。由于继承和教养，罗斯福是个彻头彻尾的国际主义者，年纪轻

172

轻时，他对堂叔老罗斯福总统在古巴建立的伟业激动不已，他也很享受与哈佛大学同学们辩论各种国际问题。1913 年至 1920 年担任海军部助理部长期间，以及 1920 年作为詹姆斯·M. 考克斯（James M. Cox）的竞选伙伴竞选副总统失败之际，他积极支持美国大力介入国际事务。罗斯福辩称，国际联盟成员国身份对国家安全和世界和平极其重要，他经常说一些威尔逊总统想说却不敢说的话。让罗斯福失望的是，参议院做出了相反的决定，拒绝美国成为国联成员国。然而，20 世纪 20 年代后期，罗斯福的国际主义想法渐渐褪色，至少在公开演讲时如此。那时候，他的眼睛盯住了白宫，他改变立场，与公众舆论保持一致，1932 年参加总统竞选时，他向选民们保证，他反对美国成为那一组织的成员国。四年后，竞选连任时，他更进一步："我们要避免可能让美国卷入境外战争的政治承诺。……我们追求让美国彻底隔绝于战争之外。"[58]

当时，即 20 世纪 30 年代中期，总统签署了一系列中立法，国会依据这些法律禁止了第一次世界大战期间破坏美国中立立场的各种往来，也就不足为奇了。1935 年通过的《中立法》禁止向军事冲突双方中的任何一方出售武器和弹药，同时授权总统警告美国公民旅行时勿搭乘悬挂交战国旗帜的船只。1936 年通过的《中立法》重申了这些规定，同时禁止向交战国提供贷款；议员们声称，这样安排可以让美国在冲突结束时获得巨大的金融收益。1937 年，随着全球紧张局势加剧，以及西班牙内战的肆虐，国会通过了一项更严厉的《中立法》，该法引入了一条现金结算自提货物原则：希望与美国交易的各交战国购买非军需品时，必须用现金结算，然后用自己的船只从美国各港口拉走货物。[59]

时间移至 1937 年末，罗斯福开始发出执行强硬路线的信号。那年 10 月，在芝加哥发表一场重要演讲时，他号召划出一个"国际检疫区"，以抗衡"目无法纪在全球的流行"，他同时警告称，美国的国家安全已然岌岌可危。不过，他在行动方面谨小慎微。关于检疫的概念遭到国会和部分媒体的严厉谴责后，他退缩了。（持孤立主义的议员们曾经要威胁弹劾他。）国务卿科德尔·赫尔（Cordell Hull）温文尔雅，是个田纳西人，以前是众议员，他和罗斯福都不反对约瑟夫火药味十足的朝圣者协会演讲稿初稿，他们仅仅认为，那一稿的调门过于僵化，尤其是因为，那一阶段，美国记者都在大声疾呼，美国对"德国人抢夺奥地利"的回应必须更加强硬。[60]

约瑟夫在评估报告里支持张伯伦首相对抗德国的战略，在那个时间节点，白宫没提出反对。在这一问题上，马后炮同样会扭曲事实。时间会揭示英国首相的弱点——他想象力有限，喜欢一厢情愿，自以为是，傲慢自大，喜欢别人吹捧，对批评过敏，不相信公众舆论，顽固地相信希特勒听得进个别人的劝说，会做出明智的妥协。同时我们还必须牢记，张伯伦在外交政策方面并非幼童般可欺：他不喜欢希特勒，不喜欢纳粹意识形态宣扬的所有东西，早在1934 年，他就是最早推动英国重整军备的几个人之一，尽管当初重整军备形式有限。另外，人们还必须记住，早在 1938 年最初几个月，绥靖政策——本质上就是对德国做出各种让步，在较小程度上对意大利做一些让步，以避免战争爆发——就在英国官场得到了普

173

遍支持。

　　绥靖政策的核心是，人们相信，1919 年缔结的惩罚性《凡尔赛和约》简单粗暴，德国的抱怨有其合理性。包括左翼人士在内的英国分析人士普遍持有这样的观点。这些观察人士还认为，有理由适度重新划定一些欧洲大陆国家的边界，尤其是因为，这么做可以让居住在邻国的说德语的少数民族回到德国。（毫无疑问，温斯顿·丘吉尔对张伯伦的处世方式嗤之以鼻，尽管如此，他也乐见对捷克斯洛伐克的多条边界做出调整，后来他更乐于将这一观点隐藏起来。）不止于此，绥靖政策更是出自一种信念；1937 年到 1938 年，英国国力太弱，拼尽全力保障东亚、非洲、地中海、欧洲大陆等地的广泛利益时，英国做出的承诺过多，远超本国拥有的资源，盟友还不可靠。一项重整军备计划已经在路上，不过，仅为零敲碎打式的（主要是研发和生产战斗机），让决策者们焦头烂额的是，与之相关的开销飞涨，如此持续下去定会摧毁脆弱的英国国民经济。1929 年美国股票市场崩盘以来，世界经济危机接踵而至，已重创了英国经济。伦敦的各种民防工程也落后于计划，整座城市配备的消防泵仅有 60 个。

　　与此同时，人们对法国索姆河战役和比利时帕斯尚尔争夺战的恐怖场面仍然记忆犹新，20 世纪 20 年代的一波反战回忆录和文学出版物影响着人们，让公众一想到重回大屠杀就不寒而栗，同时竭力反对征兵以及可能导致战争的政策。英联邦各国也敦促和平。如果前述一切仍无法影响张伯伦的处世态度，英军总参谋长则明确告诉他，1938 年的英国尚不具备打仗条件——重整军备计划需要更长

174

时间。在战争间歇期，英国毫无疑问可以寻求盟友集团的帮助，不过，考虑到那些国家在 1914 年战争爆发时扮演的角色，英国主动将自己与其中某个国家绑定，这么做真的有意义吗？[61]

罗斯福把一切都看在眼里，他也看到了约瑟夫能弄到重要情报的价值：约瑟夫利用其与张伯伦的亲密关系，获悉了英国最高层的真实想法。让罗斯福愤怒的是其他东西：美国驻英大使的个人偏好在上任头几天就暴露无遗，他太喜欢自行其是，绕过国务院，过分自说自话，直接写信给美国著名金融家、记者、国会两院里的自己人。正如怀疑者担心的，对约瑟夫而言，谨慎似乎是个陌生概念。人们认为，作为外交官，约瑟夫理应扮演政府的眼睛和耳朵，不过，他似乎无法管住自己的嘴，还在书信里妄议政府的政策。他在信函上胡乱加盖"机密文件"印戳，好像这么做即可保证拆信人一定是收信者本人。无风不起浪，流言蜚语难免乍起，都说约瑟夫有意利用自己的职位推进个人的宏图伟业，确切说就是，他的眼光锁定了 1940 年民主党总统提名。

"约瑟夫·肯尼迪会参选总统吗？"著名记者欧内斯特·林德利在 1938 年 5 月 21 日发行的《自由》（Liberty）杂志的一篇文章中道出了前述疑问。那年春季，同样的问题以不同形式频繁出现在各种媒体上。当时罗斯福尚未公布 1940 年参选计划，反而让阴谋论风声四起。1936 年，阿瑟·克罗克为约瑟夫撰写了支持罗斯福竞选的书，他是肯尼迪家族的非正式代言人，这一点广为人知（他真有可能是约瑟夫的心腹，只不过他从未向读者或《纽约时报》的上司承认这一点），在专栏文章里，他难掩兴奋之情："在伦敦的一派欢

175 腾中，约瑟夫回来了，他是英国媒体的宠儿，是派驻国的政治家言听计从的人，在英国国内涉及美国利益的所有方面，他的影响力强大且有目共睹……他又回来了，在社会上和官场上受到如此追捧，他仍能保持头脑清醒，罗斯福当政以来，海外的美国人或许没有谁像他这样受欢迎。"[62]

内政部部长哈罗德·伊克斯（Harold Ickes）对大使的厌恶更深了，他的日记里有如后一段对约瑟夫与克罗克组合的思考："有人告诉我，克罗克会请一段时间的假，以便像传播福音一样散布约瑟夫竞选总统一说。为助力其参选总统野心，约瑟夫正在大把花钱，人们对此或许没必要质疑。他有的是钱，也愿意为此随意花钱。另外，毫无疑问的是，在保守势力范围内，他取得了相当大的进展。"[63]

对于突然曝出的猜测，以及看似厚颜无耻的机会主义，罗斯福尽管恼火，却断然拒绝召回约瑟夫——那么做几乎达不成什么，反倒会在大选前给美国最有名的爱尔兰裔天主教徒两年时间在美国国内兴风作浪，还有可能在投票前疏远数个关键北方州的爱尔兰裔美国选民。让约瑟夫待在海外，束缚住他的野心，这样会好得多。依此策略，罗斯福允许新闻发言人史蒂夫·厄尔利（Steve Early）向《芝加哥论坛报》（Chicago Tribune）泄露约瑟夫加盖"机密文件"印戳的数封信函，该报于 6 月 23 日对此进行了报道，标题为《约瑟夫的 1940 年野心揭开了他与罗斯福的不和》。大使暴跳如雷，他认为，这是有人在背后借总统竞选捅刀子，他立即否认关于他在政治上谋取高位的所有说法。他向罗斯福抱怨相关泄密时，总统狡黠地装作对此一无所知。[64]

　　"就这样，他平息了我的怒气，然后我离开美国去了伦敦，"约瑟夫后来提及他与总统达成的交易，"不过，我内心深处很明白，有些事已经无可挽回。"[65]

第七章

驻英大使的儿子

1938 年 7 月初，约瑟夫·P. 肯尼迪的所有事情都变得一团糟，他担任公职的前景毁于一旦，他似乎也毁掉了两个儿子的政治前程。后来，人们回顾那一阶段时，仍然会把那一时间段当作他传奇人生的高光时刻。那是夏日里阳光明媚的一天，载着肯尼迪家三个男人的船在英国普利茅斯靠岸了。对这位美国大亨变身的外交官及其两个前途无量的儿子而言，一切似乎皆有可能。确实，约瑟夫在罗斯福掌控的白宫里面临诸多麻烦，在欧洲列强政治领域，各种危险也迫在眉睫，这些无疑都会考验他的勇气和判断力，不过，两方面的挑战都会佐证他的成功。在当年的政府行政团队里，约瑟夫惹得一些人对他怒火中烧，让总统本人也大为光火，很大一部分原因是，严肃的记者们说，如果罗斯福拒绝竞选连任第三任期（这将打破传统），尽管约瑟夫胜选的可能性微乎其微，他也是民主党参选1940 年总统的正式候选人；作为上任不久的大使，约瑟夫本人已经成为内维尔·张伯伦政府的海外知己。

肯尼迪家的三个男人抵达英国南安普敦。摄于 1938 年 7 月 2 日。

不仅如此，眼下两个大儿子终于踏上了英国领土，大使职位成了完完全全的、风光无限的家庭事务。因为，自九年前 1929 年小约离开家，前往乔特中学以来，这是全家 11 人首次（除重大节假日）在同一个地方团聚。小约完成了哈佛大学的全部学业，刚刚毕业，他打算在使馆短暂工作一段时间，然后前往欧洲旅行一年，再到法学院深造；哈佛大学秋季学期开学前，杰克会一直待在英国。乘坐火车前往伦敦途中，帅气的肯尼迪三人帮心里清楚那边等候他们的是什么：全家人的大团圆，当时父亲 49 岁，母亲 47 岁，两人有 9 个孩子，老大小约 21 岁，最小的泰迪仅 6 岁。

全家人的住处——大使官邸位于伦敦王子门（Prince's Gate）14 号，那是一座内有 36 个房间的壮观的 6 层建筑，一战刚结束，J. P. 摩根将其捐给了美国政府——毫无疑问会给人一种叹为观止的印象。它坐落在时尚的伦敦中心骑士桥区，离海德公园不远，从使馆所在的格罗夫纳广场溜溜达达即可到达。当年 3 月，约瑟夫·肯尼迪初次抵达伦敦时，那座建筑还是一派衰败景象。他立即开始大规模翻新，自掏腰包付款，最终结算的款额高达 25 万美元（换算成如今的价钱更是高达 450 万美元）。家人到来前，他还购买了大量麦斯威尔咖啡、糖果、蛤蜊浓汤罐头、婕可诗乳液、妮维雅乳霜。通过法国使馆，他弄到了雪茄、新鲜的农产品、名庄葡萄酒，还派人将买到的东西从法国直接送了过来。5 月，500 瓶伯瑞和格雷诺香槟酒从法国兰斯送了过来，用于公务招待。虽然约瑟夫自己很少喝酒，但他心里清楚，前来共进晚餐的许多客人希望有酒喝；他乐于提前做好准备。[1]

与此同时，罗丝·肯尼迪指挥着一个长期雇用的团队，包括23名仆人、3名司机，另有20名为官方活动服务的、随时可调用的钟点工。罗丝是英国媒体永远关注的对象，孩子们也是这样，他们第一次意识到自己成了公众关注的对象。各家早报总是定期刊登肯尼迪家这个或那个孩子出门在伦敦四处转悠的一些照片：泰迪和琼在白金汉宫观看卫兵换岗；基克前往某儿童医院时带着家里自制的各种甜点；鲍比和泰迪上学第一天，凡此等等。美国媒体也参与到了行动中。亨利·卢斯（Henry Luce）创办的《生活》杂志热情地报道，罗斯福总统"仅以一位大使为代价就有了11位大使。大使有这么大一家人，足以组织一整个板球队，这光景既让人们惊奇，又让人们开心，英国真心喜欢这一家子的所有人，包括极其漂亮和长相年轻的肯尼迪夫人"[2]。

尤其是18岁的基克，她在伦敦社交界风靡一时，不仅是记者们，所有关注她的人一眼就能看出她身上的活力和快乐。"那一大家子都特别适应伦敦的生活，用恰当的成语表示是如鱼得水，"《泰晤士报》称，"不过，最为适应的是凯瑟琳，到处都有她的身影，所有晚会都有她。她机敏，察言观色，生性快乐，只要她跟你说话，你就会觉得，身边的一切都那么新鲜。"基克好像对所有事和所有人都感兴趣，她对谈话艺术极其在行，跟所有乐于交流的对象都谈得来，无论对方身份如何，她兴高采烈地与他人畅聊任何话题。她从不吹牛，说话方式总是那么亲切和可人，让所有英国东道主都特别欣喜。"说实在的，"她母亲说，"凯瑟琳身上的潜力一到伦敦好像都爆发出来了。"[3]

不过，当年 19 岁的罗斯玛丽仍然是父母必须特别关照的对象。虽经多年努力，为她寻找合适的教育环境，以便她智力方面有所提升，进展却微乎其微——在六年时间里，她换了五所学校，虽然如此，她的学业始终停留在四年级水平。为保住已有的知识，汲取新的社会信息，她一直在努力，投入也未见减少。"人们可以跟罗斯玛丽说话，"肯尼迪家的一个老熟人说，"不过谁都不可能跟她交谈。她说话像十岁的孩子——一直不停地嘀嘀咕咕。"1936 年，在出生地布鲁克莱恩镇某学校上学期间，她给父母写了封信，从中可以看出她与外人交流的水平："杰克带我去另一场舞会。用他的新车带我。……我给杰克一美元，他怎么都不要。我给了他两美分买报纸。……好多好多亲吻你们亲爱的女儿。"[4]

在尤妮斯的记忆中，"在伦敦期间，妈妈总是担心罗斯玛丽。妈妈难免会忙于某项官方活动而无法分心，她会不会突然做出什么危险举动？她乘坐公交车时会不会犯迷糊，在伦敦错综复杂的大街上会不会走丢？会不会有人袭击她？如果女家庭教师没看住她，她能不能保护好自己？没人能 24 小时一刻不停地盯住她"[5]。尽管如此，母亲还是决定让罗斯玛丽和基克两人都前往王宫公开露面，活动日期为 5 月 11 日。虽然正式露面仅有数秒钟，却需要做详尽复杂的前期准备——例如挑选服装和配饰，练习走路和屈膝礼——必须严格遵守各项礼仪。必须成双成对地走到端坐的国王乔治六世和伊丽莎白王后面前，每位女士都要缓慢地向国王行深深的屈膝礼，然后向右挪三步，面向王后，把同一套动作再做一遍，然后继续向右走，从侧门退出接见现场。在高度紧张的父母注视下，虽然罗斯玛丽

身着正装的基克、罗丝、罗斯玛丽。摄于 1938 年 5 月 11 日出席圣詹姆斯宫正式活动前。

偶尔失去平衡，但整个过程总体顺利。为那次活动，肯尼迪夫人专门前往巴黎为自己置装，她感觉那次经历"令人向往，难以置信"[6]。

罗丝·肯尼迪爱伦敦，爱大使夫人角色，爱各种花园晚会，以及正式晚餐、温布尔登网球赛、布伦海姆宫（Blenheim Palace）周末聚会、阿斯特勋爵夫人为国王和王后组织的盛大舞会。罗丝的日记内容显示出她对英国的上层阶级及其处世方式、他们"完美的举止"和"更准确的发音"的赞赏。她还对英国人敞开胸怀对她和她的家人表示欢迎致以谢意。"我们实际上成了公共财产，"数十年后，说起当年，罗丝仍然难掩兴奋之情，"我几乎开始认为，全体英国人民把我们当成了一家人。"[7]她不停地担忧自己是不是真的名副其实——某周日与英国王室成员们共进午餐时，她意识到，她是现场唯一身穿粗花呢面料的人，当时可把她吓坏了——不过，她非常享受自己突然跃升到英国社会最高层。后来她做过如后记述：在温莎城堡度过的一个周末是她一生经历的"最非凡的事情之一"。她丈夫表示同意：两人手里端着雪莉酒，懒洋洋地坐在城堡塔楼的套间里。据说约瑟夫当时发出了如后感慨："我说，罗丝，从东波士顿算起，我们经历了太多太多！"[8]

像这样出远门时，即使约瑟夫游离的目光让罗丝感到痛苦，她也会尽一切可能将其深埋心底；长期以来，罗丝已经能做到泰然应对约瑟夫的风流韵事。似乎他们两人之间有某种默契：罗丝会视而不见，而约瑟夫会避免让她尴尬。毫无疑问，到伦敦后，约瑟夫的偷情手法没有任何改变。努力工作，享受人生——这是约瑟夫给儿子们的教诲，他还以身作则。不过，事实证明，与美国那边相比，在英国保密更容易些，如今约瑟夫的情人不再是那些女演员和广告女郎，而是英国贵族女性，她们自己就有保密需求。约瑟夫的助手哈维·克莱默讶异于大使对征服过程的详细描述，考虑到涉及其中的那些个体，这事就不一般了。"他的名字与各种各样的女性关联在一起，一直到最高层，"克莱默回忆说，"有一次他说，王后是世界上最伟大的女性之一，他甚至想让人们往这方面猜测，实际上这绝对是子虚乌有的事。"[9]

　　杰克同样抓住了机会，在英国社交界混了个脸熟。到英国后不久，他和小约出席了使馆为肯特公爵和公爵夫人举办的盛大晚宴，其他贵宾包括温斯顿·丘吉尔和美国内政部部长伊克斯。借助基克在社交圈首次亮相的热度，兄弟二人在晚间活动中有无数次机会找乐子，他们充分利用了到手的机会。尤其是杰克，他给所有来宾留下了好印象；而小约给人的印象是有点刻薄和犀利，他的幽默缺少英国人欣赏的巧思和反讽意识，他的表情也放不开。在晚间舞场上，小约常常搅黄他人既有的舞伴，这么做有点冒失，因而常常招致不满。基克的英国追求者人数众多，第 13 代霍姆伯爵威廉·道格拉斯-霍姆（William Douglas-Home）是其中之一，那年夏天他跟兄弟二人混熟了。后来他如此评价杰克："当年他 21 岁，非常年轻，对所有事情都特别感兴趣。我的意思是，他感兴趣的不仅是政治，他身上让人震惊的东西是，他对所有事情都投入极大的热情。……他特别感兴趣，永远有兴趣。跟人们深入探讨政治问题的同时，他总会带出许多笑话。他已经练就非常高超的幽默感。跟他相比，小约就过于严肃了。"[10]

181

人称"黛博"的黛博拉·米特福德（Deborah"Debo"Mitford）是闻名于世的米特福德六姐妹里的老小，也是基克的朋友，她的说法与上述说法一致：杰克和基克"看起来非常大方，非常逗乐。正是这一点让杰克非比常人——他还自嘲，我认识的政治家没有一个像他那样。……像基克一样，他是力量、热情、乐趣、智慧的源泉，所有这些让人们都想成为像他们那样的人"[11]。

7月11日，杰克和几个英国精英阶层的哥们一起前往英国下议院，那是一次亲耳聆听温斯顿·丘吉尔现场演讲的机会。十几岁时杰克就迷上了丘吉尔的著作和演讲，他震惊于丘吉尔的演说才华，以及后者对文字的掌控和厚重的历史感悟；眼下，杰克将要现场见证那个佝背的、声音低沉的人从座椅上慢慢站起来，再次向每一个望眼欲穿的人献上华丽的演出。丘吉尔每次开口说话总是如此——他的语言力量和说话方式亦如此，甚至那些诋毁他的人也特别喜欢听他讲话。他即将开始演说的信号常常在议会走廊里引起一阵小骚动，因为议员们会加快脚步冲向院厅。在仲夏的那一天，坐在旁听席上的杰克怀着矛盾的心态看到了那一幕。[12]虽然丘吉尔的魅力和口才深深地吸引着杰克，但他仍然对前者怀着矛盾心态，因为丘吉尔代表着一种与父亲明显对立的世界观，尤其在如何应对法西斯主义力量方面。

杰克·肯尼迪的朋友们也有同样的矛盾心态。他们像杰克一样崇拜丘吉尔，崇拜的理由也相同，不过，他们从父辈那里听说，不要相信丘吉尔那种表面看不计后果的、毫无原则的特性，以及看似对战争的美化。那年夏季，包括杰克在内，年轻人都在热议丘吉尔最新出版的书《军备和条约》（*Arms and the Covenant*），该书是丘吉尔自 1932 年以来历次演讲的合集，该书也会在美国出版，书名为《英国高枕无忧之际：1932～1938 年国际事务纵览》（*While England Slept*：*A Survey of World affairs*, *1932–1938*）。

安德鲁·卡文迪什（Andrew Cavendish）比杰克年轻两岁，后来娶了黛博拉·米特福德，他回忆说，当年朋友之间最大的争议是书里针锋相对的争论：丘吉尔在题为《蝗灾之年》的演讲（1936年 11 月 12 日）中指控英国的政治领袖们在德国人不断重整军备之际放任英国"随波逐流"，时任首相斯坦利·鲍德温（Stanley Baldwin）反击说，当时选民们不会支持大规模重整军备，任何此类举措都会导致左派掌权，对英国来说，那将导致灾难性后果。关于民主政权中的领导角色，丘吉尔和鲍德温的争论在年轻人之中引发了许多重大疑问，例如，无论战略层面和道德层面已有的业绩多么辉煌，明知可能会导致其政治垮台，领导人是否还应当有所行动？在政治决策问题上，民众的观点能起多大作用？领导人是否应当小心谨慎，不要过于超越选民们的意愿？这些大概就是鲍德温的主张；或者，像丘吉尔坚持的那样，无论自己的政治地位会有什么结局，也必须说出心中所想，必须教育民众，这么做对吗？[13]杰克的哈佛大学毕业论文正是围绕这些问题展开的，1956 年出版的《当仁不让》（*Profiles in Courage*）一书亦如此。

7 月底，肯尼迪一家离开伦敦去了法国南方，罗丝在戛纳附近的昂蒂布角（Cap d'Antibes）租了一幢别墅，她和八个孩子首先到了那里，老约和基克几天后赶了过去。他们在那里以及附近的伊甸豪海角酒店（Hotel du Cap-Eden-Roc）——那个时节那家酒店的主要客户包括著名演员玛琳·黛德丽（Marlene Dietrich）、温莎公爵和公爵夫人、网球明星比尔·蒂尔登（Bill Tilden）——慵懒地度过了许许多多个白天和夜晚，勾起了一家人对海恩尼斯港那些日日夜夜的回忆：大家围着一张超长的长餐桌而坐，肯尼迪先生像"指挥大师"（这是玛琳·黛德丽13岁的女儿给的封号）一样主导着闲聊的主题。[14]

卢埃拉·亨尼西（Louella Hennessy）是肯尼迪家长期雇用的保姆，性格开朗，她仍然记得一家人住别墅期间，一个狂风大作的下午，杰克给年幼的弟弟妹妹即兴上了一堂历史课，他们都来到壁炉前，坐成一排。杰克讲到了汉尼拔、恺撒、拿破仑，还讲了一些国家的崛起和衰落——那些国家如何获得地位和财富，如何发展和大力扩张，最终又如何灰飞烟灭。杰克继续说，美国已经进入大国行列，不过，美国与其他国家不同，因为美国是民主的共和国，美国的任务是维护它崇高的地位，从其他大国的错误中吸取教训，同时还要保留自己的生活方式和自由。"我一边听杰克讲课，"卢埃拉·亨尼西说，"一边惊奇地想，'瞧，他刚21岁，谁能想到他竟然会关心这些事？'"[15]

II

即便肯尼迪大使想在地中海田园诗般的氛围里安全渡过当时的欧洲危机，世事也不会如他所愿。1938年8月中旬，阿道夫·希特勒似乎摆好了架势，他要通过入侵捷克斯洛伐克将欧洲拖入战争。尽管奥地利人（或者说，至少在奥地利当政的纳粹党如此）曾经默许德国吞并奥地利，捷克人却抵抗了。他们跟法国签订了安全条约，跟苏联也签订了安全条约，因而他们决心进行抵抗。早在前一年春季，希特勒和将军们就探讨过几个进攻计划；现在他下令军队做好准备，10月入侵。整个那一阶段，德国宣传机器一直在鼓噪，称苏台德地区的德意志人早已怨声载道，急需让他们回归德国。在美国国务院施压下，约瑟夫中止休假，于8月29日返回伦敦。杰克和父亲同机返回，全程近距离观看了张伯伦政府反复推敲一个犹抱琵琶半遮面的反制措施。

英国人的恐慌在不断增加，杰克明显感觉到身边到处都是这类迹象——以及准备应战的各种努力。他暗自想，自一个月前全家人前往法国里维埃拉以来，形势真的变化得太快了。人们在海德公园匆匆忙忙挖了许多防空洞，很快还会在路基旁边架起许多高射炮，还要在伦敦重要建筑四周堆起许多沙袋，为的是保护地下室的窗子。政府办公楼地面以上部分的窗子都贴上了白色的米字胶条。英国各城市第一批疏散人员都被集中送到了乡下。皇家空军已经处于高度戒备状态，皇家海军已经动员起来。一眼看去，似乎一切都让人印象深刻，然而，在杰克眼里，这不过是一种可悲的做好准备的假象。那么多沙袋和白色胶条——英国能做的真的就这些？[16]

肯尼迪大使计划前往苏格兰阿伯丁（Aberdeen），向那里的人们发表演说，在草稿中，他问当地听众，能否想象"现实世界是否真的存在值得你们的儿子或他人的儿子献出生命的争议或争端。也

184

许我不完全清楚造成世界如此动荡的力量，它暗流涌动、可怕且致命，可无论如何，我看不出其中有什么事值得远方的人们献出生命"。这不啻为给约瑟夫的政治哲学裹了一层完美的包装，对此，科德尔·赫尔领导的国务院立即回复：这一段必须删除。对纳粹人侵，任何一位美国代表都不许发出这样的公开邀请。"这年轻人真该狠狠挨一顿板子。"看了这份讲稿，失望的罗斯福嘟囔了一句，由于约瑟夫仅比他小六岁，他这么说未免让人觉得奇怪。总统私下还模仿约瑟夫的口吻说过如后一段话："无论如何，我无法理解为什么会有人为拯救捷克人参战。"不过，除了埋怨两句，罗斯福并不想介入此事，他本人也真心希望找到某种方法保住和平。[17]

内维尔·张伯伦拼命追求的目标与约瑟夫追求的目标完全相同。整整一个夏季，他对希特勒的不信任一直在增加，不过，他顽固地死守如后信念：元首的目标有限，也会接受妥协。如果不这么想，就等于相信德国元首实际上想要战争，这在首相理性的头脑里似乎是不可能的事，尤其需要考虑的是第一次世界大战那种史诗级的灾难。从这个意义上说，正如一些历史学家所说，首相不仅是在"争取时间"，不仅是在推迟清算日，等候英国的能力彻底恢复——他的目标是彻底避免战争。他坚持说，毫无疑问，捷克斯洛伐克不值得人们付出军事冲突的代价。在一次对英国人民的广播讲话中，张伯伦所说的与约瑟夫在阿伯丁演讲时被禁止的言论几乎相同："由于我们根本不了解的外国人之间的遥远争端，我们就必须在这边挖战壕，试戴防毒面具，这多可怕、多荒诞、多让人难以置信！"[18]

虽然法国不能声称捷克斯洛伐克"离得很远",爱德华·达拉 185
第（Edouard Daladier）领导的法国政府却秉持相同的看法。当时达
拉第是法国激进党（尽管名字唬人，但该党是个温和派政党）领导
人，他以前是历史教师，在普罗旺斯地区任教。在法国人看来，第
一次世界大战后，捷克斯洛伐克的各条边界划得太随意，缺乏历史
合法性，无论如何，法国不具备足以抵抗德国攻势和保卫捷克人的
军事能力。当时苏联领导人约瑟夫·斯大林曾表示，如果法国人和
英国人保卫捷克人，他会提供帮助，但他很快得到了如后回复：
"谢谢，但不用了。"[19]

伦敦方面设计的解决方案得到了约瑟夫·肯尼迪——9 月的大
部分时间，他是唐宁街 10 号英国首相府和英国外交部的"内部成
员"——的大力支持，其目的是通过同意接受苏台德地区划归德国
来唤起希特勒头脑里理智的判断力，从而使其丧失进一步修改凡尔
赛和平解决方案的动机。不过，各方的争论依旧还在。在纽伦堡言
辞激烈的、近乎歇斯底里的演讲中，希特勒公开抨击捷克人。三天
后，9 月 15 日，张伯伦前往贝希特斯加登（Berchtesgaden），与德
国元首当面谈条件。（大大出乎希特勒意料的是，这个英国人竟然
没有坚持选择中立地点，甚至也没要求选择莱茵河畔的某个地方，
那样会让他路途减半。）张伯伦受到了冷遇，不过，他明确申明他
的政府不愿阻止捷克斯洛伐克的解体。第二次会谈于当月 22 日在
巴特戈德斯贝格（Bad Godesberg）举行，会谈没达成协议。张伯伦
从那里返回了伦敦，向内阁阐述了他的如后观点：希特勒"不会故
意欺骗他所尊重的，并与其会谈的人"。他还强调，必须迫使捷克

人做出让步，这至关重要，以免德国轰炸机群覆盖英国的天空，像雨点般投下死亡和毁灭。[20]

约瑟夫支持英国首相的这一观点。一个与他交好的所谓专家对他的思想影响至深，那专家即查尔斯·林德伯格（Charles Lindbergh），著名飞行员和自封的孤立主义者。"幸运林迪"独自架机飞越大西洋的史诗级壮举已经过去十多年，可他仍然是许多美国人心中的英雄——按名声排序，他仅仅排在罗斯福之后，位列第二，德国人也特别崇拜他。从1936年开始，林德伯格数次访问德国，近距离检视羽翼未丰的纳粹德国空军，参观各地的工厂和军事基地，其中一些从未向美国人开放过。各地的东道主都小心翼翼地屏蔽了他能参访的地方和观看的内容。离开德国时，对那个国家的军事发展，以及亲眼所见的活力和秩序，他心中满满都是敬畏。后来，"根据元首的命令"，纳粹空军总司令赫尔曼·戈林（Hermann Göring）授予林德伯格德意志雄鹰勋章。1938年5月，在阿斯特夫妇家，林德伯格遇见了约瑟夫，两人一拍即合，通常隐形遁迹的飞行员在约瑟夫身上看到了诙谐和率直，后者对各种事情的看法与他大致相同。[21]

在约瑟夫的强烈要求下，林德伯格返回了伦敦，抵达日期为9月20日。第二天，在美国使馆内，就英国、法国、德国三国空中力量对比，他毫不留情地做了个危言耸听的口头报告。约瑟夫请他将那番评估落实到纸面，第二天他即照办了。在约瑟夫的指示下，其中一份副本被送到了唐宁街10号英国首相府。根据那份备忘录的说法，当时纳粹德国空军军力超过欧洲所有列强的总和；如果将其用于英国，一天之内就会导致六万人死亡。因此英法两国领导人必须阻止战争，"允许德国向东扩张"，这样方可避免英法自身遭受攻击："一个国家的军力足以拯救或毁灭欧洲各大城市，这是有史以来第一次。德国拥有占尽优势的战机，相对来说，可以在几乎不遇抵抗的情况下轰炸任何一座欧洲城市。英法两国空中力量太弱，不足以保护自身安全。"[22]

在当天的日记里，林德伯格总结了他对约瑟夫说过的想法："英国人没有准备好作战，他们还没意识到面前是什么。一直以来，他们有个横在自己和敌人之间的舰队，所以他们意识不到空军带来的变化。我担心这仅仅是作为列强的英国衰落的开始。英国还可以是'马蜂窝'，不过它再也不是'龙潭虎穴'了。"他的另一篇日记基调相同："我看不见这个国家的未来。……空军在很大程度上已经毁掉了英吉利海峡的安全，〔英国的〕制造业优势已经是过去的事了。"[23]

如今人们都知道，林德伯格当年的分析严重失实。1938 年末，纳粹德国空军远没有他说的那么可怕，它能力有限，不足以支持德国地面部队在欧洲大陆采取军事行动，也没有建立起四引擎远程轰炸机组成的机群，以便有能力对更远距离的目标（诸如伦敦）造成实质性破坏。1937 年末，戈林的下属向其汇报说，德国轰炸机还无法在英国上空进行"重大军事行动"，最多只能取得"骚扰效果"。十个月后，形势几乎没发生变化。[24]

187

林德伯格的误读在多大程度上影响了张伯伦的态度，如今也很难说。看起来，最多就是强化了英国首相本来就有的强烈倾向。[25]而且，各种事件进展得如此之快，似乎战争极有可能终将爆发。9 月 23 日，星期五，捷克斯洛伐克政府下令进行总动员；希特勒嘲笑了这一举动，并再次要求交出苏台德领土。随着整个伦敦城的人们都在试戴防毒面具，敌对行动似乎箭在弦上。（25 日，星期天，约瑟夫·肯尼迪听见广播，催促人们不要耽搁，赶紧领取防毒面具。那是缓缓行进在格罗夫纳广场上的一辆载着大喇叭的小卡车在广播。）如果元首实施入侵行动，而法国以宣战作为回应，国王陛下的政府必须跟进。随着海军大臣阿尔弗雷德·达夫·库珀（Alfred Duff Cooper）以及保守派议员温斯顿·丘吉尔采取强硬政策，英国政府威胁说将与他们决裂。正如约瑟夫·肯尼迪在通电话时向国务卿科德尔·赫尔描述的，分歧存在于内阁两派之间，其中一派倡导"不惜一切代价保住和平"，另一派不想"继续等待希特勒回话"，因为他们"无论如何都必须战斗"[26]。

张伯伦是前一派人里的中坚，当月 29 日，他飞往慕尼黑第三次面见希特勒，那次在场的还有法国总理达拉第，以及意大利的墨索里尼。第二天一早传出了如后消息：各方达成了协议，根据协议，希特勒将得到苏台德地区，作为交换，他承诺不做进一步声索，同时尊重捷克斯洛伐克剩余领土的主权。张伯伦载誉而归，受到英雄凯旋般的迎接，他声称达成了"划时代的和平"。各报主笔们欢呼雀跃，由于首相的努力，和平保住了，上万年轻人必将得以存活。《观察家报》推荐张伯伦为当年诺贝尔和平奖候选人。达拉第在巴黎同样受到人们兴高采烈的欢迎。捷克斯洛伐克人却被蒙在鼓里，没有人征求过他们的意见。[27]

很久以后，人们才得知另一件影响深远的事：德军内部的希特勒的敌人坚信，他是个精神错乱的战争贩子，要把整个国家拖入战

火，而德国尚未做好准备。那些人已经计划好，如果巴黎和伦敦立
场坚定，一旦元首发动战争，入侵捷克斯洛伐克，他们将采取反希
特勒行动。如今希特勒轻而易举地得到了另一场兵不血刃的胜利，
这让那些人束手无策。那场阴谋也许根本不会成功，不过，那次机　**188**
会就这么错失了。直到五年后①，希特勒才再次遭遇来自内部的针
对他统治的挑战。²⁸

III

　　杰克·肯尼迪9月初返回哈佛大学上三年级，他错过了捷克斯
洛伐克危机的尾声。② 不过，从那往后，他一直从远方密切跟踪事
态的后续进展，只要有可能，他就阅读各种报章，收听无线电广
播。(9月12日，希特勒在纽伦堡发表演讲时——美国人有史以来
第一次实时收听了希特勒的演讲——杰克在海恩尼斯港的家里收听
了广播。) 虽然他说不出具体原因，但他的毕业论文正是以这些事
态演进为主题展开的，重点聚焦于数年间导致签署《慕尼黑协定》
的英国的政策制定。

　　哈佛大学的朋友们注意到，那年秋季学期，他变得更认真了，

---

　　① 指的应该是发生在1944年7月20日企图刺杀希特勒的未遂政变，由克劳斯·
冯·施陶芬贝格上校等国防军军官发起。——编注
　　② 在纽约登岸时，杰克召开了他人生第一次非正式新闻发布会。到场迎接的不仅有莱
姆·比林斯，还有一群记者，他们急于打听关于他父亲的消息和欧洲危机的消息。杰克说的
都是安抚人心的话，他预言不会有战争，美国人没必要进行疏散。他还说，大使选择让自己
的八个孩子都留在欧洲，形势能有多可怕？(Swift, *Gathering Storm*, 82.) ——原注

也更勤奋了，尽管杰克·肯尼迪课业繁重（他同时选了六门课），但他不仅学业进步了，还把平均分提高到了 80 分以上。在 A. 切斯特·汉福德（A. Chester Hanford）的"政府行政管理课 9a"上，让汉福德印象深刻的是，杰克在课堂上表现积极，目光敏锐，独立思考能力强，但让他觉得奇怪的是，"蜜糖菲茨"·菲茨杰拉德的外孙对州级和地方级政治课题几乎没兴趣，相比而言，他感兴趣的是国家事务和国际关系。

博学的阿瑟·霍尔库姆是哈佛大学教师团队的重要成员，他在哈佛任职时间足够长，不仅教过老约、小约，还教了杰克。退休后，他仍然对杰克印象深刻，"在他那一群人里，他可谓出类拔萃"，这是霍尔库姆多年后对杰克的评价。他们所有人都把在大学接受教育看作"比学习本身还重要。他们的兴趣在于如何生活。一旦进入大学，大多数人就有了随心所欲做事的手段。杰克不一样，他更感兴趣的是各种思想。他真的对各种思想有兴趣，这一点毫无疑问"。霍尔库姆讲授的"政府行政管理课 7"重点聚焦于国会，每名学生必须选择一名众议员，调研该议员的行事方式，尽可能客观地评估其成就和失误，然后提交一份调研报告。霍尔库姆给杰克指定的是纽约州北部选区共和党议员伯特兰·斯奈尔（Bertrand Snell），众所周知，斯奈尔主要代表该选区电力系统的利益。霍尔库姆看到的是一篇基于"非常出色的调研工作"产生的"杰作"。诚然，那年轻人无疑有如后一些便利条件：圣诞节假期，"他直接去了趟华盛顿，见了他父亲的一些朋友，进一步了解了他正在研究的议员和国会"[29]。

　　着装整洁的杰克在返回美国的"不来梅"号（Bremen）班轮上，其时他正在赶回哈佛大学，升入本科三年级。

　　与此同时，学校将杰克在温思罗普宿舍区的宿舍做了如后调整：他和托比以及两个橄榄球运动员搬进了一个较大的四人间，那两人是查理·霍顿（Charlie Houghton）和本杰明·史密斯（Benjamin Smith，很久以后，史密斯在杰克当选总统后填补了他在参议院的空缺），两人都对杰克乱丢东西的惊人习惯深感失望，不过，两人也都觉得他是个意气相投的、让人着迷的舍友。"杰克是个特别让人振奋的舍友，"霍顿回忆说，"特别爱跟别人争论，善意的那种。他对一切都有疑问。他好奇心有多强，我觉得，通过别人无论说什么他都会争辩几句足以体现出来。在肯尼迪家所有人里，他的幽默感最强。"[30]

　　唐纳德·瑟伯（Donald Thurber）是政府行政管理专业的学生，像其他人一样，他也看得出，杰克是那种永不满足于现成答案和喜欢挑战各种假设的人，还喜欢问："为什么你会这么想？""人们会得出这样一种印象，这个人有一颗向他人学习的脑袋，一颗特别渴望向他人学习的脑袋——他会把别人当作信息和知识源泉，用来丰富自己。"瑟伯接着说，不应该仅仅将杰克看作专心享乐的登徒子。"我早就认识一大帮花花公子。我从老远的地方就能认出谁是花花公子。杰克根本不是其中一个——他是那种只要玩就玩个尽兴的人，不过他的动机是严肃的——人们可以从他身上看出，他早已认定，生活是非常严肃的事，虽说如果特别有钱，生活本不必如此。不过，生活必须是严肃的事。"[31]

　　可以肯定，杰克渴望利用课外时间寻欢作乐的想法并未消散。那年秋季学期，在寄给莱姆的信里，杰克描述了一些晚会，以及对异性的征服，还描述了哈佛全面打败普林斯顿的橄榄球赛："亲爱的比林斯：收到 19 日的来信，看了你那些屁话。哈佛运动队的无数人都在跟别人说：'连着四场苦战——感谢上帝，幸亏我们的对手是普林斯顿。'"他还让莱姆在 11 月 19 日观看哈佛对耶鲁那场比赛时约个女孩，"因为我们要在布朗克斯维尔社区那边开晚会"。肯尼迪家的其他人都在海外，家里的三个住处——以前也经常如此——都可以当作在校生任意放纵的完美场所。[32]

在个人形象方面，杰克仍然像以往一样不修边幅，在课堂上，他常常穿皱巴巴的裤子、不成双的袜子，领带也经常歪歪扭扭的。尽管前一年春季 20 岁生日时杰克已经成为事实上的百万富翁，但他极少对外展示个人财富。生日那天，他正式成为父亲十年前为他设立的信托基金的受益人。（生日那天，他还从父亲那里收到两张 1000 美元的支票，因为他完成了一项挑战，即没养成抽烟和饮酒的习惯；甚至从那时往后，除了偶尔接触香烟和得其利鸡尾酒，直到生命结束，实际上杰克极少碰烟酒。）总的来说，他对奢侈品或物质财富兴趣有限；像许多特权家庭的孩子一样，杰克对已经拥有的东西满不在乎，他大量丢失的东西包括高尔夫球杆、网球拍、手提箱等，这让母亲非常恼火。[33]

杰克以一种前所未有的方式恋爱了。女方是弗朗西斯·安·坎农（Frances Ann Cannon），一个让人神魂颠倒的美女，北卡罗来纳州纺织大亨女继承人，曾经在莎拉·劳伦斯学院（Sarah Lawrence）上学。在温思罗普宿舍区，她有百分之百的回头率。首先约她的是查理·霍顿，后来杰克插了进去，迷倒杰克的是她的美貌、幽默感、南方人慢吞吞的说话方式、怀疑一切的头脑、对政治的兴趣。很快，她的名字出现在杰克致莱姆的信里，尤其在杰克追随她前往新奥尔良过忏悔节后，朋友们都以为，弗朗西斯没准会成为杰克的那个她。也是在那里，在当地的嘉年华盛装舞会上，弗朗西斯的朋友简·苏伊达（Jane Suydam，原姓盖瑟·尤斯蒂斯）第一次关注到了杰克。"他站在等候区，身穿燕尾服，扎着白领带，皮肤晒成了棕色，"简回忆说，"他帅得难以置信，对异性的吸引力让人无法抗拒，让我完全无法自制。"杰克的朋友们见到弗朗西斯时也有几乎相同的感受。以里普·霍顿为例，他认为，弗朗西斯是杰克约过的最美丽的女孩，一次四人约会后，他曾经想："我的天，杰克怎么不直接娶了这女孩？"[34]

　　杰克心里十分清楚地知道，他们结合的机会微乎其微——弗朗西斯的家人无法接受他的天主教徒身份，他的家人同样无法接受弗朗西斯的新教徒身份。尽管如此，后来他肯定认真思考过前述想法。不过，那一时间段，他的优先事项在其他方面——尽快回到欧洲。他的家人都在那边，尽管《慕尼黑协定》签署后欧洲一派宁静，但地缘政治行动都发生在那边。夏季和莱姆开车在欧洲大陆走了一遭，激发了杰克的想象力，让他渴望更多见闻。他向哈佛大学所在学院的院长提出申请，准许他 1939 年春季请假一学期，以便前往欧洲。他承诺带足政治哲学方面的书籍，做些基础性工作——有事咨询温思罗普宿舍区常驻辅导老师布鲁斯·霍珀——以完成外交史和国际法方面的毕业论文。院长对杰克明显认真的态度印象深刻，批准了他的申请。

IV

杰克·肯尼迪希望返回欧洲，当然还有其他动机：他父亲陷入了政治麻烦。慕尼黑会议余波仍在，随着英国民众掀起的狂喜，肯尼迪大使利用每一次机会为那个交易唱赞歌。富兰克林·罗斯福对会议结果表示满意后，他更觉得自己的判断准确无误。当初，得知慕尼黑会谈即将举行时，富兰克林·罗斯福给张伯伦首相发过电报，内容仅有两个字：好人。随后敌对双方真的达成了协议，"避免"了战争，总统亲自发声说，他感到满意。然而，私底下，总统对纳粹威胁的升级，以及试图安抚靠不住的独裁者所带来的一些潜在危险深感担忧。总统怀疑，慕尼黑会议可能会呈现新的、令人不快的内涵。[35]

果不其然，在英国，让人们如释重负的感觉没过多久便开始消散，各种令人不快的问题开始涌现：和平是不是用让人不齿的代价换来的？为什么让中欧民主国家捷克斯洛伐克陷入困境？难道希特勒不会很快重新开始敲诈勒索，向西方各敌对国提高要价？在英国内阁里，长期发酵的紧张局面突然全面爆发了，为抗议首相对"挥舞铁拳放出的狠话"公开让步，阿尔弗雷德·达夫·库珀递交了辞呈。与此同时，在议会里，支持温斯顿·丘吉尔谴责《慕尼黑协定》的零星声音上升成了主流。"我们遭遇的是彻底的和不折不扣的失败。"10 月 5 日，伟大的雄辩家丘吉尔在下议院发表了引人注目的演讲，当时他不过是个普普通通的议员。

192

一切都成了过往。捷克斯洛伐克倒退进了黑暗中，被撕裂了，被抛弃了，沉默了，悲哀了。……我们正在见证英国和法国遭受从天而降的最大灾难。请不要蒙上自己的双眼，对那件事视而不见。……让我最不能容忍的是，我国的存在感已经落入纳粹德国的强权里，落入它的运行轨迹里和影响下，我们的生存也变得需要仰赖他们的善意和心境。……〔英国人民〕必须明白，我们已经走过国家历史上一个可怕的里程碑，整个欧洲的均衡已经被打破，如今竟然有人说出了可怕的反西方民主的话："就是你被秤在天平里，显出你的亏欠。"① 不要以为事情就这么结束了，这只是规划好的一套算计的开始，这只是第一口，是一年又一年端给我们的大杯苦药的第一次尝试，除非我们像古时候那样，通过完全恢复正常道德和军事活力，再次崛起，为自由站稳立场。[36]

对丘吉尔而言，最关键的是，希特勒本质上不知餍足。一切都源自这一现实。不过，他呼吁采取威慑战略，通过实实在在与苏联结成"大联盟"来达到目的。在 1938 年的背景下，这一想法是否现实值得商榷，尤其必须考虑的是，英国和法国政府对苏联和斯大林的领导极不信任。此外，斯大林也许会以捷克斯洛伐克的名义实质性介入，前提是允许他的军队穿过罗马尼亚和波兰领土——两国都不太可能允许。（值得注意的是，丘吉尔的一些想法事后看比当

---

① 出自《圣经·但以理书》5：27。——编注

时看好得多。）过去五年来，由于西方列强默许希特勒全面违反
《凡尔赛和约》，他们极有可能早已错失最佳威慑时机。在阻止纳粹
德国变成军事强国方面，他们什么都没做，如今他们才意识到，自
己手里没几张牌可打。

还有，1938 年初秋，他们的手气还不至于像内维尔·张伯伦
（以及他后来的支持者们）一口咬定的那么糟糕。首先，在捷克斯
洛伐克，他们有个自觉自愿的、有能力的伙伴，由 42 个装备精良
的师组成的军队，以及坚固的边境防御工事，足以抵御 44 个德国
师的猛攻。[37]其次，无论是英国还是法国，尽管两个国家的人都没看
到，德国人进攻的推迟有利于军事准备（德国亦如此），但两国的
军事当局都夸大了易受空中力量攻击的脆弱性（如英国前首相斯坦
利·鲍德温的著名言论"轰炸机无法拦截"）。如果说，1938 年英
国尚未掌握抵御德国发动空中战争所必需的飞机和雷达系统，当时
纳粹也不具备英吉利海峡两岸的机场，或发动此类军事行动的飞
机。一年后，实际上可以这样说——虽然这一点在当年并不清
楚——与张伯伦乘机飞往巴伐利亚那时相比，面对德国时，英国相
对更弱了。历史学家伊恩·克肖（Ian Kershaw）的说法是："时至
1939 年，在某些方面，各种力量的天平实际上一定程度偏向了
德国。"[38]

无论当时的情势如何，张伯伦都固执己见，他向所有见他的人
都强调，慕尼黑谈判是政治才干的光辉典范。"我真诚地相信，我
们终于打开了通向广泛平息战火的通道，仅此即可将世界从混乱中
拯救出来。"他在给坎特伯雷大主教的信中如此写道。张伯伦还对

百依百顺的内阁说，他相信，希特勒将愿意接受裁军协议，而协议反过来会减轻英国沉重的经济负担。他向约瑟夫·肯尼迪承认，说真的，希特勒也许会食言，不过，到目前为止，尚未出现令人信服的理由怀疑他会那么做。外交大臣哈利法克斯个头高挑，文质彬彬，身形瘦削，以才华横溢著称——直到今天，牛津万灵学院大会堂墙面画像里的他仍以不苟言笑的长脸示人，向下的目光满满都是疑惑——他陷入了典型的自我矛盾心态，他那从每个角度观察每个问题的能力反而诱发了一种分析失能。他感到，《慕尼黑协定》终将被证明很丢人、很可怕，不过他认为，与英国为捷克斯洛伐克打一场几乎不可能赢的战争相比，前述协定更可取，英国对捷克斯洛伐克不负有正式的条约义务。他的大多数同事与他看法相同。[39]

约瑟夫·肯尼迪则全然不顾批评者的谴责，始终坚定地支持英国首相。10 月 19 日，为纪念特拉法尔加海战，约瑟夫在海军联盟（Navy League）发表演讲，其演讲稿由哈罗德·欣顿和哈维·克莱默精心准备了两个多星期。他在演讲中高度赞扬了《慕尼黑协定》，还对现场听众说，强调独裁和民主之间的区别毫无意义，因为，"无论如何，不管我们喜欢还是不喜欢，我们都得在同一个世界里一起生活"[40]。

随后现场响起了一阵骚动。与独裁者和睦相处？约瑟夫是认真的吗？由于那番讲话清晰地概括了张伯伦及其内阁的立场，一些敌视绥靖政策的人开始进攻了。在一些国家的首都，让分析人士大惑不解的是，约瑟夫的一番话是否标志着美国的政策有了重大变化？因为罗斯福一年前在芝加哥言之凿凿地说，那些强盗国家应当被

"隔离"，而约瑟夫的讲话与罗斯福所说针锋相对。这同样引起了美国记者们的担忧，他们进一步追问，国务院为何批准如此具有挑衅性的讲话。（国务院的答复为：约瑟夫公开发表那些主张前做过声明，即他呼吁独裁与民主共存，这一说法仅仅代表他的个人观点。）颇具影响力的专栏作家沃尔特·李普曼指责约瑟夫缺乏作为大使的谨慎，以及在公开场合私带个人观点。《华盛顿邮报》则说，他把美国外交拖进了绥靖立场。为平息那场风暴，白宫安排罗斯福对那个问题做了表态："如果国家政策可以接受以战争手段蓄意要挟，和平就不可能存在。"[41]

　　但除此以外罗斯福不想采取进一步行动，例如，召回驻伦敦大使，让其返回华盛顿，或者调整美国的政策，使其转到更鲜明的反纳粹方向。虽然罗斯福对约瑟夫和他那毫无助益的宣言越来越生气，但他仍然认为，让约瑟夫待在他所在的地方，远隔重洋，无论对罗斯福本人还是对美国国内政治都更有利。罗斯福同时还感到，他自己在政治方面受到严重束缚——1937 年经济衰退后，他目睹了美国国内实力的下滑；他的最高法院重组计划失败；在国会内部，他一直受到孤立主义者的威胁（毫无疑问，他受到的威胁比他应得的多——民调清楚地显示，与国会山那些吵吵嚷嚷只会摇头的人相比，公众更坚决地反对独裁）。在阻挠改革立法方面，他自己党内的保守派越来越乐意加入共和党阵营。[42]此外，各种迹象表明，对民主党人来说，即将来临的中期选举会是一场灾难，结果的确如此——共和党人在众议院多赢了 81 席，在参议院多赢了 8 席，还夺走了 13 个州长职位。回顾往昔，人们对罗斯福的认知为：他连

195

续四次赢了总统大选，怎么看都是个能主宰政治沉浮的人。但事实上，他经历过无数受挫的时候。1938 年秋正是这样一个时刻。

不过，约瑟夫觉得，罗斯福的声明等于在他背后捅了一刀。"我想不通，我真他妈的要疯了。"这是他对南卡罗来纳州参议员詹姆斯·伯恩斯（James Byrnes）所说的话，他还不忘补充一句，希望伯恩斯争当 1940 年民主党总统候选人。不过，大使明白，在特拉法尔加纪念日演讲时，某种程度上他已经铸成大错，他受到了三重指控：第一，绝大多数人认为，他发表的声明是错的；第二，他承认，那么做是基于深谋远虑；第三，选择在公开场合发表那一声明，还是在高调的场合。直到那时，在职业生涯中，他已经习惯于接受媒体的高度赞誉，如今他被控在某些领域悄悄支持法西斯主义分子，成了张伯伦的走卒，颠覆性地破坏了美国总统的形象。他承认："尽管担任公职多年，我尚未准备好面对如此邪恶的抨击。"[43]

V

后来发生了"水晶之夜"事件。由于父母被驱逐出境，一个德国犹太难民在巴黎射杀了一名德国使馆官员，随之引发了 11 月 9 日夜里到 10 日白天由国家批准的大屠杀，并蔓延至德国全境——众多犹太会堂被烧毁，犹太人的公寓遭洗劫，家具被捣毁，犹太男人、女人、孩子遭到殴打，成群结队的纳粹分子满大街横冲直撞，大约 8000 家犹太商店和商社毁于一旦。满大街都是被打碎的橱窗玻璃，那次恐怖事件因而得名"水晶之夜"，或称"碎玻璃之夜"。

根据官方给出的数字，将近 100 名犹太人遭到杀害（几乎可以肯定，实际数字更多），3 万犹太男人遭到逮捕，被送进各集中营，他们在那些地方遭到残暴的对待，唯有答应离开德国，才会获得释放。德国宣传部部长约瑟夫·戈培尔（Joseph Goebbels）说服希特勒赞同暴徒们的行为，企图以此加速犹太人往海外移民。德国政府后来没收了犹太人为财产损失购买的保险，还对犹太人处以高达 10 亿马克的巨额罚款，赫尔曼·戈林给出的罚款理由是："他们令人厌恶的种种罪行。"⁴⁴

196

　　对德国境内的各种反犹暴力事件，和事佬们以前可以视而不见——1933 年和 1935 年发生过数起大规模此类事件；1938 年初，德国吞并奥地利后又发生过一起——如今再那么做就困难重重了。纳粹政权的野蛮如今已经公开化。例如，肯尼迪大使对媒体上的那些照片震惊不已，做这种表态似乎既是出于外交上的关切，也是出于对遇难者的关心。"德国对犹太人的最后一次暴力行为，让那些最热切期盼和平的人的内心凉透了，"约瑟夫 11 月 12 日致信查尔斯·林德伯格，"报纸上满是这样的恐怖报道，对寻求和平解决方案的人们来说，无论提什么倡议，只能越来越困难。本可以做得更多时，我们却丧失了机会。"⁴⁵

　　即使在 80 年后的今天，也难以揣摩清楚约瑟夫·肯尼迪对犹太人的态度。他不是亨利·福特或"电台神父"查尔斯·考夫林那样的死硬反犹分子，将一切罪恶归咎于犹太人，深信犹太人从遗传学上就倾向于邪恶，还有道德缺陷。早在 20 世纪 20 年代好莱坞时期，以及整个职业生涯中，约瑟夫一直与犹太人保持着密切且有效的合作，他经常对犹太人说："我是个爱尔兰裔天主教徒，我知道受歧视是怎么回事。"他崇拜并试图模仿金融家伯纳德·巴鲁克（Bernard Baruch），整个 20 世纪 30 年代，他与巴鲁克的合作满满都是情义，他还反复说服哈佛大学向路易斯·布兰代斯（Louis Brandeis）大法官颁发荣誉学位。20 世纪 30 年代中前期，他一直与费利克斯·法兰克福特和亨利·摩根索友好往来。不过，约瑟夫后来接受了反犹偏见，那种思想在与他地位相同的美国人里很常见（虽然谈不上很普遍），例如，在罗斯福当政时期的国务院职业官员里，那种偏见就很流行。那是一种非正式的"反犹主义"，标志为无动于衷和缺乏想象力，其毒害效果却很明显。美国精英阶层排斥犹太人，约瑟夫认为这理所当然，而他正是这一阶层的成员。20 世纪 20 年代，哈佛大学校长劳伦斯·洛厄尔坚持为犹太人保留一定的录取名额（耶鲁大学和普林斯顿大学对犹太人的限制更多）。在纽约布朗克斯维尔地区，肯尼迪一家居住的社区以排斥犹太人为傲。在奢华的棕榈滩，犹太人被排除在最负盛名的一些俱乐部之外，这种情况同样存在于波士顿。最重要的是，约瑟夫·肯尼迪成长在笃信罗马天主教的爱尔兰环境里，在神学、社会、文化诸方面都不信任犹太人。[46]

　　1938 年末，随着自己在麻烦中越陷越深，约瑟夫越来越痛苦。他认为，媒体对他的特拉尔法加纪念日演讲反应过度，犹太作家、犹太专栏作家、犹太记者负有责任——毋庸讳言，非犹太媒体评论者写的批评文章数量更多——他经常对朋友们说，那些美国犹太人正在试图操控美国与德国开战，一旦开战，他的儿子们可能会陷进去。他坚信，罗斯福受犹太顾问影响太大。在伦敦与德国同行赫伯特·冯·迪克森（Herbert von Dirksen）见面时，对德国在纳粹领导下让人印象深刻的经济增长，以及德国人民如今享有的生活条件，约瑟夫均表示钦佩。在一份标注日期为 6 月 13 日的电报里，迪克森向德国上司汇报，约瑟夫"完全理解我们对犹太人的政策；他是波士顿人，过去 50 年来，那里的一家高尔夫俱乐部和其他几家俱乐部一直严禁犹太人入内"。约瑟夫的助手哈维·克莱默出访德国归来后，向他汇报亲眼见证的德国人的一些惊天行为，包括纳粹冲锋队队员光天化日之下攻击犹太人，在窗玻璃上画纳粹标记。克莱默回忆说，约瑟夫看着他，说："怎么说呢，他们是自找的。"[47]

不过，人们几乎没有理由怀疑约瑟夫后来的声明，他说，"水晶之夜"暴行让他真切地感到痛心疾首。随后几天，他催促张伯伦政府接受大规模拯救犹太人计划，在美英两国政府的合作下，加速德国犹太人移民到非洲和西半球的一些国家。那项计划从未走出概念阶段，因为它需要数量庞大的运输舰船，以及庞大的财政资源，不过约瑟夫坚持认为那件事能办成。也许是由于大使公关团队的努力，媒体注意到了那件事。"肯尼迪先生已经办成的是，"《纽约时报》报道说，"眼下这事成了伦敦外交界的话题。"不过，这一话题并未延续下去。美国国务院对此几乎不闻不问，首先，没人就此咨询过国务院；其次，该机构充满了反犹情绪。那一阶段，美国的犹太领袖们正忙于把大部分注意力聚焦在巴勒斯坦问题上。白宫方面则认为，在特拉法尔加纪念日演讲事件后，那不过是约瑟夫在寻找一种恢复政治势头的方法，因而白宫不愿过问此事。[48]

198

对于约瑟夫在大使任上遭遇的那些麻烦，或欧洲和世界越来越严峻的紧张局势，罗丝究竟怎么看，一直是个谜。她对历史有着极深的和恒久的兴趣——这方面她比丈夫知道得更多——尽管如此，从这一时期开始，她寄出的各种信函的大部分篇幅对政治问题一直保持沉默。随后几年，她给分散在各地的孩子们写了无数封传阅信，有些信采用单倍行距格式，用打字机打出，长度可达好几页。那些信件结构完好，条理清晰，对当年发生在肯尼迪一家人身上的各种事情提供了有洞察力的，有时候甚至是风趣的观察，不过，对当年困扰世界的紧迫事务，她只字未提。她写给约瑟夫的那些信同样如此：用好些段落详细描述孩子们都在做些什么，然后在末尾突然甩出一句话，直言他的某次讲话获得了媒体的好评。

有时候，罗丝在日记里会讲得更深入些，当然也没深入多少。9 月 15 日，张伯伦已经在赶赴与希特勒第一次会谈的路上，罗丝在日记里记述道："每个人都做好了欢庆准备，每个人都相信问题会得到解决。"她还进一步表示了自己的骄傲："约瑟夫差不多总是在场，一直在［张伯伦］身边帮忙。感觉他给了对方巨大的精神支持。"[49]

在美国政府内部，约瑟夫更是被边缘化了，他只能从家人那里获得支持。小约在一些欧洲大城市——布拉格、华沙、列宁格勒、斯德哥尔摩、柏林——旅行一圈后回到了伦敦，他给予父亲全力支持。在德国的所见所闻让他激动不已。"他们真是个了不起的民族，"小约致信一个朋友，"如果阻止他们得到想要的东西，注定会是一件极其可怕的事。如你所知，老爸在演讲时说，应当尝试与独裁政权共存，这在美国媒体上招致了大量负面评论。其他所有人都在试图让每个人反独裁，这让我很愤怒。如果我们没做好跟独裁对着干的准备，那最好与他们共存。"小约赞扬父亲想方设法为犹太人逃出德国寻找出路，私底下他却赞同父亲的说法：美国犹太人正在想方设法破坏美国的中立立场。[50]

　　小约在 11 月 21 日的日记中写道："我认为眼下［老爸］对工作再也不会疯狂投入了，那天他还说要辞职。让他害怕的是，国内有些人想把他整趴下，让他在执行某项外交任务时出洋相。"小约12 月初的一篇日记延续了这一主题："老爸已经烦透了这份工作。他说，要不是因为杰克和我能从中获益，明年春季尤妮斯过来会收获一些东西，他宁愿立刻放弃。他不喜欢听命于人，一连好几个小时在那儿想，如何才能保证大使不该说的话不出现在他的演讲里。他也不喜欢坐视美国犹太专栏作家把他骂个狗血喷头。那些报纸编造的关于他的谎言已经堆得跟山一样了，而他什么都做不了，只能说过几天回国后会抖出一些爆炸性消息。"[51]

　　以上信件和日记内容仅为小约笔下许许多多同类记述的三个例子，以说明当年 23 岁的大学毕业生与其父的世界观保持着步调一致。无论其父的立场招致了多大争议，他既不愿意也不会考虑让自己与老头子的立场分离。在那一时期小约留下的文字里，根本找不出任何独立思考的迹象，或大使越过了红线，误读了地缘政治形势的迹象。小约的态度完全是单向的：老爸最了解情况。

　　与此同时，杰克试着用一种更为乐观的方式转移父母的注意力：将他们引向在百老汇首演的、由科尔·波特（Cole Porter）创

199

作的音乐剧《把它交给我！》（*Leave It to Me!*），主演是苏菲·塔克（Sophie Tucker），剧中多次提及肯尼迪一家。［苏菲·塔克饰演的剧中人为劳拉·古德休夫人（Mrs. Leora Goodhue），听说丈夫被提名为驻苏联大使时，她感叹了一句："要不是狡猾的肯尼迪一家捷足先登抢走了伦敦，情况本不该如此！"］杰克现身开幕当天的晚场，在浮华的演出现场，难免会听到一些警告性说法：华盛顿召回了古德休大使，因为他在一次演讲时号召各国友好相处。不管怎么说，杰克给演出竖了大拇指，他写信给父母："演出很好玩，无论嘲笑咱们的内容意味着什么，招来的却是最大的笑声。"[52]对父亲在特拉法尔加纪念日的演讲，杰克说了一番犹豫和晦涩难懂的鼓励话："这似乎对犹太人不太友好，但每一个不那么反法西斯的人认为这非常好，尽管真实情况为，每个人都坚决反对集体安全，人们似乎对英国的位置没有清晰的概念，这都是那些人写的那类文章导致的结果。"[53]

说来也巧，接下来，父子两人一起在棕榈滩度过了圣诞节假期，肯尼迪家的其他人都留在了欧洲，前往瑞士东南部圣莫里茨（St. Moritz）滑雪去了。裸着身子、浑身涂满可可油的大使坐在佛罗里达州的游泳池边缘，不停地接听来自全国各地的电话。来访者接踵而至，其中有阿瑟·克罗克、名嘴沃尔特·温彻尔（Walter Winchell）、《芝加哥论坛报》总编和出版商罗伯特·麦考密克"上校"（"Colonel" Robert McCormick）。约瑟夫非但没有撤回对《慕尼黑协定》的支持，反而向沃尔特·温彻尔报喜说，他促成林德伯格将分析德国空中力量的严肃报告提交给英国领导层，这的确影响了内维尔·张伯伦的决定，使其更加努力与希特勒达成协议。[54]

那年假期，老肯尼迪发表了一些奇谈怪论，外人难免想知道，杰克听到那些说法会怎么想。与老约和小约相比，杰克对各种棘手的国际问题更倾向于保持思想开放，看问题要看两面。他有一种父亲和哥哥两人都不具备的超脱，一种讽刺的世界观，这让他更倾向于一种态度不明的立场。那一时期，在哈佛大学，无论是在课上还是课外，与他人交流时，他有了一种认识，为什么孤立主义在美国终将行不通，为什么安抚那些独裁者在道德上和战略上注定会失败，注定只能推迟最终清算。虽然孤立主义在学生里很流行，教师们的观点却更为复杂。在温思罗普宿舍区，杰克的常驻辅导老师是布鲁斯·霍珀，在未来的一年半里他对杰克的智力成长将颇具影响力，而他对绥靖者的态度是怒其不争——霍珀是个有号召力的、有权威的演说家，每年 11 月的第一次世界大战停战日，他总会身穿那一时期的大衣，向学生们阐述集体安全以及直面国际威胁的重要性。霍珀会反复强调，捍卫民主不仅需要把各项原则说清楚，更需要站出来抗争。[55]

布鲁斯·霍珀将杰克介绍给了光环绕身的、聪明绝顶的英国历史学家约翰·惠勒-本内特（John Wheeler-Bennett）。那是个持手杖、戴单片眼镜的专家，研究德国问题（与之不协调的是，他还研究美国南北战争），当时他正在着手创作一部研究捷克斯洛伐克危机的作品。那年秋季，惠勒-本内特受邀在弗吉尼亚大学讲学，他是个吸引人的演说家，后来，肯尼迪当政时的英国首相哈罗德·麦克米伦（Harold Macmillan）将其称为有生以来见过的"最伟大的演说家之一"。应霍珀之邀，惠勒－本内特造访了哈佛大学，在霍珀主讲的"政府行政管理课 18"上，就慕尼黑和绥靖做了一场演讲。演讲结束后，杰克主动上前做了自我介绍，请求与惠勒－本内特面对面谈一次，后者对杰克产生了深刻印象，称其为"人见人爱的、表情豪爽的、蓝眼睛的年轻人"。第二天下午，傍晚时分，在金色且柔和的落日余晖里，沿着查尔斯河畔，傍着温思罗普宿舍区和其他宿舍区，两人谈了两个小时。给杰克留下深刻印象的是那个英国人的如后说法：在评估世界事务，仔细考量应当如何平衡原则与权力，以便制定政策之际，应当考虑"人类精神之不可估量"的重要性。有机会与这位博学的来访者畅谈，让杰克兴奋不已，他乖乖地记下了惠勒－本内特推荐他阅读的一些书籍。[56]

1938 年过去 1939 年到来，哈佛大学年中考试结束后，杰克·肯尼迪准备前往伦敦，与父亲会合。那时，他所知道的信息与世界上绝大多数人知道的一样：对处于险境的欧洲来说，《慕尼黑协定》提供的仅仅是一次喘息机会。真正的危机正在舞台两翼的黑暗中等待登场。

第八章

观察者

I

清晨的意大利首都，天空晴朗，寒意逼人。日出时分，肯尼迪一家十多人，以及两名女家庭教师、摩尔先生及其夫人早早就起床了。他们很快穿好了周日盛装，洗漱时在镜子前面你推我搡抢地盘，狼吞虎咽地吃完了早餐，然后鱼贯钻进几辆等候的汽车。他们的目的地是罗马圣彼得广场，数小时后，他们将在那地方见证一件罕有的、奇妙的事，那件事对天主教徒尤其重要，即教皇加冕典礼。那天是 1939 年 3 月 12 日。

罗斯福总统批准了约瑟夫的请求——他作为美国官方代表参加典礼，自那时以来，肯尼迪一家一直翘首以待。此前从未有任何一位美国总统派遣特使参加教皇加冕，因而约瑟夫·P. 肯尼迪很享受成为美国历史第一人。让那次经历更加意义非凡的是，约瑟夫和罗丝见过这位新教皇庇护十二世——早在三年前，枢机主教欧金尼奥·帕切利访问美国期间，造访过约瑟夫位于纽约布朗克斯维尔社区的家，当时帕切利只是罗马教廷国务卿；后来，1938 年出访罗马期间，约瑟夫与他再次见面。如今，他将要成为教皇，约瑟夫决心见证那一盛典。约瑟夫还认为，孩子们也应当在场，因而他把他们都带去了——他事先没征得任何家人的同意。那次活动唯有小约不

203 在场，正在西班牙旅游的小约担心无法再次获准进入那个被战火撕裂的国家，因而他没有去，这让他母亲非常失望。[1]

　　两组柱廊环抱着圣彼得广场，广场中央耸立着高高的埃及方尖碑，处于晨曦中的广场显得既庄重又肃穆。四辆豪华轿车驶入广场，停了下来，时间刚好 7 点 30 分，彼时，广场上已经满满都是人。在寒凉的微风中，美国国旗和教皇旗正柔缓地迎风摇摆。肯尼迪家在引座员的带领下穿过人群，来到座位上，那里是专为贵宾保留的黄金位置，位于大教堂外的门廊上，就在查理大帝骑马雕像附近。最初分配给肯尼迪家的座位仅有两个，大使和夫人各一个，后来，通过紧急协调，将座位数扩大到十四席。意大利外交部部长加莱阿佐·齐亚诺伯爵（Count Galeazzo Ciano）是墨索里尼的女婿，听说原计划给他的座席调换给了约瑟夫的一个孩子，他勃然大怒，并威胁立即离开大教堂。这掀起了一轮重新排位，最终，齐亚诺伯爵坐到了约瑟夫旁边，也就是肯尼迪一家最外侧。

　　第二天一早，教皇在他住的公寓的接待室与肯尼迪一家进行了一次私人会见；两天后的 3 月 15 日，也是在早上，他以教皇身份主持了第一次弥撒，地点在一座四面红墙的私人小教堂里。除了罗丝，肯尼迪全家都参加了那次活动。罗丝按照很久以前的约定去了巴黎，那次她见的不是别人，而是她的裁缝。当年 7 岁的泰迪身穿帅气的蓝色制服，左袖上有个白色的玫瑰形饰物，在全家人注视

下，他从教皇手里接过了人生的第一次圣餐。[2]

一切都给肯尼迪大使留下了深刻印象，在发给国务院的电报里，他盛赞这个"最圣洁的人"，以及他"对世界形势的广泛了解。他不是那种支持某国或反对某国的人，他不过是支持基督教。如果当今世界在极端化方面尚未走得太远，应当由一个伟大的好人影响全世界，他正是这样的人"[3]。杰克·肯尼迪同样对这趟出行留下了深刻印象，而印象最深的是他从教皇手里接过圣餐的经历。1937 年夏季，和莱姆一起出游欧洲期间，他见过教皇，当时他就喜欢上了帕切利本人，眼下他仍然喜欢。与此同时，对这次与教皇见面，以及表面浮华下的潜台词，杰克按捺不住想开个无伤大雅的玩笑。"帕切利如今青云直上了，"几天后他致信莱姆·比林斯，"因而像你第一次见到他那样毕恭毕敬，匍匐前行，一点都不吃亏。……他们想封赏老爸一个公爵头衔，这头衔全家人都可以继承，也就是说，我可以成为布朗克斯维尔的约翰公爵，所以，如果你一直紧跟我巴结我，也许我可以给你个封赏。"[4]

杰克和父亲都注意到，罗马的外交高官中弥漫着明显的不安情绪——加冕典礼发生在历史上一个动荡不安的时刻，也即处于战争的阴影里，墨索里尼政府在其中扮演着重要角色。的确如此，小泰迪刚刚接受了圣餐，3 月 15 日的弥撒刚刚结束，北边就传来了令人震惊的消息：那天早上 6 点，德国军队跨过了捷克斯洛伐克的边界。上午 9 点，德军先头部队已经进入布拉格，当天结束前，捷克斯洛伐克的剩余部分已经不复存在。现在阿道夫·希特勒得到了他一开始就想要的东西：不仅要征服苏台德地区，还要

204

征服摩拉维亚和波希米亚（斯洛伐克注定会成为德国的傀儡国）。前一年秋季，《慕尼黑协定》刚刚签署，希特勒就对签署协定表示了后悔，他声称，让自己听从"那个年迈的老混蛋"张伯伦摆布，因而浪费了将捷克斯洛伐克一举碾成齑粉的机会。（他曾经气急败坏地说："如果那个总是带伞的老傻瓜再来干涉我，我会把他一脚踹到楼下，当着摄影记者们的面跳到他肚子上。"）如今"丰功伟业"既已完成，当天傍晚，元首以凯旋姿态进入了阴霾笼罩的布拉格。[5]

德国征服他国的消息让内维尔·张伯伦陷入了绝望。一开始，他还试图让伟大的规划在破碎后修复如初，不过，时间过去不到48小时，他便改了主意。首相心里明白，绥靖政策已死，至少截至当时，真实情况如此，《慕尼黑协定》彻底破产了。（首相私底下说，希特勒是"他见过的心最黑的恶魔"[6]。）外交大臣哈利法克斯勋爵持相同看法。两人均认为，由于第一次攫取到手的领土上的大多数人为非德裔居民，希特勒已经大张旗鼓地表明，他想做的绝非修改1919年凡尔赛解决方案里的一些条款那么简单。传统政治家只会站出来纠正既往的不公正，人们再也不能将他当作传统政治家了，尤其是，有消息透露，他还有一些关于波兰的下一步计划。3月17日，张伯伦在老家伯明翰自己的地盘上做演讲时表现得像个被不公正对待的讲原则的商人——"我坚信，《慕尼黑协定》签署后，英国人民中的绝大多数抱着和我一样真诚的希望，即那项政策应当延续下去；不过，如今我和他们一样失望，一样愤怒，我们的各种希望就这样被肆意践踏了"——他暗示即将出台一项新政策时甚至也

　　肯尼迪一家在梵蒂冈，小约除外。自左至右为：基克、帕特、鲍比、杰克、罗丝、老约、泰迪、尤妮斯、琼、罗斯玛丽。摄于1939年3月13日。

如此："这会是对小国的最后一次进攻吗，抑或接下来还会轮到其他国家？这实际上是用武力统治世界的尝试中的一步吗？"[7]

在英吉利海峡对岸的巴黎，听说入侵事件后，法国总理爱德华·达拉第只能无奈地点点头。长期以来，相比于英国同行，达拉第对希特勒的野心更疑虑重重，他一直坚信，元首绝不会满足于吞并苏台德地区，他还企图吞并捷克斯洛伐克，不止于此，希特勒的话永远都不能相信。"不出六个月，"五个半月前，《慕尼黑协定》刚刚签署，衣冠楚楚且身材矮小的法国人达拉第就做出了预言，"法国和英国注定会与德国的新要求觌面相遇。"[8]

国际联盟曾宣布，位于波罗的海的立陶宛港口城市梅默尔（Memel）为自治领土，希特勒攫取该市不久后，3月31日，张伯伦公布了一项注定会产生重大影响的决定：他在议会演讲时说，万一德国威胁到波兰的独立性，英国和法国必将"认为有责任竭尽全力给予波兰政府全方位支持"。这标志着英国的政策从绥靖转向了威慑，尽管如此，阻止战争这一终极目标并未改变。然而，十分明显的是，英法两国的政策制定者们从未认真考虑过让苏联成为威慑战略的组成部分，从而在对抗希特勒时有望开辟两条战线。由于张伯伦发表声明前几个小时苏联才收到通知，愤怒的克里姆林宫官员们认为，这进一步证明，西方伙伴不值得相信，没准他们还希望最终看到德国和苏联厮杀，两败俱伤。[9]

听说英国首相令人震惊的公告后，肯尼迪大使立刻拨通了罗斯福的电话，后者正在佐治亚州总统修养地温泉康复院（Warm Springs）里。当时总统正在睡觉，不过，90分钟后，总统回拨了电话。他告诉约瑟夫，张伯伦的计划不错，不过那也许意味着战争。罗斯福问，可否认为这是召开一次世界和平大会的恰当时机？约瑟夫答，也许还不到时候——最好等等，等到能更好地判断德国和意大利官方以及民间对英法行动的反应再说。[10]

II

在那一时间节点，杰克·肯尼迪已经来到巴黎，他希望在小威廉·C. 蒲立德（William C. Bullitt）大使领导下，在美国驻法使馆工作一阵，为期一个月。自五周前离开美国以来，那段时间——除了前述罗马之行——他一直在伦敦陪同父亲，出席各种午餐、晚餐，以及其他外事活动。整个那一时期，他心里一直念念不忘弗朗西斯·安·坎农。[11]他见了英国国王，还跟 12 岁的伊丽莎白公主一起喝过茶。他还在使馆兼过职，处理各种信函，时不时还会代表父亲出席各种小型基层活动。〔做这件事，他走的是哥哥走过的老路，也是小约翰·昆西·亚当斯（John Quincy Adams）当年走过的老路，18 世纪 80 年代，后者做过老约翰·亚当斯（John Adams）大使的助手。〕在对德实施亲善策略方面，从杰克当年的信函里，几乎看不出什么迹象表明父子两人存在分歧。如果说有，也只是杰克更为乐观一些。3 月末，他对莱姆·比林斯说："每个人都认为，今年结束前，战争不可避免。虽然老爸也这么想，我自己可不这么想。"[12]

那时的巴黎，春天的气息已经跃然而出，卢森堡公园里的水仙

207　花和鸢尾花已经进入盛花期，三月广场公园的木兰花已经怒放。各家咖啡馆人满为患。在那一时间节点赶到巴黎，杰克深感激动，他喜欢上了蒲立德大使，后者是富裕的费城人，享乐主义者。在第一任美国驻苏联大使任上，他突然变成了反共人士，那之前，他一直是布尔什维克革命的支持者。蒲立德有格调，自视清高，被耶鲁大学 1912 届毕业班投票选为"最有才华"的人，他能说一口流利的法语和德语，1936 年到巴黎走马上任时，他在当地很快赢得了好印象——法国人喜欢他的天资和杰出的语言能力，认为他具有卓越的判断力和品位。他很快与法国高层政策制定者建立起紧密的联系，甚至参加内阁会议（与在伦敦的约瑟夫·肯尼迪相同），他还让白宫随时能掌握法国政府的最新动向。脾气暴躁的内政部部长哈罗德·伊克斯在日记里写道："实际上蒲立德和法国内阁睡到了一张床上。"[13] 蒲立德最初是支持绥靖政策的——像约瑟夫·肯尼迪一样，他深受查尔斯·林德伯格断言纳粹德国空军不可战胜的影响——1939 年冬，他来了个 180 度大转变；3 月末，杰克抵达巴黎时，大使正在奉行强硬的反德立场。他告诉罗斯福，希特勒是个野心毫无止境的疯子。[14]

不过，杰克的父亲一直以来跟蒲立德关系冷淡，主要是因为两人互相竞争、嫉妒太深，杰克却对蒲立德着了迷，尤其高兴与他为伴。"结果证明蒲立德真他妈的够哥们，"杰克致信莱姆，"在那边活得像个国王，因为只有奥菲［卡梅尔·奥菲（Carmel Offie），蒲立德的私人秘书］和我两个人在，还有 30 个侍从。"大使"在酒窖里藏了大约十桶慕尼黑啤酒，另外他总是试图往我的食道里灌香槟酒，虽然没有成功"。白天，杰克谨慎地帮着做些基础性的文职工作，不过，尽管奥菲认为一些事"轮不到他管"，但他把大部分时间花在了阅读收到的电报和备忘录上。年轻的杰克有一颗永无止境的好奇心，关于外交程序的运作，关于这个或那个公文背后的含义，他总是提问，在其后来的人生中，他对原始文件永远充满了好奇，这给蒲立德和奥菲两人留下了深刻印象。杰克总是面带微笑，行事漫不经心，这充分掩盖了他究竟用多快的速度掌握了多少知识。[15]

4月初，在寄给莱姆的一封信里，杰克透露："今天中午跟林德伯格夫妇共进了午餐，他们是我这辈子遇到的最具魅力的两口子。"对于查尔斯·林德伯格的亲德立场，以及对英法战争准备情况的悲观分析，杰克只字未提（即使他知道这些事）。安妮·莫罗·林德伯格（Anne Morrow Lindbergh）尤其吸引杰克："看照片她不上相，但她本人真的特漂亮，性格还特好。"别人对他们两口子赞誉有加，她丈夫却不领情，对那次午餐，林德伯格在日记里记述道，现场"大约有40人，包括社会上最无聊的一些人"[16]。

4月28日，杰克和使馆其他馆员一起收听了希特勒在德国国会发表的2小时20分钟演讲，那次演讲针对的是富兰克林·罗斯福两周前的口信，罗斯福要求希特勒做出保证，未来25年内不攻击一份名单上的30个国家。罗斯福说，作为回报，华盛顿会在裁军方面担起责任，向德国提供平等进入国际市场和进口各种原材料的机会。希特勒拒绝了罗斯福的提议，为讨好欢呼雀跃的听众，他的话语中充满挖苦，还借机摈弃了与波兰签订的互不侵犯条约，且再次提出德国对港口城市但泽的声索。① 听完演讲，杰克提笔给莱姆写了封信："刚听完希特勒的演讲，他们都认为那很糟。"杰克自己却没把这事看得那么重，他接着记述道，如果德国领袖企图夺取但泽或波兰全境，"时间肯定会在一个月之前，也就是波兰和英国签订协议前。希特勒并没有做出勉强的姿态，所以我认为，事情还算好。整个事情真他妈的有意思，如果这封信不是通过德国邮轮送达，如果他们不拆开信封检查，那就有热闹可看了"[17]。

1939 年春，杰克对形势的估判模式如后：从他的信函里可以看出，他倾向于低估德国独裁者的好战性，另外更笼统地说，他还倾向于低估欧洲紧张局势的严重性，以及战争的可能性。返回美国的七个月里，对发生在法国民众和英国民众中的情绪变化，他似乎也做出了错误的判断。《慕尼黑协定》在英国舆情里造成了分裂，且持续到了新的一年，但绥靖者逐渐认识到，在争取民众支持的博弈中，他们正走向失败。3 月 15 日，布拉格沦陷，这有效地扼杀了当时的争论，当时从巴伐利亚返回的张伯伦带回的两项成果变成了谎言——他带回了"划时代的和平"和"体面的和平"。加上在西班牙内战中，马德里于 3 月末陷落，共和派一方最终失利，这在大多数英国人里夯实了一种信念：唯有动用军事力量才能阻止法西斯主

209

---

① 但泽（后来改称格但斯克）坐落在注入波罗的海的维斯瓦河河口。从民族构成来说，它是德国的港口城市，第一次世界大战结束后，它脱离了德国的控制，国际联盟规定其为"自由城市"，由重新建立的波兰国家代为行使国际义务。但泽和所谓的傍着维斯瓦河的"波兰走廊"为波兰提供了通向波罗的海的出海口，不过，它也把东普鲁士和德国其他地区分隔开来。——原注

义者。战斗迟早会到来。此外，许多人认为，与前一年秋季相比，如今英国已经做好更加充分的迎战准备，在此期间，英国的重整军备计划已经取得显著进展。对某些观察人士而言，只要能洗刷掉十年来弥漫在英国乃至欧洲的萎靡不振，战争甚至可能是某种值得期盼的东西。[18]

毫无疑问，与当年相比，所有这些事事后看都更为清晰。即便如此，杰克当初未能看出公众态度的转变，依然令人诧异，尤其要考虑的是，他从小就有明显的亲英倾向，当时他有更多机会充分表达。他心里清楚，英国上流社会的信条"努力工作，享受人生，广泛交友"对他非常适用，他也推崇往往与"高贵的"英国人相关的一些品质：聪明、机智、讽刺、轻描淡写、超脱、迂回、冷酷、自持。英国著名演员大卫·尼文（David Niven）称得上是具备这些品质的当代代表人物，早期的代表人物是维多利亚女王时代的辉格党首相墨尔本勋爵（Lord Melbourne）——至少大卫·塞西尔（David Cecil）那引人入胜的、闲话多于正题的传记《青年墨尔本》（*The Young Melbourne*）将其描述成了这样的人，该书 1939 年初在英国出版，当年春季，杰克就如饥似渴地将那本书通读了一遍。对年轻的杰克来说，在塞西尔笔下，墨尔本成了令人着迷的、特别吸引眼球的人物，的确可以称其为人生的楷模：他聪明老到且机智古怪，沉着冷静且遇事不慌，对身边的人们充满好奇且对人们的动机充满质疑，怀疑公认的常识且敌视只会空想的理论家，欣然接受肉体的欢愉之际却依然死心塌地忠于女王和国家。[19]

"生活已经教会他……永远将思想和经验结合在一起，评估理论须根据其在现实中的作用。"这是塞西尔对墨尔本的评价，这一描述也符合杰克对自己的看法。与墨尔本相比，杰克更偏爱平等主义，对积极的、民主的政治更加投入，也即利用各种既有的社会体系和原则，为普通民众谋福利（英国人的说法是：更像托利党的立场，而非辉格党的立场）。杰克肯定会认同塞西尔对更广阔的英国上流社会背景的描述："其理念为，欧洲文艺复兴时期的完人理念，其抱负为最大限度利用生活提供的所有智力的和感官的优势。"墨尔本自己的主张如后："当人们允许宗教侵入私生活领域时，各种事情就变得糟糕了。"这一说法对附庸风雅提出质疑，同样会在杰克的思想里引起共鸣。[20]

关于墨尔本在肉欲方面的追求，塞西尔是这样描述的："他的动物本性和他对女性社会的口味结合在一起，造成了他的多情，他的自然偏好也受到了家庭传统的激励。人们猜测，他早已在婚前突破了各种禁忌。像身边的其他年轻人一样，他认为，贞节是一种危险状况，似乎他很早就采取了一些实际措施，以规避随之而来的各种风险。"理所当然的是，基于在自己家里的经历，杰克对这种"传统"心知肚明。[21]

塞西尔对青年墨尔本言简意赅的总结如后："思想上，他是个怀疑论者；行动上，他是个享乐主义者。"这一说法对年轻的杰克同样完全适用。[22]

很久以后，罗丝·肯尼迪向一名采访者解释她二儿子（而且显然也包括她自己）对各种英国东西的偏爱时，具体谈论的是杰克的

"波士顿口音，这与英国口音非常相似，因而他做出的响应是，热爱英国文化和文学，以及所有那类东西"。

在英国那边，政府圈子里的大多数人，住着大房子和会享受的大多数人，家里都有人在政府里担任公职，他们不仅对政府、历史、政治感兴趣，更是一代接一代对这些感兴趣，所以他们可能比咱们这边的人更有教养。这边的大多数人，或者说许多人，一开始非常贫寒。所以我认为，杰克对所有这些做出响应，是因为他真的喜欢文学，真的欣赏文学，另外，他还对政府行政感兴趣，当然还有，所有漂亮的房子，他真的喜欢看，因为它们或多或少与历史有关。如果周末外出，人们可以看到已经矗立数百年的房子。……在那些房子里，人们可以看见以前在政府里担任公职的人们留下的各种各样的纪念品，因而我认为，杰克对所有这些都做出响应，因为他像我们所有人一样喜欢待在那边。另外，英国或多或少类似波士顿，因为波士顿的很多地方像英国。例如，与纽约相比，波士顿那边的人们有更多英国和爱尔兰传承。[23]

Ⅲ

5 月初，杰克返回了伦敦，参加父母为英国国王和王后举办的晚宴，国王和王后很快将启程对美国和加拿大进行国事访问。随后

211

杰克去了东欧和中东。他父亲帮助他安排了行程，做了些必要的联络工作。在美国驻巴黎使馆，他还享受了卡梅尔·奥菲为他做的食宿安排。[24] 刚踏上旅程，杰克就向莱姆·比林斯报告："到华沙了。"

这里的事情很有意思，已经在但泽好几天了。但泽已经完全纳粹化，到处都是希特勒万岁之类。跟当地一些纳粹头目和领事交流了。当地形势非常复杂，不过主要如下：

第一，但泽问题和"波兰走廊"问题是不可分割的。他们［德国人］认为，两者都得归还德国。如果这么做，波兰就与大海完全隔绝了。如果［波兰人］仅仅归还但泽……［德国人］会借机控制波兰人的贸易，凭借军事手段，他们可以控制港口城市格丁尼亚（Gdynia），会威胁所有犹太商人通过但泽做交易。不过，除了从美元和账单的角度看——这还是次要的——还有个原则问题。波兰的贸易究竟会变成什么样，德国人他妈的真的不屑一顾——他们直言不讳地告诉我，对波兰来说，最好就是跟德国海关融为一体。

不过，波兰人有自己的想法，杰克接着表示："波兰坚决不肯放弃但泽，可以认为这是官方表态，波兰绝不会放弃但泽。第二，波兰不会给予德国在走廊地区修建高速道路的治外法权。波兰会提议做出妥协，但绝不会放弃。如果波兰决心开战，德国会做什么——肯定会试图将波兰逼到成为侵略者的地步——然后着手下一步。波兰有一支 400 万人的军队，特他妈的棒——不过装备极差。"[25]

杰克从波兰直接去了苏联，他惊诧于那里的"粗俗、落后、毫无希望的官僚作风"。前往那里的飞机上有个窗户的玻璃破了，乘客们对此好像无所谓，而且，杰克只能坐在地板上。在莫斯科，他 212 与身材瘦削且帅气的美国使馆二秘、人称"奇普"的查尔斯·波伦（Charles "Chip" Bohlen）——杰克的"魅力和脑子快"给对方留下了特别好的印象——一起吃了饭。他还去了列宁格勒和克里米亚。[26] 接着，他去了土耳其（一艘蒸汽轮船载着他去了伊斯坦布尔）、希腊、埃及、巴勒斯坦、黎巴嫩、保加利亚、罗马尼亚、南斯拉夫。[27] 每到一地，他都会就当地的政治形势给父亲写个详尽的评估报告。20 世纪 50 年代末，历史学家詹姆斯·麦格雷戈·伯恩斯（James MacGregor Burns）有幸亲眼见过那些信函（令人扼腕的是，后来那些信函里的多数遗失了，或被盗了）。那些论述都基于冷静的超脱心态，以及精明且公平的分析——还有错误百出的拼写。[28]

我们手里就有一份这样的评估报告，寄自耶路撒冷，它的确是一份让人刮目相看的报告。报告内容敏锐、精辟，通篇没有提及"反犹主义"，它揭示出，作为思想者，杰克正在走向成熟——此外，毫无疑问，报告也显示出杰克多年的知识积累，作为历史和国际事务方面的读者，他的书大多是在病床上读的。我们尤其可以从报告里看出，对阿拉伯人和犹太人在巴勒斯坦地区长期冲突的复杂本质，以及形成当今紧张局面的历史作用，杰克有独到的理解。他是这么说的，在双方正式主张背后，"是根深蒂固的对立，虽然双方都没有明说，这其实更为重要"。

犹太人的愿望是，以耶路撒冷为首都，完全掌控物产丰饶的新乐土，有权殖民外约旦地区。他们认为，只要给他们足够的机会，他们可以像在西岸做的那样，开垦那边的土地，使之发展。顺便说一下，对此阿拉伯人的回应是，犹太人得到了资本的好处，如果阿拉伯人掌握了资本，他们也可以上演同样的奇迹。这听起来部分属实，不过，在［阿拉伯人的］经济模式里，若想依托无人管理和原始耕作模式取得农业进步，无论如何他们都无法与犹太人竞争。

那份报告也显露出一些端倪——杰克正在形成反殖民主义观念。（"无论如何，"杰克提醒父亲，"很难说巴勒斯坦属于英国，说放弃就放弃。"）比那些端倪更重要的是，他坚持认为，有必要寻求一种务实的、实用主义的结果，一种不受双方宣传影响的结果。"讨论哪一方的说法'更合理'毫无用处。重要的是，努力达成一种有用的解决方案。"在杰克眼里，解决这事的唯一途径是，创建"两个自治区，给予双方互不干预的自治权，另外，英国的利益也会得到保障。耶路撒冷由于其自身独特的背景，应保持独立。虽然这是个极难达成的解决方案，但我认为这是唯一可行的方案"。

即便如此，那份报告的结论是，这么做远远不够，尤其必须考虑的是双方之间的分歧如此之深。

还有传统观念极强的、不愿做任何妥协的犹太人群体，他们想要个能明确表达这种态度的政府；还有主要由较年轻的成员组成的思想开放的犹太人群体，他们害怕这些反动派别，希望建立一个非常开放的、差不多像是共产主义形式的政府；还有许多中间派，他们愿意做出妥协。……至于阿拉伯人，他们中的大多数发自内心地讨厌关于这件事的争议，这件事把他们的经济生活弄得一团糟，但由于穆夫提（伊斯兰法典说明官）掌控着宗教，他牢牢地把控着这事，还由于新民族主义势力强大，若想落实解决方案，不把他请回来，肯定会极其困难。[29]

在耶路撒冷的最后一夜，杰克近距离感受到了当地的冲突，13颗炸弹在犹太人居住区爆炸，体现出形势何其严峻。杰克向父亲报告说，所有炸弹都是犹太人自己引爆的。"其中的讽刺在于，犹太恐怖分子头天炸毁自己的电话线和电气连接设备，第二天拼命给英国人打电话，让他们赶紧过来修理。"杰克认为，国王陛下的代表们做出的反应既快捷又娴熟；他对英国人的办事方式更加崇拜了。[30]

Ⅳ

时间移至 1939 年 6 月，杰克回到了伦敦。白天，他在使馆打工；夜晚，他去参加各种聚会，前往各俱乐部，妹妹基克和一小帮英国朋友常常陪在他身边。那时候，他已经留意到未曾注意的事：英国正在为战争做准备。数周前，张伯伦政府已经开始实施征兵制，英法两军参谋部在谈判中已经开始考虑与德国打一场三年战争的最佳方式。牛津辩论社自 1933 年以来就有的关于国王和国家的 214

著名决议（"这座房子里的人无论如何也不会为国王和国家而战"）被颠覆了，被人从会议记录里删除了。普通英国民众开始在自家后花园里挖防空洞。张伯伦和哈利法克斯仍然希望希特勒会让步，或者至少同意谈判时不发出威胁。5 月，德国和意大利签署了听起来夸张的《钢铁盟约》（即《德意同盟条约》），葬送了英国绅士们的希望，他们曾希望意大利脱离希特勒掌控，因而英国人意识到，他们没得选，只能公开重申，如果德国进攻波兰，英国政府将郑重履行承诺，站出来支持波兰。法国人也发誓这么做。

这其中充满了讽刺：前一年夏季，张伯伦和达拉第拒绝支持捷克斯洛伐克，而那个国家当时与法国和苏联结盟，已经做好战斗准备。如今这两人的军事长官们已经交代得非常清楚，眼下他们承诺支持的国家在地理上没有屏障，军事上装备极差，一旦德国发动进攻，它没有能力进行有效的抵抗，结果很可能是，它仅能坚持数周。在这种态势下，凭什么能遏制希特勒？[31]

约瑟夫·肯尼迪认为，英法两国的承诺近乎毫无意义，只会增加战争风险——此外，一旦战争爆发，德国肯定会赢，美国绝不会参与其中。他在这一点上非常固执，如果说有什么变化，也只是他比前一年更加固执。然而，随着春季离去夏季到来，约瑟夫的悲观情绪越来越激怒了英国人，包括许多英国政要。6 月，为欢迎著名专栏作家沃尔特·李普曼〔当年夏季，在布鲁斯·霍珀的强力推荐下，杰克·肯尼迪正在阅读李普曼的新作《美好社会》（*The Good Society*）〕来访，在伦敦举办了一场晚宴，晚宴上温斯顿·丘吉尔听到李普曼讲述当天早些时候与约瑟夫见面时，大使坚持认为，面对无所不能的德国战争机器，西方列强毫无办法，那意味着，对于希特勒控制东欧和中欧，英国别无选择，只能让步。"所有英国人心里都清楚，这是真的，"约瑟夫声称，"不过，一小撮自以为聪明的人已经制造出一种公众情绪，使英国政府无法走上明智的道路。"

整个晚宴期间，丘吉尔一直沉默不语，做沉思状，听到李普曼所言，他突然雷霆大发，大声斥责说，约瑟夫·肯尼迪是个胆小且幼稚的人，仗着爱尔兰血统，实则是个反英分子。由于罗斯福判断失误，在如此至关重要的岗位上愚蠢地选择了他，而他对英美关系是个祸害。英国外交官兼作家哈罗德·尼科尔森（Harold Nicolson）那晚也在场，他对当时的场景惊诧不已：弯腰驼背的丘吉尔坚持说，英国会坚忍地承受德国施加的一切，加倍偿还遭受的破坏，"每说完一句话，他都会晃一晃加了苏打水的威士忌，另一只手则在烟灰缸里摁一摁雪茄烟"。即使德国在对抗中必然占上风，丘吉尔继续说，它迟早也会遭遇所有强国中的最强国——美国。"到那时，就轮到你，轮到美国人，"他对李普曼说，"出面保护和维护英语世界的人们最伟大的传承。"接着，丘吉尔敦促后者运用自己颇具影响力的专栏，让美国同胞们"放眼全局想想"，履行久经时间考验的承诺，高高举起"自由火炬"。李普曼不会轻易为人倾倒，他常常以此为傲，而这个英国人在语言能力和演说能力上天赋异禀，领袖风范显而易见，让李普曼为之折服。李普曼深信，与伟大且超凡的西奥多·罗斯福相比，丘吉尔有过之而无不及。[32]

让约瑟夫·肯尼迪永远无法理解的是——这也是他作为大使

很失败的关键原因——对许多英国人来说，战斗成了一件关乎尊严的事，对于必然会为此付出沉重代价，他们甚至不抱什么幻想。国际事务中有荣誉观，约瑟夫对此很陌生，他最看重的是生存。《慕尼黑协定》是关于自保的，正因为如此，他认为，张伯伦或其他任何人都没有理由为此感到羞愧。直到 1939 年年中，约瑟夫仍然将希特勒看作负责任的政治家，可以与其做交易。战争必然是灾难性的，那意味着，现实主义就是必须为保住和平穷尽一切必要的办法。反观杰克，虽然他像父亲一样偏重务实，却更看重精神类的东西，以及常常让人感动的无形之物。少儿时期疯狂读书时，他了解到过往的许多领袖的功绩和失误，他深知，在人类的交往中，尊重和信誉特别重要；过去如此，将来亦如此。布鲁斯·霍珀和佩森·怀尔德两位教授进一步强化了他的这种认识。更为直接的是，返回伦敦后，从他和小约以及基克交往的那些年轻的英国人身上，杰克看到了变化：他们中许多人在谈论用枪干掉德国人，且不计后果。[33]

　　这些朋友里，大卫·奥姆斯比-戈尔（David Ormsby-Gore）是其中之一，他是第五代哈莱克男爵（Baron Harlech），杰克通过基克认识了他。肯尼迪执政期间，他将出任英国驻华盛顿大使，他至死都是肯尼迪家的密友。像杰克一样，他也是家里的二儿子，年幼时喜欢钻进书堆里。奥姆斯比-戈尔身材瘦削，鼻梁挺拔，常常漫不经心地在脖子上围一圈丝巾，他思想独立，喜欢取乐，天生睿智。他的社会关系同样特别广泛，他父亲担任议员长达 28 年之久，母亲是索尔兹伯里勋爵（Lord Salisbury）的孙女，在维多利亚女王时代，勋爵担任过首相，是英国保守党的顶尖人物。在两人的早期交往中，在奥姆斯比-戈尔看来，杰克在如后几个方面似乎跟他一模一样：痴迷政治以及治国的能力；更像个观察者，而非保守派；更像个社交动物，而非头脑清醒的主修国际事务的学生。很快，两人的关系变得非常亲密。"他特别瘦，骨瘦如柴那种，我不知道该怎么形容，不过他浑身散发着活力。"奥姆斯比-戈尔回忆朋友时作如是说。不过，年轻的英国人发现，在社交动物的外衣之下，杰克有更严肃的一面，"当然，那是因为当时他正在准备论文——那是一篇长度非凡的论文"[34]。

奥姆斯比-戈尔说的没错，杰克确实为即将来临的哈佛大学毕业论文计划选定了题目。在当年春季的书信往来中，布鲁斯·霍珀提醒杰克，由于他到处旅行，以及他父亲的职位，他有无以伦比的机会研究正在形成的历史。杰克同意这一说法。由于前一年夏季与英国朋友们进行过密集的讨论，他对英国的政策已经入迷，尤其是英国如何让自己陷入了此等困境。第一次世界大战以来，英帝国曾经至高无上，皇家海军曾经在世界上所有海域游弋，而它如何挥霍掉了各种占尽的优势？张伯伦的绥靖政策源自何处，人们该如何评价它的稳固程度？针对希特勒领导的德国的崛起，英国难道不该做出更充分的准备？[35]

7 月，杰克离开伦敦，再次穿过英吉利海峡之际，满脑子都是关于论文的事。他想近距离看看德国，评估一下战争的可能性有多大。与他同行的是哈佛大学的舍友托比·麦克唐纳，他是随哈佛大学田径队前往欧洲的。托比本想留在伦敦，因为他爱上了基克·肯

217 　尼迪，希望多享受些跟基克在一起的时光。不过，在杰克的坚持下，两人启程一起前往慕尼黑。在那边，他们遇到了人称"威泽"的拜伦·怀特（Byron "Whizzer" White），他曾是全美大学橄榄球队的中卫，来自科罗拉多州，当时的身份是牛津大学罗德学者。（很久以后，肯尼迪任总统期间，怀特被任命为美国最高法院大法官。）早在离开英国前，约瑟夫大使就警告过杰克和托比，要保持低调，远离麻烦。然而，在纳粹流氓霍斯特·威塞尔（Horst Wessel）的墓前，地方纳粹党冲锋队队员们盯上了这三个美国人，盘问了他们，还往他们的汽车上扔石块（可能因为车子挂的是英国牌照）。"我们首先想到的是向对方还击，"托比事后回忆说，"虽然杰克像我们一样愤怒不已，他却带着我们做了外交式的撤退。"那一事件让三个美国人后怕。"如果这些人就是这样思考问题"，杰克说，或许战争就不可避免了。[36]

　　与怀特分道扬镳数天后，杰克和托比在巴黎租了辆车，他们打算开车前往里维埃拉地区，因为肯尼迪家在那边又租下一座度假别墅，就在戛纳附近。高速行驶在巴黎以南时，杰克开车时失控了——那是一辆似乎有自己想法的破车，总是往右跑偏——车子翻了个底朝天。车顶在地面滑行十米才停下来，行李撒了一地。在翻过来的车厢里，杰克冷静地转向朋友，说了句："我说，哥们，咱们还没到站，对吧？"[37]

　　不过，最终他们还是到站了，在法国南方与肯尼迪一大家人见了面。基克也在那里，这让托比平添了许多希望，不过，基克很快就做出明确表态，她对这段浪漫没兴趣，这粉碎了托比的所有希望。﹝当时基克痴迷于人称"比利"的威廉·卡文迪什（William "Billy" Cavendish），后者是哈廷顿侯爵（Marquess of Hartington），一个新教徒，德文郡公爵领地继承人，还是杰克的朋友安德鲁·卡文迪什的哥哥。﹞基克的感情流露让两个年轻人再次踏上了前往北方的冒险之旅，8月12日，他们再次向德国进发。对此，罗丝在日记里记述道："他们想去布拉格，不过我们听说，任何人都不许去那里。"[38]他们没有被吓住，杰克的目标是维也纳，托比跟他分开，去了布达佩斯。在美国使馆的帮助下，杰克进入了布拉格，不过，办成这事的外交官乔治·F.凯南（George F. Kennan）负责这件事并非出于自愿，多年后他回忆道：

那些日子，随着德国军队像淹没一切的浪潮一样冲破波希米亚的所有边界，火车都停运了，飞机都停飞了，边防站都荡然无存了。在一派混乱中，我们收到一封来自伦敦使馆的电报。这封电报的意义在于，我们驻那里的大使约瑟夫·肯尼迪先生在这一时间点选择派他年轻的儿子之一环游欧洲，以探明事实真相。而我们有责任想办法让他穿过边界，穿过德国前线，以便他的行程能把访问布拉格包括进来。

我们都非常愤怒。据我所知，对我们这些职业人士而言，准确说，约瑟夫·肯尼迪连个朋友都算不上。根据我们对他的了解，我们中的许多人诚挚地对这件我们缺乏热情的事做出了回应。他儿子没有官方身份，在我们眼里，他明显是个暴发户、不学无术之辈。他能够调查和汇报我们以前有所不知或没

218

　　战争阴云密布时面带微笑的一家人。后排左起：基克、小约、罗斯玛丽、罗丝、泰迪；中排左起：杰克、尤妮斯、老约、帕特；前排左起：鲍比、琼。摄于 1939 年 8 月，法国戛纳。

有汇报过的欧洲局势，这想法似乎（当然有理由了）荒诞至极。本来已经忙得不可开交的一些人还要挤出时间安排他的行程，让我们无比愤怒。外交官必须具备的典型特征有文质彬彬和一丝不苟到让人讨厌，如今这些却用来应付一些讨厌的同胞，他们非要访问一些无关痛痒的地方。我安排人让他穿过德国战线，陪同他来到布拉格……就是那种"就那样吧"的感觉，完了事赶紧交差。[39]

凯南的气不打一处来情有可原，在那样一个时刻，欧洲的紧张局势几乎达到沸点，他还得做东，接待一个大学生。即便如此，凯南那显而易见的自负打败了他。不过，他接待的年轻来客绝不是不学无术之辈，恰恰相反，那年春季和夏季，杰克寄出的那些信函——寄给莱姆的、寄给父亲的、寄给其他人的——向人们展示出一个有洞察力的、有分析能力的头脑的运作情况，以及博览群书后形成的历史认知。并非所有信函都经过精心组织——他下笔常常跟着感觉走，还表现出对流言蜚语和粗俗用词的偏好，这意味着，他没想过像有抱负的政治家那样着眼于为子孙后代留下点什么——不过，始终如一的是，那些信函都包含有他对地方局势的深入洞察。6月从耶路撒冷寄给父亲的那份报告堪比——在内容方面，而非表达方式——职业外交官笔下的外交文件。

219

V

那年夏季，随着欧洲危机逐步加深，在杰克·肯尼迪的头脑里，历史一直占据着重要位置。读了温斯顿·丘吉尔的《世界危机》一书，以及哈佛大学课程规定的读物，杰克认识到，误判形势和高傲自大可轻易引发国家间的决裂，乃至动用武力。他认为，当前的形势并非1914年7月形势的重演，还未发展到那个地步，然而，毫无疑问，其中有令人担忧的迹象。8月下旬，他迅速走访了一些德国城市——慕尼黑、汉堡、柏林——在德国各地，他见证了大量证据：令人恐怖的、制造假情报的德国机器正在高速运转，加剧了与波兰人围绕但泽和波兰走廊地区的紧张关系。在柏林期间，杰克跟小约匆匆见了一面，当时小约也在德国做巡回调研。尽管小约仍在坚守与父亲一样的世界观，但与前几次访问德国相比，他对纳粹德国的迷恋已经减弱。"反波兰宣传攻势难以用语言描述，"小约记述道，"每一期新出版的报纸都会刊登更加令人毛骨悚然的报道，例如，波兰人反德国人的暴行，一些飞机遭到攻击，德国士兵遭受酷刑等。"这么做的意图非常明显：当战争到来时，"波兰人就会以侵略者的面目示人，每个德国人都有义务阻止他们"。小约接着记述道，电影新闻播放的也是同样的内容，甚至一些小孩也站出来讲述那些卑鄙的波兰人的可怕行径。[40]

当时杰克已经认识到，战争终将来临，证实这一想法的是美国驻柏林使馆的亚历山大·柯克委托杰克捎给在伦敦的父亲一份密信，其内容为：德国极有可能在一周内进攻波兰。[41]不过，杰克仍有如后怀疑：如果这意味着与英法两国为敌，希特勒真的还想将其贯彻到底吗？这确实也是所有德国问题观察人士苦苦思索的问题。早在几个月前，即1939年4月初，希特勒已经授权在军队内部秘密下发通知：在9月1日往后任意时间摧毁波兰（不过，要赶在9月中旬秋天的雨季到来前完成）。当年初夏，巴黎和伦敦的政府首脑重申了对波兰人的承诺，波兰人自己也拒绝让出但泽和波兰走廊地区。尽管德国领袖怀疑西方国家的决心，他也并未被吓住。他仍然相信，英法两国最终会拒绝交战。8月19日，杰克抵达柏林当天，第一批德军整编部队启程开赴波兰前线；四天之内，部队已经部署到位。其他作战单位随后也陆续部署到位，最终集结为总数达150万人的大规模进攻力量。与此同时，各种武器被偷运到但泽，还有一些军人潜入其中，在军事行动起始阶段，那座早已纳粹化的城市立刻会被占领。[42]

希特勒本想在1939年夏季开战，他心里想的是，战事仅限于地方争端，仅涉及德国和波兰。张伯伦、达拉第，以及波兰外长约瑟夫·贝克（Józef Beck）的顽固出乎希特勒的意料，让他恼怒不已，使他的各项计划乱了套。贝克外长是波兰政府的重要成员。希特勒手下的将军们警告说，如果他无法确保苏联中立，德国就不能进攻波兰，结果元首玩了一把当代历史上最让人咋舌的大反转之一（尽管那次反转经过了好几周筹谋），那消息的冲击波传遍了全世界。尽管希特勒口口声声四处散布苏联的种种罪恶，与之背道而驰的是，8月23日，他派遣唯命是从的外交部部长约阿希姆·冯·里宾特洛甫（Joachim von Ribbentrop）前往莫斯科，与斯大林商谈一份互不侵犯条约——斯大林数年来一直在厉声谴责法西斯主义绝对十恶不赦，他也做了个 180 度大转变。[43]24 日凌晨，条约签字生效，在一份秘密附件里，苏德双方将波兰和欧洲东北部一分为二。"所有主义，"一名英国中层官员评论说，"眼下都成了过时理论。"希特勒大喜过望，在他眼里，那是个前景广阔的巨大胜利，他盼着听到法英两国政府迅速垮台的消息，他也更加确信，那些西方列强不会为波兰而战。"我们的敌人，"派遣里宾特洛甫前往莫斯科前一天，他对手下的指挥官说，"都是些小虫虫，我在慕尼黑见过他们。我要给他们炖一锅菜，噎死他们。"[44]

那之前数周，英国和法国也跟斯大林联系过，那两个国家原本指望三国之间达成协议，这足以完全限制住德国。如果英法两国的努力最终成功，真没准能取得预期中的成效。不过，与后来的一些观察人士所说不同，那一计划从未接近实现。在西方国家那边，这样的努力时断时续，而且总是为时过晚——特别是张伯伦，总体上说，他无法摆脱深入骨髓的对共产主义者的怀疑，尤其是对斯大林的怀疑。另外，像大多数英国官员一样，他对苏联军队的效率评价很低——至于斯大林，尤其需要考虑的是，他不相信英法两国的意图，这出自他内心深处，无论最终结果多么不合时宜，将命运与德国人绑在一起才符合逻辑。作为现实政治的实践者，斯大林与西方结盟的主要目的似乎是向柏林施压，以达成一项德国向苏联方面做出诸多让步的交易。具体来说，斯大林寻求且得到的领土包括波兰东部、比萨拉比亚、波罗的海沿岸各国。不仅如此，这个交易还给他争取到重建红军的时间。他的偏执导致他那一时期对高级军官进行了数轮清洗，让红军陷入瘫痪；交易还让他加固了抵御来自西边进攻的防御设施，因为他日夜担忧西方会发动进攻。[45]

在伦敦和巴黎，听说纳粹和苏联签订了条约，官员们惊倒一地，他们必须重整旗鼓。即使在那时，他们仍然在万般无奈中暗怀希望：总会找到某种避免灾难的办法，希特勒一定会同意谈判。[46]他连续数天乐意接见英国驻德大使内维尔·亨德森（Nevile Henderson）似乎增强了这种可能性，后者是个重要的绥靖人物，当时正拼命寻找可以抓住的每一根稻草。但这种可能性不大。对于波兰很快会遭受什么命运，张伯伦和达拉第都不再抱任何幻想。约瑟夫·肯尼迪敦促张伯伦再向柏林做一些让步，神情沮丧的首相摇了摇头，说："凡是能想到的我都做了，老约。不过，看起来我做的一切都没起作用。"[47]

约瑟夫已经默认，德国即将发动进攻，不过他仍然希望英国摆脱对波兰人的承诺，法国会跟着有样学样，之后一场更加广泛的战争或可避免。8月23日，大使告诉美国记者，从美国的视角看，毫无疑问我们应当希望张伯伦放弃波兰，重启绥靖政策。"如果英国陷入战争，我看不出美国会得到什么，"大使说，"即使英国支持波兰，我也不在乎德国肢解波兰。我百分之百支持姑息，如果百分之千多于百分之百，那我就百分之千支持。"对这一说法，《纽约先驱论坛报》（*New York Herald Tribune*）的拉尔夫·巴恩斯（Ralph Barnes）追问道："这想法你跟张伯伦先生说过吗？"约瑟夫答："过去一年多，只要有机会，我每天都会反复跟他说。"[48]

222

VI

接下来那周，战争到来了。9 月 1 日，星期五，黎明前，一波又一波斯图卡俯冲轰炸机、梅塞施密特战斗机、亨克尔轰炸机深入波兰腹地，轰炸各个目标；同时，德国装甲队列以排山倒海之势从北部、西部、（通过斯洛伐克）南部越过了波兰边境。即便那时，张伯伦还在犹豫，他在英国下议院宣布（当时约瑟夫·肯尼迪就坐在来宾席上），他将与法国人一道与德国达成调解，由意大利的墨索里尼从中斡旋。议事厅里的反应是，人们错愕到无言以对，接着，人们愤怒了。由于没有宣战，张伯伦在内阁里也面临着反对，首相最终同意发布一份让希特勒撤军的最后通牒。9 月 3 日，近午时分，规定的时间已过，德国仍未撤军，在唐宁街 10 号英国首相府，张伯伦通过无线电广播悲壮地、明确地向英国人民宣布"我们国家向德国宣战"。甚至那些批评张伯伦的人也意识到，那是一个感人的、果敢的声明。在全英各地，人们都围坐在收音机旁，焦急地等候收听那篇公告。公告结束，国歌响起，人们都站了起来。在当时的伦敦，超长的防空警报第一次响起，导致了大范围的混乱。[49]

223　当天下午早些时候，杰克、基克、小约三兄妹和母亲一起坐在英国下议院旁听席上，聆听张伯伦声音低沉的演讲："一直以来，我为之奉献的一切，我所希望的一切，我担任公职以来所相信的一切，都化成了灰烬。我能做的事只剩一件：奉献我拥有的力量和权力，促成我们已经做出如此多牺牲的事业走向胜利。"[50]

大使夫人深受触动，这与她丈夫早前收听无线电广播时感动不已完全一样。张伯伦演讲结束后，大使拨通了唐宁街 10 号英国首相府的电话："内维尔，我刚刚收听了广播。我感动到不能自已。……我们没能阻止世界战争，对此我深感愧疚。"对约瑟夫再次出手，以及他坚定不移的支持，张伯伦表示了感谢："我们已经尽我们所能，做了该做的一切，然而，我们似乎失败了。……谢谢你，老约，咱们都好自为之，对你长期以来的帮助，我表示诚挚的谢意——再见——再见。"[51]

约瑟夫当天的日记主要还是围绕上述内容，在他笔下，张伯伦的广播讲话如此感人，差点让他哭出来。"我密切参与了这场斗争，因此我也看到自己的希望破灭了。"不过，英国领袖可以昂首对外宣称："这是件难以细想的事，不过，这场战争一定会向世界证明，为了全世界，尤其是为了英国，张伯伦做出了何等了不起的贡献。"后边的内容也来自约瑟夫的日记：十一个月前，由于在慕尼黑会议期间制止了战争，张伯伦让英国官方得到宝贵的一年时间重整军备，并赢得民众的支持。[52]

然而，在 9 月那个非同寻常的日子里，杰克从另一场演讲里感受到更大的鼓舞。当时温斯顿·丘吉尔以英国海军大臣身份进入内阁。张伯伦讲话结束后，丘吉尔动作迟缓地从后排椅子上站起来。他的讲话仅持续了四分钟，不过，他的一番话让年轻的美国人——以及议事厅里的许多人——怔住了。丘吉尔严肃地宣称，谁都不能低估人类面临的挑战会有多大，或责怪首相因制止战争失败而感到

悲哀，还好，为了证明自己在挑战面前可堪大用，一代英国人已经
挺身而出。

> 这原本就不是为但泽而战的问题，或者为波兰而战的问
> 题，我们是在为拯救全世界，让世界摆脱纳粹瘟疫而战，为捍
> 卫对人类来说最神圣的东西而战。这不是一场为了控制、为了
> 帝国的扩张、为了争夺物资的战争；也不是让任何国家失去阳
> 光、失去进步手段的战争。就其内在性质而言，这是一场让个
> 人的权利建立在磐石之上的战争，是树立和恢复人类声望的战
> 争。……我们确信，人类的自由会掌握在这样一些人手里，他
> 们不会滥用自由，他们不会将自由用于阶级或党派利益，他们
> 会珍视和捍卫自由。我们希望，有那么一天，我们必须信心十
> 足地希望有那么一天，人类的自由和权利会回归，那时候，从
> 未体验过自由和权利的各国人民都能有幸与我们一起分
> 享它们。[53]

同一个剧本在柏林上演，演出的却是不同的戏码。希特勒决意
想要的世界战争肯定不会很快实现，这似乎成了现实。9 月 3 日那
天一早，希特勒的首席翻译保罗·施密特（Paul Schmidt）携带英
国的最后通牒文本来到帝国总理府。有人将他领到希特勒和里宾特
洛甫面前，施密特为他们二人慢慢读了一遍文本，小心翼翼地将每
一个词都念清楚。"我念完时，"施密特在回忆录中写道，"屋里静
得没有一点声音，希特勒一动不动地坐着，凝视着前方。"时间滴

224

答滑过，那静谧好像令空气凝固，正在此时，元首转向里宾特洛甫，火急火燎地问：“现在该怎么办？”新闻主管奥托·迪特里希（Otto Dietrich）等下属在回忆希特勒对英国最后通牒做出的震惊反应时都做了同样的描述。当天晚些时候，宣传部部长约瑟夫·戈培尔到达总理府之际，他看到的是，希特勒被英国人下决心开战气疯了。没人会想到把部队从波兰撤回来。当天晚上，法国跟随英国向德国宣战，德国元首反复念叨着，他坚信，两个西方列强的威胁空洞无物，谁都不想真的开启军事行动。[54]

在华盛顿，通过与柏林、华沙、巴黎、伦敦各使馆官员们近乎不间断的联络，罗斯福政府一直紧盯形势的演变。华盛顿时间 9 月 3 日清早，英国刚刚宣战，罗斯福总统便接到约瑟夫·肯尼迪的电话，后者已经陷入绝望，并且说新的黑暗时代已经降临欧洲，那意味着“世界的末日……世间万物的末日”。总统则对约瑟夫说了一番安慰的话。[55]当天晚上，富兰克林·罗斯福发表了“炉边谈话”，他在广播中告诉全体美国国民，美国将会在欧洲冲突中保持中立，不过，他不会要求每一个美国人做判断时也保持中立——他小心翼翼地修改伍德罗·威尔逊总统 1914 年发出的请求：无论是在思想上还是行动上，美国人都应当保持不偏不倚。

在当晚的伦敦，人们的神经高度紧张，市民们每时每刻都在等待德国轰炸机出现在天空中。伦敦城已经开始实施夜晚灯火管制，整座城市笼罩在令人难以忘怀的静谧里。大多数市民待在自己家里，在灯火管制的黑暗中通过收音机收听英国广播公司（BBC）的广播。“在黑暗的伦敦大街上行走，有种怪异的感觉，”这是基克·

225

肯尼迪笔下关于灯火管制效果的描述，"实际上人们都在摸索前行，伸出的手指会突然碰到一根灯杆，一个头戴钢盔的身影会斜倚在灯杆上，身子一侧还挂着个防毒面具。在黑暗中过马路，必须依照头顶一闪一闪的绿色小叉叉指引。中途还必须停下来看看穿行在街上的为数稀少的汽车，因为车灯都做了灯火管制处理。……灯火通明的饭店和夜总会都不见了，那些地方成了死气沉沉的建筑，各建筑物周围堆满了沙袋。"[56]

午夜刚过，2 点 30 分，一名助手致电肯尼迪大使，告诉他一个令人震惊的消息：英国宣战 17 小时后，一艘德国潜艇用鱼雷击沉了英国邮轮"雅典娜"号（SS Athenia），那艘邮轮的目的地为加拿大，船上载有 1300 名游客，包括 300 名美国人。那艘没有武装的邮轮被爆炸撕裂，沉没在赫布里底群岛（Hebrides）以西某个地方。惊醒后的约瑟夫下达指示，尽快整理出一份乘客名单。（由于到手的名单都不完整，数周后，最终数字才得以确认：112 人死亡，包括 28 名美国人。）黎明前，约瑟夫走进门厅，叫醒了杰克。在埃迪·摩尔的陪同下，年轻的杰克急匆匆地赶往苏格兰。许多获救的乘客被带到了格拉斯哥（Glasgow），大使希望杰克作为他的代表前往现场。由于工作量巨大，使馆的常规馆员都在超负荷工作，他没有另外的人可派遣。

杰克·肯尼迪到达贝雷斯福德酒店（Beresford Hotel）时，等候在那里的人群强烈要求告知他们究竟发生了什么，还要求在再次踏上穿越大西洋之旅时得到保护。"我们要求护航！"杰克刚一露面，那些人向他喊道，"没有护航，我们拒绝登船！"一些人还向他挥拳头。根据伦敦发行的《晚间新闻报》（*Evening News*）的报道，在应对各种提问和表示理解的同时，那年轻的美国人表现出一种"孩童般的魅力和自然流露的善良"，还有一种"两倍于他的同龄人才有的智慧和同情"。杰克引用罗斯福的话说，没必要护航，因为德国不会袭击美国船只，他还告诉乘客们，他们不能指望回家途中由军队提供保护，这立即引发了一片喊声："碰上潜艇怎么办？不能相信德国海军！不能相信德国政府！"杰克保持着镇静，坚持着自己的立场，努力让那些人在喧嚣中能听到他的声音。"在国际法框架下，悬挂美国国旗的船只都是安全的，"他坚持说，"中立国的船只是安全的。"① 接着他又说，他最多只能做到将他们的担忧转告他父亲。经他这么一说，屋里的紧张气氛似乎得到了缓解，人们也安静了下来。在格拉斯哥时，杰克前往几家地方医院看望了一些受伤的美国人，由于沉稳且可靠，举止谦恭且平易近人，他赢得了人们的尊重。一名记者将他称为"仁爱大使"[57]。

226

亲眼所见让杰克深受触动。"人们受到惊吓本身会让返回美国的旅程不堪忍受……因为他们肯定会有一种感觉，美国毫无必要地将他们暴露在这件事里。"在写给父亲的信里，他据理力争，想为搭载"雅典娜"号幸存者返回美国的某艘或数艘船只提供护航。[58]

返回伦敦后，有人安排杰克负责幸存者的回国事宜。这工作让

---

① 战后人们才得以确认，击沉"雅典娜"号邮轮源于一个错误；一个急于立功的德国潜艇指挥官将那艘民用船当成了英国皇家海军的辅助巡洋舰。——原注

他在英国的时间超出了原计划的时长——9月19日，载着大约400名"雅典娜"号幸存者的美国"奥里萨巴"号（Orizaba）运输船离开格拉斯哥开往纽约——因而他写信给哈佛大学，请求将他秋季学期的注册时间推迟一些，学校批准了他的请求。杰克原打算9月29日回到学校，不过，在最后一刻，他意外地得到了泛美航空公司"迪克西飞剪"号水上飞机的一个座位，那是一艘四引擎的"飞船"，当年夏季刚刚投入跨大西洋客运服务。9月20日，像个巨大的金属鸭子一样的飞机从爱尔兰福因斯港（Foynes）起飞，经纽芬兰中转，于第二天俯冲到了纽约的华盛顿港。根据《波士顿环球报》的报道，在"迪克西飞剪"号上，杰克"受到全体旅客的普遍欢迎，并非因为他是肯尼迪大使的儿子，而是因为他本人聪明、有趣、乐于助人"[59]。

那是一次惊艳的为期七个月的海外之旅，它比杰克之前预料的更重要、更多事，毫无疑问，当年杰克比哈佛大学任何一名三年级学生获得的经验都多——或者说，比任何年级的学生获得的都多。他从教皇手里接受了圣餐，与伊丽莎白公主一起喝了茶；在伦敦和巴黎，他接触了高层的外交公文；在慕尼黑，他受到纳粹强硬分子的盘问；在巴黎以南，他翻了车，并幸存下来；他访问了波兰和苏联；他还向南去了土耳其、北非、中东；他穿越德国防线，访问了被占领的捷克斯洛伐克，在携带一份机密文件返回伦敦前，也即战争爆发前夜，他还多次进出德国；在9月3日那个历史性时刻，他还现身英国下议院；最重要的是，英国参战第一天，他以公众人物身份在公开场合首次亮相，处理远洋邮轮沉没事宜。

自小约翰·昆西·亚当斯以来，没有哪位美国总统像杰克一样，如此年轻就有了这样的经历和历练。那段经历留下了印记，强化了他对外交政策和世界事务的热爱，而且一生从未放弃，他也因此完成了向成年的过渡。[60]

眼下，22岁的杰克回到了哈佛大学温思罗普宿舍区，再次回归大学生身份，并且将精力都集中到他面临的主要任务上：将他这次规模宏大的海外之旅所经历的和所学到的变成一篇有价值的毕业论文。杰克要做的事无人提前知晓，不过，就在这个地方，在父亲的慷慨帮助下，约翰·菲茨杰拉德·肯尼迪将要做出某种不同凡响的事，让自己再次闻名。

第九章

当下的历史

完成规模宏大的海外之旅后，杰克·肯尼迪于 1939 年 9 月回到了哈佛大学。第一眼望去，校园里似乎跟往常一模一样。新来的一年级学生们在校园里闲逛，装作漫不经心的样子，还尽量显得没有迷路；返校的高年级学生们则三三两两或形单影只地坐在一棵棵树下，以及怀德纳图书馆外的台阶上吸烟。其他人则懒洋洋地伴着拉德克利夫女子学院的女孩们走到河边，四仰八叉地躺在绿草茵茵的岸坡上，赛艇队的队员们有节奏地操纵着船桨，划着船只从水面掠过。

然而，每个人都清楚，一切都不一样了。德国已经入侵波兰，而且，英法两国的回应是向侵略者宣战。那意味着，二十年前第一次世界大战结束时建立的国际体系实际上已经终结，世界又回到了全球冲突中。欧洲秩序及世界秩序在数天内即被打乱。即便杰克的一些哈佛同学无法理解希特勒非同凡响的赌局的全部含义，每个人也都能感觉到，一个历史时刻已经到来。世界政治已经偏离方向，而新的目的地尚未出现。

在纽约某处路边，"在52街的一个下等酒吧里"，美国诗人　229
W. H. 奥登（W. H. Auden）"1939年9月1日诗"的灵感不期而
至，以下为那首诗的部分内容：

> 愤怒和恐惧一浪又一浪
> 回旋在光明
> 与黑暗的大地上，
> 扰乱我们的私人生活；
> 无以名状的死亡气息
> 侵袭着九月的夜晚。[1]

虽然杰克近距离亲眼见证了战前欧洲情势的演变，但无论是
在"斯皮俱乐部"，还是在温思罗普宿舍区，没人把他那段经历
当回事。他和托比·麦克唐纳搬进了温思罗普宿舍区的一个双人
套房。"这边的每个人都在兴高采烈地热议战争态势，都忙着奔走
相告实际态势是怎么回事，"杰克返校第一周寄给父亲一封冷静客
观的信，"所以我觉得，既然在这边能知道更多，我根本不该去你
那边。"[2]

随着新学期的开始，德国对波兰实施闪电战成了各报的头条新
闻。波兰人殊死抵抗，他们顽抗到底和拼死保卫华沙时显示的力量
让德国国防军大吃一惊。9月15日，德军最高统帅部宣称，波兰首
都已经陷落。不过，这消息宣布得过于仓促，城市周边的顽强抵抗

一直持续到 9 月 27 日，还给德国人造成了重大伤亡。想让波兰人坚持长久一些的所有希望在 17 日那天灰飞烟灭，根据与柏林方面达成的一项秘密协议，苏联从东边攻入了波兰，当时西方盟国却做了灾难性的明确表态，他们不会履行那些郑重宣布的帮助波兰进行防御的义务。（波兰领导人满怀希望地参战，他们以为，只要能坚持 15 天，法国人就会在德国西边发动大规模进攻。）最后一支波兰部队坚持到 10 月 5 日才屈服，同一天，希特勒进入华沙，参加胜利游行。

　　9 月 1 日那天，德国坦克群滚滚向前，冲破波兰边境之际，哈佛大学校长詹姆斯·柯南特正在新罕布什尔州度假。过去数年来，在美国强大的孤立主义潮流冲击下，柯南特感到自己越来越孤独，他也越来越相信，希特勒想做的远比修改凡尔赛解决方案多得多——他追求的是控制整个欧洲。随着纳粹分子粉碎了言论自由，继而还迫害犹太人，早前柯南特还是年轻的研究员和科学家时，他所熟悉的开明的、文化富足的德国已经彻底改变。不过，他一直谨言慎行，作为哈佛大学校长，他心里清楚，他每说一句话，都会引起某种反应。"作为一家机构的负责人，有 8000 名年轻人受我领导，如果国家陷入战争，他们可能会被打死，而我不会，所以我不能说太多，"柯南特 9 月 7 日写信给阿奇博尔德·麦克利什，"我不喜欢眼下我陷入的道德困境，不过，在全世界都悲伤的一些时刻，我个人的感情无足轻重。"随着时间一天天过去，德国人继续进攻，柯南特再也无法保持沉默了。9 月末，在哈佛大学纪念教堂（Memorial Church）的讲坛上，他对哈佛学子们说，"我们的每一份同情心"必须给予那些抗击纳粹分子的人。美国不能隔岸观火；恰恰相反，美国的反应必须"不仅支持人类验证自由制度的实验，也支持人类相信理智生活的能力——简言之，支持我们姑且将其称为现代文明的东西"[3]。

坐在教堂长椅上的听众里的一些人点头表示赞同，不过，也有相当一部分人表示怀疑。许多学生更倾向于遵从约瑟夫·P. 肯尼迪所说的路线，而非柯南特的路线——换句话说，他们认为，这是一场欧洲国家间的争斗，美国不应参与其中，即使不这么想，行动上也无疑必须这么做。在他们眼里，美国介入第一次世界大战，根本没带来承诺的结果——世界没有变得"为了民主而安全"，更不用说"终结一切战争"了——他们不想再受那些灰发老头的欺骗，掉进一场残酷的战争里，因为那些老头可以安全地远离一个个鲜血染红的战场。数周后，对1800名哈佛大学学生进行的一项调查显示，95%的人"反对美国很快介入"这场冲突；"即便英国和法国战败"，78%的人仍反对干预。另有微弱多数人赞同与纳粹德国"立即开和平会议"。[4]当年的学生报纸《深红报》由杰克的同学、"斯皮俱乐部"成员布莱尔·克拉克负责，报纸倡导的也是这一路线：即使预见德国人的胜利，也要拼命反对美国介入。（该报的文章称："我们真的决心不惜一切代价实现和平。我们打算竭尽全力抵制如后说法：为'挽救文明'，或更进一步，为'挽救民主和自由'，美国必须干预。"）[5]

在教师队伍里，思想分歧非常大，尽管如此，与学生相比，教师更倾向对外干涉；包括杰克的教授们在内，他们中许多人看问题像柯南特一样，支持美国向英国和法国提供强有力的援助。根据《深红报》的报道，佩森·怀尔德教授公开抨击《中立法》太过落伍——怀尔德的看法是，唯有给予那些欧洲民主国家自保的办法，美国才能置身事外。阿瑟·霍尔库姆给哈佛大学学生会开讲座时说，相信美国会保持中立是愚蠢的，华盛顿"一定会就应该把影响力施加给哪一方做出决定"。与此同时，杰克的辅导老师布鲁斯·霍珀提醒人们，要注意富于侵略性的扩张主义者日本在远东的崛起。威廉·埃利奥特教授也发出了同样的警告，他还提醒人们，"当下停战一定会强化意大利人和德国人在欧洲的地位"，那么做"对美国来说一定是灾难性的"[6]。

　　杰克本人也参与了那场论战，他为《深红报》写了篇社评，标题为《我们时代的和平》，文章很大程度上重复了他父亲的立场。文章称，波兰的战败无论多么令人遗憾，都应当被忽略，罗斯福总统应当"调动所有官方机构去实现……和平"。英法两国都渴望结束战争，但其中任意一方目前都不处于向柏林直接提议的地位，唯有罗斯福处在这么做的有利地位。其他选项或许更具灾难性，对英国而言更是如此。"英国完全有可能——极有可能——被打败。在最好的情况下，英国也只能眼睁睁看着自己的所有工业重镇遭到摧毁，以及各种投资累积起来的巨额财富蒙受损失。……最糟糕的情况是，英国只能忍受极端的政治和经济羞辱。"文章并不否认和平协议一定会涉及"对希特勒王国的许多重要让步"——例如全面控制波兰，东欧其他地区的自由经济措施，许多殖民地的重新分配——不过，杰克反问道，还有其他选择吗？此外，作为对这些让步的交换，如果"可以让希特勒裁军，对那些民主国家而言，胜利同样伟大。希特勒主义——作为外交武器的强盗行为——也会销声匿迹，欧洲也可以再次轻松呼吸。英法两个帝国仍会保持基本完好。我们时代的和平会随之而来"[7]。

这是一种过于天真的说法，尤其是这种说法来自一个年轻人，他刚刚近距离目睹了欧洲的危机。与老约相比，杰克对世界政治的掌握更细致。在他笔下，张伯伦的绥靖政策好像没有遭受致命打击，希特勒的各项行动好像也尚未打破人们的如后期盼：他可以被说服，实施裁军。该文还谴责了有可能是针对绥靖提议的批评，好像它是基于情绪，而非"真实的现实"，但同样的责难也可以用来对付作者本人。

促使杰克沿着这些思路参与争论的原因究竟是什么，至今还不是特别清楚。毫无疑问，对父亲表忠心是个原因。另外，杰克赞同当时流行的失败主义，那不仅在大使的评估报告里很典型，其他许多观察人士同样持此观点，他们认为英法两国根本无法与德国战争机器抗衡。（如今人们很难想起，1939 年到 1940 年，那种观点多么普遍。）杰克坚信，美国应当采取重大准备措施，不过，也应当避免在军事上卷入欧洲的争斗。后来的一些作家从那篇评论里看出了杰克的叛逆，以及他展现的独立性，尤其是在推动美国进行外交干预方面。[8]不过，从那年秋季《深红报》那篇评论文章的立场看，这似乎有些牵强。而流行于哈佛大学学生中的两种观点大致符合杰克的观点。最多可以这样说，他站到了一些教他的教授和柯南特校长的对立面。

232

　　不幸中的万幸是，杰克可以认为自己是幸运的，因为《深红报》刊登的所有评论都不具名。不然，杰克第一次尝试公开发表政治评论肯定会成为让他追悔莫及的尝试。

‖

　　后悔是后来的事，文章公开发表时，杰克对自己的成果很满意，他还把这想法告诉了父亲。[9]反过来说也一样，看到二儿子为哈佛大学《深红报》写文章，作为父亲，约瑟夫感到的是骄傲，他还感到了个人的满足，因为杰克的论点与他的论点近乎一致。老实说，这正是他当时急需的一剂补药，因为对他来说，1939 年秋季，其他方面面尽是悲惨。敌对状态刚开始，约瑟夫已经将大多数家人送回国，他一个人留在伦敦备受煎熬。[战争初起时，罗斯玛丽留在了英国圣母升天修道院学校（Assumption Convent School），那所学校位于伦敦西北 50 千米开外的赫特福德郡贝尔蒙特之家（Belmont House），刚刚重建好。]到英国第一年，约瑟夫和罗丝收到的晚宴邀请函如雪片般纷至沓来，如今他收到的邀请既稀少又罕见；所以，许多夜晚，约瑟夫都是孑然一身。那种孤独感压在心头，让他备感郁闷，使他原本灰色的世界观更加灰暗。

233　　　“对当前的态势，我的观点没有任何改变，”约瑟夫 10 月 13 日致信小约和杰克，“我认为，对世界上每个国家而言，如果这场战争继续下去，无论是财政方面、经济方面还是社会方面，都将是一场大灾难。持续的时间越长，就越难做出任何像样的重新布局。”

约瑟夫还向阿瑟·克罗克表达过更深的忧虑："如果这场战争就这么持续下去，对这个世界的未来，没人会比我更加悲观。"[10]

约瑟夫可以感觉出，身边的人们都在为他憎恨的战争做着各种准备：一些公园密集部署了高射炮，以及指示防空洞所在方位的黑色大箭头。由于情势变化，此前他与内维尔·张伯伦政府结下的密切关系正在迅速疏远：英国正处在交战状态，排除了此前与希特勒进行谈判的可能性；而约瑟夫仍然坚信，德国一定会赢，美国不能介入。他坚定地认为，英国荣光的日子早已成为过往，他告诉罗斯福，他看到了"这里人群和机构中的腐朽迹象，即使不是堕落迹象。……当下美国人脑海里的民主，在战后的法国和英国将不复存在，无论哪一方获胜或失败，结果均将如此"。正因为如此，"我们［国内的人］应当克制情绪，不要感情用事，关照好我们的根本利益"[11]。毫无例外的是，这些评估报告都回到了英国首相府及英国外交部，9月以来，英国外交部专门为约瑟夫设立了一个"肯尼迪卷宗"。

这一卷宗随后被保密了数十年，对大使的绝望，这一卷宗提供了如后多种解释：第一，他的爱尔兰裔美国传统让他愿意"看到英国雄狮被激怒"；第二，他与生俱来的悲观的世界观；第三，由于查尔斯·林德伯格和小约等人的报告，他接受了德国空军不可战胜的观念；第四，他高度聚焦于"各种事物的经济层面"，这让他没有能力"看到像现在这样一场战争中无法估量之事物的决定性作用，这个可怜人"。美国记者威廉·希尔曼（William Hillman）是约瑟夫的朋友，他告诉英国外交部的联系人，约瑟夫是个"自称是天主教徒的人，他厌恶布尔什维克主义，也厌恶希特勒和希特勒主义，其实也不尽然。不过，他也是个白手起家之人，经历过贫困，而且不想再次经历贫困"。希尔曼说约瑟夫经历过贫困显然是个错误，不过，总体上，他的评估基本属实。希尔曼进一步说，"破产和失败"的前景已经在大使的头脑里扎了根，导致他对理性形成了免疫。[12]

234　　英国外交部发给新任驻美大使洛希恩勋爵菲利普·克尔（Philip Kerr，Lord Lothian）一封电报，报文对前述新出现的分析总结如下：

> 与某些人单独谈话时，约瑟夫一直采取一种非常失败主义的态度。我们收到的报告称，在这些谈话里，他的总体思路是，在战争中，英国注定会战败，考虑到英国的财政劣势，尤其会如此。……约瑟夫竟然会采取这样的态度，让人非常遗憾，无论如何，当下我们不建议深入探讨这一问题。不过，经过慎重考虑，我们得让你知晓他这种不负责任的言论，万一有必要，我们会通知你在适当场合发表一下看法。另外，或许你会听到对他这一说法的附和，你可追踪这些议论的出处。[13]

对约瑟夫视野之狭窄，英国国王同样表示了愤怒。"很大程度上，他是从财政和物质视角看待这场战争的，"9 月 9 日，会见约瑟夫后，国王乔治在日记里写道，"他不明白的是，从金融观点看，东南欧对我们没有好处，既然如此，我们为什么不把它拱手让给希特勒。他好像无法理解，这个国家是欧洲的一部分，他也无法理解，像警察一样行事，捍卫那些小国的利益，对我们非常重要，那些巴尔干国家也有国民精神。"[14]

约瑟夫还意识到，在华盛顿，他的影响力同样在进一步减弱。9 月，他敦促罗斯福发起盟国和纳粹德国参与的谈判（他的说法是："在我看来，当前的形势一定程度上有可能自行解决，总统本人或可在其中扮演世界救世主角色"），反遭国务卿科德尔·赫尔的严厉斥责："本届政府认为，只要目前的欧洲局势持续下去，就不存在由美国总统出面采取和平行动的任何机会或场合。"罗斯福私下里将约瑟夫的请求称为"迄今我收到的最愚蠢的信息"[15]。

鉴于罗斯福长期以来一直在考虑外交斡旋，前述说法就非同寻常了，不过，这说法道出了他们二人之间巨大的鸿沟。约瑟夫一直摆脱不掉阴暗心理，以及对未来的恐惧，这让总统非常生气，他对亨利·摩根索抱怨："老约是个和事佬，而且永远都是和事佬。"大使坚定地反对任何形式的军事干预，与之形成对比的是，罗斯福越来越偏向相反观点：唯有战争才能终止让人无法忍受的、邪恶的政权。美国也许暂时能避免交战状态，不过，总统认定，他领导的国家有必要向法国和英国提供大量援助。罗斯福宣称，美国人民不可能"围绕这个国家画一条防御线，然后将自己完全封锁起来过日子"。罗斯福说，1807 年对英法两国实施贸易禁运时，托马斯·杰斐逊（Thomas Jefferson）和国会就没玩转这一套，因此现如今我们也玩不转。美国不可能将自己与世界大战隔绝。[16]

罗斯福面临的麻烦是，许许多多美国人像约瑟夫·肯尼迪一样看问题：他们真的相信，国家可以——也应该——将自己与海外冲突隔绝。在许多情况下，观察人士掌握的信息越多，反而越赞同大使的说法：英国根本不具备占压倒性优势的军事实力。德国实在太强大了，那意味着，美国必须让自己适应新的现实。约瑟夫对英国战争态势进行的谨慎分析，以及坚持美国应当冷静地保留行动自由，那年9月出版的《时代》周刊在封面文章中曾经对此给予高度评价。

"从某一角度看，"那篇文章热情地写道，"约瑟夫·肯尼迪是美国商人的公分母——'安全'，'走中间道路'，内心深处就是个马贩子，目光犀利的那只眼睛紧盯市场，另一只温情的眼睛守护着自己的孩子们。只不过他是个超级公分母，遵循常识到极致，精明得像个贼，务实的程度唯有小银行前总裁能做到。身为肯尼迪大使，他的处世态度和商人肯尼迪一模一样。凡遇困难，他总会问：我们在哪儿脱身？"[17]

同月，罗斯福提议修改历年通过的《中立法》，他的理由是，这几项法案太僵化。他特别想让权威机构做个裁决：参战双方的哪一方是侵略者，哪一方是受害方；是否应该给予援助，如果是提供援助，只要英法两国用自己的舰船运输，就应当向其出售军火。不过，孤立主义者起身奋力反抗，誓死也要阻止罗斯福，他们的大本营就是美国参议院，尤其是那些来自西部和中西部的议员团。爱达荷州共和党人威廉·博拉（William Borah）是反对派里的中坚分子，由于口才极好，他广受人们崇拜。他通过各广播频道发出警告，绝不允许修改中立法规。同样反应激烈的还有蒙大拿州民主党人伯顿·K.惠勒（Burton K. Wheeler）、加利福尼亚州共和党人海勒姆·约翰逊（Hiram Johnson）、北达科他州共和党人杰拉尔德·奈（Gerald Nye）。查尔斯·林德伯格在全美三大广播公司里也在做

同样的事。他用调门极高的、尖细的嗓音宣称，德国对美国民主不 236
构成威胁，而且，德国有权对《凡尔赛和约》的某些条款进行修
正。现阶段向西方列强输送武器和弹药不会带来胜利，反而会将美
国拖入欧洲没完没了的斗争，这么做必定会威胁到美国民主的生存
根基。林德伯格的口吻与约瑟夫·肯尼迪的口吻如出一辙，他提醒
数量庞大的广播听众，应当用冷静的眼光看待全球危机，绝不允许
"我们的感情、我们的怜悯、我们的各种同情心模糊这一问题，
［或］影响美国孩子们的生活。我们必须像手持手术刀的外科医生
一样不受情绪影响"[18]。

　　林德伯格还补充说，最重要的是，对干预的代价，美国人都不
该抱有任何幻想。仅仅向盟国提供军火是绝对不够的，美国地面部
队会不可避免地紧随其后。"我们有可能损失 100 万人，也有可能
达到好几百万。……如果孩子们在有生之年能看到战争结束，就算
万幸了。"[19]

　　在接下来的一次广播讲话中，林德伯格像纳粹一样呼吁种族团
结。他宣称，美国与欧洲的关系就像"种族纽带，而非政治意识形
态纽带"。他随后解释说："我们必须维护的是欧洲人种，政治进步
次之。种族力量至关重要；至于政治，那是奢侈品。如果白种人真
的受到严重威胁，到那个时候，才会轮到我们出面保护，与英国
人、法国人、德国人并肩作战，而不是为了相互摧毁，相互之间
作战。"[20]

　　对许多人来说，飞行家在这个问题上说得太过分，因而在媒体
中遭到激烈的谴责。不过，在孤立主义运动里，人们对他的认同感

让众多白宫分析人士深感担忧，他们深知，在草根选民中，他有不俗的号召力。作为回应，行政当局召来了自己的重量人物，包括赫伯特·胡佛总统时期的国务卿亨利·史汀生（Henry Stimson）、1936年总统大选期间共和党候选人艾尔弗·兰登（Alf Landon）的竞选伙伴弗兰克·诺克斯（Frank Knox）。哈佛大学校长柯南特也多次为此发表讲话，白宫还得到联合专栏作家、著名女记者多萝西·汤普森（Dorothy Thompson）的支持，她的专栏文章由全美150多家报刊转载，她每周还在美国全国广播公司（NBC）主持一档广播节目。堪萨斯州出版的《恩波里亚宪报》（*The Emporia Gazette*）的著名编辑威廉·艾伦·怀特（William Allen White）也是团队成员，他朴实无华和言简意赅的分析文章是美国腹地的重要声音。多萝西·汤普森的谴责最不留情面，20世纪30年代伊始，作为驻德国和奥地利的外国记者，她近距离见证了希特勒的崛起，因而对那个人以及他的政权生出了极度的厌恶。她的专栏文章接连谴责元首，谴责西方列强的软弱回应，每次出席晚宴和其他社会活动，她常常火力全开。她丈夫辛克莱·刘易斯（Sinclair Lewis）是获得过诺贝尔文学奖的小说家，他曾经打趣说："如果我跟多萝西离婚，我会指定阿道夫·希特勒当共同被告。"[21]

　　赢取美国民众支持的战斗仍在进行中，在一段时间内，孤立主义者的活动似乎全面占了上风——一名共和党参议员收到了1800封信，仅有76封信支持撤销《中立法》里的武器禁运条款。不过，白宫官员们有理由从其他统计数字里看到希望。虽然大多数美国人坚持认为不参战很有必要，但绝大多数人（一次民调给出的数据为

85%）希望看到英国和法国获胜。其他几项调查数据显示，希望给盟国援助的人和不希望施予援助的人，以及乐见批准向交战双方销售武器的人所占比例差不多相同，后一类人的条件是现金支付和货物自提。这正是罗斯福需要的良好开端，他可以据此力争，新政策可以为美国带来工作机会。11 月上旬，白宫得到了想要的东西：废除武器禁运，以及一部授权在现金支付和货物自提基础上向交战双方销售武器的新法律，那意味着，买方要自己派船从美国各港口拉走采购的货物。[22]

这一切好像还不能让约瑟夫·肯尼迪足够悲哀，随后又出现了一件让他备感失落的事：英国海军大臣温斯顿·丘吉尔在伦敦和华盛顿两地同时崛起，他还可能取代张伯伦成为英国首相。约瑟夫有所不知，早在 9 月，罗斯福就绕过他开通了与丘吉尔直接交流的秘密渠道。信函通过外交邮袋转交，密封之后，美英双方各自的使馆都不能拆封。[23]三周过后，听说这一联络方式的约瑟夫备感愤怒，他在日记里记述道，这种秘密的通信方式恰恰是"罗斯福纵容想法的又一个例子，这说明他永远都不知道如何管好身边人的运作。用这种方式对待他任命的大使，让人恶心，我觉得这也会让其他人认清他的人品。我对此深感厌恶"。更让约瑟夫恼火的是，总统竟然会信任丘吉尔。约瑟夫认为，丘吉尔是哗众取宠和老奸巨猾之人，妄想将美国拖入战争，且痴迷于此。"他只是个演员、政客。他永远给我一种印象，只要能把美国拖入战争，他就会把美国使馆炸掉，然后说是德国人干的。也许我这么说对他不够公正，不过我一点都不信任他。"[24]

让约瑟夫不胜其烦的是，关于他的各种小事，丘吉尔从来不上心。两人每次见面，那英国人毫无例外会邀请他喝一杯，他总是忘记，约瑟夫极少碰酒精饮料。与此同时，丘吉尔拒绝为大使的禁忌放弃自己的嗜好。有一次，约瑟夫直截了当地说，他发誓在整个战争期间不再喝酒抽烟，丘吉尔则嘟囔了一句："我的天，你让我觉得，我好像得穿一身破衣，弄一身灰，以示哀悼或忏悔。"说完，他又给自己斟了一杯白兰地。[25]

约瑟夫越来越被边缘化，他只好转向家人寻求支持。他珍视与小约、杰克、罗丝的各种交流。小约当时是哈佛大学法学院的学生，他告诉老约，"家里所有人一致赞成远离战争"。杰克还在哈佛上学。罗丝当时回到了布朗克斯维尔社区，她提醒约瑟夫注意精神健康问题。（"我一直在祈祷很快能跟你见面。别忘祈祷，别忘去教堂，在我一生中，这么做对你我非常重要。"）每到周日，罗丝会让在家的孩子们排好队跟爸爸说话，穿越大西洋的保密线路允许他每周用这种方式跟家人通一次电话。约瑟夫从女儿基克那里听说，莎拉·劳伦斯学院拒绝了她的入学申请，她将前往位于曼哈顿的芬奇学院（Finch College）上学；她心里仍然想念比利·卡文迪什，美国追求者无以计数，她都看不上。关于回美国后的心态调整，基克在信里告诉父亲："那是出国才会感觉到的奇妙事：希望看到事情有变化，然而什么都没变。"[26]

约瑟夫还专门做出安排，定期前往赫特福德郡看望罗斯玛丽，有时他亲自前往，如果因为公务脱不开身，则由摩尔先生和摩尔夫人代为看望。[27]那所学校的亲自动手和个性化的蒙氏教育似乎让罗斯

玛丽成长迅速。9 月，21 岁生日那天，罗斯玛丽感慨道："这是我
到过的最最特别棒的地方。"① 学校的教师团队知道她有残疾，由
约瑟夫出资，专门为她配了个助手；并向约瑟夫和罗丝汇报说，罗
斯玛丽似乎很满意，只不过偶尔会突然爆发，大发脾气，见人就
打，包括低年级的同学们。对听到的消息，约瑟夫很是欣慰，他给
学校添置了一部电话，以及一套灭火装置，以便出现轰炸时使用。　239
这些措施让他觉得内心平和，学校管理层对他说了一箩筐"感激不
尽"。为了让罗斯玛丽感觉环境变化，约瑟夫安排专人陪同，让她
时不时来使馆过周六和周日。[28]

　　世界那么大，肯尼迪夫妇偏偏在战时的英国为大女儿找到了合
适的安身处——一所位于田园诗那样的环境里的迷人的女修道院学
校，那里的教师队伍采用的教学方法恰如为她量身定做的一般。
"很明显，这成了适合罗斯［玛丽］的理想生活，"约瑟夫 10 月 11
日在给妻子的信中写道，字里行间流露出他内心的狂喜，"她感觉
幸福，看她的样子，比她有生以来任何时候都好，一丁点孤独感都
没有，她特喜欢看其他几个孩子在信里跟她说，她在那边真是太幸
运了（告诉他们就这样给她写信）。"那封信的后续部分突然出现
了令人不安的内容：甚至有这种可能，应该让罗斯玛丽留在赫特福
德郡，"时间是无限期，到时候我们大家都定期过来看她，我们肯
定会这么做。像这样为她着想，我已经想了很久，我坚信，这就是
答案。为了她，也为了我们大家，她绝对不能再回家了"[29]。

―――――――――――――――――――

　　① 原文为"the most wonderfulest place"，她的形容词最高级用法有误。——编注

罗斯玛丽则特别渴望父母的爱和支持。"她总是特别想你们，爱你们深如海，"在 12 月的一封信里，学校的大嬷嬷提醒罗丝，"［她］喜欢读你们的信，［还］喜欢征求你的同意，［以及］她父亲的同意。"老师们还说，最让罗斯玛丽开心的莫过于跟父亲在一起。"星期五来看我，实在实在太感谢你，"1940 年初，她在父亲看望她后写给父亲，"你是大宝，我希望你喜欢这里的一切。……妈妈说我是你的开心果。永远不想离开你。那好，爸爸，我很荣幸，因为你选择让我留下。"

在信的结尾处，罗斯玛丽还补充道："我太喜欢你了。还有，特别爱你。对不起，想到嫌你胖。想——"[30]

III

当时身在剑桥地区的杰克已经在重新思考他写的社评《我们时代的和平》。全美关于中立法案的大讨论影响了他的想法，影响了他和毕业班同学们就此进行的各种争论，以及他与各位教授的面对面交流。（当时他选了四门课，都是关于政府行政管理的：国际法的构成、现代帝国主义、政治学原理、比较政治学。）杰克尚未准备放弃那篇社评阐述的思想——还不到时候——他仍然偏爱父亲的重要哲学思想，不过，他已经从坚信不疑往后退缩，还承认柯南特校长和其他人的对外干涉主义理论有道理。他放弃了为《深红报》撰写更多社评的承诺。[31]

某种程度上说，这标志着从前的杰克身上出现了转变，他变得冷静客观和善于观察，而不是将所有东西一锅烩。前述评论不符合他的个性，更像是出自他那强硬的、教条主义的哥哥之手。数十年后回顾时，阿瑟·霍尔库姆是这样评价杰克的："那个人的风格是在非常年轻时形成的。……其他一些人是改革家，而他从来都不是。在一些毕业班里，人们轻易即可找出一些改革家，他们惯于按照想法行事，这决定了他们的行为方式。而［杰克的］反应完全不是那么回事。"问题不是他缺少天赋，教授接着说，因为杰克天赋极高；实际上，他是方向不明，在哈佛高年级学生中，这相当普遍。"大家当初就知道，无论杰克把注意力转到哪个方向，他都必将取得巨大的成功。"霍尔库姆的说法无疑得益于后见之明。[32]

然而，彼时的杰克将主要精力集中在几门功课，集中在为毕业论文打好基础，以及追求女性方面——排列顺序不分先后。他三年级时迷恋的弗朗西斯·安·坎农一直是他的主要爱慕对象。杰克曾经向妹妹基克透露，他有意请求弗朗西斯嫁给他。基克写给父亲："本周末，杰克会带弗朗西斯过来，我们大家都等不及了。"杰克的父母对他的计划知道多少，如今已无从考证；40年后，罗丝在回忆录中也仅仅提到，弗朗西斯·安是个"迷人的姑娘，那段时间，杰克好像对她相当有兴趣，当然，显然她对杰克也相当有兴趣。好歹基克好像暗示过，某种'公告'即将发布"。杰克的前舍友查理·霍顿当时也在追求坎农小姐，他的优势是他是新教徒。不管怎么说，两个追求者最终都没能成功。一天晚上，杰克和查理一起来到弗朗西斯·安居住的公寓门前的台阶上，后者把两人介绍给了她的未婚夫约翰·赫西（John Hersey），一个心气极高的作家。两个哈佛大男孩见状，立刻溜掉了。[33]

241　　弗朗西斯的拒绝深深地刺伤了杰克，他对朋友们声称，是他主动断绝了这段情缘。不过，他最私密的几个知己——基克、托比·麦克唐纳、莱姆·比林斯——知道得更清楚。[①] 也许是为了补偿损失，杰克恢复了情场追逐，依旧是惯用的手段，好像不费吹灰之力，他和一个接一个女性一天接一天不停地约会，而且比以往更加精力充沛，让温思罗普宿舍区的舍友们目瞪口呆。他约会最多的伴侣是夏洛特·麦克唐奈（Charlotte McDonnell），那是基克在天主教女子学校时期的一个朋友；其他都是女模特和女演员，极少有人能接到杰克的第二通电话，他也没把其中任何女性介绍给自己的家人。"上周末，我去了趟纽约过感恩节，"杰克11月末致信莱姆，"——玩得相当开心。还碰上了那个模特乔治娅·卡罗尔（Georgia Carroll），她还真是个名人——还看到了其他一些好东西。"[34]

　　对于与杰克交往的前景，夏洛特不抱任何幻想。"我经常跟杰克外出，"夏洛特·麦克唐奈回忆道，"不过他从没爱过我。情况糟糕时，没别人可找时，他会认为他爱我，不过他真的没爱过我。他会过来跟朋友们聊天。他会跟莱姆聊，跟托比聊，他也会说：'嘿，如果我跟夏洛特结婚，你们觉得怎么样？'然后他们就会击掌。不过，每次说到细节上，他问没问过我愿不愿意嫁给他？没有，没问

---

①　1940年4月，杰克前往北卡来罗纳州，出席了弗朗西斯·安和约翰·赫西的婚礼。杰克吞下了苦果，他曾经对一个朋友幽默地说："我是自愿参加婚礼的，我不想让别人以为我是那个仪式进行到一半时躲进温室里自杀的瘦高个。"（Treglown, *Mr. Straight Arrow*, 56.）——原注

过。……我们只是有过一段不错的时光。"35

总的来说，杰克从来不重视女性的感情，他看待物质财富的那种满不在乎的态度也从未改变。旅行途中，他总是丢衣服，驾照也经常丢失，图书馆借来的书也总是找不到。他丢过的手表可以串成一长串。保罗·墨菲（Paul Murphy）是老约在纽约办公区的主管，他常常为肯尼迪一家缴纳各种费用，杰克再次丢失一只手表后，他代表肯尼迪夫人就此事给杰克写了封信：

> 丢手表一事让你母亲非常担忧，因为她觉得，你丢过的手表加在一起实在太多了。她想让你明白，她戴的那只金表从她21岁时就有了。她想让你买一只不太贵但用得住的表，替代你丢掉的那只。只要你能保持新表五年不丢，她会用保险公司给的钱为你买一只更好的。你母亲跟你父亲谈了这个建议，你父亲表示同意。你父亲还请我转告你，他不想让你跟母亲争辩，免得惹她生气。36

学业方面，杰克依旧保持着大学三年级即已开始的上升势头。之前的数次海外行的大部分时间为单身出游，它们全方位深化了他对全球政治的参与和理解，因为长期以来潜心致力于读书，他对当代国际史的广泛理解也有所拓宽。他变得更加成熟，更加专注，跟他关系最密切的两位学术领路人佩森·怀尔德和布鲁斯·霍珀都注意到了这一点。那一时期，两位教授无疑正在指导他从事他一辈子最深入的学术研究。1939年秋季学期，杰克做的课堂笔记就能支持

242

前述说法，当时他深入钻研了 20 世纪的各种"主义"——共产主义、社会主义、法西斯主义、资本主义、民族主义、极权主义、帝国主义、军国主义。

后面的内容摘自杰克的笔记：很大程度上，法西斯主义本质上是务实的，"是一种建立在试错以及实验和实践基础上的制度，但凡经过实操验证存活下来的都是有效的，其他的都会被抛弃"。所以，只要符合形势需要，意大利的墨索里尼和德国的希特勒随时可以彻底转变。对于斯大林，他觉得有责任"至少要借助马克思主义学说做些解释"。"［斯大林主义者］一定会坚称，他的党是真正的民主党，希望赢得人民民主专政。而实际上这样的［国家］往往是容不下反对派的。"后面的内容同样出自杰克的笔记：实际上，"在攻击个人资本主义方面，法西斯主义体制代表对个人主义、人格尊严意识和自由意识的打击，而这些都传承自 19 世纪的西方。此体制要求个人服从集体"[37]。

为佩森·怀尔德教授的国际法课做案例分析时，杰克对四种不同情境进行了分析，他还仔细研究了各种中立法在战时的权利和义务。他充分利用海量的公开资料，仔细研读了 1907 年通过的《海牙公约》，对每一种情境都做了细致入微的、仔细论证的分析，用准确无误的、言简意赅的文字进行了表述。比方说，涉及中立国领航员引领各交战国船只通过中立水域时，他的结论是，现行的国际法远不够明确，不过，最好的诠释如后："如果那些持证领航员是甲国的国家雇员，允许他们引领乙国的船只穿越国际海域，到达 20 千米开外某一地点，这么做就违反甲国的中立法，除非遇到险情。

243

如果他们仅仅是国家认证的个体领航员，那就称不上违反甲国的中立法。"[38]

在整件事里，最有意思的是一份 35 页的调查报告，内容为国际联盟 1919 年创建以来 20 年间英国针对该组织的政策，杰克似乎全盘否定了他在《深红报》社评里显露的冲劲，还预先透露了他毕业论文里的论点。杰克声称，从一开始，集体安全就建立在众多列强不愿意牺牲国家主权以服从国联的决策之上。即便如此，英国"本可以通过支持国际法和国联政策来保护一些小国"。不过，由于害怕苏联，得不到冷漠的美国的支持，英国最终拒绝那么做。那一时期，在纳粹威胁减弱的同时，不知为什么，英国的决策者们认为，一旦希特勒索要领土的抱怨得到解决，他的权力必将旁落，至少会得到抑制。"他们似乎沉浸在自己的想法里：如果有四位恺撒同时掌权，最终没有哪位恺撒能成功地征服整个世界，"杰克的调查报告写道，"真正的危险在于仅有一位恺撒，唯有全世界结成联盟，他才会止步。"

前述报告在结尾处转变立场，揭示了杰克对美国参与第一次世界大战明显不同的看法，这与父亲和哥哥的看法截然不同——或者说，就此而论，与 1940 年那一届大多数学生的看法不同。"这里不是谈论美国参与世界大战的地方，目前能说的是，美国的参与的确挽救了民主。如果美国没有参与，民主的英国和法国注定无力回天，如今美国也无法对外宣称自我隔绝。我们有理由相信，美国持续参与各种致力于和平、致力于建立法制和秩序的努力，一定会结出累累硕果。"[39]

IV

在一个学年的这一时间点，白天越来越短，灰色的云层在低空
徘徊，氤氲的潮气飘荡在众多建筑之上，杰克也恢复了往常在哈佛
大学的形象：胳肢窝里夹着一摞书，为抵御寒气和大风，将衣领拉
起，来也匆匆，去也匆匆，没工夫与任何人闲聊。[40]他大部分时间读
的书不是为了课业，而是为了毕业论文。布鲁斯·霍珀力促杰克充
分利用在欧洲旅行期间获得的切身体会，以便效果最大化；英国历
史学家约翰·惠勒-本内特也敦促他这么做，不过，最终选题——
深入探究英国绥靖政策的根源，以及伴随而来的重整军备失败——
是杰克自己定的。[41]这反映了他一生都对英国历史和治理国家能力感
兴趣，以及对国家和国家生存方式不断加深的喜爱。尤其需要指出
的是，他充分利用了各种便利条件：美国驻伦敦大使恰好是他父
亲，他陪同父亲参加了英国上流社会种类繁多的活动，父亲还把他
介绍给了一些英国领导人，那些人都将成为他笔下的人物。

杰克希望探究的是，英国刚刚摆脱有史以来破坏力最强的战
火，为何再次站到了另一场毁灭性战争的风口浪尖？

深秋时节，杰克将大把时间花在了怀德纳图书馆里，大量阅读
20 世纪 30 年代英国两院的辩论记录，以及报刊对英国社会舆情的
报道（包括官方的和民间的），他还充分利用能找到的相关书籍进
行查询。[42]如后假设出现了：由于英国早前在 20 世纪 30 年代重整军
备乏力，加上英国公众持续反对再次卷入战争，张伯伦寻求与希特

勒和解，这样的结果符合逻辑。杰克定期咨询布鲁斯·霍珀，每周前往有橡木墙饰和巨型壁炉的宽敞办公室跟老师见一面。办公室上的牌匾加了边框，上面刻着拉丁文，意为"回顾这场苦难的种种场景会给人带来欢乐"。此外，杰克还有其他一些路子，特权较少、关系较少的哈佛同窗们却没有他那样的便利。圣诞节假期那几天，英国大使洛希恩勋爵恰好到肯尼迪家位于棕榈滩的宅邸做客，杰克趁机咨询了大使的看法。洛希恩承诺尽其所能帮助杰克完成论文计划，还鼓励年轻的杰克返回哈佛大学时顺道前往华盛顿的英国使馆做客，杰克如约去了一趟。[43]

更多帮助来自美国驻伦敦使馆媒体专员詹姆斯·西摩。杰克认为，在帮助自己获取原始资料方面，西摩会提供无可限量的帮助。1940 年 1 月 11 日，杰克给西摩发了封加急电报：

> 尽快给我弄一些小册子之类，保守派、工党、自由党、法 245
> 西斯主义组织的，要写绥靖论文，讨论事实，讨论 1932 年到
> 1939 年正反两面，别跟我谈拉斯鸡［原文如此］①。已有的参
> 考材料包括《泰晤士报》、《曼彻斯特卫报》、英国议会议事
> 录，谢。杰克·肯尼迪。[44]

詹姆斯·西摩也是哈佛大学校友（1917 届）。第一次世界大战期间，他获得过法国战争十字荣誉勋章（French Croix de Guerre），

---

① 应为时任英国工党执行委员会委员哈罗德·拉斯基。——译注

战后，他成了好莱坞编剧。收到杰克的电报后，他立即着手安排，给许多组织打了电话，软磨硬泡让各方答应提供资料。他把资料集中打包，然后邮寄给杰克，常常通过纽约办公区主管保罗·墨菲转交。西摩收集的都是英国保守党、工党、自由党各位领导历次讲话的文字稿，以及工会组织、和平主义组织、孤立主义运动、绥靖游说集团的各种小册子，还有种类繁多的杂志文章——由于西摩的帮助，整包整包的东西很快送到了身在剑桥地区的杰克手里，西摩还挤出时间提笔给年轻的老相识写了封简明优雅的私信。"我们充分体验到了寒冷和浓雾，这并没有给可爱的灯火管制带来好的体验，"西摩在一封私信中写道，"在这样的情境里，伦敦成了完全不同的、美得几乎让人无法相信的地方。在空无一人的大街上走动，让我有一种特别享受的感觉——月光尤其让这地方美不胜收。……人们的精神真了不起——坚定、严肃、勇敢，我觉得，英国人已经准备好面对所有牺牲和困苦，去争取他们愿意接受的那个唯一的结局。"那封信的结束语如后："关于世界事务，也许你比我知道得多——不过有件事你可能不知道，这里的人们都很怀念你在这里时的欢乐时光。我说的是实话。祝你好运——真希望咱们见面前能收到你的回信。祝好，吉姆。"[45]

对于儿子1939年暮秋到1940年冬季意识形态方面的变化，肯尼迪大使知道多少，如今已无从查证。从某种意义上说，这也真的无关紧要——无论是老约，还是布鲁斯·霍珀，或是其他什么人，对杰克头脑里新出现的诠释世界的立场不会有太大影响。关于这点，坚持让孩子们在政治问题上紧跟他的立场，完全不符合约瑟夫·肯尼迪的风格。在许多问题上，约瑟夫可能很专横，很跋扈，在政治问题上他却不这样，他反而会嘱咐小约、杰克，以及他们的几个兄弟姐妹在政治问题上自行做判断。这是约瑟夫最吸引人的个人素质之一，以前如此，将来也会如此。

当然，上述特性的反面是，约瑟夫本人对外界的劝说抵触强烈。返回美国享受加长疗养假——伦敦的紧张氛围让他的胃病突然发作，体重随之减轻了 13 斤多——不久后，在 1939 年 12 月 8 日，大使于波士顿圣母升天教堂（Our Lady of the Assumption Church）发表了即席讲话，他年轻时在那家教堂当过圣坛男童。"既然你们爱美国，"他这样劝导爱尔兰裔美国教区居民，他们中许多人对英国没什么感情，"就不要轻信这个世界任何国家的说辞，什么一旦参战，形势多少会变好点。这场战争没有我们什么事。事实上，只要参战，就会糟得不能再糟。"约瑟夫看不出美国需要参战的任何理由，他极力反对受"竞争意识"的诱惑，也讨厌看到"有人做出不公正或不道德的事情"便拔刀相助的诱惑。眼下不是多愁善感的时候。[46]

在华盛顿，大使对一群陆军和海军军官说——与吉姆·西摩向杰克提的建议相反——法国和英国士气低落，且会越来越低。两国的经济形势非常糟糕，两国人民都渴望和平。纳粹潜艇下水的速度远超皇家海军击沉它们的速度。英国能否再坚持一年？约瑟夫对此持怀疑态度。他告诉诸位军官，即使不是更快，最迟到 1940 年末，英国民众和法国民众，或许整个欧洲的人们，可能会准备好拥抱共产主义。在白宫，约瑟夫发出的也是同样的悲观论调。"老约一向

246

是个悲观的人，"一个不愿透露姓名的助手说，"不过眼下他却成了彻头彻尾的悲观主义者。"[47]

很大程度上，约瑟夫的问题不是他说了什么，而是同样的话从他嘴里说出来就变了味。1939年到1940年那个阴霾密布的冬季，他一点不看好西方民主的前景，他坚定地认为美国应当远离战争。许多美国人与他看法相同。在当时的美国人里，那的确是大多数人的观点。就此而论，某种程度上，约瑟夫的一些看法比他常说的那些话更微妙。例如，1939年11月，美国修改了中立法，他不反对那么做，他也支持向英国和法国提供援助。不过，他说话时嘴上少了把门的开关，还缺乏真正的同情心，他公开宣扬前途无望，还乐此不疲，似乎还暗中窃喜。国际事务中的荣誉观对他永远都那么神秘，让他无法理解，因而他对温斯顿·丘吉尔令人倾倒的雄辩口才和多萝西·汤普森充满激情的倡议总是无动于衷。

247　　对英国官员们来说，让他们担心的并非约瑟夫的失败主义说辞会影响英国人民，而是他的说法会削弱各中立国的士气，尤其是美国人的士气。[48]1940年1月，英国政府的主要外交顾问罗伯特·范西塔特（Robert Vansittart）匆匆写了篇评论，反映了英国政坛的普遍看法："肯尼迪先生是个非常肮脏的、具有出卖朋友和失败主义特性的人。除了自己的钱包，别的他都不在乎。我希望这场战争至少会把这类人清除掉。"数周后，大使本人仍在美国时，英国新闻部截获了一封发给美国使馆馆员吉姆·西摩的电报，报文内容为"速寻和平主义文学"，落款仅为"肯尼迪"。该部的分析人士嗅出了最糟糕的情况，将这封电报当成约瑟夫·肯尼迪背信弃义行为的又一个例证。（"成了和平主义者!"一名震惊不已的官员在那封电报边缘写下了这几个字。）当然，这封电报出自杰克之手。[49]

同月，各种谣言再起：在即将来临的总统大选中，约瑟夫可能成为黑马候选人。他默许这件事在社会上流传了几天——首先，他的确有可能在火上浇了点油——在白宫与罗斯福一起开了个会后，他才把这事压下去。虽然他支持罗斯福再连任一届，但按捺不住情绪时，他也会口出狂言，对罗斯福横加指责。例如，那年 2 月，在国务院的一次谈话中，一方为美国驻法大使威廉·蒲立德，另一方为两名记者，约瑟夫中途横插一杠子。蒲立德从来都不是谨小慎微的人，也是老约不共戴天的敌人，他把那次谈话的事告诉了内政部部长哈罗德·伊克斯（很难说部长本人是最谨小慎微的人），后者在日记里做了如下记述：

> 他［约瑟夫］兴致勃勃地加入谈话，没过多久，他就开始表示，德国会赢，英国和法国的一切都会完蛋，他的目的之一就为孩子们把钱保住。然后他开始猛烈抨击总统，因为这个，蒲立德跟他吵了起来。……蒲立德告诉约瑟夫，他在外交事务方面极其无知，根本不具备表达看法的根据。蒲立德专门强调，只要约瑟夫还是政府部门的一员，就应当表现得忠于职守——或者至少闭上嘴。两人分手时都愤愤不已。[50]

约瑟夫没有返回伦敦继续履职的意愿，不过他还是回去了，抵达时间为 1940 年 2 月 28 日。由于每晚有机会与克莱尔·布思·卢

248　斯（Clare Boothe Luce）做伴，四天四夜搭乘"曼哈顿"号邮轮的越洋之旅变得特别开心。克莱尔是记者兼剧作家，还是媒体大亨和《时代》周刊、《生活》杂志所有者亨利·卢斯的夫人。1938 年春，卢斯夫妇曾在美国驻伦敦使馆做客；大约从那时往后，只要条件允许，老约和克莱尔就秘密约会，多数时候是在伦敦，有时候是在纽约。（1938 年秋，访问英国后，克莱尔给老约发了封电报："天呐，那趟出行太棒啦。"1939 年 5 月，另一封电报的电文如后："周二搭乘'诺曼底'号邮轮，给我备午餐和晚餐。聊天，单独，爱你，克莱尔。"约瑟夫做得更好：他主动前往南安普敦接船，用专车把克莱尔接回了伦敦。）约瑟夫爱克莱尔姣好的长相、她不知疲倦的活力和抱负、她敏捷的思维，克莱尔也喜欢老约身上相同的东西。在枕边窃窃私语时，两人不知用了什么方法，总能超越世界政治领域天差地别的歧见——克莱尔是个彻头彻尾的对外干涉主义者。[51]

没有任何事和任何人能改变约瑟夫的观念。"过去一年来，我脑子里没有一个想法发生过改变，"约瑟夫对《纽约时报》专栏作家阿瑟·克罗克说，"我一向坚信，只要英国不卷入战争，肯定对美国更好。正因为如此，我才坚持笃信绥靖主义。我认为，如果战争来临，对每个人来说，那就是末日来了，除非战争仅仅持续两三年。我看不出有什么理由让我做出丝毫改变。"[52]

约瑟夫返回大使岗位时，战争已经进入第七个月，其间几乎没发生什么大事。在《生活》杂志看来，那是"一种类型奇特的世界战争——不真实，令人生疑"。1939 年 10 月初，波兰投降后，德国和西方列强之间没发生过像样的战斗。德国没有对巴黎或伦敦发动过空袭，盟国没有对德国鲁尔地区发动过猛攻。德国的确对盟国的海运发动了潜艇战，然而仅仅是一场小规模战役，因为希特勒不想激怒西方列强，他希望和平，以便在东方施展拳脚。人们开始给那场战争冠以好几种名称，英文有"假战争"（Phony War）和"无聊的战争"（Bore War），德文为"静坐战"（Sitzkrieg），法文为"滑稽的战争"（La Drôle de Guerre）。

英法两国的领导人都如释重负般长舒了口气，两国民众亦如此。英国外交大臣哈利法克斯说："停战非常适合各方。"[53]一种自鸣得意的氛围从天而降，这源于如后事实：协约国1918年曾大获全胜，并且从统计上说，两国当时数量方面还占着优势。例如，它们可调动3500辆坦克对付德国的2500辆坦克。从理论上说，在它们内部，两国军力互补，英国皇家海军可称霸海洋，而法国以数量庞大和装备精良的地面武装力量为傲。沿法德边界部署的对付德国国防军的防御工事——马其诺防线更增强了人们的安全感。

在美国，罗斯福总统认定，"假战争"的静默期肯定不可持续，因此他警告美国人，不要自鸣得意。（"对鸵鸟们来说，把头扎进沙堆里，对最优健康没好处。"）[54]然而，他的行动没有完全跟上他的言论。1939年11月，苏联进攻芬兰之际，他仅仅发表了一通措辞强硬的谴责，其他什么都没做，比方说没有向英勇无畏的芬兰人提供援助。整个冬季，他容忍美国的国防建设拖后腿，几乎没动员人们支持盟国。在刚过去的秋季，为赢得修改中立法的战斗，罗斯福曾经倾注了极大的努力和政治资本，不过，他好像认定，做到这些已经足够，他不想更进一步。[55]他曾计划每年制造一万架飞机，很快

249

也被砍掉了 70%。眼看欧洲不会真的再有战斗，国会领袖们都聚焦于即将来临的选举，他们没兴趣在国防方面大把花钱。尽管罗斯福私底下大力谴责孤立主义，他本人在国会山的地位却仍然处在低位，因而他不愿意对那些人施压。他对约瑟夫·肯尼迪的不信任比以往更甚，所以他决心让约瑟夫继续待在伦敦，只要他待在那边，对政府政治命运的破坏就会降到最低。

1940 年冬末，罗斯福派遣副国务卿萨姆纳·威尔斯（Sumner Welles）前往德国、法国、英国、意大利执行调查真相任务，这令约瑟夫感到自己被进一步架空了。表面看，彬彬有礼和格调高雅的外交官威尔斯唯一的使命是倾听和观察——2 月 9 日，罗斯福对媒体说："威尔斯这次出访的唯一目的是，就欧洲现状向总统和国务卿提建议。"然而，总统私下授权威尔斯积极探索，设法找到某种方法，在战争进一步升级前终止它。罗斯福坚信，机会几乎等于零，不过，最后一搏值得尝试。数个月来，虽然约瑟夫一直在鼓动总统出面做一番推动和平的努力，但听说这一使命后，他气得脸都青了。"这么做眼里还有我吗？"这是他离开美国前发出的咆哮，"人们会以为，我在那边不是玩命工作，而是在给人倒茶。如果他们认为有必要派个特使去那边，把我漏掉的一些英国机密挖出来，可以先把我开了啊。"然而，3 月 10 日，威尔斯踏上英国国土后，约瑟夫多次尽职尽责地陪同他会见英国领导层。[56]

威尔斯的努力竹篮打水一场空。3 月末，返回华盛顿时，他已经察觉出不祥之兆。"所有与他谈过话的领导人，"国务卿科德尔·赫尔在回忆录中写道，"没有谁真的能带来和平的希望。"[57]

V

那年冬季和第二年春季，在哈佛大学上学的肯尼迪兄弟对欧洲战争的看法越来越两极分化。小约继续不加掩饰地鼓吹孤立主义，比父亲还露骨。杰克正相反，圣诞节假期结束，返校后，他比以往更加确信，孤立主义站不住脚，由于对纳粹威胁估计不足，其追随者都有责任。"他对纳粹主义深感不安，"这是辅导老师佩森·怀尔德对那一时期的杰克的评价，"某种程度上说，他对父亲的立场感到尴尬，不过他没把自己的不同观点在任何讲台或讲坛上公开说出来。他是个特别孝顺的儿子。"[58]

或许，杰克不愿意谈论此事的一个原因是，当时他手头有更紧急的事——写论文。做那件事耗费了他一冬天时间，还得全身心投入。朋友们回忆说，他整天泡在"斯皮俱乐部"的图书室里，壁炉里的火烧成了橘红色，窗外飘着雪花，他累得不行，身边堆满各种图书和资料，面前是安德伍德牌打字机。"你的书写到哪儿啦？"朋友们常常这样问他——当然是玩笑话，因为没人真的相信，他写的东西会成为一本正式出版物。杰克的回答往往是一通长篇大论，说的往往是手头正在写的那一部分。"那段时间我们总是拿这事逗他，"其中一人回忆说，"因为那著名的论文成了他整天离不开的东西，就像《大卫·科波菲尔》一书里狄克先生的口头禅'查理国王的头'一样。我们一听他说论文都烦得不行，以致他最终闭口不跟我们说话了。"[59]

　　让当年那些朋友惊诧不已的是，每天 24 小时的某一时刻，打印整齐的手稿好像总能奇迹般按章节适时出现在"斯皮俱乐部"大门附近。完成论文全部手稿的截止时间是 3 月中旬，由于担心错过时限，为加快进度，杰克还雇了打字员和速记员等（他口述了手稿的部分章节）文秘人员助他一臂之力。这让他和学校管理层发生了冲突，因为这涉及让女性进入男生的房间，这违反学校的规定，以前他在另一些场合绕过相关规定。[60]他甚至在《波士顿先驱报》（*Boston Herald*）登了一则广告，然后去了芝加哥，为的是赶赴一场婚礼。离校期间，他把后续事项交由托比·麦克唐纳打理。广告特意强调，应聘者必须"年轻"，结果导致温思罗普宿舍区出现了喧嚣。"那天我正准备跟众多应聘者面谈，"托比说，"结果我还得前往学校某管理员办公室非常不爽地待了半小时，费力地解释为什么上午 9 点半会有 60 位吵吵嚷嚷的女性出现在我们宿舍门外。"

　　"以前你一直是个讨女生喜欢的男人，托比，"杰克反驳道，"不过我觉得，这次你把事情做得太过了点儿。"[61]

　　在杰克之前，几乎没人做过同样的研究，即探索英国绥靖政策的缘起和演变。（不过，许多人后来走了这条路。）吉姆·西摩曾请求杰克所谓的老师哈罗德·拉斯基向其推荐几本值得阅读的现成读物，虽经多次催促，后者也没做出推荐。对大多数英国人来说，那些事离他们太近，用那个美国年轻人那样的方式研究那些事过于痛苦——尽管杰克从西摩、布鲁斯·霍珀、佩森·怀尔德、众多速记员和打字员那里得到了大量帮助，但主要工作是他自己完成的。20世纪 30 年代，英国政客、工会领袖、宗教领袖、学生、作家的辩论如何备战，如何应对国际事务，以及那些不可言说的记述，在杰克笔下都组合成了条理清晰的叙事，将所有碎片整合到一起的人也是杰克。随之而来的各种怀疑说法，例如杰克不可能写出完整的论文，肯定有专业人士帮着他分析、构思、写作，这些都经不住仔细推敲。这篇论文是杰克亲手完成的作品，其中包含各种拼写错误和句法错误。"我永远都忘不了，"小约的舍友、人称"泰德"的蒂莫西·里尔登（Timothy "Ted" Reardon）回忆说，"当时我在校外，接到杰克的电话，他正在写论文。……他给我打电话说：'泰德，你是英文专业的，过来一下可以吗，帮我看一下论文。'后来我去了，看了他写的东西，改了一些语法错误——不过我永远忘不了当时对他说的话：'你他妈的怎么会想到让我把这么厚一摞东西都看完？你什么时候提交，明天？'"[62]

　　杰克紧赶慢赶，在截止时间前数分钟提交了论文，其标题为《慕尼黑的绥靖政策：英国民主从裁军政策到重整军备政策缓慢转变的必然结果》。论文篇幅为 147 页，此外还有 6 页带注释的参考书目列表。贯穿论文始终的问题是：在慕尼黑谈判期间，为什么英国的"战备工作做得如此糟糕"？为寻找答案，杰克提议，当然必须研究诸如英国首相斯坦利·鲍德温和内维尔·张伯伦那样的政治领袖们所做的决定，但也要研究他们以外的东西，因为领袖们毕竟得在民主体制内运作，正因为如此，他们疲于应对选民们的情绪，以及社会上强有力的、利益相互冲突的各相关方的相互攻讦，其中许多人赞成集体安全，却不愿意为其买单。论文指出，的确，这些系统性因素是决定性的。1937 年到 1938 年，张伯伦的手脚在政治

252

上被束缚住了，受到民众舆论和精英舆论的制约，他那些迎合希特勒的做法有其战略意义，因为他特别需要推迟所有可能的战争，为的是给他的国家赢得重整军备的机会。

　　国联眼看自己的理想梦碎，德国实现了巨大产能的复苏，做好了重整军备的准备。不过，英国仍然是个民主国家，不慌不忙且信心十足地重整军备。英国不是被吓坏的和绝望的国家。英国不是目标单一、将所有能量指向单一方向的国家，那种情况在慕尼黑会议之后才出现。对，英国仍然是个民主国家，对国家自我防护的恐惧还没变得足够强，不足以让人们为更宏伟的目标放弃个人利益。换句话说，每个利益集团都想重整军备，但没有哪个集团认为，有必要为此牺牲自己享有的特权地位。1936年即有的这种看法注定会对1938年产生致命影响。[63]

　　杰克仍然记得两年前与英国伙伴们的争论，因此他仔细审阅了斯坦利·鲍德温1936年在英国议会自证其罪的演讲，他还引用了其中最具争议的一部分内容：“设想一下，我去了［1933年的］英国，对当时的人们说，德国正在重整军备，我们也必须重整军备。有人认为这个热爱和平的民主国家那个时候会团结起来响应那样的号召吗？依我看，发出那样的号召无异于选择彻底输掉选举。”以下是杰克论文中分析那段历史的内容：

　　我既不是在攻击也不是在捍卫［鲍德温］，我只是试图弄明白他的真实意图。……我认为，他试图表明的是——他利用［1933年］选举作为最好的反映现代民主国家民意的晴雨表——若想在英国实现重整军备，绝无可能获得支持，因为和平主义情绪在那几年的英国占有压倒性优势。从我的研究结果看，我认为他是对的。我还认为，他的措辞尤其不幸，［由于借助对外政策玩弄政治，］他遭受了大量批评。不过我认为，重要的是，我们应当尝试弄明白他的真实意图。……我用大量篇幅探讨这个，因为这是本论文里一个非常重要的论点。[64]

　　在论文的这一部分，杰克预见到了后来的一些斗争，即如何最佳地应对极权主义威胁的同时还要保证民主治理和公民自由。经过有条不紊的和冷静的分析，他坚持认为，在调动各种资源方面，独裁政权比民主政权更具优势——他的论点是，后者不可避免需要花费大量宝贵时间和精力尝试调解各种互不相让的优先事项，以及各种互不相让的对国家利益的诠释。然而，在极权主义国家，会有人告诉公民该做什么；在自由主义国家，则必须设法赢得公民的支持，那么做总需要耗费一些时日。

　　因而就有了如后核心问题："人们冷静地接纳民主方式就是最好的方式，在我看来这似乎蕴藏着危险。准确地说，民主制度为什么更好？可能有人会说，说它更好，是因为它允许作为个体的人得到全面发展。不过，这似乎仅仅表明，民主不过是一种'更愉快的'行政管理方式——并非能够解决当下世界问题的最佳行政管理方式。"杰克在论文里表示，如果美国人希望自己的民主制度代代相传，对他们来说，与他们当下的所作所为相比，"更现实地看待当前的形势"极为重要。"像误判慕尼黑事件一样再次误判形势，是我们承受不起的。我们必须竭尽全力形成准确判断——即使那么做了，我们的任务也必将困难重重。"[65]

对当年的以及后来的评论者来说，前述分析的核心似乎是在为约瑟夫·肯尼迪的亲张伯伦立场和亲绥靖立场辩护。这么说部分正确，不过，杰克同样为温斯顿·丘吉尔说了好话，赞扬他唤起了英国国民的意愿和决心，而批评张伯伦最严厉的人正是丘吉尔。论文以这种方式彰显了杰克的观点与父亲的观点渐行渐远。他的研究还有更广泛的追求，探讨了始自至少一个世纪前法国分析家亚历克西斯·德·托克维尔以来的评论人士不断提及的问题：受欢迎的政权有可能轻松制定出有效的对外政策吗？为和平年代而生的民主政权在战争年代还能有效运转吗？杰克的回答是：当然能，不过，任务肯定不轻松。需要的是最高层的智慧和勇于担当，能够有效地向公众解释清楚为什么必须战斗，还需要具备做长期计划的能力和意愿。从近期情况看，极权主义政权显然占据诸多优势。

如今读者们阅读这篇论文时，首先会讶异于作者让人印象深刻的资料来源，以及作者分析问题的敏锐和可靠，还有作者的担当，即做历史判断时只基于经过缜密检视的证据。论文也有不足之处，如校对不充分，时不时会流露卖弄学问的嫌疑，对问题的解析有时候接近决定论，有时候却明显不充分，让人觉得整体上像个大杂烩。文字表达方面总体上还说得过去。或许是出于尊重父亲和哥哥的孤立主义立场，杰克对身边沸沸扬扬的关于对外干涉主义和孤立主义的争论基本没做明确表态，那种辩论不仅充斥于哈佛大学，还遍布全美各地。好在整篇论文富于信心和热情，尤其让人眼前一亮的是，其作者如此年轻。尤其需要指出的是，当年的研究揭示了如今人们熟悉的杰克·肯尼迪面对问题时的超然——在此前两年半海外旅行期间，杰克写的各种信函以及各种记述多多少少都带有这种特征——以及面对国际事务时不动声色但务实的担当。在杰克笔下，应对境外威胁的方法不应当是无视它，或希望远离它，而是必须用清醒的头脑和充分的情报进行应对。与此相同，在政策决策中加入个人情感只会徒劳，因为这么做只会削弱决策者的能力，使之无法做出不偏不倚的判断。在后来的日子里，杰克·肯尼迪不会永远坚守这些应对世界事务的规范，不过它们会成为他应对大多数对外政策危机的试金石。历史学家奈杰尔·汉密尔顿（Nigel Hamilton）对这篇论文的评价很中肯："杰克后来再也没写出过如此准确描述他自己的东西。"[66]

　　虽说是第一次尝试撰写历史，而且没用到档案资料，但杰克的论文本身的确经得起历史检验。后来的许多历史学家会对经过杰克修正的如后论据产生共鸣：为应对当时的国内和国际事务，英国的绥靖政策的确有其战略意义——受限于一些非个人的社会势力，加上社会结构的限制，决策者们几乎没有选择余地——后人还会赞同杰克的如后发现：从更大范围观察 20 世纪 30 年代英国社会横断面，当时人们特别不愿意做任何可能引发战争威胁的事。人们对帕斯尚尔战役和索姆河战役仍然记忆犹新，整个社会也广泛认同《凡尔赛和约》对德国不公平。（在学术界，这一观点的拥趸如此众多，渐渐形成了一个"修正主义派"；虽然鲜有人在编史中承认约翰·F. 肯尼迪是修正主义派，但说他是这种认识的奠基者，的确合情合理。）[67]杰克在论文的前言里聪明地写道："许多文件和报告目前仍属机密，唯有解密后，人们才会知道事情的全貌。"虽然如此，当时杰克手头的确积累了大量公开的和非公开的资料，他非常机智地、聪慧地利用了它们——而且还顶着巨大的时限压力。不是每个本科生的毕业论文都能被称作在认知上有原创性贡献，但杰克的论文的确符合要求。他的结论是英国当下的危机主要是各种社会势力作用的结果——尤其需要指出的是，当年的英国民众既浮躁又反战，在他们眼里，每一位领导人都是替罪羊——即便这个结论有点夸张，也是经过深思熟虑的、令人信服的，即使80年后的今天看亦如此。

当代人对这篇论文评价不一。"杰克大约在最后一周才全身心疯狂地投入他的论文，好在最后一天有五名速记员帮忙，在最后一刻，他终于按时提交了，"小约致信父亲，"他完稿前给我读过，好像除了工作量巨大，没讲清什么问题。不过，他说最后几天他重新构思了一遍，好像他又有了几个好主意，所以，结果应该不赖。"[68]审阅论文的政府管理系教师委员会从论文里挑出了许多拼写和语法错误，但对论文作者在复杂的、具有重要历史意义的选题上颇具洞察力的评估给予了高度评价。亨利·A. 约曼斯（Henry A. Yeomans）教授对论文赞不绝口，卡尔·弗里德里希（Carl Friedrich）教授的负面看法则较多，如篇幅超长，结论不明确，行文过于潦草，他把杰克的分数降低到了"优等"。4 月初，《纽约时报》专栏作家阿瑟·克罗克通读了论文，然后向肯尼迪大使汇报说，杰克做了件"了不起的事，不过让我遗憾的是，他对民主的效能有许多怀疑"。克罗克最后补充说，只要修改一下，这篇论文可以做成一本有意思的书，他甚至提议用一个新标题《英国为何沉睡不醒》作书名，这一书名模仿自一本名为《英国高枕无忧之际》的书，那是丘吉尔所著《军备和条约》在美国出版时用的书名。1938 年夏季，杰克不仅阅读了该书，还跟朋友们热议过该书。[69]

VI

得知消息的大使非常高兴。长期以来，约瑟夫一直希望儿子们 256
成为有作品的作家。这会给他们的简历增添亮点，也会提高他们的声誉。1936 年，为罗斯福总统竞选连任造势时，约瑟夫请人捉刀出版了一本不起眼的小册子，让他感触良多。他写信告诉杰克："你一定会惊讶地发现，一本书竟然真的会提升你，让你在未来许多年稳稳当当地立于上流社会。"[70]此前数个月，约瑟夫一直在不知疲倦地奔波，向英美两国多名出版商推销小约写的东西，将小约在旅途中写的见闻集结成一本书出版。他甚至委任自己的演讲稿写手哈维·克莱默帮着小约润色手稿。不过，找过的各位编辑都客气地回绝了他。虽然小约严肃的举止给人以庄严的印象，但他的各种想法落实到纸面，有时会显得过于平庸和不成熟。（以他写的句子为例："难道人们没想过意大利和德国也会有幸福的人民？"）他文笔真诚，却平淡无奇。甚至报纸杂志的编辑也拒绝了替大儿子求情的父亲［好在《大西洋月刊》（*The Atlantic Monthly*）的确刊发过小约写的一篇短文］。[71]眼下阿瑟·克罗克热情地推荐杰克的手稿，二儿子真没准会首先将名字印在一本书的封面上。

杰克的研究报告有出版潜力，阿瑟·克罗克对此信心满满，他这么想是出于真心，不过他也有不可言说的动机：长期以来，他一直认为，约瑟夫·肯尼迪是个能主宰命运的人，是那种允许他搭顺风车的人，是那种有可能继富兰克林·罗斯福——克罗克讨厌罗斯福——之后成为美国总统的人。克罗克十分清楚大使对儿子们寄予厚望，他想投其所好，通过出手帮助即可做到。他还看到了潜在的和巨大的商业成就：约瑟夫·肯尼迪一定会出版一本聚焦其大使任期的回忆录——把杰克的论文交给格特鲁德·阿尔加斯（Gertrude Algase）位于纽约的文学代理机构之际，克罗克对格特鲁德说，他已经想出了一个一箭双雕的作品：出版一本父子联手创作的书。[72]

大使原打算在儿子正式修改论文前与其谈谈自己对论文的总体评价，不过，现实生活打乱了他的计划。4月9日，由于纳粹入侵丹麦和挪威，"假战争"突然间以暴力形式结束，德国此举主要是为了确保运输通道，以便瑞典的优质铁矿石进入德国。此前数天，英国皇家海军已经开始在挪威海域布雷，为的是迫使前往德国的货船进入公海，在那里，它们会受制于英国的封锁。不过，德国大胆地发动了先发制人的攻击，而盟国对此尚未做好准备。在纳粹德国空军的掩护下，德国国防军的九个师在一天之内就把丹麦人打得晕头转向，还夺取了挪威南部所有港口和机场的控制权。接下来两

257

周，在挪威中部地区，德国人和盟军之间冲突不断，最终德国人大获全胜，迫使英国人和法国人撤出了该地区。季春时节，挪威全境都处在了德国人控制下。

丘吉尔是计划和执行对挪威作战行动的主要责任人，因而约瑟夫·肯尼迪希望丘吉尔对此结果承担责任。"一些人已经开始将挪威的形势描述为第二场加利波利战役，因此丘吉尔先生的太阳正在以特别快的速度坠落。"当年4月底，约瑟夫在发给罗斯福总统和科德尔·赫尔国务卿的电报中写道。[73]不过，颇具讽刺意味的是，斯堪的纳维亚危机反而提升了丘吉尔的地位，让内维尔·张伯伦付出了沉重代价。许多英国议员指责首相应该对这一结果负责。5月7日，就这次作战行动进行过一场辩论后，33名保守党议员投票反对张伯伦政府，其中之一是利奥·埃默里（Leo Amery），他的指责戳痛了张伯伦，最后他还引用1653年克伦威尔解散长期议会时说的话："我说，离开，我们要跟你来个彻底了断。以上帝的名义，走开！"垂头丧气的张伯伦彻底崩溃了，离开议事厅时，他的耳畔响起一片"走开！走开！走开！"的喊声。[74]

国王乔治六世和许多托利党政要希望哈利法克斯勋爵掌权，在他们眼里，哈利法克斯才是正当人选，丘吉尔是个没有道德底线和反复无常的持不同政见者，还有一段错综复杂的政治经历。不过，有浓厚公共服务意识的哈利法克斯深信，丘吉尔会成为强硬的战时领导人，因而他拒绝了对自己的任命。张伯伦本想继续掌权，坚持到最后，但工党拒绝支持他，他这才承认游戏结束了——5月10日，张伯伦向国王提议，召见65岁的丘吉尔。国王再次试图让哈利法克斯接任首相，终以失败告吹，国王只好接受提议。

"我们将面对的是一场极其严酷的考验，"丘吉尔声称，这是他成为英国首相后在下议院第一次演讲时所说，"我们将面对旷日持久的斗争和苦难。你们会问，我们的政策是什么？我能说的是：在海上、陆地、空中作战，尽我们所能，尽上帝赋予我们的所有力量作战，对人类黑暗、可悲的罪恶史上空前凶残的暴政作战。这就是我们的政策。你们会问，我们的目标是什么？我能用一个词回答：胜利。不惜一切代价夺取胜利，无论多么恐怖都在所不惜，无论道路多么漫长和艰险，都要争取胜利；因为，没有胜利，就没有生存。"[75]

258

在那个时间点掌权真不是时候！5月10日，丘吉尔接受任命当天一早，德国在西方发动了大规模攻势，同时进攻荷兰、比利时、卢森堡。作为回应，英法两国的将军们将部队调往比利时境内的代勒河（Dyle River）沿线，以图在那里阻滞德军的进攻。然而，13日那天，在格尔德·冯·伦德施泰特（Gerd von Rundstedt）率领下，德国A集团军群各先头部队冲破了色当附近密林环抱、防守薄弱、坐落在默兹河畔的阿登高地，一举绕过被吹破天的马其诺防线最西端。随后的战斗持续了两天，德国人大获全胜，涌入了广阔的乡村地区，迂回向西推进。历史学家A.J.P.泰勒（A.J.P. Taylor）后来写道："油箱里没油时，他们就在地方加油站加油，不给钱。他们还时常停下来挤牛奶喝。"5月20日，海因茨·古德里安（Heinz Guderian）率领德军第2装甲师推进了约100千米，直抵法国阿布维尔（Abbeville）附近的英吉利海峡岸边。连接盟军位于比利时境内各前线部队以及大后方的通信线路被彻底切断了。[76]

这一难以置信的结局让全世界都惊呆了。怎么会发生这种事？一方面是德国军队的总兵力，另一方面是法国、英国、荷兰、比利时的兵力总和，双方大致上是可比的。法国拥有更多轮式运兵车和坦克，按理说在坦克和火炮质量方面还占优势。在空中力量对比方面，与德国相比，法国及其盟友拥有的轰炸机和战斗机数量占优。最重要的是，希特勒正在集结军力，打算穿过阿登高地一带的森林发动进攻，事先已有大量迹象明示。即便如此，在不足一周时间内，各种溃败迹象已经在战斗中显现出来。在战术和领导力方面，德国人已经表现出优于对方。法军总司令莫里斯·甘末林（Maurice Gamelin）将军与前线众多指挥官之间的无线电联络中断时，法军总参谋部甚至不知道究竟发生了什么。[77]

从那往后，战场态势急转直下。很快，在法国北部，大量法国和英国部队被围困在加来和敦刻尔克之间的沿岸地区——30多万人背靠大海动弹不得，看来他们注定要遭遇灭顶之灾。出乎德国将军们意料的是，希特勒下令古德里安停止进攻（或许因为误判英国一定会祈和）。由于大量船只——有些是海军人员驾驶的船只，有些是民用船船主和水手驾驶的船只——英勇无畏的壮举，英国远征军和许多法军部队得以从敦刻尔克各处海滩逃脱，但与后来许多神乎其神的传闻不同，很难说那次撤退是盟军的一次胜利。[78]在东边，德国国防军很快拿下了马其诺防线沿线许多要塞。在法国中部，盟军已然溃不成军。由于参战的法国一方全线崩溃，法国东部第戎以南的德军各部队全面压向海岸线。6月17日，法国总理保罗·雷诺（Paul Reynaud）辞职了——三个月前，他刚刚接任达拉第。从那

259

往后，结局很快到来了。6 月 22 日，法国在贡比涅宣布投降，具体地点正是 1918 年 11 月签署停战协议的同一节列车车厢。在前一场战争中，德国 100 万士兵战死，历经四年时间，没有打败法国；这一次，他们在短短六周内取得了胜利，代价仅为 2.7 万德国人的生命。希特勒在其一生中第一次也是唯一一次访问了巴黎，面对众多照相机，他像普通游客一样扬扬得意地摆了个姿势，在埃菲尔铁塔前留影。

在伦敦，约瑟夫·肯尼迪对局势的发展深感绝望。"形势太可怕了，"他在 5 月 20 日写信给罗丝，"我认为都完蛋了。形势比看起来的还可怕。这意味着盟国彻底完蛋了。"眼见内维尔·张伯伦将政府拱手让给以温斯顿·丘吉尔为首的政府，大使请求罗斯福总统以盟国名义发出和平倡议。"昨晚我见了哈利法克斯，"5 月 24 日约瑟夫发给科德尔·赫尔国务卿的电报写道，"根据那些知情人士的说法，局势非常非常糟糕。广大民众好像永远意识不到英国会被打败，或者最糟糕的事会发生在他们身上。……我不会低估这些民众的勇气和胆量，不过……要对付德国人持续不断的空袭，还有德国空军在数量上所占据的绝对优势，仅有胆量是坚持不下去的。……［哈利法克斯］毫无疑问持如后观点：如果什么人能站在盟国这边，在其即将崩溃之际让它起死回生，那一定是美国总统。哈利法克斯依然坚信，正是这种影响力至今仍然让德国人感到害怕。"[79]

罗斯福拒绝了上述提议，不过，大使并没有夸大以哈利法克斯、其他英国高级官员，以及伦敦上流社会普遍认同的正在迫近的末日感。"唯有奇迹才能拯救我们，"5 月 21 日，英国外交部常务次官亚历山大·卡多根（Alexander Cadogan）在日记里披露，"否则我们真的完了。"5 月 25 日，也就是约瑟夫发出上述电报第二天，战时内阁开始了一场为期三天的、非同寻常的辩论，内阁范围以外的人都不知道那场辩论，议题为是否由意大利从中斡旋，与希特勒通过谈判达成解决方案。哈利法克斯的态度是赞成，即使他承认，达成一项可以保留英国独立和行动自由的协议，机会微乎其微，但他坚持说，所有政治选项都应当试一试。丘吉尔则坚决反对那么做——他坚称："如果德国统治欧洲，绝无可能实现和平与安全。"不过，新任首相当时还必须谨言慎行，在人们的记忆里，上台最初几周，他的权力并不稳固。他心里清楚，当时他还无法承受哈利法克斯辞职。通过各种甜言蜜语和夸夸其谈的说辞，丘吉尔一点一点地赢得了同僚们的信任。至 5 月 28 日，各方达成一致：即使孤军奋战，英国也必须继续战斗。[80]

人们难免会生出许多遐想：如果丘吉尔输掉了辩论，结果会怎样？如果 1940 年 5 月天空湛蓝的那几天里，战时内阁做出了其他抉择，英国提出了和平倡议，又会怎样？对战争本身，对 20 世纪的进程，对美国在世界上的地位，都会有什么影响？对约瑟夫·肯尼迪及其家人来说，那又意味着什么？

几天后，英国方面安排约瑟夫与首相见面，后者告诉他，英国在希特勒的名单上排名第二，因而美国必须增加援助。"国会的人排着队与总统作对，因此他什么都做不了，"约瑟夫当场答复，"除非感觉到美国人民在背后支持，否则国会不会采取任何

行动。"这样的说法用在张伯伦身上百试不爽，丘吉尔则不管不
顾，继续表态。"美国人民一旦看到英国那些闻名于世的地方遭
到轰炸，肯定会希望参与进来，"丘吉尔信誓旦旦地对客人说，
"无论如何，希特勒打不赢这场战争，除非他征服我们，而他无
法做到这一点。我们会坚持到你们大选以后，我希望到时候你们
会参与进来。我还会从加拿大跟他们战斗。我绝不会放弃皇家海
军舰队。"[81]

VII

　　1940 年 5 月 10 日，还发生了第三件事，它的影响力远不如英
国领导权变更，以及希特勒进攻西方国家那么大，不过，时间终将
证明，它对本书的叙事特别重要：作为哈佛大学本科毕业生，年轻
的约翰·F. 肯尼迪完成了所有科目的毕业考试，全身心投入修改
261　毕业论文，以期正式出版。他意识到，欧洲的新形势迫使他必须对
手稿进行调整——人们发现，张伯伦的领导力明显不足；另外，杰
克也明白，有必要将英国当时陷入困境的责任更多地归咎于唐宁街
10 号英国首相府的一些决策，而不是泛泛地归咎于选民们的意愿。
父亲也帮着他强化了这种认识，他告诉儿子，他把论文拿给一些人
看过，所有人都提到了这一点。"这类评论的出发点是，"大使在一
封信中写道，"从 1931 年到 1935 年，英国国民政府拥有绝对控制
权，并且在 1935 年 11 月再次以绝对多数重组政府。人们认为，这
一任命理应用于让国家强大。如果国家支持这样一项政策，一切都

好说；如果不支持，那么，国民政府领导人就应当抛开谨慎，尝试激励英国国民正视国家眼下面临的各种危险。"换句话说，论文认为，政客们为了当选不择手段，这说法过于偏颇。[82]

为完成出版工作，杰克将自己安顿在华盛顿特区阿瑟·克罗克家的书房里。克罗克后来说："可以非常确切地说，那是他自己的作品，我做的仅仅是润色一下，这里那里纠正一下。"克罗克说的似乎没错，因为，仔细对比论文的前后两个版本，可以看出，两个版本的核心内容和结构基本一致。（并非所有修改一定都是更好——尽管有克洛克"润色"，原版论文里有几个部分的思路反而更清晰、更明确。）除了一定程度上将更多责任推给鲍德温和张伯伦，杰克还放弃了原版论文里那种较为克制的、比较注重学术的结论，新结论的指责更为犀利，这是专为讨好美国读者设计的。"我们必须保证军备与承诺对等，"出版的论文中写道，"《慕尼黑协定》应当教会我们这么做；我们必须意识到，一定会有人用虚张声势的手段。唯有我们的军备以及军备背后的人民做好万全准备，招之即来，不惜以战争作为极限手段，我们才可能将敌人赶出这个半球。"[83]

好像是为了强调这一点，杰克匆匆给《深红报》写了封信，抗议该报坚决反对美国重整军备。那封信刊登在当年 6 月 9 日那一期上，也即写信人毕业数天前：

在 5 月 31 日星期五刊发的评论文章中，你们攻击柯南特校长的讲话，给出的理由是："没有什么方法比美国正在进行

262 的自我武装更可能导致一场可怕的毁灭性战争。"这一观点似乎完全忽略了过去十年英国从切身经历中吸取的极其珍贵的教训。重整军备是战争的主要原因，这种观念恰恰在英国立足最稳。……投票反对1938年的海军预算案时，参议员博拉表达了美国人相同的观点，他是这么说的："一个国家推出一项政策，另一个国家推出另一项应对政策，很快，战争就来了。"

在这场战争中，英国为什么准备得如此糟糕？或者，在5月的几次调查中，人们为什么会发现美国的国防现状如此令人担忧？如果有人这么问，上述对待军备的态度就是有实际意义的答案。没能建立军备已经让英国无法在战争中自救，为此将付出代价。对这样的教训，身在美国的我们就如此不以为意吗？[84]

上述信件的墨迹尚未完全干透，杰克就收到了来自纽约的令人崩溃的消息：哈珀兄弟出版公司（Harper & Brothers）已经做出决定，取消了此前答应出版杰克修改过的论文这一承诺，理由是最近的形势发展让论文所做的研判黯然失色。由于法国岌岌可危的形势，编辑们的意见是，这样的论文"实际上已无可能引起任何历史研究者的注意"。这一决定给杰克的毕业典礼泼了一盆冷水，不过他决心已定，无论如何也要享受这重要的一天，因为他身边都是大学的哥们，还有姥爷"蜜糖菲茨"、妈妈罗丝、罗斯玛丽（刚从英国回来）、基克、尤妮斯、哥哥小约、弟弟鲍比，他们都来到了哈佛园的典礼现场。①

“他戴学位帽穿学位服的样子真的很帅，而且皮肤晒成了麦色，
看起来很健康，”罗丝写给丈夫，“还有，他笑得很灿烂。”尽管大
使职责将约瑟夫拴在伦敦，但他通知纽约办公区主管保罗·墨菲送
一份毕业礼物给杰克，那是一张 1000 美元的支票。墨菲的附言为： 263
“他特别赞赏你所做的一切，以他全部的爱送上他的祝福。”杰克立
即回信表示感谢（他说，这笔钱会让他“多得到一点财务自
由”），他还告诉父亲，他想在秋季到耶鲁大学法学院深造，进而
还说，他仍在努力工作，为他的论文寻找新的出版商。“我已经做
了重大修改，以前仅有约 150 页，如今已有 210 页，我已经尝试让
它更可读。”[85]

虽然如此，很快又传来另一家出版商拒绝出书的消息，这次是哈考特·布雷斯出版公司（Harcourt Brace）。与哈珀兄弟公司一样，出版商阿尔弗雷德·哈考特（Alfred Harcourt）看到的是论文的初稿，而非修订稿。他承认，“这孩子写了篇比常规论文棒得多的论文”，不

---

① 在毕业典礼上，几名发言人的讲话表明，关于战争的争议仍在哈佛校园里持续。毕业班演讲人图德·加德纳（Tudor Gardiner，1940 届）声称，援助盟国“纯属无稽之谈”，他说，美国反而应当致力于“将本半球打造得坚不可摧”。25 年前的毕业班演讲人大卫·西戈尼（David Sigourney，1915 届）在老同学聚首时的论调截然不同，他盛赞自己那个班在一战中的贡献：“当年我们认为，参加战斗是再正常不过的事；如今我们也认为，参加战斗是再正常不过的事。”他的说法当即遭到高调的和持续不断的嘘声，声音主要来自近几年毕业的学生们。毕业典礼发言人是国务卿科德尔·赫尔，他在发言中谴责孤立主义是“危险的愚蠢行为”，心怀感激的柯南特校长频频点头表示赞同。［Bethell，*Harvard Observed*，132－133；2017 年 5 月 2 日作者对李·斯塔尔（Lee Starr，1940 届）的采访。］——原注

杰克大学毕业时的留影。

过，论文主题能否引起美国读者们的共鸣，他心存疑虑。出版社主编看法相同：欧洲局势的演进实在太快，出版无法跟进。意识到那些资深出版商的路数大多如此，代理商格特鲁德·阿尔加斯改变策略，试着将稿子投向出版界新人威尔弗雷德·芬克（Wilfred Funk），后者近期刚刚以自己的名义创办了一家印书社。阿尔加斯交给芬克的是修订稿，并且很快得到了如后回复：他决定出版。不管怎么说，作者是约瑟夫·P. 肯尼迪的儿子。另外，阿尔加斯还暗示，出版界大佬亨利·卢斯也会阅读这篇手稿，没准还会为该书作序。芬克定下了该书，给了作者 225 美元预付款（250 美元减去代理商 10% 的佣金）。[86]

这是个精明的决定，因为预售情况好到大幅超出预期，威尔弗雷德·芬克意识到，至少他能收回全部投资。阿尔加斯直言不讳地对克罗克说，初期的兴趣究竟"是不是因为各个书店对年轻人的名字以及对他的好奇掀起了一阵风，目前还不好说。也许是吧。各书店都拿到预定的册数后，这书是否会重印，我可没把握"。她接着补充道，作者本人给她留下了迷人的印象："在我见过的年轻人里，杰克·肯尼迪是我最看好的人之一，真诚、不做作、全力以赴、全凭一己之力。我想看着他长大，见证他取得成就。"[87]

阿尔加斯肯定有机会亲自见证他"取得成就"，还可以名正言顺地对外宣称，引领杰克走上后来的道路，有她一份功劳。她帮忙出版的那本书在美国民众中引起了大规模共鸣，也意味着让所有人都看清楚了，刚从哈佛毕业的 23 岁学生杰克·肯尼迪是个特立独行的人，对其父的孤立主义观点不感兴趣。的确如此，杰克很高兴

264

借白纸黑字谴责绥靖主义的各种核心理念。

　　这信号表明，某人的时代已经到来，只不过到来的方式并不十分清晰。1940 年年中，《英国为何沉睡不醒》已经摆上许多人的书架，法国的垮台改变了上千万美国人对世界局势的看法，甚至改变了白宫里的那个人。阿道夫·希特勒好像突然间摆好了架势，要征服包括英国在内的整个欧洲；与此同时，日本人对东亚和东南亚的威胁也在逐步增长。备战已经有了全新的含义，其重要性达到了全新的高度——大使帅气的二儿子新出的小薄书是否在其中提供了一些有用的经验教训？

第十章

中场休息

1940 年 6 月，德国打败法国一事，对美国人看待各种事务的态度产生了变革性影响，例如看待欧洲战事的态度、全面看待美国国防建设的态度。纳粹威胁以一种前所未有的方式变得真实了。希特勒以前的那些征服曾经令人遗憾但还能说得通，虽然令人担忧，但涉及的都是相对较小的国家，是许多美国人几乎没听说过的一些国家。法国不一样，法国是人们津津乐道的文明国家，是艺术、文学、音乐的中心，是高端时尚和高级美食的故乡。法国就是巴黎，那里有凯旋门、埃菲尔铁塔、漂亮的林荫道、迷人的路边咖啡馆，许多从未去过那边的美国人甚至都熟悉这些。另外，法国还是主要世界大国，其帝国版图仅次于英国，位列第二，它的军力（某种程度上）在世界上也是最强的。尽管如此，它还是被征服了——很残酷，整体被征服仅用六周时间，令人害怕。

作曲家杰罗姆·科恩（Jerome Kern）和著名音乐人奥斯卡·汉默斯坦二世（Oscar Hammerstein Ⅱ）用一首歌铭记了那一刻：

> 上次我见到的巴黎
>
> 她内心依旧温柔和欢乐
>
> 任别人如何改变她
>
> 我记忆中的她从不改变

266　　一夜之间，在"假战争"大部分时间滋生的以踌躇满志为特征的美式思维方式让位于极度的忧虑，甚至是恐慌。自合众国成立早期以来，海外战事的演进似乎从未如此靠近美国海岸，从未有哪个国家能威胁到美国的安全。如果纳粹的战争机器能以如此精准的效率碾压一些欧洲低地国家和法国，针对美国的直接的和现存的威胁是不是迟早会出现呢？[1]

　　许多分析人士发出了如后警告：推翻英国，从而获得大西洋航道控制权的德国甚至会在短期内对美国的利益形成严重挑战。颇具影响力的专栏作家沃尔特·李普曼撰文称："我们一直把广袤的咸水海域当成超级马其诺防线看待，在此期间我们一直在自欺欺人。控制海洋的人会把海洋当成高速公路。正是出于这一原因，每一场涉及控制海洋的战争都是世界大战，而美国注定会不可避免地卷入其中。"[2]

　　富兰克林·罗斯福总统完全赞同上述观点，以前担任过海军部助理部长的他将自己想象成了海上军力方面的专家，想到希特勒很快会征服英国，征服令人敬畏的皇家海军，他不寒而栗。7月，他暗自想过，英国的生存概率只有1/3。温斯顿·丘吉尔首相多次请求美国以实物形式提供帮助，罗斯福特别想满足他，不过，罗斯福能做什么呢？美国国防在各个领域严重不足，令人唏嘘（1939年，美国军队总人数为 19 万，军队规模在世界上排位第 17，排在罗马尼亚之后），无法满足捍卫国家领土的需求，更别提帮助盟友了。德国也不是唯一迫在眉睫的威胁：在东亚，日本人摆出向南扩张势力范围的架势。在罗斯福的一再坚持下，政府行政团队以罕有的决心行动，以确保大规模军备增量；在新的军事开支方面，罗斯福也勉强获得了参议院对 120 亿美元军费的支持。在国防部一片反对声中，罗斯福还获得了相当数量的军火和弹药释出，将其销售给私营企业，然后利用现金结算自提货物原则转售给英国。[3]

　　与此同时，罗斯福做出了总统任期内最重要的几项决定之一：他将史无前例地参选第三任期——他坚持说，这是出于责任，而非个人野心。他清楚，在某些领域，这一举动会引发争议，因而他躲在幕后，小心翼翼地推进此事，在芝加哥民主党大会期间，他放任一些政治幕僚实施支持他的"自发的"动员。这一策略成效显著，他顺利获得了提名。同一时期，罗斯福通过任命两个著名的共和党人，精明地为他领导的政府赢得了两党的支持，两人为前国务卿亨利·史汀生，以及 1936 年副总统候选人和报业老板弗兰克·诺克斯，两人分管战争部和海军部。6 月 10 日，在弗吉尼亚大学演讲时，总统保证加强美国的国防建设，"举全国之力提供物质资源"给奋战在反轴心国战场上的那些人，同时他还不断淡化美国可能成为参战国这一概念。"我们不会减速或绕行，"他宣称，"所有标志和信号都在提示我们加速——全速前进。"[4]

　　曾经帮助年轻的约翰·F. 肯尼迪完成论文的英国历史学家和宣传家约翰·惠勒-本内特（他给的帮助足够多，因而他的名字出

267

现在论文的"致谢"里）是罗斯福上述演讲的现场听众之一。他回忆说："一阵激动犹如电流般贯通全身。……这正是我们一直以来为之祈祷的——不只是同情，更是给予支持的誓言。只有这些数量巨大的资源送达，英国才能坚持下去，我们才能生存下去，甚至赢得这场战争。这是第一缕希望之光。"正如惠勒-本内特理解的一样，有形的支持成为现实，必定会有一个过程，不管怎么说，他认为那是个重要时刻。《时代》周刊看法相同——该杂志撰文称，总统都说了，中立的美国事实上已成过往。"美国已经选边站。……同时结束的还有如后乌托邦式的幻想：在一个极权主义世界里，［美国］可以继续像民主的孤岛一样存在于世。"5

　　罗斯福一定会说，援助不会很快来。他一直害怕孤立主义者的力量——在一些助手的印象里，以及在不少历史学家的印象里，总统这方面有些过分——他坚决反对超越公众舆论。他知道，美国人之间仍存在严重分歧。如果法国的陷落促进了对外干涉主义组织的发展，例如著名记者威廉·艾伦·怀特的"援助盟国保卫美国委员会"（至8月1日，即创立三个月后，该组织在47个州发展了700多个分支），那么，它也刺激了反对组织的发展。7月，一个由耶鲁大学学生和中西部企业家领导的集团成立了"美国第一委员会"（America First Committee），该组织聚集了跨意识形态的拥护者，并且宣称其坚定不移地反对对外干涉——反对援助英国，因为那么做终将导致对外干涉。该组织的会员很快便增长到80万人，268 其中有一些著名人物，例如弗兰克·劳埃德·赖特（Frank Lloyd Wright）、华特·迪士尼（Walt Disney）、美国最早的电影明星丽莲·吉许（Lillian Gish）、后来成为总统的杰拉尔德·福特（Gerald Ford）、外交官切斯特·鲍尔斯（Chester Bowles）。从严格意义上说，并非所有"美国第一"人士都是孤立主义者，例如，他们中多数人支持对外贸易，许多人还支持与其他国家保持文化联系。和平主义者和基于道德拒服兵役的人也仅占极少数。其实这些人的驱动力是信念，长期以来，约瑟夫·P. 肯尼迪和查尔斯·林德伯格是他们的代言人（两人均不是该组织成员，不过，林德伯格后来加入了该组织），他们相信美国必须远离欧洲的权力斗争，更宽泛地说，美国必须保持自己的行动自由，且绝不承担向其他国家做出任何承诺。[6]

这方面，即使出现法国垮台这样的结局，约瑟夫·肯尼迪的信念也没有一丁点减弱。像他一样，他的大儿子也认为，华盛顿必须远离欧洲的一派乱象，这比以往任何时候都重要；父子二人还坚持认为，政府行政团队若是卷入其中，就应当大胆尝试通过外交途径与希特勒达成一项协议。在哈佛大学法学院攻读硕士二年级的小约当时已经是"哈佛大学反对军事干涉委员会"（Harvard Committee Against Military Intervention）的领导成员之一，该组织的目标是"哈佛大学绝大多数学生希望美国远离欧洲和亚洲的战争，他们要把这一观点大声说出来"。很快，小约便开始频繁在剑桥地区向各学生团体和民间团体喊话。他利用每一次演讲机会，不留情面地强调，白宫好像拉开了架势，要把美国拉下水，拖入战争，结果注定是灾难性的。他辩解说，美国最好远离战争，跟纳粹德国达成一些交易。[7]

对小约来说，关系重大的不仅有原则问题——对于政治上刚刚起步的小约来说，那些辩论和演讲都是有用的实践活动。他喜欢在大庭广众中讲话，但容易紧张和说话磕磕绊绊，因而他报名参加了施塔利演讲学院（Staley School of the Spoken Word）的晚间培训班。他还参与了民主党州党部的工作，甚至还支持詹姆斯·法利（James Farley）与罗斯福竞争党内总统候选人。作为参加芝加哥民主党全国代表大会的代表团成员，小约拒绝党内官员们劝说他改变初衷，他明知詹姆斯·法利不可能赢，第一轮投票时，他仍然投了法利一票，仅有 72 个人那么做（与 946 名罗斯福支持者成了对立面）。罗斯福的手下给伦敦的老约打电话，请他劝说儿子，大使拒绝了："不行，让我告诉他该做什么，这种事想都别想。"虽然小约从未披露他如此投票的真实原因，但一个确切无疑的因素是，他就是想刺痛在他眼里曾经羞辱和边缘化自己父亲的总统及其行政团队。[8]

269

听说哥哥在代表大会期间做出了有争议的行为时，杰克正跟朋友们在海恩尼斯港的家里。他很快就开始质疑小约的行为。为什么要与现任总统作对？这么做的风险是会疏远党内一些有实力的成员，而这些人的支持是必要的，因为小约自己将要从政——人人都知道小约会从政，他自己最清楚这一点，为什么他还要那么做？为什么要全力支持一开始就毫无可能赢的法利为总统候选人？在杰克讲求实效的头脑里，这么做近乎愚蠢，且毫无必要，即使有利可图，也得不偿失——赛事正酣时换马，在国际局势如此紧张的时间段，反对经验老到的、受民众拥戴的行政长官，这么做真的有意义吗？[9]

‖

对于 1940 年夏季另一件事的进展，好胜心极强的小约究竟做何感想，历史记录极少，这里说的是他弟弟在文学方面的突然成功。关于杰克的书，小约对父亲说的都是有礼有节的话，不过，对一个在加利福尼亚的朋友的父亲，据说小约说了些超越尺度的话。他说，杰克受益于职业人士的帮助。[10]如果小约真的因为在这方面被超越而心里不爽，人们很容易看清其中的原因。不管怎么说，在人们的印象里，事情本不该如此。小约这孩子一辈子都活在光环里，他的小身子还裹在襁褓里，姥爷就预言过，他长大会成为总统。他一直是更勤奋的学生、更强健的运动员，同一时期的杰克却满足于潇洒做人，游手好闲，也就是说，杰克一向如此，除了他躺在医务室。多年来，小约不断地听闻父亲在耳边念叨，督促他出一本书。他已经尽自己所能，以便此事成真。他甚至深入西班牙内战，冒着丢掉性命和断胳膊断腿的危险，积累了许多长篇报告，以为这些能攒成一本书。他不仅没见到成书，反而是弟弟抢先拿到了一纸出版合同。弟弟舒舒服服地在剑桥地区的安稳环境里忙了几个月，然后花几天时间润色，毕业论文就成了一本书！也许杰克选了个更好的、更契合时代的标题，不过，整件事仍然显得不那么公平。

杰克的书于 7 月 24 日上架，赶上了绝佳的时机，刚好在法国陷落一个月后，德国第一次空袭英国本土目标［威克港（Wick）和赫尔港（Hull）的一些社区］三周后，纳粹德国空军开始袭击英

270

吉利海峡护航舰船两周后。当时美国的读者群突然对有关战争和战争源头的信息来了兴致，而《英国为何沉睡不醒》成了最早提供这些信息的一批书之一。约瑟夫·肯尼迪的精明——莫如说他脸皮厚，因为长期以来他与将要提到之人的妻子保持着暧昧关系——在于，他请求亨利·卢斯为杰克的书写一篇简短的序言，而著名出版商爽快地答应了。（先有《纽约时报》专栏作家阿瑟·克罗克帮着润色稿子，后有《时代》杂志社传奇老板贡献一篇序言，杰克一点都不缺权势人物的帮助。）[11]

当时亨利·卢斯刚刚崭露头角，且越来越强势地成为美国国际主义的主要倡导者。在他眼里，国家孱弱时，孤立主义是可以接受的战略。现在美国已经成为强国俱乐部里羽翼丰满的成员——而且，凭借地大物博和人口众多，美国似乎注定会成为强国里最强的国家——前述立场已无立锥之地。另外，卢斯还坚信，华盛顿那些领导人必须接住世界领导权的衣钵。毫无疑问，他们必须保卫美国领土，不过，他们也必须保卫和促进美国海岸之外的民主价值观，使其延伸到全球各个角落。国家安全建立在这种做法之上。[12]几个月后，即 1941 年初，卢斯将要在一篇文章里明确表达自己的观点，那篇文章将成为美国治国史册上最具影响力的几篇文章之一。文章的标题为《美国世纪》，对后来好几届民主党、共和党轮流执政的行政团队（约翰·F. 肯尼迪的团队也在其中）来说，其必将成为某种大战略的蓝图。卢斯在文章里称，美国人必须"全心全意地承担自己的义务，把握自己的时机，因为美国是世界上最强大和最具活力的国家。正因如此，为达成我们认为合适的目的，美国必须使用我们认为适当的手段，运用美国的影响力全面影响世界"。1940年年中那几个月，卢斯坐在椅子上阅读杰克的书之际，他脑子里已经在酝酿美国在世界上的角色这一泛泛的议题。6 月末，在费城共和党全国代表大会上，他帮助促成了温德尔·威尔基（Wendell Willkie）令人眩目的胜利，使之成为当年秋季该党参选总统的旗手。威尔基是企业高管，他公开宣称自己是国际主义者。[13]

"那一摞手稿，准确说是校对稿，送到我手上时，我印象非常深刻，"卢斯回忆道，"当然，到手的时间是慕尼黑会议以后，热战正酣时。那时人们都说，英国孤立无援，当年的流行做法是把所有罪名归于那些所谓的绥靖者，即张伯伦先生和托利党绥靖者，也就是‘克利夫登帮’。"然而，《英国为何沉睡不醒》指出，整个英国社会几乎所有阶层的人都负有责任。"让我印象深刻的是，首先，杰克的功课实际上做得非常认真，他审视了各种事实，例如人们针对欧洲危机的态度以及投票记录等。让我印象深刻的还有他严谨的治学态度、他做的研究，以及在巨大的危机之际，他个人的参与感和责任感。本书展现的思想上的深刻，以及对公共事务的参与，都让我非常乐观。"[14]

卢斯在序言里高度赞扬了年轻作者所做的深刻分析，以及至关重要的如后结束语：美国人必须尽一切努力做好准备，迎接可能到来的战争。卢斯的赞誉如后："我想不出跟我同时上大学的那一代人里有谁能在三年级就如此重大的题目创作一本成年人才能完成的书。"[15]序言痛斥那些持亲绥靖主义立场的观察人士，例如杰克的父亲。尽管如此，杰克还是写了封充满感激的信："序言真棒，让本书更贴合时代。我特别想说的是，如后观点更是切中要害：美国的说法'我们绝不会参与海外战争'与张伯伦的说法'我们时代的和平'异曲同工，两种说法对美国备战的影响难分伯仲。这一点至关重要，而我的论文缺失了这一点。另外，让我特别高兴的是，美国对当前形势的责任是如何形成的，你给出了背后的成因，这对正确理解当下的问题真的特别必要。"[16]

　　尽管这书的销量预计会很可观，但卢斯的背书毫无疑问促进了实际销量。不到两天，第一批 3500 册新书便销售一空，威尔弗雷德·芬克立刻安排第二次印刷，且印数更多。当年年底，芬克即可对外宣称，美英两国的销售总册数已经增长到五位数——无论如何，对一篇毕业论文的修改稿来说，这已经是了不起的成就了。这书还上了《纽约时报》波士顿区"周畅销书榜单"，还是《华盛顿邮报》"读者选书单"选中的图书。[17]后来有人说，为促进销售，约瑟夫·肯尼迪成箱成箱购买这书，存放在位于科德角的房子的地下室里。理论上说，这有可能是真的（约瑟夫这么做的话符合人们对他的看法），不过，没有证据支持这一点；即使这是真的，对于在各种书评中获得一浪又一浪高度赞誉的一本书，这种说法也无关痛272　痒。《纽约时报》、《旧金山纪事报》（San Francisco Chronicle）、《华尔街日报》、《纽约先驱论坛报》、《明尼阿波利斯论坛报》（Minneapolis Tribune）、《时代》周刊，以及其他报刊都给予该书高度评价。除了极少数不和谐的声音——一些评论人士认为，杰克对鲍德温和张伯伦过于宽容；对美国人来说，教训究竟是什么，杰克留下了含糊的结论——年轻的杰克获得的诸多好评，皆因其论点无可争议和细致入微，以及他罗列的海量证据支撑了他的论点。

一些评论人士翻出丘吉尔早年出版的各种演讲稿的合集《英国高枕无忧之际》，含沙射影地贬低杰克的作品。不过，很大程度上，他们没有抓住两部作品在哲学方面的巨大差异：丘吉尔强调的是一个个鲜活的个体在塑造历史时的作用；杰克则更冷静客观，高度重视社会结构的决定性因素。（"长期以来，"杰克在前言里哀叹道，"人格比事实更能引起人们的兴趣。"[18]）

连美国总统那样的大人物也向杰克发来了祝贺。在一封抬头为"亲爱的杰克"的信里，富兰克林·罗斯福表示，他感觉这书既敏锐又易懂，"从实力地位出发，说出了任何时候都易于表达和易于执行的硬道理"。以前教过杰克的老师们也出来表态了，包括一位很早以前教他的老师。"眼下我想祝贺在布鲁克莱恩镇奉献学校上过学的小'杰姬'·肯尼迪，"罗伯茨夫人（Mrs. Roberts）写道，"我必须说，我对你的成功由衷地感到骄傲。你的确是美国青年的顶级榜样，这么年轻就有了成就，一定会让你母亲和父亲满心欢喜。"年事已高的乔特中学校长乔治·圣约翰用"深入浅出、造诣精深、令人信服"赞扬杰克的书。"放在历史长河里看，即便这书10年或20年以后出版，也堪当前述赞誉。如今它已经呈现在美国人民面前，它堪称一部爱国的、预言性的、传道性质的作品。"[19]

这书广受好评，销量大增，难免会让一些人心生不快。在著名英国经济学家和教授哈罗德·拉斯基满是浮夸的信里，人们能感觉到的不仅是专业上的妒忌。他曾经是小约的老师，还短暂地教过杰克。拉斯基在写给约瑟夫·肯尼迪的信中说道，"用克罗克和亨利·卢斯已经用过的说法赞赏你儿子的作品"简单易行，不过，"我更愿意选择他人难以启齿的说法，对你允许他出版这书，我深感遗憾"。拉斯基给这书贴的标签为"特别不成熟"。他说，这书整体上毫无章法，从头到尾"停留在事物的表面"[20]。

273　　英国那边较为公正的评价来自著名军史专家和理论家 B. H. 利德尔·哈特（B. H. Liddell Hart），他对《英国为何沉睡不醒》的赞誉如后："本书以一种别出心裁的方式将真知灼见与公平的判断结合在一起——这样的写作方式［在英国］至今没人尝试过。与我阅读过的英美两国作家新近出版的其他作品相比，这一特点给人的印象尤其深刻。那些作家容易被肤浅的表象带歪，即使没有被带歪，没有拐进旁门左道，他们也常常陷入一叶障目的状态。"利德尔·哈特自己的作品《英国的国防》（The Defence of Britain）一年前问世，涉及的一些领域与杰克的书相同，他的确指出，杰克引用的事实与做出的解释有一些错误，不过，他的综合评价更多的是赞许——而这样的评价来自一位在这一领域远胜拉斯基的专业学者。[21]

　　英国评论人士整体上给予了杰克极高的评价，这一事实让杰克特别满意——不管怎么说，杰克写的是他们的国家。历史学家约翰·惠勒-本内特（以他与这书的关系看，他理应拒绝撰写这篇书评）极尽赞美之能事，他在《纽约太阳报》（The New York Sun）上赞誉杰克没有"以大使儿子的身份"创作本书，而是"形成了自己的一些观点，筛选出自己的证据，最终形成了具有罕见洞察力的政治分析和心理分析，还带有极为吸引人的新鲜特征，以及广泛的理解"。（惠勒－本内特做出这一评价）也许有点头脑发热，不过总体上正确。另一个英国人奈杰尔·丹尼斯（Nigel Dennis）在《新共和》（*The New Republic*）杂志上发表的文章同样让人印象深刻："试图将英国在外交和军事准备上的效率低下整体上归咎于英国人民，或许肯尼迪先生的书是第一本。这是对常规认知的大胆背离，作者坚持认为，拒绝承认这一点的那些作家是在愚弄自己的国民，以及他们自己。"丹尼斯承认，"更准确地指出应当指责哪些人"需要等候更广泛的调研，不过他认为很难否定这书的核心观点和该主题的重要性。[22]

　　而且，这书对历史的贡献还会持续。临近 20 世纪末，英国历史学家休·布罗根（Hugh Brogan）撰文指出，这书的确有一些不足——杰克的一些论断在书里反复出现的次数过多，对慕尼黑危机的评价不完全站得住脚——不过他明确宣称，《英国为何沉睡不醒》"永远会在小众图书领域占有崇高的地位，但凡涉及鲍德温和张伯伦时期英国在政策方面的争议，人们总会想到这书"。布罗根坚称，像布罗根书单上的其他书籍一样——其中之一为丘吉尔的《风云紧急》（*The Gathering Storm*）——杰克的这本书不仅为人们理解历史做出了贡献，它还是一次政治干预，其方法是，这书唤醒了美国读者，让他们直面摆在眼前的重要且重大的任务：睁大双眼面对纳粹威胁这一现实，做好迎击它的准备。[23]

　　当然，由于读者正捧读的本书是人物传记，《英国为何沉睡不醒》对我们真的非常重要。我们关注它，因为它能告诉我们当年刚刚迈出大学校门的 23 岁的约翰·F. 肯尼迪的一些事，还因为这书

274

和他的毕业论文本质上没什么区别，在此我们可以再次引述奈杰尔·汉密尔顿对这篇论文的评价："杰克一生再也没写出过如此准确描述自己的东西。"两件事尤其值得注意。第一，在走上政坛的道路上，这书标志着他早期的重要一步。通过阅读这书，人们可以清楚地看出，年轻的作者显然对如后领域特别着迷：外交事务领域中民主政体领导层的诸多问题；政策制定者常常面对两难抉择，即尽职尽责的同时如何做到不疏远喜怒无常的选民们。这一主题将再次出现在杰克后来出版的《当仁不让》一书里，也是他终其一生必将面对的一个难解的问题。1940年，杰克还算不上准备从政的候选人，这本书毫无疑问预示着他可以投身如后几个领域，如新闻界、学术界、法律界。不过，但凡当年读过这篇论文或这本书的读者都不会怀疑，作者未来有潜力成为政治家——如果读者赶巧知道杰克早年还写过一篇超长的研究众议员伯特兰·斯奈尔的专业论文，就更不会怀疑了。后来的每一代读者从这篇论文或这本书的字里行间均可准确看出作者的未来走向——例如，从（1960年的竞选口号）需要一个能够唤醒和教育人民的、充满活力的领导层即可看出，从（柏林危机时期）强调"保证军备与承诺对等"的重要性也可看出。借用休·布罗根的话说，1961年总统就职演说的主题好像"早在观察20世纪30年代的英国时就埋下了伏笔，当时'极其需要既有进步思想又有能力的年轻的领袖人物，他们应当替换战争时期的那代人，在那代人里，相当一部分已经躺倒在佛兰德战场上'"[24]。

第二，对杰克·肯尼迪而言，这书象征着他从父亲的政治影响下解放了出来。他一直都是孝顺的儿子，在许多重要方面，他还会处在父亲的影响下（当然，并非像后来许多作家和纪录片导演特别想让人们相信的那样），不过，通过该书，他向人们展示出明显的独立思考能力，以及做父亲的并没有对此进行打压（这一点值得称道）。正如斯蒂芬·C. 施莱辛格（Stephen C. Schlesinger）为该书近期重新发行的一个版本做的序所言，《英国为何沉睡不醒》构成了"对整个绥靖思想体系严肃认真的批判——因而也部分批判了他父亲的一些观点"。（近距离观察希特勒对欧洲所作所为的年轻人会改变亲绥靖主义立场，这不会让人感到奇怪；但让人惊讶的是，小约在战争临近时也去了欧洲大陆，他却顽固地坚持和老约一样的看法。）同年 8 月，《波士顿先驱报》的一个记者冒冒失失地问杰克，他是不是著名的父亲的"喉舌"，杰克回呛记者说："我都六个月没见父亲了，说到某些英国政治家时，我们的观点不同。"从严肃地投身写作论文开始，杰克大概耗费了六个月的时间，论文成书是后来的事。有了那本书，杰克在当年最紧迫的国际问题上界定了自己独立的政治立场：如何应对德国强权的威胁。他面对的不仅是自己的父亲，或论文委员会，而且是全世界的读者。[25]

275

III

各种各样的邀约像雪片般纷至沓来，涌进了杰克的信箱。一些记者力促他写一本续作，另一些记者劝说他为杂志撰写系列文章，还有一些记者建议他准备出发做大型巡回演讲。纽约大学历史学教授杰弗里·布朗（Geoffrey Brown）主动提出帮助杰克联系一家大名鼎鼎的出版商。不过，杰克在哈佛大学时期的辅导老师布鲁斯·霍珀力劝他小心行事。"因为你的年龄，你会成为各种邀约的目标，"那年夏末霍珀写给杰克，"对所有邀约都得留个心眼。"

　　当然，肯定会有一些读者想当然地以为，你的资料来自你父亲。我知道你的资料都是自己弄来的，论文也是自己动手写的。到末了，他人怎么看无关紧要。重要的是，你得保护好自己，扛住压力，不要出借自己的名字，用于这个或那个目的。公众是浮躁的，不会始终怀揣感恩之心，公众极易毁掉自己的偶像，记住了？

　　我想象不出你会对公众的赞誉激动不已，因而我真的没必要劝你。我写这封信仅仅是因为我知道你的信箱肯定会塞满各种赞美的评论、感谢信、邀约（甚至可能来自好莱坞）。恰当地看待这一切，把它们当作你出色成果的奖赏，然后试着忘掉它们。[26]

276　　杰克或多或少听进了布鲁斯·霍珀的建议。每每想到创作第二本书，他都会生出飘飘然的感觉，新书将聚焦两次世界大战之间和平轰然倒塌时美国扮演的角色，不过，很快他就把出书想法束之高阁了。他拒绝了撰写短篇文章的各种邀约，回绝了各种演讲邀请，满足于接受各种采访，许多次是在海恩尼斯港的家里通过电话接受采访，而且总是在参加橄榄球赛和乘船出海游玩之间见缝插针地接受采访。身材顾长、人称"查克"的查尔斯·斯波尔丁（Charles

"Chuck" Spalding）当时只是杰克的新相识，后来才成为杰克的密友之一，他回忆第一次到杰克家时，见到后者坐在起居室里给几本书签名，地上到处都是崇拜者寄来的信件——其中一封信来自某个国家的首相，那封信就扔在地上，压在一件湿乎乎的游泳衣下边。（犹如其他许许多多来访者一样，斯波尔丁讶异于那座房子里的一家人忙忙碌碌一整天后仍然精力充沛，每个人都"积极参与"每一项活动。那氛围有传染性。"也正是在那时，我好像意识到了某种与众不同的事，"斯波尔丁回忆说，"那是一种让人惊异的可遇而不可求的事。人们在别的地方一生都遇不到那种激动人心的场面。"）[27]

采访者们早晚会向杰克提出的一个问题是：下一步打算做什么？杰克手头有现成的答案：前往耶鲁大学法学院深造。几个月前，杰克曾要求哈佛大学将他的成绩单寄到纽黑文的耶鲁大学招生办，耶鲁大学立刻发来了通知：他被录取了。[28]虽然杰克跟布鲁斯·霍珀老师和其他人念叨过他对国际法有兴趣，但深造学法律这想法最多只是半成熟的，是个貌似不错且合理的研究生计划，而非经过深思熟虑的想法。在莱姆·比林斯那样的朋友们眼里，杰克似乎更倾向于——杰克是否完全承认这一点我们不得而知——投身新闻业、学术圈、政治界。关于这一问题，对杰克以及那年夏季毕业的许许多多大学生来说，越来越黑暗的世界形势让所有计划都处在风雨飘摇中。战争眼看要来了吗？会不会出现那些华盛顿大佬似乎在暗示的征兵？（答案是肯定的：9 月通过的一项国会法案授权实施第一次和平时期的征兵。）比林斯回忆说，他和杰克·肯尼迪以及当年的那些同辈，无论就业与否，大家都无所事事，都在等候世界局势的演变。[29]

给杰克的规划乱上添乱的是，一些健康问题突然冒了出来。除了以前误诊的一些肠胃问题让他感觉难受，他还感到原因不明的背痛。不过，他自己认为，应该是大学期间打橄榄球的旧伤复发了。他好像还多了一种病症，波士顿莱希诊所（Lahey Clinic）和明尼苏达州梅奥诊所（那年 9 月初，他返回这家诊所做了些检查）的医生们都小心翼翼地不愿多谈——他得了性病。莱希诊所泌尿科医生在病历里记述道，感染出现在 1940 年春季，针对淋病的疗效显著，然而无法消除其他并发症。不久后，杰克向哥哥抱怨他小便很痛苦，还多次重复医生们沮丧的论调：尿道炎会伴随他一生，时不时会复发。考虑到多种疾病同时发生，莱希诊所和梅奥诊所的医生均反对他承受全日制学习法律那样的压力，建议他静养。[30]

所以，1940 年夏末，杰克放弃了前往耶鲁法学院的计划，至少是暂时放弃，随后他去了加利福尼亚。[31]他告诉家人和朋友们，他希望到阳光明媚的地方把身体调理好，他还保证会前往斯坦福大学旁听，以便不落下课程。斯坦福大学坐落在旧金山以南 50 多千米起伏不平的丘陵上，小约的朋友汤姆·基利弗（Tom Killefer）将其乡村俱乐部式的特征吹上了天，还特意提醒杰克，与常春藤联盟大多数学校不同，那所学校是男女生合校，那意味着，那所学校大约有 2000 名女生（女生必须穿丝袜才能在校园里走动）。杰克掌握了所有必须掌握的信息，然后向西出发了。那是一次无忧无虑的经历。他原想学习经贸，但很快他意识到那门课无聊透顶，于是换到了政治学和国际关系学的课上。不仅如此，他经常参加校园里和校园周边的学生聚会，还经常开一辆闪亮的、崭新的别克牌双门敞篷车，车上有红色的真皮座椅，那是他用《英国为何沉睡不醒》一书挣来的钱买的。[32]

由于出版过一本书，还是肯尼迪大使的儿子，杰克是个小有名气之人。在共和党人占绝大多数的校园里，他很少能结交到男性朋友（即使他每时每刻都佩戴一枚罗斯福徽章，从不吸烟，极少碰酒精饮料，也无济于事）。不过，在校园内的女生群体里，他却大放异彩，吸引女生们的是他漫不经心的装束、凌乱的头发，还有——一些人后来回忆说——他不可否认的吸引力及性感。杰克最倾心的女孩是哈丽雅特·普赖斯（Harriet Price），一个机智的、极其美丽的姐妹会会员，外号"喜怒"（Flip），公认的校园女王。两人一起开车前往文艺小镇卡梅尔（Carmel）和旧金山（中途要休息好几次，以便杰克下车舒展一下酸痛的后背），一起观看斯坦福橄榄球赛，一起看电影，一起到欧姆雷餐厅（L'Omelette）和黛娜棚屋餐厅（Dinah's Shack）进餐。两人从未做的事唯有性：每次杰克提出要求，哈丽雅特都会断然拒绝，她坚持说，除非结婚，否则她绝不会用自己的童贞交换任何东西。"我真的特别特别爱他，"哈丽雅特后来回忆说，"我认为杰克也爱我……不过不行，他当时压根没打算结婚。"[33]

肯尼迪大使经常成为两人闲聊的话题。"他会聊他父亲的不忠"，哈丽雅特回忆说，显然他"知道父母婚姻里发生的一切。……我认为他父亲对他影响巨大，我认为这没有任何问题，可也并不全是好影响！在我看来，好像他父亲明显相当看不上自己的妻子，他对待妻子的方式对杰克相当有影响。杰克对母亲不是不敬，或怎么着，不过我认为，那种来自父亲的贬低影响到了儿子。那正是他风流成性和诸如此类行为的来源"[34]！

如果当初哈丽雅特看见过这对父子的一些往来信件，她一定会认为自己的观点得到了证实。那一时期的（以及后来的）那些信件非常清楚地揭示出，大使希望小约和杰克像他一样延续性方面的经历，将女性看作不过是必须征服的小目标。"让我惊讶的是，在美国那边，我没在你们身边时，你和小约竟然干出了大事。"老约在一封公函中写道，还提到一位英国的"美丽的金发女郎"联系过他，对杰克为她在美国期间安排住处表示感谢。至于杰克，1940年初，他前往美国南方旅行了一圈，然后向父亲汇报说："一起去的人很多——每个男人带了三个女孩——因而我比平常做得更好——那些女孩——一开始还争风吃醋，不过，一周后她们都玩疯了。"[35]

杰克的西海岸之行堪称中场休息，还有一个原因让他那段经历值得记述。10月29日，刚过中午，在5000多千米外，面对密集的新闻摄影机，当年的美国战争部部长亨利·史汀生蒙着双眼，将手伸进一个巨大的玻璃碗里，像摸彩票一样从中摸出了第一批征兵名单。他把每一张摸出的纸条转手交给了罗斯福总统。他摸出的第18张纸条的序号为2748。"代表帕洛阿尔托（Palo Alto）地区的2748号纸条的拥有者为，"学生们自办的《斯坦福日报》（*The Stanford Daily*）在第一版刊文称，"杰克·肯尼迪，美国驻英大使约瑟夫·P.

肯尼迪的儿子，斯坦福大学商学院的学生。年轻的杰克是新近出版的畅销书的作者，该书讲的是第二次世界大战前英国的局势。"[36]

因病无法前往法学院深造的杰克·肯尼迪竟然被征召入伍了。

让杰克难堪的是，这消息扩散的范围比校园报大得多。他的好朋友里普·霍顿回忆说，当时他正在新泽西州的一家电影院里，"当时征召刚刚生效——征召男人入伍。……［杰克的］照片出现在屏幕上，我记得，想到他被征召的样子，我当时就乐了"。随后，因为这件事，杰克收到了各种各样的朋友发来的调侃电报和信件。所有人都可以从这件事看出其中的不着调：不仅因为恰恰有恙在身的朋友被征入伍，还因为他父亲是美国干涉境外战争的强烈反对者。[37]

IV

有件事杰克从未在通信往来中向朋友们提及，那件事成了他必须考虑的问题：人们将他的姓氏与胆小联系在了一起，起因是他父亲在战时的伦敦养成的表面习惯。近几个月来，一些英国观察人士指责大使在交火期间欠缺风度，因为他养成了一种习惯，大多数夜晚，他会抽身前往温莎城，躲进租下的有 60 个房间的大宅子里，而不是在伦敦中心区直面德国的空袭：大规模空袭始于 9 月 7 日，随后一直延续到 1941 年 5 月 10 日。（至 10 月，纳粹德国空军停止了白昼行动，他们更偏爱夜间袭击。）[38]批评人士将约瑟夫称作"瑟瑟发抖的老约"，这个绰号很快在媒体上传播开来。英国外交部的一个智囊挖苦说："本来我以为自己是胆小鬼，遇到约瑟夫·肯尼迪后，我才意识到，他比我还胆小。"甚至一些美国人也跟着拱火。"每次大规模空袭一开始，"约瑟夫的助手哈维·克莱默回忆说，"他差不多每晚都去乡下。他总是说自己有九个孩子要照顾，他对这个大家庭负有责任。每天天黑前，他都会离开。"[39]

　　"瑟瑟发抖的老约"这一说法基本上是凭空捏造。根据大多数人的说法，德国炸弹多次在约瑟夫身边爆炸，他几乎没露出过害怕的样子，至少有一次爆炸发生在他位于乡下的家附近。亨利·卢斯仍然记得，有一次他正跟约瑟夫在跨大西洋的越洋电话上通话，可以听到背景里有空袭的声音；彼时的约瑟夫说话平静如常，显得心无旁骛。[40]人们难免会怀疑，所谓的胆小说法背后暗藏着英国人对大使顽固不化的态度的愤怒。他仍然坚信——人们应当注意到，大西洋两岸许多消息灵通的观察人士持此观点——英国人与德国人斗，无可避免终将面临失败，因而应当设法与德国人达成和平。[41]尤其需要指出的是，约瑟夫完全没意识到，他如此乐于开诚布公地表达失败主义论调，只会让他对政策制定者已经下降的影响力进一步减弱。温斯顿·丘吉尔不信任他，英国外交部同样不信任他。他自己的华盛顿政府也把他排除在高风险双边谈判之外，包括没让他参与9 月初签署的"驱逐舰换基地协议"，根据该协议，美国将向英国皇家海军移交 50 艘老旧驱逐舰，以换取一些英国殖民地的机场使用权和海军基地使用权。像这样将约瑟夫排除在外，既让他感到愤怒，又让他感到屈辱。①

"这里的人们不厌其烦地说，他们已经振作起来，他们不会被打败，"在9月写给杰克的一封信里，约瑟夫抒发着心中的怨气，"不过真正体验过几轮轰炸的人完全不喜欢这一切。……我唯一担心的是，我可能活不了那么久，无法告诉人们我在这场危机中看到和感受到的一切。每当我听到（美国）那些智力方面的侏儒谈论并批评我支持绥靖政策的愿望，我的气就不打一处来。这场战争究竟能证明什么？还有，它将对文明做什么？第一个问题的答案是，什么都证明不了；第二个问题，每当想到它，我都会气得浑身发抖。"⁴²

约瑟夫早就明白，他之所以一直在伦敦，只是因为富兰克林·罗斯福不想让他介入美国国内竞争激烈的总统选举活动（在民调中，罗斯福和温德尔·威尔基的支持率不相上下）。10月，约瑟夫迈出了冒险的一步，他要求自己被召回。如果国务院不那么做，约瑟夫补充说，他的助手埃迪·摩尔一定会向媒体释出一份文件，内含他对各种事务完整的和坦率的看法。大使暗示，随后而来的喧嚣足以让选举天平偏向威尔基一边。这不啻明目张胆的敲诈，不过这么做起了作用。10月底，肯尼迪被召回华盛顿，他接到的指示为：见总统前，不得对任何事发表公开评论。临行前，约瑟夫拜访了英

---

① 1940年秋，虽然约瑟夫·肯尼迪在职场上失落，这事却没耽误他四处宣传《英国为何沉睡不醒》一书，包括在英国最高层。"王后昨晚跟我谈起儿子杰克的书，由于王后主动表示了兴趣，我会赠送一本英国版的书给她。"（摘自1940年10月21日老约写给哈丁的一封信，约瑟夫·肯尼迪的私人文件，4A资料盒。）——原注

　　彼此讨厌的一对——约瑟夫·肯尼迪和温斯顿·丘吉尔在唐宁街 10 号英国首相府门口，驻英大使肯尼迪任期最后几天的留影。

国国王和王后；还见了内维尔·张伯伦，后者因喉癌已时日无多，他声音微弱地对约瑟夫说："这是彻底再见了。今后咱们再也不会见面了。"[43]

出于各种现实的原因，人称"美国大使约瑟夫·P. 肯尼迪" 281 伟大的冒险之旅就此结束了。不得不提的是，正如一些人从一开始怀疑的那样，让约瑟夫扮演大使角色是个失误。他缺少成功的外交官应对外交事务所需的判断力，缺少历史意识，对身边的人和他们的动机缺少细致入微的理解，对国际政治的概况没有觉悟。他生性自私、悲观，很大程度上倾向于依据对他个人的以及对家庭的利害 282 关系看待政治事务、外交事务。如果说，这世界上还有许多像约瑟夫一样的人，他则做得更极端，更不加掩饰，而且看似对共同的事业没有心胸开阔的责任感。虽然他不是纳粹德国的拥趸，但比起包括张伯伦在内的其他绥靖者，他容忍希特勒的时间更长——长过德国入侵波兰，长过法国陷落，长过德国对英国的大规模空袭，直到大使任期结束。他甚至对英国东道主坚忍的勇气感到惋惜，因为他认为他们坚持得越久，美国就越有可能军事干预。[44]

尽管如此，他在伦敦履职期间也并非一无是处。他也赢得过应得的赞誉，例如，他重新整合了使馆的运作，使之更高效、更富成效。他和蔼可亲、精力充沛、工作勤奋。他早期发回华盛顿的公函显示，他对英国政局的观察很有洞察力。（甚至经验老到的国务院专家们都赏识他发回的公函，尤其是他利用与英国首相张伯伦和外交大臣哈利法克斯的关系完成的那些公函。）他最拿手的是双边贸易谈判，事实证明，他擅长就贸易问题与对手谈判，且既专业又有手腕。如果约瑟夫就任大使期间欧洲一直处于和平状态，他离任时一定会是凯旋，52岁的他的政治前途仍然可期；不幸的是，他是在战争风云最浓重时离开的，他想参选更高职位的前景彻底破碎了。[45]

约瑟夫的儿子们却有着不同的前景。即使他们的父亲身陷困境，给他们增添了一层不确定性，但他们仍然拥有光明的前景。10月27日晚间，也就是大选日九天之前，富兰克林·罗斯福在白宫的晚宴上将这一问题精明地玩了一把。当天早些时候，约瑟夫返回美国本土，人们非常激烈地猜测：他是否会为温德尔·威尔基背书，助其竞选总统，还是默默地保持中立？亨利·卢斯和克莱尔·布思·卢斯两口子，以及某些共和党高层领导怂恿他公开表态支持国际主义的共和党；罗丝·肯尼迪同样激情地辩解说，如果他现在改主意，背叛总统，一定会被骂成忘恩负义之人。约瑟夫觉得罗丝是对的，不仅如此，他还认为，在紧迫的国际事务领域，威尔基和罗斯福两人是半斤八两。[对极度失望的孤立主义者而言，两个候选人正是人们所说的"威尔基福孪生兄弟"（Willkievelt twins），两人逢场必言保证不会让美国的男孩们出国作战，这根本不值得相信。]那天晚上，当着肯尼迪夫人和其他几位客人的面，罗斯福采取的是魅力和半遮半掩的威胁手腕，软硬兼施。"我非常钦佩你和孩子们的关系，"说到这里，总统冲约瑟夫点了点头，对怀揣一腔苦水无处倾倒的约瑟夫来说，这等于同情和支持，"对于像你这样终身忙碌的人来说，这是难得的成就。如果哪天你的孩子们参选政治席位，我肯定是倾全力支持你的那个人。"按照罗斯福的儿子詹姆斯的说法，说到这里，总统话锋一转，警告约瑟夫说，如果他为威尔基背书，他就会成为弃儿，他的儿子们在政治方面的远大前程还未开始就会结束。两天后，在哥伦比亚广播公司的一档晚间演讲节目里，约瑟夫为罗斯福背书，支持他竞选第三个任期。一周后，罗斯福取得了决定性胜利，虽然选票差距小于 1932 年和 1936 年的差距。[46]

作为外交官的约瑟夫·肯尼迪还有一个不光彩的篇章有待翻开。总统大选三天后，他在波士顿参加了一档 90 分钟的访谈节目，接受《波士顿环球报》记者路易斯·莱昂斯（Louis Lyons）和《圣路易邮讯报》（*St. Louis Post-Dispatch*）两名记者的专访。约瑟夫已经习惯于英国传媒系统的采访方式，那些英国记者的典型做法是，将被采访人的说法导入严格限定的可接受的话题范围，因而他以为——这是他后来所说——自己那些特别具有挑衅性的说法不会被公开，所以他毫无顾忌地开腔了。"英国的民主已经完蛋了"，他宣称，接下来"可能是这里"。如果美国参战，"我们珍视的一切将化为乌有"。约瑟夫越说越激动。他接着说，他支持罗斯福，因为罗斯福是唯一能控制"穷人"的人，他指的是控制"没有任何物权的人"。他还不恰当地点评了一番英国王后（她比"内阁成员识时务多了"，她最终会成为与希特勒达成协议的人），还提醒几名记者，查尔斯·林德伯格的那些观点值得大书特书。被问到如果希特勒打赢战争，美国会否拒绝与纳粹开展贸易时，约瑟夫回呛说："那毫无意义。"[47]

记述这次采访的文章刊登在 1940 年 11 月 10 日的《环球报》上，紧挨着内维尔·张伯伦的讣告。它立刻在美国和欧洲掀起了轩

然大波。唯有柏林出版的《证券报》（*Börsen Zeitung*）刊文表示了
支持。约瑟夫向《环球报》的高管们施压，让他们刊文反驳莱昂斯
的文章，不过，伤害已经造成。[48]约瑟夫正式辞去了职务，隐身到了
棕榈滩，他心里却一如既往地坚信，他的地缘政治观点没错，还对
自己遭遇的排斥咬牙切齿。恰如以往感情受伤时那样，这次他也是
将矛头指向了美国犹太人，因为他认为，犹太人在首府华盛顿权力
过大，他们心怀邪恶目的，要把美国拖入战争。他渴望用某种方法
284   回击批评他的那些人，所以他让杰克为他起草一篇文章。结果产生
了两份历史文件，虽然姗姗来迟，却是杰克立即着手完成的，其中
一篇长文占了九页稿纸。这两份文件展示出杰克非凡的、敏锐的政
治技巧，以及正在变化的父子关系——相比老约和小约的关系，这
是一种更加错综的、更有活力的关系。杰克有自己的一套做事方
法，而小约永远做不到。[49]

　　杰克劝老爸避免采用下三烂手段——道德正确的路径是目前情
况下唯一走得通的，尤其必须考虑到，那些记者有无数机会反击。
这意味着，用平静的、明智的心态，避免让他人觉得自己是在防
守。"我不是说你必须改变自己的看法，或八面玲珑地讨好所有人；
我的意思是，你表达自己的观点时，要让对方很难指责你是绥靖主
义者，除非他们直白地表明自己是好战分子。"杰克在信里道出了
他想强调的几个要点之一：这个"绥靖主义者"标签是个沉重负
担，父亲有必要摆脱它。父亲还有必要纠正那些批评他的人对他的
错误看法，即他从未觉得一点都不用担心希特勒以及世界上的其他
独裁者。

　　我肯定会这样想：你最好的角度当然是你根本不相信这个，你的背景不允许你本人容忍独裁这样的想法——你恨独裁者——你在民主的资本主义体制下成就了富足的生活——你希望保住这样的生活。不过你相信，通过置身欧洲战争之外等方式，你就可以保住这样的生活。并不是因为你没那么痛恨独裁政权［与对外干涉主义者相比］——而是因为你更爱美国。……我绕来绕去就是想说清一点，重要的是，你要强调，你特别不喜欢与独裁政权打交道这种想法，你从来都不相信他们的话——你从没对他们有过信心。[50]

　　与上述信件同时寄来的是儿子以父亲的名义起草的文稿，文中陈述的观点都具有类似的走向。"11 月 6 日，大选第二天，我从服务将近三年的职位上辞职了，"这是杰克起草的开场白，然后他才为老人家当初相信绥靖政策，对地缘政治形势所做的悲观分析解释道，"我的观点不会让人开心。我觉得悲观，自 1938 年 9 月以来我一直就很悲观。对美国人来说，听到我的观点后可能会很不开心。不过，让我把事情说清楚，当初人们都明确无误地表示，1935 年到 1939 年那几年，温斯顿·丘吉尔无论在哪里都不受欢迎，人们认为他是绝望情绪的散布者。"在杰克笔下，他明显试图将父亲描述成与前边说的英国人穿一条裤子。那篇文章正是沿着这样的思路，用简明易懂的文笔洋洋洒洒地写了好几页，既强调了约瑟夫·肯尼迪对开放外交的信心，又强调了他决心做到最好，帮助罗斯福总统让美国置身战争之外。[51]

285

前述信件有个显著特点：字里行间近乎完全没流露敬意。23岁的杰克像是在给同辈写信，好像是在为处于困境的同事或朋友出主意。刚刚寄出前述两份文件的杰克显然强烈感觉到意犹未尽，因而，在美国联合航空公司从旧金山飞往洛杉矶的航班上，他又写了个长达九页的"补充说明"，这份文件反复强调一个要点：美国别无选择，最终只能援助英国。美国的孤立主义者已经给美国带来严重损害，杰克主张道，因为他们没看出来，"如果美国未能给予英国足够的援助，美国会眼睁睁看着英国在 1941 年夏季被迫投降，美国必将遭遇失败，见证我们自己的危难时刻。正如英国以为 1939 年根本不会有战争，因而未能充分利用 1938 年 9 月到 1939 年 9 月那段时间，美国注定会败得很惨"。杰克接着表示，简单的现实是，英国战败注定会让美国"在局势紧张和互相敌视的世界孤立无援"，将大量资金耗费在国防上，让选民们感到不知所措，"我们怎么会那么傻，傻到没有尽我们所能向英国提供援助"。

像前边介绍的那样劝说父亲一番后，杰克继续劝诫道："当然，我不是说你应当拥护战争，不过你应当下大力解释，你认为美国支援英国特别重要。你可以这样说，除非民主国家被吓着，否则让这样的国家做好这些事特别困难。没有近在眼前的威胁时，被吓着也特别困难——美国人应当认识到，迫在眉睫的威胁不是美国遭到入侵，而是英国可能会沦陷——因为没得到美国的支援。"如果美国追随张伯伦，历史不会善待美国，进入未来，"美国人回首往昔时，会惊讶于如今的我们竟然如此无动于衷"。杰克实事求是地承认，在公众的想象里，父亲的形象是被歪曲的——父亲并没有反对对英国的所有援助。不过他警告说，人们的看法就是现实——人们普遍认为"你［就］是个绥靖主义者，而且反对援助——你得咬住这一点"[52]。

这一事件过后没多久，在好莱坞参加过几次聚会［在一次晚会上，杰克跟影星斯宾塞·屈塞（Spencer Tracy）和克拉克·盖博（Clark Gable）聊得热火朝天，还跟抱负远大的演员罗伯特·斯塔克（Robert Stack）在同一间客房里住过几天］，在里弗赛德（Riverside）以报告人身份参加完一次学术会议后，杰克·肯尼迪离开了加利福尼亚。[①] 他怀念东海岸的社交生活，也想念家人。有那么一段时间，他与哈丽雅特·普赖斯一直在交换充满浓情蜜意的信件，数周后，两人的信件往来渐渐变少，然后没了下文。哈丽雅特的最后几封信之一是为了告诉杰克，她差点死于一场交通事故——她从车里被抛了出去，不知怎么，竟然毫发未损。她在信里谈到杰克的宿命论时是这么表示的："正如你说的，'该来的终究会来'。"[53]

286

287

---

　① 后来，罗伯特·斯塔克因主演美国广播公司（ABC）犯罪电视剧《不可触犯》（*The Untouchables*）里的联邦调查局探员埃利奥特·纳斯（Eliot Ness）一举成名，当时杰克·肯尼迪已经当上美国总统。关于杰克与异性相处的方法，斯塔克在回忆录里描述道："甚至在踏入政界前，杰克·肯尼迪轻易就能吸引女性的注意。我有幸认识许多好莱坞巨星，他们当中似乎仅有几个人能做到这一点。杰克只要看她们一眼，她们就飘飘然了。"（Stack, *Straight Shooting*, 72-73.）——原注

年轻的作家在好莱坞为演员斯宾塞·屈塞签名。

V

看见杰克·肯尼迪那一刻，波士顿莱希诊所的医生萨拉·乔丹（Sara Jordan）露出了惊讶的表情。那是 1940 年 12 月 9 日上午，杰克到她的诊室是为了做检查。医生一眼就看出来，在加利福尼亚阳光下旅行一圈归来的年轻人非但没有恢复强健的体魄，似乎效果正相反，因为眼下的他比出发前体重还轻，面容憔悴，脸色苍白。萨拉坚持让杰克圣诞节后返回波士顿，前往新英格兰浸信会医院做进一步检查，还叮嘱他把所有全日制学习安排到 1941 年秋季以后。杰克谨遵医嘱，1941 年 1 月还在医院住了一段时间。卧床期间，他提笔写了一篇短文——出书以后第一次发表文章——以《爱尔兰基地对英国至关重要》为题刊发在《美国纽约日报》（*New York Journal-American*）上。

让杰克特别满意的是，父亲至少部分地接受了他在 12 月的几封信里提出的建议。12 月，罗斯福政府号召国会批准《租借法案》之际——美国出借或出租军用物资给英国，就像邻居家着火时，出于同情和出于开明的自身利益出借浇花用的水管给邻居灭火那样——约瑟夫·肯尼迪表示了反对。他宣称，那是向战争迈出的一大步。政府内部的一些人担心，约瑟夫可能会更进一步，动用数不清的资源，以阻止该计划。然而，随着时日的流逝，约瑟夫改变了立场，1941 年 1 月 18 日，在人们翘首以盼的一档美国全国广播公司演讲节目中，他放弃了原先的立场。当月 21 日，即罗斯福第三任期就职典礼一天后，约瑟夫出现在讨论《租借法案》的国会委员会面前，未提出任何异议，彻底粉碎了国会山那些孤立主义者的所有希望。[54]

不可否认，促使约瑟夫转变立场的不只是杰克的劝说。一方面，对于在政府里再次担任高官，老肯尼迪仍然怀揣一线希望，所以他以为，必须小心谨慎，在罗斯福身后亦步亦趋。另一方面，眼下他已经回到美国本土，对于孤立主义事业正在衰退，他有了更好的理解。公众舆论强烈倾向于支持《租借法案》，支持援助英国。与他的各种猜测相反，英国坚持了下来，不过英国人极其渴望更多援助。约瑟夫看得出来，大多数美国人想给英国援助。他注意到，美国人相信政府所说的。他还看到了诸如爱德华·R. 默罗（Edward R. Murrow）那样的播音记者飙升的影响力。默罗用浑厚的、低沉的、烧焦烟草似的声音从战时的伦敦播报消息，让收听广播的美国人如痴如狂。（"这里……是伦敦"——这是他每次播音的开场白。他以前的高中老师说，从这一开场白可以察觉他独有的犹豫。）默罗坚定地支持英国，通过在各次广播里强调温斯顿·丘吉尔的伟大和英国的勇敢，加强了美国国内激辩中对外干涉主义者一方的力量。不仅如此，像默罗那样的记者播报消息时，可以听到防空警报的尖啸声、飞机的轰鸣声，以及隆隆的炸弹爆炸声，他们用一种独特的、强有力的方式将战争带进了美国人家里，还让每个人感到，大洋彼岸的苦难竟然与他们有着如此紧密的关系。作家阿奇博尔德·麦克利什对默罗播报消息的描述如后："没有花言巧语，没有戏剧冲突，没有任何多余的感情投入，你摧毁了人们对距离和时间的迷信。"[55]

与此同时，小约却比以往任何时候都更强硬地为孤立主义立场辩护。他生性顽固，在各种观念成形过程中，听不进任何不同意见，而且，他斗狠时完全不计后果。1941 年初，整个冬季，他一直在谴责租借措施，甚至 3 月初国会以相当大的差额投票批准该提案，从而赋予执行机构额外的新权力后，他仍然不言放弃。（总统本人可决定出借什么以及出借给什么人。）3 月 6 日，在波士顿福特厅论坛（Ford Hall Forum）上，小约坚持说，美国无法支撑穷途末路的英国，反而应当准备落实与德国进行易货贸易。小约接着说，最好允许纳粹统治欧洲，而不是投身战争，因为那会导致美国经济负担突破断裂点，让激进主义势力泛滥。当月晚些时候，小约在波士顿的另一个场合告诉听众，冒险派出粮食护航舰队会把美国拖入战争，美国不应这么做。后来数周，他一直顽固地秉持这一立场。[56]

杰克认为，争强好胜的哥哥在这一问题上说得如此武断，实在有勇无谋，更别提在大是大非问题上他原本就是错的。不过，小约是自己的亲哥，因此他不可能谴责哥哥。数周以来，杰克满足于悄悄支持政府的政策，以及思考下一步该做些什么。他坚信，既然战争风云同时威胁着西方和东方，眼下做长远规划毫无意义。3 月，他再次请求哈佛大学将他的成绩单寄往耶鲁大学法学院，不过，与一年前相比，他似乎不再追求学习法律这样的前景，显然他也没有重新递交申请。他的健康状况稳定了下来，因而他把兴趣投向了旅行。他首先去了百慕大群岛，然后去了南美洲，母亲和尤

289

妮斯已经先于他到了那边。杰克从迈阿密乘飞机前往巴西里约热内卢与她们会合，然后独自去了阿根廷。阿根廷首都布宜诺斯艾利斯的亲纳粹氛围让杰克感到震惊，同样让他震惊的还有那地方明显的反美暗流。他从那里乘飞机先后去了乌拉圭和智利，然后于 6 月 10 日从智利港口城市瓦尔帕莱索（Valparaíso）乘邮轮返回美国，途中先后在秘鲁、厄瓜多尔、哥伦比亚停靠，随后穿过了巴拿马运河。[57]

整个旅行途中，经常可以看到世界紧张局势进一步升级的征兆。在远东地区，日本人正在向中国纵深前进，正在进一步强化对东南亚的控制。同年春季，在大西洋上，由于德国潜艇的袭击，英国海运业的损失达到了新高，濒临灾难，丘吉尔和白宫高级助手被迫强烈呼吁美国海军派舰护航。在 5 月 27 日的重要演讲中，罗斯福没有响应护航请求——他生怕过分超前于公众舆论——不过他说得相当明确，他认为，大西洋局势的进展随时可能将美国拖入战争。宣布无限期紧急状态时，总统还警告人们，希特勒有全球野心。总统还向人们指出了各前哨海岛，如冰岛、格陵兰岛、亚速尔群岛等面临的威胁，纳粹可以从这些岛屿对南北美洲发动空袭。在幕后，美国谈判人士正在设法让冰岛处于美国保护下。6 月，罗斯福将美国的防守外缘延伸到了北大西洋。[58]

然后，当年 6 月 22 日，希特勒发动了那场战争中最大胆的军事行动，他撕毁 1939 年 8 月与苏联签订的互不侵犯条约，下令全面进攻苏联。那场战事涉及绵延 3200 多千米的战线、320 万人、3600 辆坦克、60 万辆机动车，参与支援的战机数量为 2500 架，还

复原了古代的战斗场景：62.5 万匹战马用于后勤运输。[59]那是历史　290
上规模最大的地面作战行动。短期看，对西方国家而言，代号"巴
巴罗萨"的入侵行动有个明显的好处：它减轻了对英国的压力。它
还让伦敦和华盛顿的官员们更加紧密，让美国更加接近于积极参与
大西洋海战。罗斯福坚信，苏联的生存对最终打败纳粹德国至关重
要，尽管华盛顿有许多人特别憎恨出手帮助克里姆林宫领导人，但
罗斯福仍然承诺采用"租借"方式援助斯大林政府——那个政府与
希特勒签订过互不侵犯条约，清除了持不同政见者，占领了波
兰东部。

　　那是一种让人眩晕的战争进程，它正在改变整个战争态势，一
个个惊天动地的事件层出不穷，让人目不暇接。当时杰克还在回家
路上，正在消化这些变化的含义时，传来了一个与他个人更加有关
的消息：哥哥自愿报名参军了！这件事似乎无法想象：整个 4 月和
5 月，小约一直在夸夸其谈，高调反对战争，反对政府。4 月 29
日，在布鲁克莱恩镇奥哈贝沙洛姆犹太会堂（Temple Ohabei
Shalom）的一次演讲中，小约坚持说："无论谁赢得战争，美国作
为一个国家继续存在，这完全可行。"[60]他还补充说，美国为运送租
借物资的船只护航，肯定是个巨大的错误，因为那必然会导致派人
作战。然而，时间仅仅过去数周，哈佛大学反对军事干涉委员会创
始人之一，对希特勒治下的德国无比崇拜的人，"美国第一"原则
的狂热支持者，正是这样一个人，却选择了放弃法学院最后一学年
的学业，登记成为美国海军预备队海军航空兵学员计划的学员。

　　听到消息的老约差点惊掉下巴。大儿子不仅自愿报名参军，

而且选择了军中最危险的军种——海军航空兵。大使（即使已经成为一介平民，人们依旧如此称呼他）提议利用人脉关系将小约分配到华盛顿海军情报局坐办公室，从事文案工作。不过，儿子拒绝了。数月以来，人们怀疑肯尼迪一家的胆量，用伪造的口实对准父亲，让小约愤怒不已。他们怎敢这样？他们知道什么是勇敢吗？成为海军飞行员即可证明那些人都错了。老约心里非常清楚，绝不能在骄傲的儿子前边挡道，因而他送去了祝福。"我父亲尤其赞成我现在做的事，"小约对媒体讲这番话时带有明显的夸张，"他认为我做了该做的事。他为此感到高兴。"6 月末，小约和罗斯福最小的儿子约翰，以及好几个来自哈佛大学的准航空兵一起正式入伍了。他们都成了海军二等兵，每月军饷 21 美元。小约在波士顿切尔西海军医院（Chelsea Naval Hospital）接受体检，检查结果为体形完美——身高 1.8 米，体重 159 斤，体检单上没标记任何瑕疵。[61]

杰克清楚自己必须做什么——他只能效仿。他立刻申请加入陆军候补军官学校（Army Officer Candidate School），不过，由于后背伤病，他未能通过体检。然后他试图加入海军，同样遭到拒绝。他发誓继续尝试，由于期待下次报名参军得到批准，当年夏季，他在海恩尼斯港开始了一套加强背部的锻炼。杰克说不清锻炼有多大成效，不过，感觉身体全面好转的他很享受科德角那个地方，以及夏季那一段时间。先期到来的高光时刻为 7 月 4 日国庆节周末——在肯尼迪家，那一时刻永远会有特殊庆典，一家人会把门廊装饰一新，像过节一样，还会安置一张长条木桌，桌面堆满各种夏季美味

291

佳肴。那场景如往常一样狂热，到处漾满了笑声。杰克兄弟以及妹妹们热爱那样的场景，他们的父亲却在暗自担忧，因为他最害怕的事即将成为现实：他憎恶的战争正越来越接近美国，已经有一个儿子报名参军，第二个儿子已经下决心追随哥哥，15 岁的鲍比也没落后。基克和尤妮斯大声谈论着加入红十字会的事，甚至在谈论加入陆军妇女队（Women's Army Corps）的事。老约心想，如果美国参战成真，将来还会有像这样的家庭聚会吗？

在那个洒满阳光的夏季，海恩尼斯的肯尼迪家满满都是欢乐——在绿草如茵的斜坡上玩触式橄榄球，玩棋类游戏，夜间看电影，前往雷克索尔杂货店吃冰激凌，等等。每到周末，小约常常从波士顿附近斯昆图姆（Squantum）的训练基地赶回家。来来往往的人里有许多短期访客。不出所料，托比·麦克唐纳来了。出人意料的是，过去他在写给杰克的信里总会说些俏皮的风凉话，近期他却有点出口伤人，他的挖苦让人难以承受，让人很受伤，好像他对杰克的成功感到愤愤不平。由于托比赞成亲绥靖政策，甚至秉持亲德观点，在政治上，他和杰克也有分歧。[62] 当然，莱姆·比林斯也来了，作家约翰·赫西也来了。像往常一样善于察言观色的查克·斯波尔丁再次讶异于头一年夏季在肯尼迪家第一次见到的场景，那场景让他立刻感觉到独一无二，那是典型的美国场景。"那里都是无止境的竞争，大家呼朋唤友前往户外，拼尽全力互相推搡。其实事情非常简单：肯尼迪一家总觉得自己比别人高一些，这感觉轻易传给了跟他们玩对抗游戏的那些人。他们是不可分割的整体。"[63]

以上正是那一家人的真实写照——非同寻常的一群人，11 个长相漂亮和精力充沛的人，互爱互助，互相保护，全家一起居住在俯瞰楠塔基特湾一座有三重房顶的房子里。不过，这种事不会延续很久了。那家人的家长有一种不祥的感觉，那感觉没错：1941 年的那个夏季注定会成为他们这一家人的最后一次大团聚。

第十一章

陷入爱情，投身战争

I

约翰·F. 肯尼迪刚踏入成年那几年有个显著特征：他的几次任职都拜家里的人脉关系所赐，不然压根没有可能成为现实。1941年10月，他成为海军预备队军官，被指派到位于华盛顿特区的海军情报局就是一例。当年春季，小约拒绝的正是那一职位。当年8月，为了将体检记录不佳的二儿子安插进海军，约瑟夫·P. 肯尼迪联系了在该局当头头的艾伦·柯克（Alan Kirk）上校，约瑟夫在伦敦任大使期间，后者曾经在那边担任海军武官。约瑟夫在信里写道："明天我会让杰克到波士顿你的一个朋友那里做体检，然后我希望他能到海军情报局，成为你的部下。"[1]柯克特别愿意帮忙。在伦敦期间，他曾经率队调查1939年"雅典娜"号邮轮沉没事件，处理那件事的过程中，他认识了杰克。那年轻人的头脑以及和蔼可亲让他印象深刻。他乐意将杰克带进海军情报界，身体强壮在那一行几乎派不上用场，智力才是最重要的。

实际情况为，数周后，参与体检的几个医学小组成员宣称，杰

294　克"体检合格，可被任命"为海军预备队军官。那次体检顶多算是
敷衍了事，体检报告奇迹般遗漏了杰克好几次长期住院和反复患病
的记录。将"拥有超凡品质，以及无论从事哪一行都有光明前景"
的"极其聪明的学生"安插进位于华盛顿特区的海外情报处
（Foreign Intelligence Branch），海军情报局唯有表示高兴。作为海军
少尉，杰克的军阶超过了身为海军二等兵的哥哥。至少从理论上
说，小约必须称呼他"长官"。[2]

　　此事对小约是又一次打击，在为家族赢得荣誉方面，以前他是
个从不言败的拼命三郎，如今他已心烦意乱。他必须投入艰辛的劳
作，才能让翅膀长硬。杰克则逍遥自在，闲庭信步，然而，一眨眼
工夫，他便获得了提升，到了小约之上。肯尼迪家的一个世交发
现，小约真的担心弟弟患病的后背——出于不可告人的原因——但
他对父亲帮助杰克参军愤怒不已。不仅如此，小约知道，和陆军不
同，由于长期以来的习俗，海军的优先权为终身制，还与任命日期
绑定，会无限期延续下去，不与功勋挂钩。杰克已经超越他，无论
他怎么努力，永远都不可能赶上了。[3]

　　与宣传材料上的说法大相径庭，杰克的工作远不止单调乏味。
他没有接触最高机密的权限，所以，每天大部分时间他都在根据海
外各情报站的报告编辑情报摘要。每天上午 9 点到下午 5 点，每周
六天，他都得在一间摆满金属桌的、光线昏暗的屋子里编辑和压缩
文件。那根本不是有诱惑力的职位，不过，至少他身在首府华盛
顿，那里是美国管理国家的神经中枢，那地方紧张氛围浓厚，似乎
就要做出重大政策的抉择。在华盛顿，至少他可以跟基克在一起。

完成两年大学学业后，基克当上了记者，为坚定的孤立主义报纸《华盛顿时代先驱报》（*Washington Times-Herald*）工作。罗斯玛丽也在华盛顿——一年前她回到了美国，如今在圣格特鲁德女修道院（St. Gertrude's convent），由嬷嬷们照料。甚至莱姆·比林斯也住在离华盛顿不远的巴尔的摩，当时他在可口可乐公司从事广告和销售工作。

像往常一样，杰克很高兴有基克在身边陪伴，基克亦如是。两人的鉴赏力、自嘲式的幽默感相似，两人都喜欢八卦消息，而且——父亲到伦敦赴任大使后——有相同的对英国上流社会的喜好。甚至许多普通朋友都能看出来，他们兄妹间存在一种特殊的化学反应，那东西在他们与其他七个兄弟姐妹间却不存在。他们总是抢着替对方说完后半句话，好像知道对方脑子里在想什么。甚至他们的长相也相像，都是蓝色的双瞳，都有浓密的头发。杰克刚进城就在 21 街租下一套公寓，那地方离基克家仅隔着几条街，基克很快就把哥哥拉进了她的社交圈。有个人物最为亮眼——因加·阿瓦德，那是个充满活力的丹麦人，能说四种语言，是《华盛顿时代先驱报》扼要介绍新人新事专栏的写手。她比杰克大四岁，二婚，第一次见面她就彻底征服了杰克。[4]

所有人都认为，因加美得让人窒息，她拥有金色的秀发，蓝色的眼睛，高高的颧骨，面部皮肤如玉，没有任何瑕疵，无论她出现在哪里，都会得到百分之百的回头率。她的两颗门牙之间有一条窄缝，反而增加了一种神秘感。不过，真正让她美到无以复加，让她的追求者如痴如狂，宁愿排长队穷追，是她那外溢的性感。当然，

295

她长相甜美是部分原因，不过，更重要的是，她从前是芭蕾舞者，浑身飘逸着从容和优雅，而且她脑子快，开朗、潇洒、贴心，音色动人。

帮助因加进入《华盛顿时代先驱报》的人是专栏作家阿瑟·克罗克，因加那种古典美曾经让克罗克"目瞪口呆"，当时因加还是哥伦比亚大学新闻学院的学生。报社记者约翰·B. 怀特（John B. White）说，她"很有女人味"。报社的编辑弗兰克·沃尔德罗普（Frank Waldrop）说，没有任何照片能"公正地还原她"。数年前采访过因加的记者缪里尔·刘易斯（Muriel Lewis）在文章里称，没有任何文字能充分描述她——"像杂志吹捧电影明星一样描述她的美，反而会让文字显得苍白无力"[5]。杰克·肯尼迪完全同意前几种说法，不过他更欣赏因加身上的其他东西——她外露的聪颖。杰克觉得，因加在智力方面跟他有一拼，而且她在语言能力上超凡，思维敏捷。[①] 因加去过的国家即使没他去过的多，也不会少多少。因加非常自信，直言不讳，却从不表现哪怕一丁点自负。因加还经常流露一种杰克十分欣赏的荒诞的幽默感。

吸引力是互相的。早在杰克来华盛顿前，基克已经在因加面前将哥哥夸了个够（与家里其他人不同，基克觉得，将来为肯尼迪家铸就辉煌的人是杰克，而不是小约），而因加觉得，朋友的说法"一

---

① 让肯尼迪兄妹永远着迷和崇拜的是因加能流利地说那么多种语言，因为他们两人对外国语言几乎无感。基克虽然在法国生活了差不多一整年，但一直搞不定那里的语言。有一次，在意大利旅行期间，在拥挤的观光车上，她和朋友们被挤散了，一个男游客的咸猪手在她身上捏了一把，同伴们听见她用混合语言尖叫着大喊："快停车! 快停车!"（McTaggart, *Kathleen Kennedy*, 62.）——原注

刚刚获得"丹麦小组"称号的因加·阿瓦德。摄于 1931 年。

296 点不夸张，杰克具备路过树下时鸟儿都会飞下来围着他转的魅力"。因加对报社记者怀特说："杰克是个有意思的人，因为他直率，容易交往。他很有自己的想法。对动机之类的东西，他不怎么在乎。我觉得那让我眼前一亮。"在 11 月 27 日出版的《华盛顿时代先驱报》新人新事专栏里撰文介绍杰克时，因加提到了杰克忘我的求知欲，并将其称为"从瑞典最东边的哈帕兰达（Haparanda）到日本横滨之间最耐心的听众。老年人喜欢听他表达观点，因为他还这么年轻就能把观点表达得如此透彻和客观，实在令人惊奇"。他如此年轻（"他真是个有远大前程的年轻人"），竟然具备创作畅销书的能力，还具备"深入民众内心"的技巧，让因加啧啧称奇。当月月底，杰克深入因加的内心，彼时他们已经成为情侣。[6]

　　这件事由基克牵线，对杰克非常重要。对他来说，基克对他约会的那些女孩的看法一直都非常重要，他青葱少年时代就已经这 297 样，因为他相信基克的判断。多年来，关于爱情方面的事，他经常咨询基克的看法，好几次约会女孩时，他都会强调，她们"给基克留下好印象"对他特别重要。因加显然轻松通过了考验，因为她和基克一见如故。尽管因加事实上已婚，但基克仍然急于把她和杰克撮合到一起。（几乎可以肯定，基克没预想过这段婚外情会延续下去。像妈妈一样，基克认为，男人和女人的规矩不同；对自己的婚姻，她坚决拒绝婚外性行为，然而她不指望父亲和兄弟们像她一样。1939 年，有人跟她聊起丈夫的不忠时她却说："男人都那样，知道吗，女人永远都不该相信男人。"[7]）

　　关于这段萌生的恋情，杰克没向父母透露任何口风——原因不言自明。在那一时期给母亲的几封信里，杰克每次都显得语气轻松，后来人们可以将其称为居高临下的男性至上主义，但不失人情和机智。同时那些信还透露，除了家庭和工作，他基本上心无旁骛。"我喜欢你写的传阅信。"当年11月杰克写信给母亲，语气模仿英国诗人约翰·济慈最后的高光时刻。

> 我要把它们省下来用于出版——你那种风格会让我们净赚上千万。在大家都这样谈论通胀以及我们的钱该往哪里去时——当我想到你潜在的赚钱能力——由你口述，沃克夫人（Mrs. Walker）拼命敲击打字机——足以让男人双膝下跪，真该感谢上苍让你在波士顿多尔切斯特拉丁高中上学，让你打下了坚实的语法基础，让你行云流水般的隐喻和词与词之间的搭配大放异彩。……
>
> 我的身体超棒。我的样子狼狈，不过我的胃口是个美妙的东西——像你一样，妈——而你，和我的胃口不一样——一定会永远令人快乐。[8]

杰克还认识了基克和因加的老板——人称"茜茜"、当年如日中天的《华盛顿时代先驱报》出版人埃莉诺·帕特森（Eleanor "Cissy" Patterson）。让她印象深刻的是，杰克刚刚毕业就出版了一本书，还引起了社会的高度关注。她邀请杰克于11月10日前往她位于华盛顿杜邦环岛（Dupont Circle）的住所出席晚宴。当晚参加晚宴的还有海军部副部长詹姆斯·福雷斯特尔（James Forrestal）、

著名记者赫伯特·B. 斯沃普（Herbert B. Swope）、金融家伯纳德·
298　巴鲁克、参议员伯顿·惠勒。惠勒是个孤立主义者。当时在场的人
分为两派，双方激情辩论是否赞成对外干涉，赞成方以福雷斯特尔
为代表，反对方以惠勒为代表，那场面把杰克迷住了。事过之后，
杰克将事情经过做了扼要记述。后边的内容摘自那篇记述。惠勒坚
持说，"美国这边根本不存在真正的紧迫感——不可能有人入侵这
个国家"，因而美国应当袖手旁观。"他承认自己是个冷血的美国
佬，还说虽然为波兰人和捷克人感到惋惜，但他仍然坚信，他们遭
遇的苦难应当被看作一种警示，而不是被看作重复这种事的诱因。"
杰克看到了这种观点背后强大的势力，他向持此种观点的那群人承
认，以前他也持此观点，不过眼下他赞成福雷斯特尔的双重说法：
除了口头说不参战，美国实际上已经全面参战；最好趁着眼下还有
盟友，美国就与德国对着干，这远比如后场景强得多，即等那些盟
友都倒下，美国就得单挑希特勒。福雷斯特尔坚称，美国必须成为
"20 世纪占支配地位的强国"时，杰克当场表示完全赞同。

　　如果以前杰克算不上对外干涉主义者，此时他不仅算得上，还
羽翼丰满了。他不动声色地暗自琢磨着，希望晚宴后做的这些记录
今后派不上用场，不必用"美国为何沉睡不醒"为题写一本续作。⁹

　　1941 年 12 月第一周在平静祥和中开始了：杰克在自己的住所
招待父亲吃了午餐，同时收到一批家具，都是从布朗克斯维尔社区
的家里运来的，那地方刚刚转售给了他人。（从那往后，如果肯尼
迪一家再次相聚，他们将要从相距近 2500 千米、位于海恩尼斯港
和棕榈滩的两处住宅里选一个。）12 月 3 日星期三，杰克致信莱

姆·比林斯，催促他周末赶紧来华盛顿特区，还让他随身携带无尾礼服，因为"我们可能会去不远处的切维蔡斯（Chevy Chase）"。像往常一样，莱姆很高兴响应召唤。12 月 7 日星期日，在华盛顿纪念碑附近，两个年轻人刚刚跟一伙不认识的人热火朝天地玩了一场触式橄榄球，就听到了如后消息：珍珠港遭到了袭击。

II

颇具讽刺意味的是，一定程度上，战争来到美国是途经亚洲和太平洋，而非欧洲和大西洋。1937 年 7 月，日本全面侵华后，数支美国军队一直在远东地区作战，但在美国人的意识里，那边的事态发展似乎从未像欧洲那样严重。（美国与欧洲的各种关系更为紧密，因而受到的威胁似乎更大。）1941 年 8 月，在纽芬兰岸线附近的阿真舍湾（Argentia Bay），富兰克林·罗斯福和温斯顿·丘吉尔在一艘英国战列舰上会晤时，两人大部分时间谈论的是纳粹威胁，日本很少引起他们的关注。两位领袖还发布了《大西洋宪章》，一套普遍性的战争目标，对集体安全、民族自决、裁减军备、经济合作、公海自由等表示支持。据丘吉尔回忆录说，美国总统私下向他保证，虽然他无法请求国会批准向纳粹德国宣战，但"他一定会开战"，而且会"越来越表现出攻击性"[10]。

两国首脑会晤刚结束，美国和德国的船只就在北大西洋觌面相遇了。9 月 4 日，也就是杰克·肯尼迪到海军情报局工作数周前，一艘德国潜艇向美国"格里尔"号（Greer）驱逐舰发射了数枚鱼

299

雷，差点击中目标。罗斯福对此事的回应是，从那往后，美国海军受到威胁时有权首先开火。他还补充说，美国军舰将开始为英国商船护航。这标志着海军开始对德国不宣而战。10月初，在冰岛海岸附近，一艘德国潜艇向美国"卡尼"号（Kearny）驱逐舰发射了鱼雷；当月晚些时候，"鲁本·詹姆斯"号（Reuben James）驱逐舰遭鱼雷攻击后沉没，上百名美国人因此丧生。美国国会立即废除了现金结算自提货物政策，还修改了历年通过的《中立法》，以便为美国武装商船向英国运送军火放行。

作为一个群体，无论是在国会山还是在美国全国，孤立主义者渐渐式微——在秋季的一次民调中，仅有20%的调查对象承认自己是孤立主义者；75%的人认为，"打败纳粹主义"是"当前美国面临的最重要的事"。然而，罗斯福仍然畏惧那股势力的力量，那些人也清楚自己的声音如何才能传达给广大民众。9月11日，在艾奥瓦州首府得梅因（Des Moines），查尔斯·林德伯格通过无线电广播向全美听众发表讲话，他说，有三类人正试图将美国推入战争："新政"支持者、英国政府和犹太人。"我们国家的众多犹太群体不是在鼓吹战争，正相反，他们正在想尽一切办法反对战争，因为他们肯定会是第一批受战争影响的人，"林德伯格讲话时用的仍然是人们熟悉的高调门，他越说越激动，"对我们国家来说，犹太人最大的危险在于他们拥有并影响着后面几个领域：电影业、报刊、广播、政府。"败选一年后，温德尔·威尔基仍然是共和党名义上的领袖，他把林德伯格这次演讲称作"这是我这辈子听到的某个享誉全美的人最反美的演说"[11]。

那年秋季，尽管罗斯福强烈希望避免与日本发生战争，以便集中精力对付来自德国的威胁，亚洲的紧张局势却陡然升级了。头一年秋季，即 1940 年 9 月，德国、意大利、日本签署《三国同盟条约》（三国自此成为轴心国）后，罗斯福开始对运往日本的废旧金属和航空燃油实施禁运。1941 年 7 月，日本军队占领法属印度支那后，罗斯福当局冻结了日本人在美国的金融资产，扩大了禁运范围，停止向日本出口所有油品。对于每天大约消耗 1.2 万吨汽油，大部分汽油需要从美国进口的国家而言，禁运的影响巨大。温和派的日本首相近卫文麿提议与罗斯福进行首脑会晤，并主动提出，一旦日本与中国的战事得到解决，日本将从印度支那撤出军队。罗斯福犹豫了，好在助手们劝说他坚持让日军在中国停止战斗，以此作为两国首脑峰会的前提。近卫文麿的提议作废了，后来他被军国主义分子、陆军大臣东条英机驱逐并取代。11 月，东条英机提议日本立刻在印度支那停战，在中国确立和平后再在中国停战，以交换 100 万吨航空燃油。美国国务卿科德尔·赫尔拒绝了那一提议，并且重申，美国坚决主张日本必须从中国和东南亚撤出。美国情报分析员破译了一份 12 月 3 日截获的信息，该信息指示日本驻华盛顿使馆焚烧密码，捣毁密码机——明确显示出战争即将来临。[12]

不过，战争会从哪个方向来临？杰克·肯尼迪和他的海军情报界上司们不知道，其他美国官员同样不知道，日本指挥官正在做的是如下的秘密规划：偷袭夏威夷，其目的是消灭美国太平洋舰队，从而为完成日本向南扩张争取时间。一支由 61 艘战舰组成的庞大的日本舰队穿过了 5000 多千米的洋面，为避免被发现，各舰一直保持无线电静默，舰队的核心是 6 艘载有 360 架战机的航空母舰。12 月 7 日凌晨，在檀香山西北大约 370 千米处，几艘航母上的战机先后起飞。早上将近 8 点，那些战机向毫无防备的美国海军基地以及不远处位于珍珠港的几个机场发起突袭，抛下了无数鱼雷和炸弹，同时低空扫射建筑。一个小时后，第二波飞机赶到。20 艘美国军舰被摧毁或被炸残，同时被毁的还有 300 架战机；2403 名美国人死亡，1143 人受伤。由于三艘美国航母均已出海，它们幸运地躲过一劫，这纯属偶然。

301

此后批评人士谴责罗斯福故意将珍珠港内的舰队暴露在易受攻击的环境里，从而让美国能够通过亚洲这个"后门"参与第二次世界大战。[13]但这种指控站不住脚。美国众多密码破译员确实破解了日本人的外交密码，截获的信息却从未详细透露日本海军或陆军的那些计划，也从未特指珍珠港。后来华盛顿发出一条信息，警告太平洋各站点，战争即将来临。由于繁文缛节，信息传达得过于漫不经心，到达夏威夷为时已晚。基地指挥官也认为，夏威夷离日本太远，不会成为全面进攻的目标；他们认为，袭击会发生在泰国、英属马来亚，或菲律宾。珍珠港之灾源于错误及信息不充分（或者，说得更直白些，源于信息过多，指向无数个方向），而非源于阴谋。

长期以来，美国一直就应否卷入战争进行着痛苦的辩论，那次袭击彻底终结了这一辩论。孤立主义的核心论据——美国可以远离战斗，偏安一隅，安全地活在自己的领域内——被粉碎了。孤立主义的主要拥趸都做出了新的表态：团结一致，坚定决心，服从总统调遣。"数月以来，我们正一步步接近战争，"查尔斯·林德伯格宣称，"如今战争已经来临，无论过去我们持什么立场，我们都得像团结一心的美国人一样直面战争。"坚定的孤立主义出版商罗伯特·麦考密克在《芝加哥论坛报》头版发表的社论里表达了相似的观点："从这天往后，我们所有人只有一项任务——竭尽全力保护和维护我们无比珍视的美式自由。"偷袭刚刚过去数小时，约瑟夫·肯尼迪就给罗斯福发了封电报："给我个战斗岗位，我将服从命令，竭尽全力。"[14]

这种事不会出现。约瑟夫已经烧掉了太多留作后路的桥梁，说过太多不利于政府的话。"这事的真实原因是，老约是，而且一向都是脾气暴躁的爱尔兰孩子，"数周后，罗斯福写信给女婿约翰·伯蒂格（John Boettiger），"由于金融上取得巨大成功时太年轻，他彻底被惯坏了。极其爱国，极度自私，极其痴迷于必须给九个孩子每人留下百万美元这种想法（他经常跟我提这个）。对当前美国的生活方式做出任何改变，他都有一种现实的恐惧。对他来说，未来在希特勒治下有个小小的资本主义阶层，要比在丘吉尔治下更安全。这存在于他的潜意识里，可他不承认。……有时候，我觉得我比他大 200 岁还不止。"总统还说，就他个人而言，他"特别喜欢老约"，不过这事的结局已经确定无疑：不会给他任何工作，当时不会，未来也不会。[15]

12 月 8 日，近午时分，在雷鸣般的掌声中，罗斯福走进美国众议院议事厅，他抓住讲台边缘，面对他的是摆放在台面的一大堆麦克风，就是在那时，他发表了一篇改变世界的演讲，但当时人们并不知道那会在多大程度上改变世界。"昨天，"这是他的开场白，

"1941年12月7日——这一天会因此遗臭万年——美利坚合众国突然遭到日本海军和空军有预谋的袭击。"接着，他请求国会向日本宣战，他在演讲中指出，日本人还袭击了马来亚、香港、菲律宾、关岛、威克岛、中途岛。他还表达了全美各地的普遍情绪，并发誓说，美国人民永远不会忘记日本"这次突然攻击我们的性质"。随后他做出保证："无论战胜这次有预谋的入侵需要多长时间，美国人民将秉持正义，最终赢得绝对胜利。"演讲稿虽然仅有25个句子，演讲却拖长到10分钟，因为演讲过程频繁被长时间的掌声打断。[16]

在参议院的投票中，全体一致支持开战；在众议院的投票中，唯有来自蒙大拿州的珍妮特·兰金（Jeannette Rankin）投了反对票（像她上次做的一样，当时是1917年），她是个坚定的和平主义者，也是第一位通过选举进入美国国会的女议员。英国向日本宣战了，苏联却没宣战。三天后，德国和意大利根据《三国同盟条约》向美国宣战。"希特勒的命运已经注定，"温斯顿·丘吉尔后来写道，他比大多数人更好地将美国战时的巨大生产潜能抓在了手里，"墨索里尼的命运已经注定。至于日本人，他们会被碾成齑粉。……我上床睡觉，终于像得救的和知道感恩的人那样睡了一觉。"自由法国流亡政府领袖夏尔·戴高乐也有同感："当然，还会有许多军事行动、许多战斗、许多冲突，不过，从现在起，由于人们已经知道结局，战争已经结束。在这场以工业为基础的战争中，任何东西都抵挡不住美国的力量。"[17]

303　　　丘吉尔和戴高乐的乐观情绪迟早会得到回报。不过，当时是

1941 年 12 月的第二周，前景看似凶多吉少，未来尚未可知。美国海军大部已被摧毁，美国陆军不过是一大帮平民，缺少装备、训练、有经验的军官。（美国政府对战争准备状况做了一番名为"胜利计划"的调查，于 1941 年初完成，调查预计，1943 年 6 月以后，美国才能做好投入战争的准备。）正如戴高乐估计的一样，理论上说，美国的工业产能大得吓人，可必须从和平时期的生产状态转型才成。在亚洲那边，短期看，日本的扩张潜力似乎无限——除了整个东南亚以外，日本会占领印度、澳大利亚、夏威夷吗？——而欧洲那边，希特勒的军队控制了西欧，已经直抵莫斯科郊外。（其先头部队已经抵近到用肉眼即可看清克里姆林宫的金色圆顶。）德军看起来所向披靡，早已将列宁格勒（圣彼得堡）紧紧包围，而且早在 9 月就已深入乌克兰，占领了基辅。已有超过 100 万苏联官兵在战斗中阵亡，另有 300 万人成了俘虏。谁还敢预测苏联红军肯定能继续抵御德国军事力量一年，往少里说，六个月？希特勒有能力压制整个地中海地区，将他的意志完整地强加给中东和北非，在所有地方，他的作战部队都在向前推进，埃及首都开罗的英国外交官们正焚烧各种文件，谁还敢否认这些？似乎一切都有可能发生。

尽管如此，德国对美国宣战为罗斯福解决了一个大问题：让美国正式加入了反对纳粹暴政的战斗。尽管从那往后历史学家们一直都搞不懂希特勒为什么宣战——根据《三国同盟条约》的规定，他没有义务参与日本的战斗——在他眼里，他不过是把数个月来在大西洋一直就存在的不宣而战态势正式确定而已。德国元首内心深处还潜藏着对罗斯福的个人仇恨（在宣战演讲中，他说，"精神错乱的"罗斯福通过"永恒的犹太人"的邪恶"力量"才保住权力），长期以来，他对自己眼中美国领导的全球资本主义始终耿耿于怀。如果跟美国的重大冲突不可避免（希特勒对此毫不怀疑），何不干脆明说让冲突立刻开始，如此还可帮助日本人，迫使美国人陷入两线作战，对吧？唯有在事后，人们才能完全看清，希特勒选择的时机让他栽了跟斗：向华盛顿宣战时，距进攻莫斯科的德军陷入停滞，斯大林的部队第一次抓获德国战俘还不到一周。[18]

304

III

美国总统发表演说和参众两院投票以后，联邦政府立即转入了战时状态。海军情报局也不例外。此前每天下午 5 点下班的规定作废，取而代之的是每天 24 小时连轴转，杰克·肯尼迪上的是晚班。12 月 9 日，他写信告诉莱姆："这安排肯定会让你蛋疼，不过我肯定无法出席婚礼。"杰克说的是另一个朋友即将举行的婚礼。"现在我有了新的时间表——晚上 10 点到早上 7 点——这时间表还是每周七天。……请向皮特的新娘转达我的谢意和遗憾，感谢她邀请我们。"在信的末尾，杰克还补充道："这肯定是一封无聊的信——不过我好几天晚上都没睡够。"[19]

新的工作排班几乎没给杰克留出社交时间，或者说，没留出约会因加·阿瓦德的时间。说到社交，后者自己也有了新的牵扯精力的事。珍珠港事件后不久，《华盛顿时代先驱报》记者佩奇·惠德科佩尔（Page Huidekoper，还是约瑟夫·肯尼迪在伦敦使馆期间的新闻助理）听说，某个同事发现了一张 1936 年柏林奥运会期间阿道夫·希特勒的照片，满面笑容的因加居然坐在希特勒的包厢里！难道这意味着她是德国人的间谍？惠德科佩尔吃不准，不过她把这信息告诉了基克·肯尼迪和报社编辑弗兰克·沃尔德罗普。后者决定，他和惠德科佩尔应当陪因加去一趟联邦调查局华盛顿办事处，以便为因加正名。[20] 因加同意这么做。接待他们的官员向 J. 埃德加·胡佛（J. Edgar Hoover）局长提交了一份备忘录：

> 1941 年 12 月 12 日下午，《华盛顿时代先驱报》编辑弗兰克·沃尔德罗普先生、该报记者佩奇·惠德科佩尔小姐、该报专栏作家因加·阿瓦德，三个人一起来到局里。……事实简述：几天前，惠德科佩尔小姐正式告知《华盛顿时代先驱报》另一名记者、前美国大使肯尼迪的女儿凯瑟琳·肯尼迪小姐，请她务必保持镇定，因为因加·阿瓦德可能是某境外大国的间谍。她告诉肯尼迪小姐，一个朋友翻看柏林的旧报纸时，看见了一张柏林奥运会期间因加·阿瓦德和希特勒在一起的照片。……肯尼迪小姐是因加·阿瓦德的好朋友，她把惠德科佩尔小姐的说法告诉了后者。[21]

毫无疑问，负责接待的调查局官员事先大概知晓因加有过魅力四射的、周游世界的经历：她 1913 年出生在丹麦首都哥本哈根，青少年大部分时间在南非、英国、德国、法国度过。16 岁在丹麦选美比赛中获胜，第二年在巴黎参与"欧洲小姐"竞争，不久后跟一个埃及外交官私奔，19 岁与其离婚。1935 年，21 岁的因加遇到了美籍匈牙利裔电影导演、后转行为探险家的保罗·费乔斯（Paul Fejos），后来两人成婚，费乔斯的岁数几乎是她的两倍。同年，她与丹麦报纸《贝林时报》（*Berlingske Tidende*）签约，由于职业关系，她曾经无数次访问德国。由于因加是上进心极强的记者，她想方设法采访到了赫尔曼·戈林，还参加了他的婚礼，正是在那个场合，她见到了希特勒（据报道，希特勒将她称作"北欧之美的完美典范"）。随后她两次采访那位德国元首，还跟纳粹宣传头目约瑟夫·戈培尔谈过话。

面对调查局官员，因加否认自己是间谍，否认受任何人指派，而且坚称她采访那些德国领导人完全与政治无关。她那些采访都是充满"人情味"的——他们对婚姻的看法，他们早餐都吃些什么，凡此等等。她还坚称，她鄙视德国人对欧洲以及对世界的所作所为。[22]

因加有所不知，数个月前，联邦调查局就已经开始对她进行调查。早在那年春季，闻听她和希特勒之间的"友谊"，她在哥伦比亚大学的几个同学怀疑她有亲德和反犹情绪，调查就开始了。（几乎没有明确的证据能证明其反犹情绪，不过，数年前由她撰写和在报章上发表的所有文章都对德国人的生活和德国人表示了同情，他们中许多人是纳粹分子。"无论是谁，一见面就会喜欢上他，"她第一次采访希特勒后，在 1935 年 11 月 1 日的《贝林时报》上写道，"他好像很孤独，他慈祥的双眼就那么直直地看着你。那双眼睛迸射着力量。"[23]）探员们还调查了她和丈夫与瑞典商人阿克塞尔·文纳-格伦（Axel Wenner-Gren）的友谊。后者是世界上最富有的人之一——据估计，当时他的净资产高达 10 亿美元——他的财富来自推广家用真空吸尘器，随后他成了军火承包商。人们都认为，他与赫尔曼·戈林以及其他德国领袖关系不错。他的"南十字星"号（Southern Cross）游艇是当时全球最大的私人豪华轮船，仅船员就有 315 人，此外还装备了机关枪、步枪、尖端无线电通信设备。美国海军情报人员怀疑，那艘游艇被他用于为德国潜艇提供燃油。1941 年 12 月，罗斯福当局正式将文纳-格伦列入了黑名单。

如果因加以为，在联邦调查局现身即可将事情摆平，那她就大错特错了。1942 年最初几个月，联邦调查局一直在监视她，包括窃听她的电话，拦截她的信件。甚至富兰克林·罗斯福也短暂介入过这一行动，总统在写给调查局局长胡佛的一封信中建议："鉴于因加·阿瓦德……与文纳-格伦探险之旅领袖的关系，鉴于其他呈送给我并引起我关注的某些态势，我认为，最好派人对她实施重点监视。"[24]

事已至此，人们难免会以为，杰克·肯尼迪最好远离因加·阿瓦德，至少等她洗清罪名后再回来找她。战争时期，小心谨慎事关重大。然而，像以往一样，两人依然往来如常，也许他们不知道，联邦调查局已经对华盛顿第 16 街 1600 号五楼因加的公寓实施了盯梢。或许他们只是怀疑——结果证明他们的怀疑准确无误——调查局是否有能力对已然发现的东西进一步采取行动。C. A. 哈迪森（C. A. Hardison）探员负责大楼的盯梢，他忠实地记录了因加的丈夫保罗·费乔斯到达和离开的时间。不过，对后来进入该住宅且留宿过夜的神秘情人究竟是什么身份，他似乎没有任何线索——根据线人甲的描述，那是个青年男士，身穿"灰色连袖长大衣和灰色花呢裤。那人没戴帽子，一头金色的卷发，永远都是乱蓬蓬的"[25]。

1942 年新年，杰克发了一封情意缠绵的新年电报，成功地被调查局截获了，电报来源却让哈迪森探员同样感到困惑：

> 飞机停飞，所以我搭火车 11 点半后到。我建议你上床睡觉。如果你来，买个保温杯，给我做点汤。你不照顾我，还有谁？爱你，杰克。[26]

307　　绯闻记者沃尔特·温彻尔为全美 2000 多份报纸的专栏供稿，若不是他四处嗅探挖料，这件事至此也就偃旗息鼓了。部分仰赖联邦调查局的消息源，温彻尔在 1942 年 1 月 12 日出版的《纽约每日镜报》（*New York Daily Mirror*）上爆料称："前大使肯尼迪的某个儿子成了一名华盛顿女专栏作家寄托感情的合适目标，以致女作家就有关与爱冒险的新郎官离婚一事咨询了一位律师。老肯尼迪不喜欢这样。"无独有偶，时间过去不到 24 小时，杰克接到了调令，他被调离华盛顿，前往南卡罗来纳州查尔斯顿（Charleston）坐办公室。"老肯尼迪"很快出现在编辑弗兰克·沃尔德罗普的办公室里，强迫对方详细说出因加的现状和过去究竟是怎么回事。[27]老约一向赞许和欣赏两个大儿子追女孩的各种方式，甚至还怂恿他们——毕竟他们追随的是他的脚步。不过，随着杰克和因加把事情越来越当真，老约意识到了问题。因加比杰克大四岁，已结婚两次，眼下被怀疑为德国间谍——退一步说，这也是三连亏，没得赚。更糟糕的是，因加似乎铁了心要与费乔斯离婚（她已经跟后者分居多时），以便跟杰克在一起。他们两人如果成婚，注定会让杰克未来竞选公职的所有希望化为泡影，还可能毁掉小约的政治前景，因为小约的社会关系会带上污点。老肯尼迪对罗斯福坚决拒绝给他安排战时岗位越来越失望，他感到，自此往后，他必须通过几个儿子来实现自己的野心，因此他明确告诉杰克，这段恋情必须结束。[28]

杰克非但没有听命，反而再次对老爷子表现出越来越自立的个性，1月末和2月初，他两次安排"因加·宾戈"——他喜欢这样称呼因加——来查尔斯顿。杰克心里清楚，当局肯定会猜出他要做什么。（他们的确猜出来了：联邦调查局在这对情侣租住的客房里安装了窃听器，偷听到一些绯闻和许多性事，他们从不议论国家机密。）用一个词形容杰克喜欢因加到什么程度，那就是"不知餍足"，他特别喜欢听因加说话，喜欢因加说话的方式——与许多英语流利的斯堪的纳维亚人一样——因加常常分不清"v"和"w"的发音，所以"vegetable"变成了"wegetable"，"shovel"变成了"showel"。远不止如此，杰克喜欢因加的热情和女人味，以前杰克从未体验过哪怕一丁点这样的感觉。[29]有因加在身边，杰克感到特别自在，可以自由倾诉恐惧、希望、梦想，很少有人让他有这种感觉。（包括诉说政治抱负：两人之间的通信以及截获的电话交谈披露，竞选高级公职早已在杰克的思想里扎了根。）反观因加，杰克孩子气的精力、他的外表，以及他对世界的好奇，这些都把她彻底迷住了。

308　　　　"只管沿着成名的阶梯往上爬就是了，"因加在标注日期为 1 月26 日的一封信里劝道，"不过——应当经常在途中停下来歇歇，以便确定幸福真的在身边做伴。停下来时还应当自问一下，'今天做这事真的是我想这么做吗'……往四周看看，如果确实是你愿意的和想要的生活，再迈下一步也不迟。"在另一封信里，因加为杰克不愿意袒露内心深处的感情哀叹不已："帅哥，也许你最大的错误是，比起感情，你更崇尚思想，不过，你需要流露感情。"她还像慈母一般关心杰克伤痛的后背："正是因为我最珍视的人是你，你生病时我才想在你身边。也许这是出于母性本能吧。"[30]

　　　"在你面前我用不着装，"杰克对因加说，"因为你太懂我了。"因加表示同意："还真是，这不是因为我把你捧到了高台上——你不属于那里，没人属于那里——而是因为我知道你的弱点，这正是我喜欢你的地方。"因加同时还看出杰克有辉煌的前程："我真想现在就看到你站在世界之巅，战争为什么必须停止，这是个非常好的理由，这样你才可能有机会向世界和你自己证明，你是主宰未来的那个人。……如果你爬到黄金梯子顶端之前我就死了，那么，亲爱的杰克——如果真的像你相信的那样，来世另有一番生活——无论我去的是天堂还是地狱，在那一刻，我一定会伸出手扶住你，让你在最顶端站稳当——那里可是所有阶梯里最容易摔下去的地方。"[31]

　　　无法在查尔斯顿跟杰克在一起，因加总是神不守舍，总会掰着指头数下次跟杰克见面还有多少个小时。她丈夫问她是不是爱上了杰克，她爽快地承认了。因加大部分闲暇时间跟基克以及基克的朋友们在一起，其中包括托比·麦克唐纳，他刚到华盛顿，正在找工作，他的结婚计划泡了汤。托比仍然反战，反罗斯福，而且对杰克的成功依然抱有一些怨言。杰克被调往南卡罗来纳州后，他才稍感释怀，用他的话说就是："我并不是这个国家唯一的麻烦制造者。"跟因加见面时，托比发现，因加满脑子都是爱情之事，为此，他提笔给杰克写了封信："我好不容易才控制住自己的情绪，习惯下来——她要么真的爱你爱疯了，要么是装样子给大家看。"[32]

后来，托比前往查尔斯顿跟杰克见了一面。返回华盛顿后，2月3日晚上，他给因加打了个电话，他们的对话被联邦调查局窃听了。窃听记录如下。

"大杰克很好，看起来不错，"托比说，他住在一个独栋里，"就在萨姆特堡饭店（Fort Sumter Hotel）那条街上，那是穆雷大道（Murray Boulevard）路边的一座砖房，离萨姆特堡饭店也就隔着十座房子那么远。"

因加问道："他喜欢那儿吗？"

"他不在乎人们说那房子是谁的，不过我觉得他喜欢那房子。他想你，因加。"星期五晚间，两个朋友一起出席了总统舞会。"我发现杰克面目一新，"托比继续说，"我觉得，如今他好像对女孩们有了一种全新的态度。"

"噢，你是在笑话我吧，"虽然因加嘴上这么说，对这番恭维，她心里却很受用，"你在这世上嘴巴最甜了。"

"他说没说出海的事？"在那次电话交谈中，因加随后问了这个问题，"我内心深处有种感觉，他快要出海了。"

309

托比答道："他要是出海，他自己都会觉得出乎意料。"[33]

同一天晚上，稍晚时分，杰克拨通了因加的电话。

杰克问："你怎么不来这边？"

"也许我会过去。"因加故意逗他。

"别说也许。我知道我不该接连两次都让你来这边。不过，只要准我的假，我立马就过去找你。"

"那太好啦。也许我这就过去。"

"让你专门为看我跑过来，我于心不忍。"

"亲爱的，让我绕地球三圈专门去看你我都乐意。"

就这样，两人你一句我一句闲聊着，后来因加突然透露了她从丈夫的"密探"那里听来的消息：杰克向他父亲保证过，绝不会娶她，也不是真的那么在乎她。杰克吃了一惊，他没否认这说法，不过他追问了一句：费乔斯还说了什么？

"怎么啦，他说，我想怎么着都随我，他还说像我现在这样做事让他伤心。我这就都告诉你，我发誓，他不会拦着咱们，所以你没必要怕他。他不会起诉你，其实他心里明白，如果告你，他该做些什么。"

"如果他不告我，说明他是个心大的人。"

"他是个有教养的人，"因加加重语气说，"我不在乎他会怎么着，他做不出下三烂的事。他是那种做事很得体的人。"

杰克说："我可没想让你太冲动。"

"我没冲动。这个周末你还特别想让我过去吗？"

"那当然。"

"让我好好想想，然后告诉你。再见，宝贝儿。"

"再见。"[34]

周末，因加真的去找了杰克。盯梢的探员们在这对情侣身后步 310
步紧跟："［2月6日］下午5点35分，约翰·肯尼迪开着一辆
1940年产的黑色别克敞篷双门车到达萨姆特堡饭店，挂的是佛罗里
达州1941年牌照，车牌号为#6D4951。他直接上楼，进了费乔斯夫
人的房间，在那里一直待到晚8点40分。然后盯梢对象和肯尼迪
去了萨姆特堡饭店夹层餐厅共进晚餐，两人进餐期间没有身体接
触。晚10点03分，盯梢对象和肯尼迪沿着环绕海湾的穆雷大道散
了会步，晚10点35分返回房间，其间没有身体接触。凌晨1点10
分，盯梢对象和肯尼迪显然上床睡了。"[35]

虽然胡佛那帮下属并未注意到，但一种紧张氛围弥漫在这对情
侣的约会过程中，这种紧张与其说是因为费乔斯，莫如说是因为约
瑟夫·肯尼迪，他一直在施压以让儿子结束这段恋情。这对情侣之
间的感情并未消散，不过，他们双方都在想，结束是否正在来临。
除了感到有压力，双方还感受到不断增长的不确定性：只要他们在
一起，至少会部分地受到监视。2月末，两人于周末在查尔斯顿再
次秘密幽会，随后杰克请假，得到特批，他立刻飞到了华盛顿。他
在那边见了因加，深入交谈后两人决定分手。［杰克有所不知，那
之前因加恢复了与丹麦前男友尼尔斯·布洛克（Nils Blok）的往
来，根据联邦调查局的记录，她还跟那人过了一夜。］[36]

随后几天，杰克备受煎熬，他开始怀疑自己的所作所为。他拨
通了因加的电话。

他说："我给你打电话，是不是很惊讶？"

"有点儿，也许吧。"她回答。

"是时间问题。"

"基克天天说你会给我打电话。"

"这段时间我一上床就背痛。……你怎么没来［查尔斯顿］？"

"你认真的吗？咱们星期天说过这事，你忘啦？"

"我知道。"

"噢，你觉得这事持续不下去？"

"人生苦短嘛。"

"噢，杰克！"因加发出了一声惊呼。难道杰克同意分手，又后悔了？

"别，"杰克顿了顿，接着说，"别，下次见面再说吧。我现在很不好，对吧？"

一阵沉默。然后因加问："你是不是以为我会去查尔斯顿找你？"

311　　"我真那么想来着。"

他们转移了话题，最终转到因加原计划的离婚问题上。

因加说："我知道我永远都不会回到他身边。"

杰克说："我只是想确认一下，这么做是发自你内心的。听你的口气，我跟你离婚一事没任何关系。"

"你是促成这事的关键，不过也不能说你就有什么责任。两个半月前见你，是让我下决心的首要原因。对我来说，你已经不存在了，一个小时前我就是这感觉。我仍然像以前一样爱你爱得那么深，永远会这样。不过，不管怎么说，你已经不在我的计划里了。”

“那好吧。”

“你知道我的意思。”

“对。”

“我还是要［跟他离婚］。”

“那好吧。”

“给我写信。”

“我会的，下星期我再给你打电话。”[37]

IV

结果证明，杰克·肯尼迪在查尔斯顿坐办公室远不如在华盛顿坐办公室那么激动人心。“杰克认为，他现在的岗位让人厌烦，”他母亲 2 月给孩子们的一封传阅信中写道，“好像他没什么事可做，因而我认为，调离那里会让他高兴。”后来莱姆·比林斯也回忆说，他朋友觉得那工作“是在浪费时间，他非常失望，很不爽”[38]。

家里的消息可能也增加了杰克的不爽，虽然至今我们都无法知道那在多大程度上影响了他。数个月前，也就是 1941 年 11 月，约瑟夫·肯尼迪做了个决定，那决定后来一直让他内心不安，直到临终都如此，也给他妻子和孩子们留下了持续一辈子的心理阴影。大女儿罗斯玛丽当时已经 23 岁，她深感自己越来越落后于奋勇向前的兄弟们和妹妹们，孤身一人在圣格特鲁德女修道院的她越来越懊丧和富于攻击性。“她从英国回来后，大约有一年时间，”罗丝·肯尼迪在回忆录中写道，"一些令人不安的症状开始显现。不仅花大功夫才有所长进的心智明显退化，而且她典型的好脾气也变得越来越暴躁和易怒。她很容易沮丧，还容易失控。有时沮丧会变成发怒，或狂躁，那种时候，她会摔东西，打人。由于身体壮实，她打人非常狠。有时她还会一阵一阵抽搐。"那年秋季，在圣格特鲁德女修道院出了几次大麻烦，罗斯玛丽半夜一个人跑到位于郊外的学校外边。修女们分散四处寻找，把她带回学校，安顿上床。让所有人忧虑的是，如果下次她跑出去让某个陌生男性碰上，又对她有非分想法，那可就坏了。[39]

　　这些不好的进展让罗斯玛丽的父母心烦意乱，正如罗丝后来所说的，他们怀疑，"除了发育迟缓，还有其他因素在起作用。她好像患了神经障碍或某类疾病，而且在向坏的方向发展"。约瑟夫一向对健康领域的各种创新印象深刻，他咨询了一些著名医师，其中有乔治·华盛顿大学医学院神经学系主任沃尔特·弗里曼博士（Dr. Walter Freeman），他是精神外科学新领域的领军人物。为缓解患者的综合精神紊乱症状，葡萄牙精神病学家埃加斯·莫尼兹（Egas Moniz）于 1935 年实施了世界上首例脑前额叶切除手术（因这项成果，莫尼兹获得了 1949 年诺贝尔医学奖），沿着这条思路，弗里曼首先促成了这种手术在美国落地，他与助手、外科医生詹姆斯·沃茨（James Watts）一起做了数百例脑前额叶切除手术。弗里曼是个魅力超凡的、能说会道的自我推销员，还是媒体恭维的对象——早在 1937 年 6 月 7 日，《纽约时报》就夸张地报道过他的"外科新技术，其名称为'精神外科学'，据称，该手术能切除人类个性里坏掉的成分，手术过程仅为数个小时，可将野兽变成温顺的生物"。至 1941 年，弗里曼已经让许多专家相信脑前额叶切除手术相对无害，副作用非常小，在多数情况下益处非常大。[40]

正面报道仍在持续。"极少有关于外科手术的报道能超越典型的脑前额叶切除手术，这种手术非常简单，正在最新的医院里实施。"玛格丽特·克拉克（Marguerite Clark）在撰写的一篇吹捧文章中写道，原文刊登在 1941 年某期《美国信使》（The American Mercury）杂志上。这一领域的顶尖科学家们已经确认，一些人所经历的沮丧、抑郁、担忧与脑前额叶相关，文章接着表示，"在某些情况下，通过手术切除部分脑前额叶，这些不幸的人可以重新过上有益的生活"。1941 年某期《星期六晚邮报》（The Saturday Evening Post）刊文高度赞誉了弗里曼和沃茨的工作，称赞他们让"对家庭是负担，对自己是麻烦的那些患者得到改变……成为有益于社会的成员"，还称赞手术为"绝顶美妙的过程"。文章同时还承认，也有一些神经学家谴责这种手术。约瑟夫和罗丝非常有可能阅读过这篇文章，他们不太可能阅读过另一篇更专业的文章，那篇文章刊登在 1941 年 8 月期《美国医学会杂志》（The Journal of the American Medical Association）上，该文反对在取得更多研究成果前实施脑前额叶切除手术。[41]

约瑟夫和弗里曼之间都沟通过什么，实际内容不得而知——约瑟夫从未记述，也从未向他人透露弗里曼都跟他说过什么，目前也尚未发现其他相关记录。不过可以想象，弗里曼肯定向约瑟夫介绍了手术的先进性，以及他在罗斯玛丽这种病例身上见证的积极效

313

果，手术极有可能缓解年轻的罗斯玛丽的抑郁，控制她的脾气和新出现的性冲动，从而能在余生中与家人一起生活，这些都给约瑟夫留下了深刻印象。也许弗里曼还向约瑟夫详细介绍了他和沃茨刚刚完成的令人惊奇的论文（即将正式出版成书）："过去，人们一直认为，如果有人无法清晰地和正确地想问题，原因是这个人的'脑髓不够'。而我们旨在向世人证明，某些情况下，在实际运作中，脑髓更少的个体想问题可以想得更清晰、更丰富。"他们声称，手术结果支持他们的说法：在他们的患者中，63%的人状况得到改善，23%的人没有变化，14%的人不如从前。[42]

约瑟夫显然喜欢亲耳闻听的解释，或者说，至少他认为冒险是值得的——在他的想象里，手术似乎是一剂灵丹妙药，在帮助女儿的同时，还可让全家人摆脱女儿暴力发作和半夜游荡所带来的尴尬。因此，1941年11月中旬或月底，在一个寒冷的日子里，罗斯玛丽被转运到了医院，在那里接受了手术。沃茨在她的颅骨上钻了两个洞，插入了一个手术器械，切除了颅内连接脑前额叶和大脑其他部位的组织。[43]

尤妮斯后来对一名采访者说："医生们告诉我父亲，这是个好主意。"[44]

手术后果是灾难性的。罗斯玛丽的状况比术前更糟了。随着时间的流逝，她恢复了一些运动机能，但她失去了大部分记忆和说话能力，她轻微的认知障碍变得更严重了。手术毁掉了她大脑的重要部位，清除了她多年来的情感进步和智力发展，还让她完全丧失了自理能力。从那往后，她走路时一只脚奇怪地内翻，她的词汇量所剩无几。这些结果并不是立即显现出来的，不过，毫无疑问的是，医院的团队立刻就知道，事情已经变得糟得不能再糟。灾难性的结果几乎逼疯了主管护士，从那往后，她离开了护理行业，并且再也没有接触这一行业。[45]

杰克兄弟和妹妹们究竟多早就完全知悉了降临到他们姐妹身上的灾难，如今没人说得清。肯尼迪一家都无止境地痴迷于成功这一表象，他们会拼死互相护佑；他们是掩盖真相的大师，必要时他们会极力否认。多年来，他们成功地掩盖了罗斯玛丽生病的实情，这种情况仍在持续。术后不久，罗斯玛丽被送到了位于纽约州贝肯（Beacon）的克雷格之家（Craig House），那是一处专属的设施，富豪们在那里隐藏家里的残疾人，或患有精神疾病的家庭成员。约瑟夫做出硬性规定，只有他才能跟克雷格之家的管理团队联络，只有他才能看望罗斯玛丽。这是他的权威，家里其他人都得服从。正如作家多丽丝·科恩斯·古德温指出的，就算"罗斯玛丽是突然消失的，也一定会引发数十个从未得到完整解答的问题，这更让整件事笼罩在神秘的谈论禁忌氛围里。……已经和家人在一起那么多年，[为什么]如今还要把她送进收容所？为什么家里其他人都不能看望她？最不吉利的是，为什么家里真的没人谈论究竟发生了什么"？或者，我们不妨引用这家人的传记作者劳伦斯·李默尔（Laurence Leamer）说过的让人难忘的一席话："对这一大家子人来说，每天发生的重大事件都会在晚餐期间拿出来讨论，当然，在这一时间段，全家人可以直面老约，问他究竟做了什么，让他说出来，大家讨论，一起哭，请求上帝怜悯和宽恕，然后该干什么干什么。不过，这种事从未发生。"[46]

恰恰相反，实际发生的是一种消除痕迹的操作，在约瑟夫对信息的铁腕控制下，这操作得以实现。当年琼和泰迪分别为13岁和9岁，他们接受了父亲的如后解释：罗斯玛丽在中西部一所残疾人学校当老师，医生们认为，她最好不回家。在众多兄弟姐妹里，尤妮斯与罗斯玛丽最亲（少儿时期，两人一起打网球和游泳，长大后两人一起爬瑞士境内的阿尔卑斯山，还一起在巴黎游览圣母院），她后来说，1941年11月以后，有十年时间，她完全不知道罗斯玛丽在哪里。帕特里夏和鲍比似乎什么都不知道。年龄最大的三人帮小约、杰克、基克肯定知道得多一些（基克事先还帮着调查了一些精神外科学选项），尽管如此，或许他们知道得也不是很多。因为在罗斯玛丽做手术前，他们的父亲就隐去了大量细节，术后也不让他们看望罗斯玛丽。后来好几个月，父亲继续隐瞒事实——1942年到1943年，在写给杰克的一些信里，父亲说，罗斯玛丽"每天都游泳"，"看起来不错"，"与身边的人们相处得相当愉快"，而且"感觉好多了"。1944年初，在写给小约和基克的信里，父亲小心谨慎地用了相同的句子，看起来跟写给杰克的信内容相同。[47]

罗丝在罗斯玛丽的问题上则十分沉默，至少从一家人留下的文字资料看如此。罗斯玛丽术后没几周，即1941年12月，在一封给全家其他孩子传阅的热情洋溢的信里，罗丝将全家所有孩子参与的五花八门的活动一一罗列，唯独没提及罗斯玛丽，这很反常。1942年、1943年、1944年，她一直没提及罗斯玛丽——那几年她寄出了许多群发信，平均每月会有一两封，而她一次都没提及自己的大女儿。[48]

　　罗丝事先同意女儿做手术了吗？文字资料对此莫衷一是。在回忆录里，她说自己同意了。不过，也有碎片证据显示，她事先向丈夫提出过反对意见，还敦促丈夫不要推进此事。写回忆录很久以后，她晚年接受过一次采访，声称她得知那次手术及其灾难性后果是在探望罗斯玛丽以后（探望地点是威斯康星州杰斐逊城，1949年，罗斯玛丽被送到了那里），时间大约是1961年约瑟夫经历中风以后。在90岁高龄时，她回忆说，那次手术"抹去了我多年来为她付出的一切。一直以来，我坚信她原本可以像肯尼迪家的女孩一样正常生活，只不过稍慢一点。然后，在几分钟时间里，一切都消失不见了"。即使在如此高龄，罗丝仍然能很快转向重点，她很理性地说，杰斐逊城的修女们都"特别了不起"，还有，"至少人们永远都明白，罗斯玛丽得到了很好的照顾"[49]。

V

　　杰克离妹妹基克的距离虽然仅有数个小时的车程，却好像隔着几个世界远，他在查尔斯顿的闲暇时间都用来就战争态势给家人朋友写便条和写信了，他也说不清自己会否参战，以及何时会参战。有时候，比方说，向妹妹若有所思地说起新加坡陷落的意义时，杰克会变得非常有哲理。据称，新加坡是英国在东南亚设立的牢不可破的基地。"读了一些报纸后，我强烈建议不要前往英国并与英国人成婚，"杰克写道，他这里说的是基克深爱的英国人

316　比利·卡文迪什，"尽管不情愿，我还是要给出如后结论：已经到该给大英帝国准备讣告的时候了。像所有好东西一样，有时候必须有个了结，而在彻底终结前了结更好。也许你不同意这一点，不过，在我的想象里，罗马倾圮前，没几个人相信它居然会倾圮。可是，早在罗马最终倾圮前那些年，它的倾圮已经在路上，可惜人们总是戴着有色眼镜审视它之前的历史，既无法也不愿意看到它的倾圮。"杰克接着表示，法国也一样，早在1940年一败涂地前就已经变成二流强国，而英国眼下正乘着"平底雪橇"不可逆转地坠落。[50]

父亲转给杰克一封信，让他受到莫大的鼓舞。那封信是父亲的旧情人克莱尔·布思·卢斯写给父亲的。数周前，克莱尔遇到了杰克，她担心老约消极的世界观会对孩子们产生影响，尤其是对他"亲爱的"二儿子的影响。在写给约瑟夫的信里，克莱尔说，杰克"拥有成为成功之人所需的一切。在许多担忧里，唯有想到一件事我才安心：无论环境如何改变，都打不倒像杰克那样的男孩……毫无疑问，美国多得是像杰克一样的人，因而我们一定会得救"。可是，与此同时，"他对你的悲观情绪有点不爽。这种情绪让他警觉（'与父亲如此不同'）的同时也让他气馁，因而我真的认为你……和我都没有权利将怀疑的负担强加在杰克和数百万像他一样的人已有的负担之上，他们必须以此为起点负重前行"。接着，克莱尔在信里总结了地缘政治形势，进而号召美国人应对面前的挑战，全力以赴进行战斗。[51]

克莱尔的分析甚至成了2月中旬杰克用打字机敲敲打打攒出的

一篇文章的底稿（从未发表）。在强调美国面临严峻形势的同时，杰克劝导同胞们投身战场，因为这场战争是"一件严肃的和长期的事情"，不能将其当作政治斗争看待。如果日本军队全面占领新加坡和荷属东印度群岛，"印度洋一定会变成日本的内湖，日本的地位就会趋向天下无敌"。如果德国人同期经土耳其推进到波斯湾，"战争第一阶段，盟国将会以失败告终。那时候，盟国面临的问题将是几个悲观的选项。由于双重失败的反作用，丘吉尔将会被赶出英国政府，毫无疑问，绥靖势力将会在英国大行其道。德日地位形成的令人生畏的力量一定会让英国觉得和平更可取，只要英帝国的地位得到相应保障即可"。

　　因此，损失再大也就如此了，不过，杰克警告说，美国人民"很可能不愿意为胜利付出［必要的］牺牲。由于美国位于广阔的大西洋和太平洋彼岸，又经历了数个世纪的和平安宁，深深扎根在美国人［独有的］性格里的孤立主义，也即那种不会受到伤害的感觉，早已深入美国人的骨髓里；由于庞大的陆军、海军、空军的存在，这种感觉又进一步得到了强化，很可能导致美国人更喜欢和平，无论这和平多么短暂"。这是杰克对父亲的哲学思想的扼要总结。不过，杰克说，即使最终结果让人极度怀疑，也必须对此进行抵制。他的结论是："我们已经在参与一场战争，而战争一定会或带来某种失败，或带来美国国内从白宫到街上的芸芸众生当中任何一个人都不愿意想象的如此多的鲜血、汗水、眼泪。"[52]

　　让杰克极度不安的是，1942 年春季，他的背部问题变得相当严重，导致南卡罗来纳基地的一名海军医生宣称，他不再适合服役。

317

那疼痛不是持续的，它时有时无，然而频率相当高，5 月，杰克得到授权，前往位于马萨诸塞州的切尔西海军医院做进一步检查和治疗。在那段时间，他还见到了波士顿莱希诊所的几位专家。医生们讨论过实施手术，不过，每个人都清楚，那会让杰克的从军生涯到此结束。另外，海军医生们也无法确认手术是否必要。他们没诊断出椎间盘破裂，所以，他们推测，两腿肌肉绷得过紧，以及"由此产生的非正常姿势"导致了疼痛。因而杰克没挨刀子，给他开出的方子是理疗：锻炼和按摩。[53]

颇具讽刺意味的是，那一时期，许多人都说，杰克看起来很壮实。"让人难以相信，他看起来很健康，"罗丝写信给老约，"真的谁都看得出来，他脸上肉嘟嘟的，不仅没瘦，反而变胖了。"这很可能是因为，一段时间以来，杰克好像是在进行类固醇治疗，为的是解决溃疡性肠炎。该类药物实际上正处于试验阶段，对于合适的用药量以及可能的副作用，当时人们知之甚少。如人们所愿，皮质类固醇对结肠炎有效，不过可能会导致背部和肾上腺出问题。1947年，杰克被正式诊断患有艾迪生病，一种肾上腺病，其特征为缺乏调节血液、血钾、血糖所必需的激素；很可能是用了类固醇导致他患病。[54]

6 月 24 日，从波士顿返回南卡罗来纳途中，半夜时分，杰克在华盛顿特区停留，为的是跟因加见一面。半夜 1 点刚过，他拨通了因加的电话，询问对方可否让自己过去一趟。因加拒绝了。不过，根据联邦调查局的记录，因加说话的用语和口气充满了感情。她同时还拒绝了当天晚些时候前往机场为杰克送行，不过她同意保持联络。杰克对因加的感情没有减弱，他经常给基克打电话，与她交流可能出现的局面。好在杰克训练有素，对他人隐藏内心真实想法的能力并未消失，对家里其他人，他永远都是一副无忧无虑的样子。在写给母亲的一封信里，他淋漓尽致地展现出聪颖和智慧，尤其是他善于思考的一面，那封信揶揄的开场白说明，他对罗斯玛丽病情之严重尚不知情。

　　谢谢老波士顿罗丝创作的最新版"九个小肯尼迪和他们的成长经历"。此前历史上从未发生过那么多人对一个人感恩戴德的事——我说的是不是很对？你可以看看手头那本描述生活在姓丘吉尔、名温斯顿的人治下的小书——我想你可以查阅一下。

　　他们想让我每隔一周的周日给这里的水兵们上一堂圣经课，每次大约半小时。你会不会说这有点非天主教？我有种感觉，教义会这么认定——不过，把工作做好也符合天主教会应尽的义务吧？我们并非完完全全处于讲究仪式和形式、层级分明的社会结构里，如果那样，《圣经》里的教义和真理一定会非常顺畅地上通下达——那种社会结构不允许个人阐释《圣经》——或者，我们处在那种社会结构里？[55]

　　对自己的宗教信仰及教会，杰克在好几封信里试探性地提出了一些问题，前面这封信仅仅是个标志。按照《华盛顿时代先驱报》记者约翰·怀特的说法，早在 5 月初，基克·肯尼迪就向他透露，杰克经历了信仰危机，好像他几近宣布放弃天主教。或许因为杰克得知了——无论多么不全面——罗斯玛丽的病情，他的幻想破灭了，抑或是因为随后与因加分手，这等于在火上添了把柴，在这件事上，天主教教义毫无疑问起了作用（因加是结过婚的人，还是个新教徒）。再或者，也许杰克对宗教的质疑主要反映的是更为寻常的事：一个长大的成人在努力寻找儿童时代被灌输的那些教义的意义。大多数有宗教信仰的人时不时会经历这样的阶段——总之，在受过良好教育的人的脑子里，相信和怀疑总会并存。不管怎么说，那年春季，杰克并没有放弃基督教信仰，或天主教教义——他继续忠诚地参加弥撒，甚至在入主白宫后，他也会每天上床前跪下来祈祷一番——不过，在杰克的一生中，他会继续对法定宗教的方方面面提出质疑。他永远都无法认可母亲眼里的非黑即白的世界，他看到了太多灰色地带。[56]

也是在那一时期，一天，途经一座教堂时，杰克询问好友查克·斯波尔丁如何看待宗教。他问道："这一切你都怎么看？"斯波尔丁从小在天主教的环境中长大，他答道，他从不会花时间考虑这些事，如果非要他考虑，估计自己一定会说："我不知道。"杰克附和说，他也会这么说。[57]

7月4日，美国独立日庆典那天，暨在查尔斯顿举行的新兵入伍仪式上，杰克发表了激动人心的演说，他严肃的一面充分展现了出来。（为什么选择他发表演说，原因不明。）杰克把演讲主题定为"我们为什么而战"，他首先赞誉了美国的建国之父，以及《独立宣言》。他说："一些人会说，如今我们为之奋斗的那些理想，即体现在《大西洋宪章》及罗斯福的'四大自由'中的理想，都……不可能实现。"他这番话说的是处于战火中和痛苦中的现实世界。不过，他坚称，无论结果如何，人类需要坚守这些理想。"一个抛弃所有道德和原则的世界——也可以说这些都是毫无希望的理想主义——不值得人类在其中苟活。唯有努力向上，我们才会前进。"

杰克接着说，眼下所有美国人都应当好好想想，枪炮声停止后，应该抱什么态度，比方说："厌倦战争，正如第一次世界大战结束时我们所做的一样，我们立刻会成为战后愤世嫉俗和理想幻灭的牺牲品。"那必将是个极其糟糕的错误，因为，胜利即使不全面，也非常重要。"即使不能赢得我们为之奋斗的一切——即使我们只能赢得一小部分——那一小部分也意味着进步，并且让我们的事业成为值得为之奋斗的事业。"接着他说了一席振奋人心的结束语：美国人必须像先辈们一样努力向前，去实现目标，去"更新先辈们的传承"，即使困难再大，也要继续怀揣理想主义。"牺牲不会太大，"年轻的海军少尉发出了号召，"无论如何，作为年轻人，我们是在为自己的未来而战。所以，抱着对未来坚定的信心和信念，让我们勇往直前，去争取胜利。"[58]

杰克自己会不会挺身而出为正义而战？考虑到他虚弱的体质，这似乎值得怀疑。不过，整个春季，他一直在游说上级，申请加入战斗部队。1942 年 7 月末，终于传来了好消息：他被调往位于芝加哥郊外的西北大学海军军官候补生学校。前去报到的途中，他再次在华盛顿停留，给因加打了个电话。因加再次拒绝和他上床，好在

戎装的兄弟，海军中尉杰克和海军少尉小约。摄于 1942 年末。

她同意第二天两人见一面。杰克的身体状况让因加大吃一惊。根据联邦调查局的监听记录，因加在打给朋友的一个电话里说："他将会出海执行任务。不过你知道，他的背——从背后看他走路，就像一瘸一拐的猴子。他完全不能走路了。太奇怪了，竟然派他出海执行任务。"[59]

人们都很关心海军军官候补生培训课第一天前来报到的那些年轻人的总体情绪究竟如何。珍珠港事件以来，战场消息基本上是负面的。珍珠港遭袭后数个月内，日本人侵占的地盘犹如倒在地图上的墨水一样扩散开来——1941 年 12 月，英占香港和英属马来亚相继沦陷，1942 年 2 月新加坡沦陷，然后是缅甸、荷属东印度群岛（印度尼西亚），随后是菲律宾。美国在关岛和威克岛两个基地的守军也投降了。[60]与此同时，中国战场形势不妙，印度和澳大利亚也受到了威胁。在大西洋，德国潜艇群击沉的船只多于盟国补充的船只（美国参战的最初几个月，德国潜艇击沉了 216 艘舰船，有些船只离美国海岸如此之近，人们从岸上即可看见燃烧的船体），在陆地上，德国军队在苏联境内重新开始前进，英国对埃及的防卫摇摇欲坠。至 1942 年春季，轴心国控制了 1/3 的世界人口和矿产资源。看样子，德国国防军打到印度门口，与自东方推进而来的盟友日本会师，只是时间问题。6 月，杰克和查尔斯顿的伙伴们还庆祝了美国海军在中途岛战役中对日本取得的史诗般的胜利，那次遭遇战的重要性注定会在时间的流逝中变得清晰。[61]

尽管日本在太平洋各条战线继续推进，罗斯福的战争策略却是"欧洲优先"，这是珍珠港事件数周后他与温斯顿·丘吉尔在华盛顿

321

协商后做出的承诺。在总统和他的一些主要顾问看来，对美国来说，与日本相比，德国的危险更大。他们断定，如果希特勒征服了斯大林领导的苏联，他一定会对美国的安全构成真正的威胁。同样让美国战略规划师担忧的是，苏联与凶悍的德国国防军硬碰硬，在遭遇无法想象的损失后，有可能寻求与纳粹德国单独媾和，这就会在盟国中撕开一道口子。因而，华盛顿必须首先与英国和苏联一起打败德国人，再对付孤立的日本。

不过，短期看，在远东仍有许多事可做。考虑到海军在那边有大量动作，海军少尉杰克的目的地很可能在那边——条件是他必须通过培训考核。杰克声称，他对课程安排和师资团队没什么好感。"这鬼地方比乔特中学还差，"杰克在给莱姆·比林斯的信中写道，"与海军中尉杰克相比，马厄都像个好人了——怎么说呢，也许不是好人，是更好的人。正如罗斯福经常说的，这事比你我都大——世界大事嘛——所以我会紧随总统的指教。"杰克最后补充说，他希望指挥一艘巡逻鱼雷艇，即 PT（patrol torpedo 的简称），这是大众熟知的名称。"对身体的要求极其严格——必须年轻、健康、未婚——由于我既年轻又未婚，我正试着取得资格。如果能坚持到底，我就能指挥一艘鱼雷艇——会被派往海外——派往哪里不知道。"[62]

杰克渴望成为鱼雷艇指挥官，似乎跟日本入侵美国后的广泛关注有一定关系，当时受赞誉的是在菲律宾战斗的一小批鱼雷艇。全美各种报章满篇都是那些小船和船长的英勇壮举，尤其是海军少校约翰·巴尔克利（John Bulkeley），3 月，他从菲律宾巴丹半岛的战场上救出了道格拉斯·麦克阿瑟（Douglas MacArthur）将军，然后穿越日本人控制的约 900 千米海域，把将军送回了安全地带，他因此获得了国会荣誉勋章。巴尔克利特别爱自夸，然而他极尽所能鼓吹鱼雷艇，为了向罗斯福和美国公众宣传鱼雷艇在海战中的重要性，他不惜无限夸张。尽管杰克生性多疑，对巴尔克利所说如此轻装的船只竟然会重创日本舰船有过怀疑，但他最终还是相信了那种花里胡哨的说辞。不过，执行任务时，鱼雷艇确实具有犹如传奇般不可否认的品质，让他眼界大开。那种小艇自带魅力，纯正且简单。如果指挥鱼雷艇能让他摆脱无聊地坐办公室，或者——他暗自想道——能让他被提拔为驱逐舰或航空母舰的下级军官，那就更好。

人们可以想象，还有一个原因吸引了杰克：一年前，夏季的某一天，杰克操纵着最心爱的单桅帆船"胜战"号从海恩尼斯港出发，穿过楠塔基特湾，最终抵达了位于玛莎葡萄园区的埃德加敦。他驾船驶入海湾时，一眼看见一艘从未见过的、船身光洁的新型舰船：一艘鱼雷艇，那是海军从纽波特运来的展品。杰克一下子被它修长的船身和强大的气场镇住了，他立马有了一种冲动，特别想跳上那艘鱼雷艇，握住舵轮，将油门开到最大。眼下他或许真能得到机会。[63]

不过，即使不考虑杰克·肯尼迪伤病的后背，他成为鱼雷艇指挥官的机会也是希望渺茫。竞争异常激烈，申请人超过 1000 人，空缺仅有 50 个。然而，杰克获得了这个职位。很大程度上这得益于他父亲的帮助，后者邀请巴尔克利到纽约广场饭店吃了顿休闲午

323　餐，"顺便"问对方是否有权安排杰克上鱼雷艇。巴尔克利说，他的确有这个权力，还保证回西北大学后与杰克面谈。老约表示感谢后，没忘补充一句：他希望儿子被派往不那么"要命的地方"。在接下来的面谈中，杰克表现良好，他明显头脑聪颖，具备领导素质，事实上，他从小在各种船只中长大，是个专业水手，在帆船比赛中为哈佛争得过荣誉，这些都让巴尔克利和海军少校约翰·哈尔利（John Harllee）印象深刻。涉及他身体健康的问题根本没人提及。[64]

在哈尔利看来，约瑟夫·肯尼迪代表儿子向他游说，这没有任何错。"在美国，许多人利用政治影响力试图逃避战斗，"这是他后来对一名采访者所说，"而杰克·肯尼迪却利用它参加战斗！"[65]

VI

1942年10月1日，在罗得岛州梅尔维尔（Melville）的纳拉甘西特湾（Narragansett Bay），杰克·肯尼迪开始接受鱼雷艇指挥官培训，为期八周。当时他已经是海军中尉，那意味着他在军阶上再次超越了哥哥小约，当时小约已经成为少尉。杰克仍然为病痛所困扰。"杰克回家了，"老约写信给小约，当时杰克已经在海恩尼斯港的家里住了几天，他是在领受新任务途中顺道回家的，"而且后背问题很严重，这事千万不要告诉别人。……在那种条件恶劣的鱼雷324　艇上，我不知道他能不能挺过一周，他想……做个手术，然后让我出面做些安排，等他好点就返回部队服役。"如果这真是杰克的规划，他并没有照此落实：几天后，他按计划抵达梅尔维尔，开始接

杰克的海军军人身份证。

受培训。对后背疼痛，他只做了一件事：在当地木材场买了块胶合板，塞到床垫下边。[66]

　　"他一直在疼，"当年的一个舍友回忆说，"疼得特厉害，他一直睡在那个破胶合板上，我记得他那种疼从来没停过。"不过，杰克很享受培训，大部分上课时间是在埃尔克造船公司（Elco）建造的 PT-103 鱼雷艇上。那种鱼雷艇艇身低矮，长度为 25 米，有一根约 6.3 米长的横梁，船壳为木质，由三台帕卡德 12 缸发动机驱动，每台发动机的输出功率为 1350 匹马力，航速可达 43 节。每艘艇装备有四具 533 毫米鱼雷，两座双联机枪转塔安装有四挺 12.7 毫米口径机关枪，还配备了深水炸弹、火箭发射架、水雷支架。全舰官军配置为两名到三名军官、九名水兵。由于多年来经常从科德角前往外海，杰克一到海上就很开心，他喜欢操控那些快艇，更喜欢它们的速度。更重要的是，他喜欢出海带来的自由。"当海军最大的好处就是能在这些快艇上干活！"他扬扬得意地告诉莱姆，"能主宰自己的命运，就像以前那些年，想去哪儿就把船开往哪儿。"[67]

　　即使训练明显不充分——那些参训的人几乎没接受过操控和使用鱼雷的培训；众所周知，除非借助夜幕掩护，否则鱼雷艇极易遭受敌方飞机的攻击，尽管如此，实际上当年根本没有夜间培训——也没打消杰克的出海念头，他的航海技术、学识，以及自我贬低的诙谐和从不显摆，这些都给同期学员们留下了深刻印象。当时的舍友西姆·埃夫兰（Sim Efland）回忆说，他跟"所有人都合得来"，而且绝不是那种"自命不凡"、居高临下的人。"说到我跟杰克的关系，他跟无论什么背景的人都谈得来——那就有点不寻常了。比方说我，南方人，其他所有人都来自哈佛、耶鲁和其他同类院校，他们都让我觉得糟心，总爱说，'我们不明白你说的是什么，你说话跟我们不一样，你说得太慢'，就像这样。而杰克从来不这样。他尊重别人。我觉得，他还是个很棒的分析师。……我特别尊重他。"[68]

另一名舍友弗雷德·罗森（Fred Rosen）当年与杰克在营地的活动房屋里突然爆发了一场争执，尽管如此，他依然非常尊重杰克。多年后，罗森接受采访时说，他仍然记得，某天晚上，杰克随口来了句：为了逃避上战场，所有犹太人都想"挤进军需部队"。罗森恰恰是犹太人，他当即血脉偾张："杰克，那肯定是因为他们三角学学得好。"杰克问："为什么？""因为海军的领航员都是从军需部门调来的。"接着，两人你来我往地争了起来。争论过程中，罗森说服杰克放弃了反犹主张。在罗森看来，杰克那种随意的、不过脑子的偏见很大程度上像是受了他父亲多年来在晚餐桌上不断训话的影响，而杰克愿意认错，反而让他更高看杰克。[69]

11月末，八周培训结束时，主教官约翰·哈尔利给杰克打的分数如后：操艇方面为"卓越"，机械方面为"良好"，以及"非常主动和尽责"。哈尔利对杰克的印象实在太好了，他把杰克选为鱼雷艇教官，这意味着，杰克至少将要在陆地上再干六个月，而不是立刻被分配到战斗部队。（除了杰克表现一流，可能还有更多因素有关那次的决定：他父亲曾经清楚地向巴尔克利说过此事，或许还向哈尔利表示过，看到儿子上战场，他会感到担忧。）听到消息的杰克非但没有感到庆幸和解脱，反而很生气，他坚持让长官把他

325

派往海外，派到某个战区。（他对海军里的几个哥们说，他这是被"棒打"了，那些人立刻给他起了个外号"棒槌"。）哈尔利拒绝让步："我告诉他，我们需要具备他这种能力的人当教官。我果断地坚持让他留下，这让他感到非常不快。"[70]

杰克没有就范，在姥爷"蜜糖菲茨"的帮助下，他安排了与马萨诸塞州参议员大卫·I. 沃尔什（David I. Walsh）的单独会面，当时后者是参议院海军事务委员会主席。见面结果让沃尔什非常开心。"老实说，像他那个年龄的年轻人，能给我留下这么好的印象，我很长时间都没遇到过了，"沃尔什写信给"蜜糖菲茨"，"他很有气质，精力充沛，有成大器的超凡品性，如此全面还非常谦虚。"他随后敦促美国海军部将杰克调往战区。[71]一番努力显然起了作用，因为在 1943 年 1 月，年轻的军官杰克接到调离梅尔维尔岗位的命令，率领四艘快艇前往佛罗里达州杰克逊维尔（Jacksonville），到那边听候下一步调令。前往佛罗里达途中，其中一艘快艇搁浅了，杰克跳进冰冷的水里，清除了缠绕在一个螺旋桨上的缆绳。他病了，躺倒在北卡罗来纳州莫尔黑德城（Morehead City），一度发高烧达 39.5℃。好在他很快康复了，赶到杰克逊维尔回归了原来的小队。在盼望领受作战任务期间（"正在参战的路上"，杰克在给弟弟鲍比的一封信中写道，当时弟弟已经上到预科学校最后一年），杰克得知了让他气不过的消息：他非但没有被派上战场，反而被派往巴拿马运河执行巡逻任务。他再次求助沃尔什参议员，后者再次替他出面写了封信。[72]

我们该如何解释杰克这种想亲自参与军事行动的不屈不挠的决

心？总的来说，当年应征入伍的那些人，无论他们后来的说法多么背离当初的行为，相当一部分人非常满足于穿上军装待在相对安全的地方，远离敌人集中的那些地方——比如待在巴拿马。难道原因是，像其他自以为是的年轻人一样，杰克以为自己不可战胜？这似乎不大可能，这么说是基于杰克有长期患病的历史。另外，战争初期，大学里的一些密友在作战行动中要么被杀要么失踪，在一些信件里，他头脑清醒地记述过这些事。难不成是杰克需要一些参战阅历，以便将来竞选公职？的确存在这种可能性，不过，相信这种说法是驱动力，未免太过牵强，即便退一步说，在人们的想象里，伦敦大轰炸期间，杰克父亲的一些行为招致了"肯尼迪一家都是胆小鬼"的说法四处流传，而杰克需要消除这种说法的余毒，这同样太过牵强。前述说法都不对，真正的答案似乎在更深的层次里：长期以来，通过阅读、写作、旅游，外加诸如海军部副部长詹姆斯·福雷斯特尔、海军少校约翰·巴尔克利、克莱尔·布思·卢斯等人的精神说教，长期在这样的世界政治氛围里耳濡目染，杰克深信，西方文明的未来已经危在旦夕，这场战争是针对极权主义的"圣战"，每个人都应该做出自己的贡献。所以，他赞赏莱姆·比林斯（由于视力太差，他被陆军和海军双双拒绝）前往北非当救护车司机，以便接近战场；他也赞赏里普·霍顿调离军需部队，加入伞兵部队的想法。正因为如此，他也为哥哥小约努力成为海军航空兵而欢呼。[73]

参议员沃尔什的干预起了作用。1943 年 3 月 6 日，约翰·菲茨杰拉德·肯尼迪中尉在旧金山第 34 码头登上了"罗尚博"号

（Rochambeau）运输舰，第一站为加州南部的圣迭戈（San Diego），在那里装载部队，然后前往澳大利亚东北约 1770 千米处的新赫布里底群岛（New Hebrides，即瓦努阿图群岛）。他终于走在了通向战场的路上。

第十二章

转战海外

眼前所见像极了从前好莱坞大片里的场景。1943 年 3 月 28 日，经过 18 天走走停停的航行，"罗尚博"号运输舰接近了目的地圣灵岛（Espiritu Santo），那里是美国海军位于新赫布里底群岛的前进基地，具体位置在所罗门群岛南部。当时跟杰克·肯尼迪一起靠在围栏上欣赏风景的军官是詹姆斯·里德（James Reed），他毕业于马萨诸塞州皮茨菲尔德（Pittsfield）的阿默斯特学院（Amherst College）。"即使回想当时那景象，我也必须说，那是我平生所见最富戏剧性的几个时刻之一，"里德回忆说，"我们从大洋驶入圣灵岛时，那里有条河，河口有好几百米宽。"两人眼前的画面是纯正的热带美景——郁郁葱葱的雨林缓缓向下，一路倾斜，延伸到有着白色细沙和蓝绿色海水的岸边——那景色让两个美国年轻人看得目瞪口呆。那景色同样让一个名叫詹姆斯·A. 米切纳（James A. Michener）的海军少校目瞪口呆，几年后，他出版了一本获普利策奖的小说《南太平洋的故事》（*Tales of the South Pacific*），其灵感正来自那地方。"罗尚博"号平稳地驶入了河口，与一艘沉没的运输船残骸悄无声息地擦肩而过。刚驶入河口不久，美国"战斗机编队就冲我们飞来，从我们头顶掠过"，然后，运输舰拐了个弯，驶入了港湾，映入眼帘的是一支壮观的舰队——大约 20 艘驱逐舰和 4 艘巡洋舰——围绕"萨拉托加"号（Saratoga）航空母舰，系留在各自的泊位上。"杰克和我正站在船上观望，我记得他说了句'太壮观了'。我的意思是，那景色真的让人浑身汗毛都立了起来，让人激动不已。"[1]

328

他们就这样参战了。对约翰·F. 肯尼迪中尉来说，未来几个月，在南太平洋，他将经历人生最重要的阶段，经历独一无二的打造和历练。那是他人生第一次真的完全独立自主，离家人和父亲 1.6 万千米远。在那个地方，他家的财富以及常春藤盟校学位几乎一文不值。同样如此的是过去数年来他如此着迷的政治争论和学术争议——关于孤立主义和干涉主义、关于绥靖主义及其后果、关于军事准备和公众舆论变化无常，等等。再过两个月，杰克就满 26 周岁了，他正准备踏入一个新的竞技场，那种打造英雄的竞技场，他还是小男孩时书里都那么说。

跨越太平洋途中，杰克阅读了约翰·巴肯（John Buchan）的回忆录《朝圣者之路》（*Pilgrim's Way*），或许这是一件有意义的事。那将会成为杰克最喜欢的一本书，未来几年他会反复阅读那本书。（他还向詹姆斯·里德保证，战争结束后，他会送一本给后者，后来他履行了诺言。）别的不说，如今极少有人能记得，当潇洒和冒险受珍视时，当伟大和荣耀在文学作品、政治方略和治国中受到盛赞，被认为值得效仿时，那本书堪称英国散文的杰出典范。巴肯在书里描述了年轻的英国人雷蒙德·阿斯奎思（Raymond Asquith），他原本有远大前程（他父亲是英国首相），却因为 1916 年的法国索姆河战役命归黄泉。尤其需要指出的是，巴肯对阿斯奎思的如后描述触动了将要上战场的美国人杰克的内心：“有些人童年和青少年时期才华横溢，让同龄人佩服得五体投地，成了传奇。这并非因为他们早熟，因为早熟对他人没有吸引力，而是因为他们在人生的每个阶段充分补足了自己的天分，一步一个脚印往前走，因而他们在身后留给世人的似乎都是令人满意的艺术作品。”[2]

“他不喜欢伤感，”这是巴肯描述阿斯奎思的话，“不是因为他的体会肤浅，而是因为他的体会深刻。”20 年后，泰德·索伦森（Ted Sorensen）会借用同样的说法描述约翰·F. 肯尼迪。[3]

与杰克同乘“罗尚博”号运输舰的战友们都记得，杰克说话温和，待人友善。用詹姆斯·里德的话说，杰克自带“某种腼腆的气质”，那东西“本身相当吸引人”。里德强调说，就他自己来说，那东西是一种“纯粹的”反应。也就是说，在他事先不知道杰克是什么人的情况下，对方的人格就把他迷住了，因为新朋友自我介绍时只说了句“我是杰克”。来自密苏里州的海军少尉埃德加·斯蒂芬斯（Edgar Stephens）进餐时经常坐在杰克旁边，他回忆说：“当时他真的很文静，是个非常友善的人，给我留下了深刻印象……是那种知道如何简单明了地阐述观点的人，那种一旦表明立场就会坚持到底的人。”出海第一夜，就内维尔·张伯伦及其绥靖政策，船上爆发了一场热烈的大讨论。杰克坚持自己长期以来形成的立场毫不动摇，同时也尊重其他人的观点，他从未提及自己出过书，从未试图以此压制他人。"与听者就谈论主题实际所了解的相比，他总能让听他讲话的人感觉自己知道得更多，"里德后来谈及当年船上大讨论时说道，"这是他杰出的性格特征之一。"[4]

赶赴战区的青年军官有的是闲暇时间，因而他们常常喜欢高谈阔论，从战场态势到最高领袖的战略决策，他们什么都评说。对盟国而言，在欧洲和太平洋两大战场，此前数个月呈现出积极的进展。1942 年夏，攻占高加索地区的油田时，德国人取得了对苏联的胜利。然而，进入 11 月，在格奥尔吉·朱可夫和亚历山大·华西列夫斯基两位将军率领下，苏联红军开始反攻，将德国第 6 集团军上百万人围困在伏尔加河畔的斯大林格勒。在冰天雪地里，双方一个街区一个街区展开争夺，付出沉重代价后，苏联于 1943 年初夺回了整座城市，后来（唯有在后来）人们将此役认定为东线战役的重要转折点。30 万德国人成了俘虏，其中包括 25 位德国将军。虽然克里姆林宫没有吹嘘，但事实上，美国利用《租借法案》提供的援助让苏联人的反攻受益良多。与此同时，在北非战场，英美联军将德国人赶出了摩洛哥、突尼斯、阿尔及利亚、利比亚；在埃及阿拉曼地区，与埃尔温·隆美尔将军的非洲军团对垒过程中，英国人和澳大利亚人取得了史诗般的胜利。[5]

1942 年 6 月，在太平洋战场，美国在中途岛战役中的胜利使得在瓜达尔卡纳尔岛以及不远处一些隶属于所罗门群岛的岛屿登陆成为可能。随后而来的惨烈战斗在沼泽地里、在燠热中、在滂沱大雨里进行，伴随着疾病、蛇蝎、鳄鱼——当然还有不停尖叫的凤头鹦鹉——以及极度短缺的给养。在六个月的战斗中，大约 8000 名美国人战死，而日本方面则损失了三万多人。在海洋上，所罗门群岛海战让美日双方损失了大约 50 艘主力战舰，以及许许多多生命——11 月中旬，美国海军"朱诺"号（Juneau）巡洋舰被炸沉，艾奥瓦州滑铁卢的苏利文夫妇（Mr. and Mrs. Sullivan）一次就失去了五个儿子。当时，不确定性始终存在。驾机起飞的美国飞行员永远都无法确定，他们完成任务返航时，还能不能找到一处完好的飞行甲板供飞机降落；有一段时间，海军陆战队被围困在瓜达尔卡纳尔岛，为保障补给线畅通，美国方面能调用的仅剩一艘战列舰和一艘受损的航空母舰。[6] 不过，随着时间从 1942 年转入 1943 年，无论是在水面还是在陆地，美军一点一点占了上风，遭受沉重打击的日本人从瓜达尔卡纳尔岛撤退了。

美国正在让世界认识到它强大的生产能力——在两大战场均如此。在太平洋战场这边，全新的埃塞克斯级航母群正逐渐到来，首舰为"埃塞克斯"号（Essex）航空母舰，1942 年 12 月入役，数个月后抵达珍珠港。"约克敦"号（Yorktown）航空母舰（以一年前中途岛战役中损失的"约克敦"号命名）和"无畏"号（Intrepid）航空母舰紧随其后，其他各舰也即将入役，美国正在创造有史以来最大的航母军力。最高航速 33 节的舰只远快于它们的前辈；它们的舰体更长更宽，每艘舰大约可载 90 架飞机，远多于它们的日本对手。即将上线的还有好几艘轻型航母（轻型巡洋舰）——首舰为 1943 年 1 月改装而来的"独立"号（Independence）

航空母舰——每艘舰可载 45 架飞机。[7]

　　对"罗尚博"号运输舰上的军官们而言，那种让人震惊的造航母速度有何影响，他们无论如何也无法完全理解。不过，他们确实对道格拉斯·麦克阿瑟将军决定采用"跳岛"战术向东京推进有想法——本质上说，"跳岛"战术就是绕过日本重兵把守的点位，挑选防守不是特别到位但战略上依然十分重要的一些岛屿落脚。包括杰克中尉在内，一些军官认为，那是一种没把握的战略，只会浪费人力和物力。不过，他们自知位卑言轻。1943 年 1 月，富兰克林·罗斯福和温斯顿·丘吉尔在卡萨布兰卡会面，一起规划当年的目标，在许多事项中，双方就如后事项达成一致：由美国领导，在太平洋战场兵分两路向西推进，目标是夺取战略要地拉包尔（Rabaul），那里是日本人重兵把守的、位于新不列颠岛（New Britain）的前进基地，具体位置在澳大利亚东北角大约 1000 千米开外。驻守南太平洋的威廉·F. 哈尔西（William F. Halsey）将军麾下的部队将向北推进，穿过所罗门群岛，到达布干维尔岛（Bougainville）。与此同时，驻守西南太平洋的麦克阿瑟的部队将推进到新几内亚东北沿岸，穿过丹皮尔海峡（Dampier strait）和维蒂亚兹海峡（Vitiaz strait），在新不列颠岛登陆，然后夺取拉包尔及其五座机场的控制权。由于物资跟不上，作战计划被迫进行了修改，美军参谋长联席会议指示麦克阿瑟将军，最远推进到格洛斯特岬（Cape Gloucester），即新不列颠岛最接近拉包尔那端，哈尔西将军麾下的部队最远推进到布干维尔岛南端。[8]

　　通过一些奇奇怪怪的名字，即可了解运输舰上那些美国人前往

的是多么陌生、可怕的世界。欧洲战场的一些地名在历史教材里可
以找到，然而，有谁听说过列奥拉瓦岛（Leorava）和科隆邦阿拉
岛（Kolombangara）？韦拉拉韦拉岛（Vella Lavella）位于地球的什
么地方？人们又如何区别新不列颠岛、新喀里多尼亚岛（New
Caledonia）、新爱尔兰岛（New Ireland）、新几内亚岛、新赫布里底
群岛？塞缪尔·海因斯（Samuel Hynes）在冲绳岛打过仗，随后不
久他会出书，在书里描写太平洋战场那些遥远的、不可思议的、似
乎与各大陆毫不相干的地方。那里是世界的一隅，那里的人们说着
西方人不熟悉的一些语言，那里没有城市，没有酒吧，人们没地方
可去，那里的历史仿佛都藏了起来，那里没有让人们看得到过去的
各种纪念碑，至少没有西方人认得出的纪念碑。[9]

II

抵达圣灵岛数日后，杰克·肯尼迪登上了一艘开往图拉吉岛
（Tulagi）的运输登陆舰，舷号为499。图拉吉岛是一座离瓜达尔卡
纳尔岛不远的小岛，快艇中队的基地在那边。根据哈尔西将军的命
令，山坡一侧立着一块巨型告示牌，离着老远即可看清牌子上的文
字："杀死日本人。杀死日本人。多杀日本人。做好本职工作，即
可帮着杀死日本兔崽子。"[10]

接近瓜达尔卡纳尔岛北部海岸时，登陆舰突然遭到攻击。日本
人早已选定4月7日那天，利用新乔治亚岛（New Georgia）和布干
维尔岛基地上的177架飞机对那片海域的美国运输线实施大规模空

袭。下午 3 点刚过，战斗开始时，杰克正躺在铺位上读书，他连滚带爬迅速跑上甲板，刚好看见 9 架敌机向 499 舰和附近的"艾伦·沃德"号（Aaron Ward）驱逐舰俯冲下来。位于瓜达尔卡纳尔岛亨德森机场（Henderson Field）的美国格鲁曼"野猫"战斗机正加速赶来，以迎击那些日本飞机，只是尚未赶到。一颗 500磅的炸弹入水爆炸，将舰体掀起，向右舷侧倾 20 度，还把舰艉的水下部分炸出了水面。另一颗炸弹在左舷外 15 米爆炸，第三颗炸弹在舰桥右舷外爆炸。令人称奇的是，499 舰躲过了直接命中——舰上满载燃油、军火，一旦炸弹直接命中，全舰很可能变成腾空而起的巨大火球——然而，"艾伦·沃德"号驱逐舰就没那么幸运了。杰克在写给莱姆·比林斯的一封信里平静地叙述道："他们把炸弹都扔到了我们身边——还把我们旁边的驱逐舰炸沉了，不过我们没事。"[11]

　　然而，事情并没有完全结束，因为 499 舰很快遇到一名被击落的日本飞行员，他掉进水里时离舰仅有大约 20 米。在杰克看来，那人实在太年轻，一头乌黑的短发，贴着头皮修剪的那种。"他很快摆脱了套在身上的救生带，拔出手枪，开始射击，"杰克事后写信给父母，"我们所有人抓起身边的一切向他扔去，但好像谁都没打中他，最后来了一位老兵，用步枪瞄准，然后射击，直接命中了他的头顶。他向前一跃，随后沉入水中不见了。按我的理解，那好像是军官们通常的归宿。然而，对普通人来说，似乎没人乐意像那样为荣光而死。"[12]

　　这种不加掩饰的现实主义成了杰克接下来几周寄给家人的一些

333

信里的主题，无论在他 4 月 25 日受命指挥 PT-109 鱼雷艇之前或之后皆如此。他提前见证了教训，见证了战斗中的各种危险，以及敌人的负隅顽抗，这让他静下心来思考了好一阵。他意识到，受过培训的他完全没做好准备，便一脚踏进了眼下迈入的竞技场。在此前写给托比·麦克唐纳的一封信里，杰克表示了前述想法。在写给因加·阿瓦德的一封信里，杰克说，他去看了乔治·米德（George Mead）"非常简陋的墓"。来自科德角的米德死在争夺瓜达尔卡纳尔岛的战场上，他是杰克的朋友，与因加有一面之缘。杰克在信里说，那"大概是我最悲伤的一段经历，足以让人落泪"。杰克从家人那里得知，"太平洋沿岸的所有修女和神父"都在为他"花费大量时间祈祷"，他才稍感宽慰。不过他说，"如果我能继续躲过死亡，希望这不会被看作我对你们所有人以及教会缺乏信心"[13]。

杰克推测，虽然美国这边拥有技术优势，拥有巨大的产能，很可能取得最终胜利，但所有迹象均表明，这将是一场长期的、残酷的斗争。"我们的东西更好，"杰克在此前的一封信中写道，"我们的飞行员和飞机——所有因素都考虑进来——比他们领先一大截——而且我们的资源几乎用之不竭——虽然这种一个岛跳一个岛的东西不怎么样。如果［美国指挥官们］把这个当作金科玉律用在这边，'1948 年回到金门大桥'就根本不可能实现。"[14]

让杰克震惊的是，在战区遇到的那些人中极少有人表示想上战场，无论先来的后到的均如此——他们只想活着回家。（"这是关于战争的有意思的事之一，"杰克告诉因加，"也就是说，在国内……每个人都想出国到这边杀日本人，而已经在这边的每个人都想回

334　家。在我看来，有上进心的人似乎有办法调整好心态。不过，你跟我说了，宝贝，我替你问了，也找到答案了。"）也没有任何人替高官说哪怕一句好话。父母告诉他，麦克阿瑟将军在国内极受欢迎，杰克回复道："在这边，他一点也不——实际上，特别特别不受欢迎，他的外号是'瑟瑟抖'。"据说这外号来自第一次进攻瓜达尔卡纳尔岛期间，他拒绝用麾下的陆军解救海军陆战队，还因为他在澳大利亚期间从不走出"防空洞"。"出国来到这里，再没有人对政治感兴趣——他们只想回家——早上想——中午想——晚上想。……本来我没想说'他们'——我原想说'我们'。"他还补充说，所有这些意味着，身在国内的小约虽然前一年已经开上飞机，也不必着急出国来南太平洋。"我知道我说话他不会听，不过，如果我是他，我会尽可能多花点时间［把这事］想清楚。"15

地方指挥官似乎也不比高级指挥官更受欢迎。"刚刚有个将军来营房检查，"杰克诙谐地告诉因加，"他的体重肯定超过 136 千克，像打开三号门放进斗牛场的公牛那样在我们营房里左冲右突。"在修理车间，将军好像完全不明白它的用途。

有人温和但寸步不让地向他解释，机器设备只能放在修理车间，他把这记在了随身携带的专门记录这类特殊信息的特殊小本子上，不满地说，这类信息唯有"亲自奔赴前线亲眼见证"才能看到，然后他抬头看着一幅地图，他想知道我们在那边有什么——那边有个小海湾，离这里不远。后来我们谁都不再说话，他突然喊道："这，天呐，我们需要建个码头。"有人开腔说，这就到午餐时间了，午餐之前来不及开工。……经过一段时间认真考虑，以及与工程团队紧急磋商，他同意了，摇摇晃晃地走到餐桌那边捅炉子去了。……宾戈，最最真实的战争不过如此。[16]

当时杰克对自己的处境心生忧虑，一部分可能源于他对鱼雷艇有了全新的认识，无论公众把这种艇想象得多么美好，它的军事用途却值得怀疑。速度快、多用途、灵活，在水面高速航行时船艏高高翘起；在狭窄水域和近岸地带，这种小艇可以做打了就跑的战术动作；救助被击落的飞行员和被围困的海军陆战队员，这种小艇非常实用。不过，它们使用的鱼雷设计于20世纪20年代，已经过时，而且得用经常着火的鱼雷管发射鱼雷。鱼雷自身速度慢，最高航速仅28节，不足以追上航速较快的日本舰船。让问题更加复杂的是，鱼雷艇的火力不足，无线电通信设备经常失灵。最糟糕的是，由于桃花心木船壳太薄（仅为两层2.5厘米的板材），装载的燃料过多，至少可以这样说，鱼雷艇极易燃烧，一旦被击中，极易成为漂浮的地狱。无论是在梅尔维尔还是在图拉吉岛，杰克受训时被反复告知，重要的是躲避敌机和敌舰的侦察，那意味着，最重要的是，行动要借助夜幕的掩护，动作要隐蔽。若想这样接近敌人，需要的是胆量——如果敌人及时发现鱼雷艇，会立刻将其一举歼灭。[17]

"只有外行才信鱼雷艇的魔力，"杰克写信给妹妹基克，他在艇上读了约翰·赫西发表在《生活》杂志上的一篇赞美鱼雷艇的专题

海军中尉肯尼迪在 **PT-109** 上。摄于 1943 年 7 月。

文章，提笔写下了这封信，"那不过是一夜接一夜在波浪翻涌的
海面低速巡航——一口气巡航两个小时——然后睡觉，再巡航两
个小时。"即便如此，杰克接着表示，艇员的地位"比起别的也
好太多了"。杰克指的是与海军其他兵种相比。"实际上干这工
作有点像驾驶帆船，因为我们大部分时间都在尝试让鱼雷艇行驶
得更快。"[18]

在《南太平洋的故事》一书里，作者詹姆斯·米切纳对鱼雷艇
做过一番中肯的评价："我他妈的已经烦透了，讨厌继续撰写关于
鱼雷艇的骗局。我不会再为那个傻到家的传奇添油加醋了。……许
多上艇的人吐得翻江倒海，其他原因弄残了另一些人的身子骨。那
种船没有防护装甲。多数情况下，它们就是自杀船。其他情况下，
它们就是人体鱼雷。……即便对强壮如牛的蒙大拿州的那些家伙来
说，船上的日子也让人受不了。"[19]

杰克指挥 PT-109 时，该艇已经参加过多次作战行动。该艇由
埃尔克造船公司建造，前一年 6 月在新泽西州贝永（Bayonne）附
近油迹斑驳的海面下水，在初期试航阶段，该艇各方面性能良好，
时间移至 1942 年 9 月，该艇已经在前往南太平洋的路上。不久后，
在新旧两年之交的当口，它已经参与瓜达尔卡纳尔岛北部的重大行
动。1943 年 4 月，该艇已经污秽不堪，伤痕累累，到处都是老鼠和
蟑螂，发动机需要大修，全船需要重新粉刷；图拉吉岛萨萨普港
（Sasape port）的机械师们负责维修发动机，杰克和手下的艇员们负
责清洗和粉刷等门面工作。他们背景不一，除了一个人［人称"兰
尼"的副艇长伦纳德·汤姆（Leonard "Lennie" Thom）海军少尉胸

336

肌发达，壮实得像狗熊，曾经在俄亥俄州立大学橄榄球队专门负责"擒抱"，在前任艇长推荐下，他刚刚走马上任，因而留在了艇上]，其他人都由杰克选为艇员。让他们高兴的是，杰克也放下身段，跟大家一起干活，一起打磨和粉刷船底。杰克由此体会到，鱼雷艇团队理应生死与共，普通士兵和军官没有高下之分。[20]

最初几周，军事行动极少——盟军在瓜达尔卡纳尔岛夺取胜利后，接踵而至的是一段平静——这给了杰克足够的时间在母亲节那天安排人给母亲送些鲜花，给家人写几封信，所有信件内容都经过深思熟虑，有的内容活泼，有的内容是在忆往昔。[21]"夜里天气好的时候景色特漂亮，"5 月中旬杰克写信给父母，"水里会出现令人惊奇的磷光——船身周围到处都有像光点一样的飞鱼跃出水面，经常看见两三只海豚紧贴船头下边，无论船开得多快，它们始终就在船的前边半尺远。这样训练真好。我手下都是新兵蛋子，到紧要关头，但愿他们会让我放心，知道开火和给手表上发条之间的区别。"[22]

337　　陆地的生活条件很艰苦，每天都下大雨，杰克那身蓝色制服长出了将近一厘米厚的"绿霉"，生活区是一副原始状态，住房四面没墙，老鼠和蟑螂自由自在地到处闲逛。尽管如此，杰克保持着团队精神和反应机敏的幽默，他的表现得到了全艇官兵以及家人的赞赏。以他向基克表露的渴望为例，他憧憬"躺在凉爽的太平洋小岛上，有个热情的太平洋姑娘为他摘香蕉，而这个愿望毫无疑问已经成为破灭的泡泡"。甚至游泳都毫无可能："水里有某种真菌，会从耳朵眼里长出来——那可正是我需要的。我背部有湿疹，前胸有汗毛，耳朵眼里再长出真菌，一旦回家，我会成为马萨诸塞州切尔西海军医院老水手的合适人选。"[23] 不过，杰克是个军官，这让他可以享有某些特权，就此向父母表白时，他的语句略显冷淡："刚开张一家军官俱乐部，那不过是个帐篷。含酒精的饮料不过是从一截鱼雷管里舀出来的混了酒精的水，大家都管它叫'雷水'。每晚大约 7 点半，帐篷里会挤得爆满，大概会有五个人醉醺醺地冲出帐篷，把胃里的午饭吐个底朝天，然后摇摇晃晃地回去睡觉。'雷水'是岛上消费最多的商品，这种违反禁酒令的东西看起来像翰格牌苏格兰威士忌，除了影响视力，也许它不会对人造成任何永久性伤害。"[24]

　　杰克自己很少碰酒精饮料，也不怎么打牌，反而更喜欢随时随地坐下来与人聊天，或者写信，或者读书（在他随身携带的书里竟然有托尔斯泰的《战争与和平》）。如果换了别人，这种装模作样的"精致"偏好早就遭到众多哥们的非议了。不过，据人们所说——无论是当时的说法还是后来的回忆——杰克招人喜爱，受人尊敬，因为他阳光的举止、才气，更因为他镇定自若，荣辱不惊。兰尼·汤姆不仅是杰克的副手，还是他的同屋，汤姆写信告诉未婚妻，他见到杰克那一刻就喜欢上了他。另一个室友约翰尼·艾尔斯（Johnny Iles）也有同感。第三个室友欣赏年轻的杰克从不把自己的名人身份当回事，行为举止也不像常春藤盟校出来的人和大使的儿子。"他好像就是个普普通通的青年同事——就像我们身边的兰尼和约翰尼。"快艇报务员约翰·马圭尔（John Maguire）从他的角度回忆道："我仅仅知道他三件事：那小伙自己是个百万富翁；他爸是个大使；还有，一次，修船的木匠对他大喊大叫，因为他不小心把水溅到了木匠身上。身穿绿色短裤的瘦子中尉听他喊完，只说了句'对不起'，这事就过去了。后来那木匠打听出小伙子是PT-109的艇长，他自己反而倒吸了几口冷气。"[25]

338　　快艇中队指挥官显然对杰克的表现很满意，他给杰克的"快艇操控"打了满分4.0分，给他的指挥能力打了3.9分。[26]

III

他的指挥能力很快就会接受检验。1943年6月，战前准备已经在南太平洋几个主要前进基地展开——包括瓜达尔卡纳尔岛、图拉吉岛，以及更南边的新喀里多尼亚首府努美阿（Nouméa）——那是盟军的一次重大攻势，旨在夺取新乔治亚诸岛［日本人在那里的蒙达角（Munda Point）有个重要的机场］，然后将日本人赶出新几内亚。很快，夜间巡逻的鱼雷艇被赋予了新的重要意义，因为那些小艇将要前去袭扰日本运输舰船，那些日本舰船中的多数是为穿越新乔治亚海峡（New Georgia Sound）的增援部队护航的驱逐舰，那里是横穿所罗门列岛之间的一条水道，美军指挥官将之称为"空档"，他们还把那些运输舰称作"东京快运"。[27]

339　　PT-109首先被派往新乔治亚湾东南的拉塞尔群岛（Russell Islands），在接下来的7月，该艇又被派往战区中心，即新乔治亚湾西部所罗门群岛中心地带的兰伯里岛（Lumberi Island）附近。日军飞机经常袭击那一带，目的是摧毁那里的基地和舰船，重新夺

　　PT-109 的艇员，背景为瓜达尔卡纳尔岛，摄于 1943 年 7 月。后排左起：艾伦·韦布（Allan Webb）、里昂·德劳迪（Leon Drawdy）、埃德加·莫尔（Edgar Mauer）、埃德蒙·德鲁维奇（Edmund Drewitch）、约翰·马圭尔、杰克·肯尼迪。前排左起：查尔斯·哈里斯（Charles Harris）、莫里斯·科瓦尔（Maurice Kowal）、安德鲁·柯克西（Andrew Kirksey）、兰尼·汤姆。

回几个月前在那一地区丧失的空中优势。8 月 1 日夜间，美方派遣 15 艘鱼雷艇，兵分四路前出伦多瓦港（Rendova Harbor），进入布莱凯特海峡（Blackett Strait），肯尼迪中尉的鱼雷艇为其中之一。那次行动是为了阻击一支以拉包尔为基地、悄悄南向潜入科隆邦阿拉岛最南端维拉港（Vila）的日本运输舰队，舰队满载后勤物资，以及 900 名士兵。其中一艘军舰为排水量 2000 吨的"天雾"号驱逐舰，舰上有 13 名军官和 245 名水兵，舰长是 34 岁的花见弘平少佐，身材矮小，肌肉发达，毕业于日本（江田岛）海军兵学校。花见弘平的上司山代胜守大佐当晚也在"天雾"号驱逐舰上，他是日本第 11 驱逐舰队的司令官。

15 艘鱼雷艇组成战斗队，那场面相当壮观——更是震耳欲聋——每艘快艇的三台 12 缸发动机突然醒来，雷鸣般的轰隆声响彻整个港湾。540 个缸体齐声轰鸣！西坠的斜阳已经落到兰伯里岛后方，在暮色里，快艇光洁的船体显得气势汹汹，艇上装备的机关枪枪口朝上。发动机咆哮着，15 艘快艇开始编队，杰克操控着他的快艇，排到了 PT-159、PT-157、PT-162 编成的 B 组的最后，他们这一组由海军中尉亨利·J. 布兰丁汉姆（Henry J. Brantingham）指挥。他们这一组航程最远，指定的战位是科隆邦阿拉岛，在万佳万佳岛（Vanga Vanga）海岸不远处，航程大约 70 千米，因而他们这组首先出港，其他三组紧随其后。在缓缓拉开的夜幕中，艇员们几乎看不清右舷外侧新乔治亚湾沿岸低矮的丘陵轮廓，在他们身后，海拔 1036 米的伦多瓦峰（Rendova Peak）在薄薄的云雾中若隐若现。[28]①

　　杰克几天前写给家人的一封信里有一段别样的论述，他驾驶鱼 340
·雷艇驶入夜幕时，人们难免好奇，当时他究竟做何感想，后边是那
段论述："我完全相信我不会有任何事。我以为，每个人大概都有
这种感觉——事情会发生在别人身上，没错——我们自己不会有
事。有了这种感觉，就让我特别想尽最大可能知道究竟会发生什
么，然后赶紧离开这里，赶紧回家。人们经历的〔战事〕越多，就
越想远离战争——或者说，这都是过来人告诉我们的。"[29]

　　时间移至晚上 9 点半，15 艘鱼雷艇已经各就各位，平安到达各
自的巡逻位置。那是个看不见月亮和星星的夜晚，一片漆黑，无论
什么人都看不出天和水的边界。大约子夜时分，那些日本驱逐舰穿
过了海峡，发生了一些小冲突，仅涉及几艘鱼雷艇，那些驱逐舰没
停下，径直开了过去。鱼雷艇间的通信联络糟糕透顶，那意味着，
几艘没安装雷达的鱼雷艇根本不知道周围发生了什么，杰克的 109

---

　　①　当晚杰克率领的 PT-109 的艇员包括：副艇长兰尼·汤姆，来自俄亥俄州桑达斯
基（Sandusky）；海军少尉乔治·"巴尼"·罗斯（George "Barney" Ross），来自伊利诺伊
州海兰帕克（Highland Park）；一等兵雷蒙德·阿尔伯特（Raymond Albert），来自俄亥俄
州阿克伦（Akron）；二等兵副枪炮手查尔斯·A."巴基"·哈里斯，来自马萨诸塞州沃特
敦（Watertown）；副机械师威廉·约翰斯顿（William Johnston），来自马萨诸塞州多切斯
特；鱼雷兵安德鲁·杰克逊·柯克西，来自佐治亚州雷诺兹（Reynolds）；报务员约翰·马
圭尔，来自纽约州多布斯费里（Dobbs Ferry）；副机械师哈罗德·W. 马尼（Harold W.
Marney），来自马萨诸塞州斯普林菲尔德（Springfield）；一等兵埃德加·莫尔，来自密苏里
州圣路易斯（St. Louis）；副机械师帕特里克·"帕皮"·麦克马洪（Patrick "Pappy"
McMahon），来自伊利诺伊州维恩特（Wyanet）；二等兵鱼雷兵雷蒙德·斯塔基（Raymond
Starkey），来自加利福尼亚州加登格罗夫（Garden Grove）；副机械师杰勒德·E. 津瑟
（Gerard E. Zinser），来自伊利诺伊州贝尔维尔（Belleville）。——原注

艇同样如此。159艇和157艇将鱼雷打光了，随后脱离了战区，杰克的艇和海军中尉约翰·劳里（John Lowrey）指挥的162艇留在了战区。两个留在战位上的艇长驾艇低速巡航，睁大双眼试图在黑暗中辨认出船只。他们有所不知，那些日本舰早已驶过。为节省燃料，减少水里的尾迹，以免敌舰和敌机发现，杰克和劳里都把油门开到最小，三个发动机只开了一个。海军中尉菲尔·波特（Phil Potter）指挥的169艇从暗影里冒了出来，加入他们。他同样把油门开到了最小。三艘艇低速巡航，组成一道警戒线。他们有所不知，日本舰队已经卸载完补给物资，正航行在穿越海峡的回程上。[30]

夜里2点27分，杰克的艇艏右舷200米到300米开外，一个黑影突然从暗夜里冒出来，艇员们都以为，那肯定是另一艘鱼雷艇，它马上会调整方向。162艇和169艇的艇员们差不多同时看见了那个黑影，他们也以为对方会做出规避动作。不过，那黑影继续迎面驶来，109艇上的人一下明白了即将发生什么：一艘日本驱逐舰正向他们驶来，那气势犹如一幢倾圮的摩天大楼。杰克立刻转动舵轮，不过，一切为时太晚——仅有中间一台发动机处于开机状态，无法躲避灾难或发射鱼雷。报务员马圭尔一把攥住"显灵圣牌"，刚刚开始念叨"圣母无罪受孕，为我们祈祷"，"天雾"号驱逐舰便以20度角将109艇的艇艏右舷切掉一块，然后在暗夜里扬长而去。[31]

342　　　杰克被撞飞后重重地摔在了甲板上，他暗自想道："这就是被杀死的感觉吧！"[32]他手下的两个人——位于前炮塔里的副机械师哈罗德·马尼和鱼雷兵安德鲁·柯克西，几天前后者还强烈地预感到

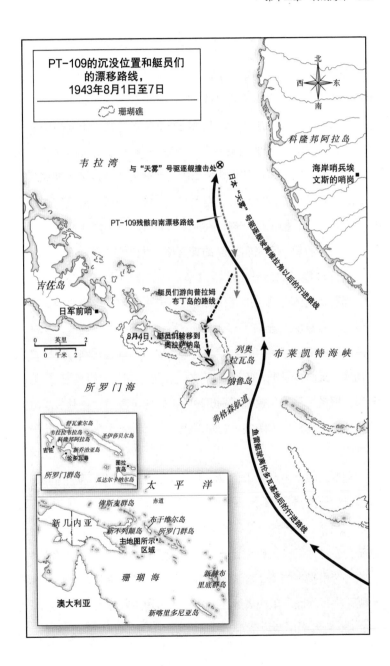

PT-109的沉没位置和艇员们
的漂移路线，
1943年8月1日至7日

珊瑚礁

北
西 东
南

韦拉湾
与"天雾"号驱逐舰撞击处

科隆邦阿拉岛

海岸哨兵埃
文斯的哨岗

日本"天雾"号驱逐舰撞击韦拉角以后的行进路线

PT-109残骸向南漂移路线

吉佐岛

日军前哨

艇员们游向普拉姆
布丁岛的路线

8月4日，艇员们转移到
奥拉萨纳岛

列奥
拉瓦岛

纳鲁岛

布莱凯特海峡

所罗门海

弗格森航道

0 英里 2
0 千米 2

舒瓦索尔岛
韦拉拉韦拉岛
科隆邦阿拉岛 圣伊莎贝尔岛
吉佐 新乔治亚岛
伦多瓦港
图拉
吉岛
瓜达尔卡纳尔岛

所罗门群岛

太 平 洋

鱼雷艇驶离伦多瓦基地后的行进路线

俾斯麦群岛 赤道
新几内亚
新不列颠岛 布干维尔岛
主地图所示 所罗门群岛
区域

珊 瑚 海

新赫布
里底群岛

澳大利亚 新喀里多尼亚岛

自己会死——几乎立刻就死了，后来从未找到过两人的尸体。尽管杰克和艇上另外十个人里的多数漂浮在残骸和着火的燃油之中，其中几个人几乎失去知觉，他们却奇迹般幸存下来。让他们庆幸的是，尽管"天雾"号驱逐舰将整个撞击现场带进光怪陆离的火光里，它那打着漩的尾迹却将残骸周围大部分火焰吸走了。被撞断的半截鱼雷艇仍然漂浮在水面，艇员们一个接一个游到残骸旁边，爬了上去。然而，撞击那一刻，副机械师帕特里克·麦克马洪正在甲板下边的船舱里，后来驱逐舰的螺旋桨又把他带到了较远的地方，加上烧伤过重，他自己无法游过来，杰克返回水里，将他拽回船上。那可是重体力活，杰克花费将近一个小时才把事情搞定。杰克还救起了副枪炮手查尔斯·哈里斯，后者一条腿受了重伤，几乎无法游动。（杰克对哈里斯说："作为波士顿人，你在这地方弄出这么大动静，太张扬了吧，哈里斯！"哈里斯回了句：你给我滚。）与此同时，报务员马圭尔救起了副机械师杰勒德·津瑟，兰尼·汤姆救起了另一名副机械师威廉·约翰斯顿，后者吸入太多油烟，几乎无法动弹。[33]

刺耳的喧嚣声远去了，海面再次恢复了宁静。109艇上的13个人里仍然能清点出11人，他们开始了等待。他们知道，残骸不可能永远漂浮。一开始，他们还满怀希望，说不定敌舰或另外两艘鱼雷艇会看见他们，结果无论什么船都没露面。发生撞击前数秒钟，约翰·劳里指挥的162艇试图攻击"天雾"号驱逐舰，可所有鱼雷都哑了火，因而劳里脱离战区，驾船向西南方向驶去。撞击刚刚过去，169艇发射出两枚鱼雷，然而都错失目标，菲尔·波特过后也驶离了战区。两位艇长后来说，他们以为 109 艇的艇员们在撞击中或大火中都遇难了，更多敌方驱逐舰有可能赶到那里，因而没有理由在那片危险的水域耗时间。

数小时过去了。"随着黎明的到来，"一名艇员回忆说，"我们才看清，我们所在的船的船身都在水里，只有船艏露出水面。露出水面部分不到 5 米，而船身有 25 米长，水面以上那部分倾斜了 45 度，右侧朝上。"[34]他们所处的位置深入敌区，科隆邦阿拉岛位于他们东边，韦拉拉韦拉岛位于他们西北，吉佐（Gizo）锚地位于他们西南偏西方向。周围都是敌占区，吉佐岛机场就在附近，杰克和他的部下裸眼即可看见许多日本零式战机在那边起降。

343

随着上午时间过去，鱼雷艇内部灌进了更多的水，船体开始翻转；很快，船体将沉入墨蓝色的水里。杰克询问大家下一步该做什么，有什么建议。他说："教科书可没说会遇到这种情况。"大家都明确表示，一切听他的。他的决定是，必须游到数千米外海平面上隐约可见的一个珊瑚岛上，位置在吉佐岛以东。他估计，那座岛太小，敌人不会占据，不过他对此也没把握。还有一件事他也没把握：附近有没有鲨鱼游弋。他们必须冒险。杰克下令，伤势最重的几个艇员和游泳最差的人抓住一块半米多宽两米多长的木板（那是 37 毫米炮架的一部分），推着它往前游，而杰克自己则用牙咬住状况不佳的麦克马洪身上的救生衣带子，拖着他往前游。[35]

有人问道："我们最终能脱险吗？"

"肯定能做到，"杰克答道，"我们必须行动。"[36]

就这样，他们开始了史诗般的游泳行动：横穿布莱凯特海峡——行动在光天化日下进行，就在敌人眼皮底下。行动持续了四个小时。杰克采用的是蛙泳动作，每次划水 10~15 分钟，稍事休息，然后继续游，整个过程中，他不断地给麦克马洪和其他人鼓劲：他们距离目的地越来越近。将近日落时分，他们终于成功了，终于抵达了无比宝贵的避难地，即普拉姆布丁岛［当地人将其称作卡所罗岛（Kasolo）］铺满海沙的岸边，最终他们发现，那地方比橄榄球场大不了多少，其中一部分覆盖着灌木丛。岛上有几棵椰子树，树上结有一些椰子，不过都够不着。杰克迅速往四周看了看，他的猜测得到了证实：岛上没有日本人。疲乏至极的杰克躺倒在岸边，两只脚泡在水里，头枕在沙滩上，大口大口喘着气，他的背一下一下抽动着。由于游泳期间喝了不少海水，最终再次站起来时，他翻江倒海呕吐起来。杰克和麦克马洪沿着海滩慢慢往高处走去，两人躺倒在一丛灌木下，这时，其他几个扶着木板的人也渐渐接近了小岛。[37]

与此同时，在后方的图拉吉岛和伦多瓦岛，关于 109 艇撞船一说迅速流传开来。各种消息均指出，那艘艇爆炸了，完全被大火吞没了，估计艇上的人都死了。为举办一场追悼会，各种准备工作已经启动。人称"雷德"的保罗·费伊（Paul "Red" Fay）是个生性活泼开朗的鱼雷艇指挥官，在梅尔维尔与杰克有过一面之缘，后来两人成了好朋友——肯尼迪当政时期，费伊将担任海军部副部长——他听到消息后非常绝望，尤其是因为他的挚友乔治·罗斯也在那艘艇上。后边的内容摘自费伊写给妹妹的一封信："乔治·罗斯为了一项比我们所有人都更加坚信的事业献出了生命，因为他是个最纯粹意义上的理想主义者。大使的儿子杰克·肯尼迪在同一艘艇上，也献出了生命。那个人曾说，国家的精华都死在了战争中，再也没人可以指责他对这一非常严酷的现实夸大其词了。"[38]

身陷小岛的杰克·肯尼迪眼下必须推断被盟军救起和被敌人发现的概率哪个更高。一艘日本驳船贴着小岛的岸线驶过，岛上的人们尽最大可能隐藏起来，那艘船平缓地驶了过去，他们这才长舒一口气。下一次，他们不一定会有这么好的运气了。时间也是必须考虑的因素，帕特里克·麦克马洪伤势最重，另外还有几个人受伤，威廉·约翰斯顿伤势较重，痛苦难当。在布莱凯特海峡，友军的船只不太可能靠近这片水域，因而杰克下定决心，准备趁着黑夜独自一人游到弗格森航道（Ferguson Passage）那边，那里是出入海峡的航路之一，他希望能在那边碰上出海巡逻的鱼雷艇，向其发信号。他意识到，他青少年时期的处世方式——仗着自己聪明，放宽心冷眼旁观，坐等机会和事情上门——在此起不到任何作用。他必须主动出手把控局面，必须让命运向其意志屈服。游过去是个勇敢的主意，但不一定会成功。即使某个盟军船长在黑漆漆的夜里偶然看到一束晃动的灯光，他真的会开船过来一看究竟吗？即使船长真的过来，谁又能保证他或某个急于表现的船员不会先打出一梭子子弹，然后发问？杰克承认，一切都对他不利，不过，他也没有更好的主意，什么都不做与自杀无异。他手下那些人均表示同意，或者说，至少没人提出反对意见。[39]

天黑后，杰克脱掉外衣，身上仅套着内衣。他抓起野战照明灯，毅然出发了。为保证两脚不受珊瑚礁伤害，他穿了双鞋。他脖子上套着一圈挂带，吊着一把点 38 口径的左轮手枪。

那个夜晚的阴森可怕将会伴随他一生。各种奇奇怪怪的生物在他身边的水里窜来窜去，他还时时刻刻担心鲨鱼和梭鱼。大部分时间，除了自己的呼吸以及拍打水的声音，没有其他任何动静，这世界只有他独自一人。有那么一段时间，他可以脚踏堡礁，站在齐腰深的水里稍事休息。随着时间的流逝，杰克意识到，那一夜不会有救星了——很远的地方有星星点点的闪光，这可以理解为，那些鱼雷艇都在别处巡逻。杰克掉转身，往自己人那边游去，一开始一切顺利，突然间水流把他带偏了方向。他使出浑身力气，使劲划水，把两只鞋都脱了，然而，疲劳还是涌了上来，他只好屈服于水流、广袤、黑暗。他手里抓着野战灯，任凭水流摆布，完全不知道自己会死还是会活。最后，在黎明前那段时间，他发现自己漂到了巴掌大的小岛列奥拉瓦岛附近。他晃晃悠悠地爬上岸，由于被珊瑚划伤，他的两只脚都在流血，背部也疼痛难当，他很快睡了过去。黎明到来后不久，他醒过来，接着游完剩下的将近一千米，终于回到了普拉姆布丁岛。一看到兰尼·汤姆和巴尼·罗斯，他就精疲力竭地倒在地上了。[40]

那天夜里，轮到巴尼·罗斯游到海峡那边碰运气，他也没碰到友好的船只。眼下饥饿成了主要问题，口渴更甚，杰克决定，必须全体再次下水，目标是奥拉萨纳岛，那是一座稍大点的环礁岛，位于南边。那次行动始于 8 月 4 日上午，由于顶着一股强大的水流，全程耗时将近三个小时。杰克再次咬着绑在麦克马洪身上的带子，拖着他往前游。最终结果证明，那是英明的举动，因为奥拉萨纳岛上有椰子，不光树上有，地上也有，它们提供了至关重要的食物。不过，救援似乎像前两天一样遥远，因而，转过一天，杰克和罗斯两人再次启程，往一个更大的海岛游去，那是正对弗格森航道的纳鲁岛（Naru，亦称十字岛）。他们在岛上幸运地发现了一艘损坏的单人独木舟，以及几小包日本点心和饼干，还有一大桶可饮用的雨水。他们还看见，在很远的距离外有一艘独木舟，上面好像有两个土著岛民。杰克和罗斯招手让他们停下，但那两人生怕他们是日本人，拼命摇桨，逃之夭夭。[41]

　　当天夜里很晚，杰克返回了奥拉萨纳岛（罗斯一个人留在了纳鲁岛），让他惊讶的是，他见过的两个土著也在岛上，正在跟 109 艇的艇员们交流。那两人的名字是比乌库·加萨（Biuku Gasa）和埃罗尼·库马纳（Eroni Kumana），他们是为盟军工作的少年侦察员。新的希望让那些美国人激动不已，难道这就是他们需要的突破？杰克说服了加萨，让加萨划船带他返回纳鲁岛，再次尝试可否通过信号在弗格森航道截停一艘友好的船只。那次努力以失败告终。不过，在加萨的建议下，杰克在一个椰子壳上潦草地写下了如今闻名于世的一条信息："纳鲁岛指挥官 土著知道位置 可以领航 11 人存活 需要小船 肯尼迪。"加萨和库马纳带上椰子壳，以及汤姆手写的一张纸条，两人向大约 61 千米外的伦多瓦基地出发了，途中需要穿过一些危险水域。半路上，两人在附近的一座岛上停了一会儿，把消息告诉了另一名侦察员，那人将消息通报给一个澳大利亚海岸哨兵（实为秘密情报员，专门观察途经海峡的敌船和部队

346　调动情况，同时还帮着救助陷入困境的盟军人员）A. 雷金纳德·
埃文斯（A. Reginald Evans）中尉，他立即派遣手下的七名侦察员
划一条大型独木舟，满载食物、饮用水、香烟前往奥拉萨纳岛。[42]

那些侦察员给杰克带去了一条消息："我强烈建议你跟随这些
土著来我这里。这段时间，我会用无线电跟你们在伦多瓦岛的上级
联系，然后我们一起制订方案，把你们那帮人都接出来。"[43]第二天
是 8 月 7 日，星期六，岛民们把杰克藏在蕨类植物下边，将他带到
了澳大利亚人的营地。从那往后，一切都加速运转起来。伦多瓦岛
的指挥官唯恐整件事是陷阱，以图将美军引诱进伏击圈一举歼灭，
因而他仅仅派遣一艘快艇前去救援，即人称"巴德"的威廉·莱比
诺夫（William "Bud" Liebenow）指挥的 157 艇。该艇沿途没碰上
任何情况，顺利抵达了目的地。

当晚 11 点刚过，快艇返回奥拉萨纳岛途中，首先将杰克接上
了船，他上船后喊道："这几天你们都他妈的干什么了？"

莱比诺夫回喊道："我们给你们带吃的来了！"

"别，谢了，"杰克回了句，"我刚吃了椰子。"[44]

很快，11 个幸存者都登上了 157 艇，前往伦多瓦岛接受医学检
查。他们于 8 月 8 日凌晨 5 点半抵达。他们的磨难从开始到结束历
时七天。

Ⅳ

8 月 1 日到 2 日那个月黑之夜，109 艇究竟出了什么事，为什

么会出事，随后不久，许多问题冒了出来。一些人质疑，约翰·F. 肯尼迪的上司托马斯·G. 沃菲尔德（Thomas G. Warfield）海军少校听说灾难后为什么没采取更果断的行动搜寻和救助幸存者。毫无疑问，他原本可以做得更多，不过，考虑到菲尔·波特和约翰·劳里两人都向他保证，杰克的鱼雷艇已经炸成个大火球，没剩下"任何东西"，人们即可理解他为什么没采取行动。8 月 3 日，数架美国飞机确实搜索过那一地区，然而行动是傍晚之后进行的，在那个时间段，杰克和他的手下都躲进了小岛的灌木丛里。可是，引发大火的撞击过后，波特和劳里两人为什么没立即前来救援？眼看日本驱逐舰将 109 艇切成两截，两位指挥官显然吓坏了，他们担心附近还有其他日本舰船。如果这是可以理解的反应，那它也是有问题的反应。面对各种质疑，波特坚持说，他花费 30 分钟或更长时间在撞击点来回穿插，寻找幸存者，不过什么都没发现。而他手下好几名艇员对此否认，他们说根本没进行过认真的救援。[45]

347

多年来，杰克当年的应对方式也受到没完没了的质疑。在许多记者和历史学家看来，杰克是个英雄，特别是因为撞击发生后他做出的那些决定，以及他的领导力。对那些分析人士来说，他的那些壮举展示出他在高压下的镇定、执着、勇气、智慧、冷静。然而，一些批评人士也有疑惑，一艘鱼雷艇的指挥官怎么会让自己的船——一种尤其以速度和灵活性见长的舰船——被撞个粉碎！更让他们疑惑的是，鱼雷艇航行在海峡中线，艇上有三个发动机，杰克为什么只开动了一个。那么做可能会减少尾迹，避免被敌舰和敌机发现，不过，那么做也让他无法快速逃逸。杰克事后承认，他一认出驱逐舰，立刻前推油门杆，反而让发动机熄了火。他忘了首先要开大发动机的风门。[46]

不管怎么说，总的来看，那天夜里的重大失误与109艇的指挥官、艇员，或其他鱼雷艇的指挥官没什么关系，反而与他们无法掌控的更广阔的战术和战场态势有关。参与作战行动的15艘鱼雷艇中仅有4艘装备了雷达（杰克的快艇不在其中），这在任何情况下都是劣势，尤其是在一个漆黑的夜晚。告诉其他11名指挥官，大部分时间必须保持无线电静默，要么跟随带头的鱼雷艇，要么自己睁大双眼认路，识别敌方的舰船，期盼指挥官这么做真的合乎情理吗？实战情况为，队伍里装备有雷达的几艘艇首先打光了鱼雷，迅速撤回了基地，将其他艇丢在战场自谋出路。"遭到带队的那些指挥官遗弃，受命保持无线电静默，在漆黑的夜里伏击日本驱逐舰，在这种情况下，剩下的那些鱼雷艇毫无胜算。"其中一名艇长后来说道。[47]借他的话说，执行任务前，他们那一组的指挥官亨利·布兰丁汉姆几乎没向组里其他三位艇长交代战术和作战程序，让问题更加复杂的是，通信设备在实际使用中经常掉线。至于杰克决定巡航期间只开一台发动机，那不是问题，也符合鱼雷艇夜间巡逻条例——在撞船那一刻，波特和劳里也是那么做的。他们和杰克想法一致：发磷光的尾迹是引领日本飞机前来袭击的绝佳诱饵。

撞击PT-109纯属偶发事件。从"天雾"号驱逐舰在夜幕中突然现身那一刻算起，杰克仅有大约十秒钟时间躲避撞击——对任何一个处于他那个位置的人来说，那都是不可能完成的动作。显然杰克的日本对手同样没有足够的反应时间，几乎在杰克看见日本舰艇的同时，驱逐舰指挥官花见弘平也看见了美国鱼雷艇。至于花见弘平是否尝试躲避与PT-109相撞，或者撞击是他有意为之，此事至今仍然存疑。花见弘平事后说，撞击是他故意为之，那么做更有利于保护他的船，然而，他的上司山代胜守坚称，他曾经命令花见弘平躲避撞击——他担心撞击那一刻鱼雷艇会爆炸，从而重伤或炸沉那艘驱逐舰——只不过当时根本没时间执行命令。[48]

一些批评人士也会指责杰克孤身一人游到弗格森航道的决定，称其不计后果，徒劳无益。也许这说法有道理，不过，单独行动本身反而说明杰克的胆略、耐力，以及拒绝向失败低头。杰克是个游泳高手，少儿时期就参加过各种游泳赛事，还代表哈佛大学参加过游泳比赛。他的尝试虽然无果而终，但毫无疑问自有其意义，赢得了手下那些艇员终生尊敬他，效忠他。撞船以后，对指挥官的所有行为，无论是当时还是事后，他们当中没有一个人说过任何不利于他的话。[49]

快艇中队指挥官阿尔·克拉斯特（Al Cluster）在写给父母的信里是这么评价杰克的：他是"我手下最好的军官之一。为了让艇员们平安归来，他做的事勇气可嘉，我们都为他感到特别骄傲。不知为什么，我们听说他的鱼雷艇沉了，我无法相信他已经战死。他是那种与众不同的人，让人觉着他准有办法摆脱困境，永远都靠得住"。涉及杰克的家庭和名气，克拉斯特接着说，那些东西"从来都没进入我们这边任何人的想法里。我刚认识他大约六个月，不过，跟他一起身着军装服役，也让我骄傲。不管他做了什么，都是实打实凭能力做出来的，不是名望带给他的。只有像他那样的人才会让我意识到，什么才是真正的美国人，世界上其他地方不存在这种精神——不论出身和背景，男男女女都可以有所成就。我不得不说，若想取得成功，像杰克那样的男孩事实上必须像贫民窟出来的穷小子一样付出。两种人都有必须克服的短板。赴海外来到这边的这帮人里，没有人比杰克做得更好"[50]。

从根本上说，由于杰克·肯尼迪在战争中损失了指挥的第一艘舰艇，他不值得赢得人们的赞誉，不过，当然了，由于他足智多谋，为自己的艇员们，尤其是为帕特里克·麦克马洪，他做出了英勇的壮举，这无疑值得人们给予高度赞誉。无论用什么标准衡量，离开残骸后第一段的游泳历程都堪称异乎寻常的英雄壮举，杰克拖着严重烧伤的机械师游了将近四个小时，麦克马洪对此说得非常清楚："我知道，他自己状况也不好，撞击那一刻他也被撞翻了。正常情况下，我从没见过他的体重达到130斤，那天本来也很不正常。但他是在为我们两个人游，而且不计代价。他拖我一会儿，休息一会儿，拖一会儿，休息一会儿，还总问我：'感觉还行吗，麦克？'都是为了让我保持头脑清醒。"[51]

作家加里·威尔斯（Garry Wills）对约翰·F.肯尼迪的生活和事业颇多非议。他说过，肯尼迪家族后来热衷于为PT-109的故事添油加醋，都是为了服务于杰克的政治目的。但就连威尔斯都得出了如后结论："他那英雄壮举是真的，杰克·肯尼迪救了帕特里克·麦克马洪。为了寻找救援，他承担了最危险的任务。无人能质疑他的血性和胆略。"[52]

对杰克·肯尼迪的作为，美国军方显然与威尔斯想法一致。事情过去几个月后，由于杰克此前的那些举措，他受颁美国海军及海军陆战队勋章，那是美国海军对英勇行为的最高奖赏。他还获得过一枚紫心勋章。[53]

V

布莱凯特海峡灾难发生之初，身在海恩尼斯港的约瑟夫·肯尼迪很快就收到了密信：杰克失踪了。到底是谁向他透露了消息，如今已无从查证，不过，很可能是海军部的某个熟人。老约选择不把消息告诉罗丝，他独自一人惶惶不可终日，痛苦地熬过了好几天，生怕传来最坏的消息。他曾经想方设法让儿子们远离战争，不过，儿子们明确表示参军和参战决心后，他也曾尽全力支持他们。就杰克的情况而言，为了让他得到鱼雷艇上的岗位，老约甚至在幕后操纵。而眼下噩梦似乎即将成真。

以上事实多多少少道出了约瑟夫·肯尼迪那种斯多葛派的坚忍——或许这也是他婚姻生活的特质——他宁肯不让妻子知道这类灾难性的消息。罗丝好像是8月19日才第一次得知消息，而且是杰克获救的消息。"《环球报》一早大概在8点20分打电话给我，"她在写给孩子们的一封传阅信中写道，"当时我正在你们父亲的房间里等候收听早间新闻广播。当然了，我非常震惊和激动，我告诉对方，我会转告你们的父亲，他一早就去农场那边骑马了。……你们老爸两周前就知道杰克失踪了，可他没表现出来——因此我真的

350　非常感激你们老爸——我清楚，如果我们大家知道了，一定会特别担心。你们老爸只是抱怨关节疼，我还说他总是心神不宁，挺奇怪的，因为我不知道他有什么可担心的。"[54]

　　19 日清晨，罗丝的丈夫从车载收音机里听到这让人振奋的消息时刚骑完马，正开着车往家里赶。当时他高兴到忘乎所以，后来他告诉儿子泰迪和外甥乔伊·加根，那一刻他忘了自己正开着车，汽车一头扎进了庄稼地里。[55]

　　一两天过后，一封家信来到了科德角，老约和罗丝捧着信，读了一遍又一遍，放下后再次拿起来，反复阅读。信的内容为："亲爱的乡亲们：这是封短信，只想告诉你们我还活着——只是活力不够——因为担心别人向你们报告了不好的消息。有好几天时间，人们都信了相反的消息——所以你们可能收到了一些报告或谣言。幸运的是，他们误判了肯尼迪的耐力——眼下已回到基地——一切都好。我会尽快把整个事情的前后经过都讲给你们听。爱你们所有人，杰克。"[56]

　　有关肯尼迪中尉的事迹通过审查后，于 8 月 19 日上了美国各报的头版。无巧不成书，救援行动当天，两名首席战地记者恰好在伦多瓦基地采访——美国合众社的弗兰克·休利特（Frank Hewlett）和美联社（Associated Press）的里夫·埃里克森（Leif Erickson），他们直接跳到鱼雷艇上采访，立刻发回了报道，他们的消息成了全美各报头条新闻的素材。其中一篇报道的标题为《肯尼迪的儿子在太平洋救起 10 人，肯尼迪的儿子成了太平洋的英雄》。《纽约时报》在头版刊登的一篇报道标注的日期为 "8 月 8 日（延期)",标题为《肯尼迪的儿子在驱逐舰将他的快艇撞碎后成了太平洋的英雄》。"前大使肯尼迪和夫人今天听说儿子的事迹后高兴得欢呼起来。"这句话摘自《纽约时报》刊登的由阿瑟·克罗克撰写的另一篇文章。同时该文也对"两名遇难的艇员表达了深深的哀悼"。贺电和贺信从各地如雪片般纷至沓来,老约着手尽力回复每一个道贺的人。① "最近我有点疏于文案,未能及时回函,"老约回复一名伦敦老友,"杰克在南太平洋的事迹让我无暇旁骛。美国报界人士的一致看法是,青年杰克的经历成了自开战以来最值得报道的题材。他的确大难不死,表现卓越。"57

老约和罗丝请求儿子向上级打报告,放他回家。他们坚信,儿子已经超额尽到了该尽的义务,另外,他们很担心他的身体。杰克拒绝了。他仅仅在图拉吉岛的医院里住了一个星期,当时他比以往任何时候更加憔悴,他总是在想撞船以后为什么没人尝试救援,以及他手下死了两个人。杰克向中队指挥官阿尔·克拉斯特大吐苦水:菲尔·波特和约翰·劳里两人都清楚他的鱼雷艇出了极其糟糕的状况,尽管如此,两人都没赶过来施以援手。不过,他的懊恼反而增强了他返回作战岗位的想法。另外,他感觉自己跟部下的关系

① 杰克也收到了许多贺信,包括一封来乔特中学校长乔治·圣约翰的信。"愿上帝保佑你,"老人写道,"我刚刚读完你获救的报道——以及你在这次营救中展现的足智多谋。我真希望这段时间能跟你和乔特中学的其他男生并肩战斗。年龄超过60……让人感觉羞耻。"杰克的回信既有温度又有鼓励:"在乔特中学以及类似的学校里,你和其他许多多人做的事构成了价值无量的和平的基本要素——而和平正是我们所有人希望得到和为之奋斗的。"(摘自1943年8月23日乔治·圣约翰致约翰·肯尼迪的一封信,约瑟夫·肯尼迪的私人文件,4b资料盒。)——原注

更紧密了。"在完全黑暗的时代，也有光明的一面，"杰克写信给父母，"每个人都会挺身而出，直面黑暗。"

"那之前，对美国人能不能当个好战士，我一定程度上持怀疑态度。我见过太多人躺着什么都不干，还整天抱怨。不过，危难时刻，那些都消失不见了。如今我相信——放在以前我绝不会相信——巴丹战役和威克岛战役的故事都是真的。对美国人来说，要办的事要么超级简单，要么超级困难。如果位于中间，麻烦就大了。我损失了两名手下，的确是可怕的事。一个是〔安德鲁·柯克西〕，我出国来这里时，他早就在这里了。……他有妻子，还有三个孩子。另一个伙计〔哈罗德·马尼〕刚刚上艇，自己还是个孩子。传回国内的关于战争的事都是真的——每当读到从国内送来的报纸，我都会想，关于战争的大多数说法和想法要多肤浅有多肤浅。"[58]

不过，杰克对战争的总体看法没有改变。听说17岁的弟弟鲍比吵着闹着想上鱼雷艇，杰克坚称，他"出国到这边来还太年轻"，还有，"在很短的时间内，战争好玩的一面就会消失，所以我认为，鲍比还没做好出国参战的准备"[59]。9月，杰克接到命令，指挥一艘新鱼雷艇，即以前的PT-59，那艘艇已经被整修了——鱼雷都拆除了，换装了舰炮——成了"一号炮艇"，该艇让杰克成了太平洋第一个炮艇指挥官。当月晚些时候，在写给因加·阿瓦德的一封信里，杰克谈到了战斗进程的缓慢：

这里的战争是一桩肮脏的买卖。谈论战争和打败日本人是一件很容易的事，即便战争本身要消耗几年时间和上百万人。不过，像这样谈论战争的人必须谨言慎行了。我们已经如此习惯于谈论数十亿美元、上百万军人，以致上万人的伤亡就像水滴掉进水桶一样微不足道。如果伤亡的上万人像我身边的十个人一样想要活下来，那些为开战寻找理由和缘由的人最好能相当确定，所有努力都是为了某种明确的目的，一旦达到目的，人们可以说，这么做值得。……

　　一名机械师的夫人给我写了封信，机械师烧伤极其严重，脸上、双手、两条胳膊都露了肉，就那样还忍了六天。他无法游泳，好在我能帮他，他夫人感谢我，在信里这么说："我认为对你来说那只是工作的一部分，可麦克马洪先生是我生命的一部分，如果他死了，我觉得我肯定不想活了。"

在信的结尾处，杰克开始谈论自己，还吐露了一些心声："以前我总有种感觉，无论发生什么事，我都会渡过难关。……有意思的是，只要有那种感觉，好像就一定能渡过难关。最近我失去了那种感觉，不过实际上我也不觉得有什么不妥。如果我出什么事，我也清楚，即使我活到100岁，能改善的也只是我生命的数量，而非质量。这听起来极度悲观，［不过］管它呢，你是我唯一愿意倾诉这事的对象。实际上，在我超常聪明的26年里，认识你是我做过的最最聪明的事。"[60]

尽管两人之间的关系已经结束，但杰克对因加的感情犹在，而且很强烈。杰克爱关于因加的一切——她的外貌、她的性感、她的精明、她的温暖、她的幽默感。因加唤醒了杰克身上的某种东西，以前杰克自己都不知道身上有这种东西。因加相信杰克，鼓励杰克去登峰造极，培养他对潜在的政治事业的兴趣。认识因加前，杰克就已经开始摆脱哥哥的阴影，不过，几乎可以肯定，因加积极向上和不屈不挠的倡导激励杰克认识到，他和小约——至少——是并驾齐驱的。眼下杰克在战时的英雄壮举成了国内各报的头条，他已经部分地认识到，转变过程完成了。

小约也感觉到了这一点。1943年夏，他变得焦躁、易怒，急于投身战斗，在飞行员同伴们眼里，他好像遇到一丁点火星就会爆炸。7月，小约抓住机会自愿申请一项风险极高的任务，到英吉利海峡巡逻，以便轰炸在他们驻地附近活动的德国潜艇，那片海域横跨比斯开湾到法国布雷斯特以南沿岸。等待上级下达命令期间，小约学会了驾驶绰号"解放者"的B-24轰炸机，很快，他便开始了反复驾机横穿美国大陆，从位于西岸圣迭戈的工厂飞往东岸弗吉尼亚州诺福克（Norfolk）。其中一次在圣迭戈落脚期间，一位世交让小约看了一封信，内容包括杰克在作战行动中失踪。"我看［报道获救消息的］报纸之前三个小时才知道杰克的事，"小约在给家人的信中写道，"当时我吓了一大跳。"不过，小约那一时期好像没给父母打电话，因为父亲几天后给他写了封信，说他和罗丝"心里非常不安，因为得到杰克获救消息后那几天，一直没有你的消息。我以为你很可能会来电话问有没有杰克的后续消息"[61]。

小约的回信流露出他的受挫，弟弟的船被敌人摧毁了，他居然鬼使神差般摆脱了危机，方方面面像个胜利者！小约在同一封回信的开头部分写道："如此海量的阅读材料涌现出来，都是关于肯尼迪家族在世界各地的活动，还有无数关于我们青年英雄的报纸剪报，好像他是巴纳纳河战役、圣胡安战役、弗吉尼亚海滩战役、新奥尔良战役、圣安东尼战役、圣迭戈战役的勇士，如今他终于要走向麦克风，亲口说说自己的战斗经历了。"小约那封信从头到尾仅有一次提及弟弟的名字。[62]

9月初，小约得了几天休假，因而他及时赶回科德角，参加父亲55岁庆生活动。在一次喜庆的晚宴上，老约长期以来的老熟人约翰·J. 伯恩斯（John J. Burns）法官站起来祝酒："祝贺老约·肯尼迪大使，英雄的父亲，我们自己的英雄——美国海军中尉约翰·F. 肯尼迪。"问题来了。没人提到大儿子，当时他正坐在父亲身边，几天后他将前往英国，抵抗残暴的纳粹战争机器的攻势。法官坐下后，小约举起酒杯，做出僵硬的笑脸。当晚的另一位客人是波士顿警察局局长乔·蒂米尔迪（Joe Timilty），他后来说，那天夜里，他听见躺在旁边床上的小约在抽泣，还嘀嘀咕咕的："上帝啊，我要做给他们看。"[63]

数十年后，兄弟俩的母亲会承认PT-109事件对他们的影响："在他们兄弟间长期的友好竞争中，我感觉这是杰克第一次明显以大幅度'优势'赢了。我敢说，这让杰克欢欣鼓舞，必然也让小约伤心。"[64]这似乎既对也不对：没错，杰克的确以"优势"超越了哥哥，不过，如果认为他们兄弟间的竞争是零和博弈，这对他们两人同等重要，那就大错特错了。在肯尼迪家九个孩子里，全力以赴争取最优，小约的动力远大于杰克。尤其需要指出的是，最近几年，

354

由于杰克取得了引人注目的成就，与哥哥相比，他已经变得不那么纠结于竞争。

VI

1943 年 10 月 8 日，杰克晋升上尉；10 月 16 日，他指挥的"一号炮艇"和中队的其他快艇一起转移到了新乔治亚岛西边的韦拉拉韦拉岛前进基地兰布兰布（Lambu Lambu）。10 月底到 11 月，作战任务接踵而至，其中多次是截击日本驳船，作战地点是几条从南部和西部通向舒瓦索尔湾（Choiseul Bay）的航路。11 月 2 日，杰克前往舒瓦索尔岛救援身陷重围的几名海军陆战队伤员，在自己的快艇上，他亲眼见到了几名重伤员，其中一人死在了他的铺位上。11 月 5 日到 6 日那一夜，他和朋友拜伦·怀特在一起，他们的"一号炮艇"开火击毁了三艘途经摩利岛（Moli Island）的日本驳船。[65]

杰克好像从来不惧危险，他自告奋勇，多次参加这样的作战任务。"他胆子大，"他手下的一个艇员说，"无论任务多危险，他总会主动请战。"一次，一些高级军官想派艘快艇前出布莱凯特海峡，吸引敌方大炮开火，以便美国飞机识别那些炮位。杰克主动报名参加，那名艇员回忆说："他说如果他们再找个人跟他一块去，他就去。"由于没人报名，那次任务取消了。在整个秋季的几周里，通过展示领导能力以及沉稳的友谊，杰克赢得了人们的尊敬和喜爱。用海军上士格伦·克里斯蒂安森（Glen Christiansen）的话说："他是个好军官，他知道如何调派人。"[66]

　　然而，杰克的健康每况愈下。PT-109 出事后数周内，他的背部问题和胃疼一直在加剧，他的体重本来就轻得令人忧虑，结果进一步变轻。他还头疼发烧。具体病因不明，不过，长时间消耗体能、缺乏睡眠，这些肯定不利于健康。11 月 8 日，兰布兰布基地的一名医生签署命令，调杰克上岸，返回图拉吉岛。医生进一步给他做了些检查，包括拍 X 光片，查出的问题有"早期十二指肠溃疡"，还有疟疾的征兆。[67]他已经被禁止继续执勤。在图拉吉岛等候回国命令期间，他提笔写了许许多多封信。在米尔顿高中上到最后一年的弟弟鲍比已经加入海军预备队，以下内容摘自他写给鲍比的一封信：

　　　　家里的老乡们给我寄来一张你宣誓的剪报。看见剪报里的你站在那边，还是个小男孩，相当感人，尤其在仔细看了后，我发现，你身上穿的竟然是我的伦敦式长外衣。我都不明白你穿着我的长外衣到处摸摸拍拍时，我为什么要大老远跑到这边，不过我猜我们来这边——或者说是别人这样对我们说的——是为了弟弟妹妹的平安和安全。老实说，我可看不出事情真会那样——不过，如果你们都能平安和安全，我倒是挺开心。可是，你穿我的长外衣不会让我开心，弟弟，别穿我的长外衣。照片里的你看着像要走出屋子，抓起一杆枪，在午餐前撂倒几个宅男似的。[68]

杰克和费伊在一起的时间很多，后者想方设法试图引诱杰克对

355

356

　　四个伙伴在图拉吉岛。自左至右为乔治·罗斯、杰克、保罗·费伊、詹姆斯·里德。摄于 **1943 年秋**。

玩牌产生兴趣，结果却让人失望。费伊和其他几个人反倒常常往杰克的帐篷里钻，杰克必然会带头引领众人开聊当天的话题——涉及战争策略、军事领导、政治、教育，当然，女孩们也是绕不开的话题。但凡接触过杰克的人都能看出来，他对思考感兴趣——他手头有个快散架的笔记本，里边记满了各种想法——而且辩论总能激励他。费伊是公认的杰克崇拜者，他后来说："在我的思想里，或者说在巴尼·罗斯、詹姆斯·里德、拜伦·怀特的思想里，杰克·肯尼迪毫无疑问是个与众不同的人。"如果打赌他们当中谁有可能成为未来的美国总统，费伊和罗斯在杰克身上赌的赔率为10000∶1（"因为他仍然在海外的战区，他的健康状况堪忧，他还太年轻，不可预料的情况有可能让他根本无法抵达白宫"），而他们自己的赔率大概是100万∶1或200万∶1。"在我眼里，杰克·肯尼迪的伟大显而易见，"费伊补充说，"我做了件对任何人来说都反常的事。从战争年代开始，我保留了他写给我的每一封信、每一张纸条。"[69]

回国调令在1943年12月14日下达。那时候，杰克为其尽过绵薄之力的大型战役已经胜利在望，盟军部队已经在打扫所罗门群岛中部战场，已经拿下韦拉韦拉岛和布干维尔岛，盟军占据的阵地足以切断和摧毁拉包尔，那里是日本在整个南太平洋最重要的立足点。当月月末，盟军即将拿下新不列颠岛西端的格洛斯特岬。数天后，对敌人的飞机和舰船来说，一场大规模空中轰炸或多或少会把拉包尔变得毫无用处，让当地十多万驻军失去战斗力，遭到战略切割。[70]

杰克获准30天假期，自抵达美国本土开始计算，假期结束后去梅尔维尔报到，在那边等候进一步调令。杰克21日离开图拉吉岛，第一站是圣灵岛，然后——乘坐美国海军"雷顿"号（USS Breton）护航航母——前往旧金山。1944年1月7日他抵达美国本土，第二天便南下去了洛杉矶，在那里见了因加·阿瓦德。因加几个月前刚到那边，为一个全国性报业集团的花边新闻栏目《今日好莱坞》撰写文章。（联邦调查局就她从事间谍活动的调查一直没找到证据，已经停止监视她。）

357 　　杰克重新点燃爱情之火的所有希望很快就湮灭了。生活已经前行，同样如此的还有因加，她儿子在回忆录里记述道："她已经经历过那个老男人的强烈反对，不想再经历一次了。"因加爱杰克，当她在过道里见到杰克惨白瘦弱的样子时，感到自己心里立刻涌起一股母性的情感；因加内心深处隐隐觉得，她永远不会对任何男人生出那种感情了。同时因加也清楚，如果杰克打算从政，他迟早会再次决绝地告诉她——就像将近两年前做过的一样——他不能娶她为妻。不仅如此，因加还意识到，她喜欢眼下这种身为好莱坞专栏作家的新生活，她不打算放弃这种生活。为强调这种新现实，因加甚至将杰克介绍给了她的新欢威廉·卡恩（William Cahan），一位海军医生。杰克明白了因加的心思。在因加的公寓里，杰克友好地与卡恩聊了哈佛大学、橄榄球、娱乐业等。然而，过了一会儿，情况变得很清楚，他们两人必须有一个离开。杰克退出了。[71]

　　不过，因加为自己所爱之人留下了一件分手礼——一篇吸引大众眼球的报刊文章。杰克在所罗门群岛的英雄主义行为能变为传奇，该文功不可没。基于杰克来洛杉矶期间因加对他的正式采访，该文——一篇吹捧文章，在今天看来，该文在道德上成问题——出

现在数十份报纸上，包括《波士顿环球报》头版，发行日期为
1944 年 1 月 11 日，标题为《肯尼迪亲口讲述鱼雷艇史诗：赞誉手
下，鄙视英雄说》。文章开篇如后："本文记述的是 PT-109 上 13
名美国人的事迹，他们曾近距离面对日本驱逐舰，11 名幸存者亲
口讲述那段经历。"在文章里，因加对艇长大加赞赏，说他连续游
泳"数个小时，为了拯救手下人，横穿了有大量鲨鱼出没的水域"。
因加直接引用了杰克对 8 月 2 日撞船那一刻的描述："最恰当的说
法是，就像老电影里火车迎面开来的那种感觉。好像它直接从我们
身上碾了过去。怎么说呢，就是那种感觉，只不过那驱逐舰没有从
我们身上碾过，而是直接把我们劈开了。"

因加强调，杰克不愿多谈自己，反而更乐见别人赞誉他手下的
人。不过，文章依旧充满了对杰克的赞誉。文章还记述了对帕特里
克·麦克马洪的妻子，一名洛杉矶居民的采访："她两眼饱含热泪，
声音颤抖……她说：'我丈夫在写给我的信里说，肯尼迪中尉是个
好人，他救了艇上的所有人，基地的每个人都特别尊敬他。'"[72]

然而，杰克拒绝因加给他贴上英雄标签。"所谓英雄之类的东
西跟我没关系，"文章引用了杰克的原话，"真正的英雄可不是活着
回来的人们，而是留在海外的人们，就像他们中的许多人——包括
我的两个部下。"[73]

1 月 10 日傍晚，前述文章问世前数个小时，杰克·肯尼迪在洛
杉矶登上一架飞机，目的地是美国东岸的几个地方。当时杰克只是
处于 30 天的假期里，不过他内心里已经下定决心：如果此生再无
机会上战场，那这一天来得也太快了。

358

第十三章

王子折翼

I

　　1943 年 11 月下旬，约翰·肯尼迪准备离开所罗门群岛，返回美国休 30 天假，正是在那时，"三巨头"罗斯福、斯大林、丘吉尔在伊朗首都德黑兰举行了有史以来第一次联席会议。以战略性和政治性术语来说，历史终将证明，那次会议是第二次世界大战期间所有会议里最重要的会议，它不仅对战时余下的年月，也对战后时代具有里程碑式的影响——对杰克的事业同样如此。在丘吉尔的构想里，三位领袖代表了有史以来人类见证过的世界强国最高程度的集中；此外，这是"三巨头"第一次——也是最后一次——在采取至关重要的联合军事行动前有机会坐在一起研究"大联盟"的几个核心目标。人们常常将 1945 年 2 月举行的雅尔塔会议视作制定战时政策的秘密会议，尽管如此，雅尔塔会议的宗旨主要是实现德黑兰会议擘画的蓝图。[1]

　　德黑兰是一座喧嚣的、混合了新潮和老旧景观的城市，城里的街道挤满了新型的美国汽车以及俄式敞篷四轮马车，城里的建筑同

样混合了蒙古和现代两种风格。人行道没铺石砖，空气里满是灰
尘，破旧肮脏的居住区毗邻豪华的居住区。为迎接会议，城里许多
片区都布设了警戒线，持有官方证件的车辆方可通行。安全措施前
所未见，上街巡逻的既有苏联军人，也有美国军人和英国军人，经
常还有负责警戒的飞机从空中飞过。[2]

　　身穿芥末黄军装、扣子扣得严严实实的斯大林从会议一开始就
显得信心满满和力量爆棚，他有这资格：1943 年，即使没有严寒的
天气助力，他的军队在东线也占了上风。夏季，德军向库尔斯克突
出部发动进攻，尽管希特勒投入了数千辆坦克和数千架战机，但苏
联红军在朱可夫将军率领下赢得了有史以来最大规模的坦克会战，
将德军击溃。尽管斯大林的军队面对的是纳粹 80% 的进攻兵力，尽
管罗斯福向克里姆林宫承诺开辟第二战线，却迟迟未见兑现，但那
一年，德国人占领的领土一点一点回到了苏联人手里。在战场层
面，德国人依然令人生畏——苏联人与德国人的交换比为每五六个
苏联军人换一个德国军人——不过，德国人根本无法抗衡苏联持续
不断的人员补充。与此同时，斯大林心里清楚，根据《租借法案》
实施的物资补给会源源不断地到来，所以，在一次晚餐过程中，斯
大林脱口说出了一段发自内心的祝酒词："为美国制造干杯，没有
它，这场战争早就输了。"[3]

　　丘吉尔心里也明白，美国才是盟国的幕后老板，不仅如此，在
三个国家里，英国排在末位。过去一年，全球领导权已经转移到华
盛顿，那意味着，在即将到来的诸多战斗中，盟军各部队将统一由
美国将军们指挥。由于担心斯大林可能会认为，美英在正式会议前

秘密会谈就是在谋划对抗克里姆林宫，罗斯福拒绝了丘吉尔的见面邀约，丘吉尔只好默默接受。美国人当着斯大林的面取笑丘吉尔，用尖酸刻薄的词语描述英国和法国殖民主义的各种邪恶后果，丘吉尔只能勉强以笑脸作陪。为了见斯大林和苏联外交人民委员维亚切斯拉夫·莫洛托夫（Vyacheslav Molotov），罗斯福拒绝了丘吉尔共进午餐的提议，丘吉尔也只能唯唯诺诺。"斯大林恨死了你们这些胆小的高层领袖，"罗斯福对丘吉尔说，"他觉得他更喜欢我，我希望他继续这样。"4 英国首相希望英美两国 1944 年将兵力集中到巴尔干地区和地中海沿岸，但立刻被罗斯福否定了：三位领袖长期以来

361　规划的跨越英吉利海峡的作战行动"霸王行动"（Operation Overlord），暂定日期为 1944 年 5 月，斯大林和罗斯福绝不允许任何人缩小那场战役的规模。战争结束后，苏联肯定会成为东欧老大哥，而罗斯福却向斯大林暗示，只要斯大林做出象征性让步，限制其对西方反对派的支持，他不会挑战克里姆林宫对波兰和波罗的海沿岸国的控制。（由此可见，冷战的种子尚未播下。）

　　作为交换，罗斯福在德黑兰得到了他最想要的东西，即斯大林的如后承诺：打败德国后，苏联一定参与对日作战。斯大林还同意主动出击，从东方发动大规模攻势，以配合"霸王行动"。不过，斯大林提供的细节极少，罗斯福和丘吉尔也没强行索要细节。三个人还原则上同意了罗斯福的设想：在战后设立一种机制，由四个国际警察——美国、英国、苏联、中国——处理各种刚刚冒头的冲突（这就是联合国的雏形）。他们达成了一致，让法国在国际舞台上拥有一个权力受限的位置。他们还做出决定，打败德国后，必须对其

分疆而治，这是斯大林竭力推进的一项计划，他还希望得到高额赔款。当然，所有细节有待以后商议。

虽然罗斯福事后可以合理地宣称，在德黑兰会议期间，他没做出任何正式承诺，但毫无疑问他们达成了一些默契，人们由此可以看出欧洲的未来。美国代表团成员查尔斯·波伦在一份备忘录里总结德黑兰会议的成果道："德国将会被分割，始终保持分割状态。不会允许欧洲东部、东南部，以及中欧那些国家自行组建联邦或合作组织。法国……未经允许不得保留可观的军事建制。波兰和意大利大致上会保留现有的领土面积，不过，是否允许两国保留可观的武装力量，值得怀疑。最终结果为，在欧洲大陆，苏联将成为唯一重要的军事力量和政治力量。"[5]

当时，前述一切均没有发生。评估那场战争及其后果时，人们应当避免陷入事后偏见的陷阱，或陷入法国哲学家亨利·贝格松（Henri Bergson）所说的"回顾决定论错觉"——历史上发生的一切注定会发生。[6]1943年末，一切尚不确定。没错，那年5月，德军已经被清除出北非；9月，意大利已经投降；苏联在东方已经取得许多胜利；对盟军来说，那时战场形势已经发生戏剧性逆转。不过，各种不确定性依然存在。红军仍然还在苏联领土上，尚未突入东欧，更谈不上进入德国。跨越英吉利海峡进入欧洲大陆的时间和结果还任由人们猜测。在远东，日本人已经转入防御，不过，长期以来，他们已经树立起顽抗到底的战斗意志。太平洋战争可能会延续好几年——杰克·肯尼迪在所罗门群岛自己的战位上也做出了大致相同的判断——罗斯福将前往伊朗首都的最高目标设定为把苏联

362

拉进太平洋战场，正源于这一判断。

不过，情况依然是，德黑兰的所有会谈都弥漫着一种明显的乐观氛围，每一位参会者——包括各位领袖、他们的首席顾问、随团助理——无论在战争中处于哪个战场，都不愿意跟对面的敌人交换位置。正如斯大林在祝酒时所说的，人们对前景表示乐观，最重要的原因是，美国巨大的生产能力当时已经显现。丘吉尔所说更是一针见血——两年前，听说珍珠港遭到袭击，他顿感一身轻松。前进征途上还会有残酷的战斗，不过，胜利已经注定。后边的说法摘自他当年的记述："该做的仅剩下正确地运用压倒性军事力量。"[7]

仅仅数字就已经十分惊人。从 1942 年伊始，大量美国工厂转行，为战争进行生产，许多转行的工厂位于加利福尼亚州（该州人口 1942 年增加了 14%）。多数工厂每天 24 小时开工，每周 7 天连轴转。汽车工厂制造轰炸机，打字机厂生产步枪，制衣厂加工军装。位于芝加哥的投币自动点唱机生产商罗克-奥拉公司（Rock-Ola）转行开始生产 M1 卡宾枪；位于俄亥俄州的北极牌（Frigidaire）电冰箱生产商转行做起了飞机螺旋桨和勃朗宁 M2 重机枪。至 1943 年，美国国民生产总值的 41% 涉及战争物资生产；那年军火订单数量高达 524 亿美元，其中包括舰船和飞机订单合计 250 亿美元，汽车订单 59 亿美元。到 1944 年初，美国生产的武器占到了世界武器生产总量的 40%。整个战争时期，美国各工厂制造了大约 30 万架飞机、10.2 万辆装甲车、7.7 万艘船舶、2000 万件轻武器、600 万吨炸弹、400 亿发轻武器弹药。①8

在福特集团公司位于密歇根州的威罗兰轰炸机制造分厂 363
（Willow Run plant），组装线约 1.5 千米长。1944 年初，那家工厂
的工人们每月即可生产 650 架 B-24 轰炸机，或者说每 80 分钟造出
一架飞机。飞行员和机组成员干脆就睡在工厂的行军床上等候，一
旦飞机造出来，他们就把它开走。在美国西海岸，亨利·凯泽
（Henry Kaiser）利用各种大规模生产技术来削减建造"自由
轮"——体量巨大，总长 135 米的重载货轮，用于海运坦克、卡
车、大炮——的时间，生产周期从每艘 355 天削减到 56 天。（在一
次公开演示中，离旧金山不远的凯泽的里士满造船厂仅用 4 天 15
小时 26 分钟即建造出一艘"自由轮"。）战争期间，位于加利福尼
亚州长滩的道格拉斯飞机制造公司（Douglas Aircraft）的巨型工厂
先后生产了 3.1 万架飞机。与此同时，克莱斯勒公司（Chrysler）
为军方制造了数千辆坦克，还充分改进了制造技术，仅用 10 个小
时即可造出一门瑞典博福斯高射炮；在瑞典，手工制造一门同样的
高射炮则需要耗费 450 个小时。在康涅狄格州，伊戈尔·西科斯基
（Igor Sikorsky）创建了世界上第一条直升机组装线；与此同时，位
于缅因州的巴斯钢铁造船厂（Bath Iron Works）每 17 天即可下水一
艘驱逐舰。9

众多参战国只能对如此巨大的产能大发感慨。在至关重要的

---

① 可将这些数字放到某些场景里做个对比：1940 年 5 月，发动"闪电战"进攻欧洲
低地国家和法国时，德国使用了 3034 架飞机、2580 辆坦克、10000 门火炮、4000 辆卡
车。——原注

1943 年，美国制造的飞机是纳粹德国产量的 3.5 倍，是日本的 5 倍还多。1943 年 3 月，在大西洋海战中，德国潜艇击沉了 105 艘盟国船只，不过，在那时，美国众多船厂一个月内已经可以造出 140 艘货船，后勤补给得以保持源源不断。与此同时，德国潜艇的战损居高不下，新潜艇下线的速度远不足以弥补战损。

　　美国人的优势远远超出工业产能和产出。比方说各种至关重要的用于作战的基础产品——如煤炭、钢铁、石油、棉花（用于制造炸药）、铜，在所有参战国里，美国以巨大的优势处在顶端。汽油是前述产品里最重要的精炼产品，以此为例，单看数字就让人瞠目结舌：1943 年，德国的原油生产（包括进口）勉强能达到 900 万吨，而美国在这方面的数字是 2 亿吨。日本在汽油方面的劣势更明显——早在美国用许多潜艇摧毁日本运油船队之前，由于燃料供应短缺，日本海军和空军已经受到严重制约。[10]

II

364　　像参与这场战争的大多数下级军官一样，杰克·肯尼迪能看出美国在国际地位方面的变化。根据费伊的回忆，1943 年末，在杰克位于图拉吉岛的帐篷里，前述变化是他们闲聊时经常触及的话题。"当时我们认为，美国如今成了老大，"费伊说，"我们已经适应了那个角色，美国是自由世界的领袖——没有我们，英国、法国、其他盟国都撑不下去。"这些年轻人都清楚，美国国内的孤立主义已死，仅有一小撮参议员还在孤苦伶仃地呼吁美国在那条路上走到黑。针对如后问题"参议院应否痛痛快快下决心参与创建维护世界和平的国际权威组织",统计结果为 85 人赞成,5 人反对,6 人缺席。在众议院,最终投票结果几乎相同,同样是一边倒。[11]

杰克·肯尼迪及其伙伴们觉得,美国已经没有退路。早在 1/4 个世纪前,由于大规模杀伤性武器的出现,以及亚洲和欧洲诸多列强不知餍足的野心,伍德罗·威尔逊已经推论出,置身安乐窝里的美国正面临来自不同质世界的威胁。早在那时,威尔逊总统已经断定,美国人无法继续保持孤立,也不能仅仅依靠自身的军事力量以及两个大洋保卫自己,美国人必须与世界其他地区积极合作,参与艰巨但至关重要的长期愿景规划,其目的是为自由理念和依法治理赢得广泛尊重。威尔逊总统的远见卓识以其独特的、强有力的方式将理想主义和现实主义结合在了一起,然而,在 20 世纪 20 年代和 30 年代,它始终未能实现;不过,在眼下的第二次世界大战中,富兰克林·罗斯福及其助手们铁了心要创建一个崭新的、威尔逊式的世界秩序——该秩序由美国主导,服务于美国利益,同时也有利于他国——基于自由贸易、多边主义、稳定的货币汇率。[12]

不过,随着进入新的一年,杰克的主要关注点不再是战争与和平等重大政治问题,不再是历史的稳步推进,而是更为紧迫的眼前之事:如何充分利用一个月回家休假的假期。在洛杉矶短暂停留期间,他重新燃起爱情之火的尝试遭到因加·阿瓦德干脆利落的回绝。随后,他直接赶回位于棕榈滩的家,途中仅在明尼苏达州梅奥诊所稍事停留,为的是做一番体检。在飞机上,杰克匆匆给克莱尔·布思·卢斯写了封简短的吊唁信,她女儿刚刚死于一场车祸。

365　　"听到关于安的消息，我无法形容我有多震惊，"他写道，"对失去自己喜欢的人，我以为我已经有了铁石心肠，不过，今天听到消息时，我悲伤至极。她是个超棒的女孩——如此纯真，细致入微——她那么喜欢你——我都不敢相信。"[13]

　　在佛罗里达州的家里，对杰克回家一事，母亲一反常态表现得兴高采烈。母亲在日记里记述道："他真的回家了——我们整天为之祈祷的孩子——只要提到他的名字，我们的眼睛就会变模糊——有几天夜里你以为死了的年轻人，你醒过来后心里难受到像猫爪子挠过。感谢上帝放过了他。看见他太让人高兴了——摸摸他的外衣，按按他的胳膊（感觉他确实在这里），看着他晒黑的疲倦的脸庞，又瘦又憔悴。"[14]

　　第一天晚上，杰克和好朋友查克·斯波尔丁一起去了夜总会。从一开始，事情就有些不对劲。杰克参加过战争，近距离见证过死亡，自己差点死掉，眼见许多年轻人在酒吧里照常享乐，好像一切都没变，对他的刺激实在太大。"太让他震惊了，"斯波尔丁说，"他经历过那种事，然后回来了，去了这种地方，以前他经常在这里跳舞。他跟在场的人一一见面，试图跟大家打成一片。这就是参加过战争的紧张和棕榈滩的享乐之间的区别。即使对他来说，那也是难熬的一夜——通常情况下，这种转变对他来说是小菜一碟。"[15]

　　其他人也注意到，由于直接经历了战争，杰克变了。暴力和死亡等鲜明的记忆在他身上留下了印记。因加·阿瓦德可以看出这一点——通过杰克从战区写的那些信，以及他在洛杉矶短暂停留期间亲眼见到他——斯波尔丁同样可以看出来，莱姆·比林斯（通过信件）也可以看出。在母亲眼里，杰克好像受了重伤，就像起跑前的赛马。杰克在所罗门群岛时期的中队指挥官阿尔·克拉斯特在杰克身上发现了一种新出现的严肃和愤世嫉俗。由于见证过所谓鱼雷艇作战行动的荣光与肮脏且世俗的现实脱节，以及脑子不清楚的高级指挥官们经常做出荒谬的决定，克拉斯特手下的许多人像杰克一样愤世嫉俗。[16]换句话说，尽管杰克仍然是爱国者，尽管他始终坚信必须打败轴心国，美国必须承担起世界领袖的责任，他却变得厌世了。

"蒙达角或者许许多多这样的地方不过是大洋某一部分许许多多大群岛中一个小群岛上上帝都诅咒的又热又臭的角落，我们所有人都不想来第二次，"杰克向因加大吐苦水，信件标注日期为他离开所罗门群岛前不久，"我们处在极其不利的地位。苏联人眼见自己的国家遭到入侵，中国人也一样，英国人遭到了轰炸。而我们在属于利华公司（Lever Company）的一些海岛上打仗，那可是一家生产肥皂的英国公司。我以为，如果我们是股东，我们会干得更好。不过，若想弄明白在蒙达角送死是为了帮助确保我们这个时代的和平，就需要用到绝大多数人都不具备的想象力。"大约在同一时间段，杰克在写给父母的一封信里流露出反英雄情结："当我从报上读到，如果需要，我们会跟日本人打上好几年，如果必要，成千上万人将会牺牲——我会查查说这话的人是站在什么地方说话不腰疼——这不可能出自我们口中。"[17]

从浴火战争走出来的杰克变得更加老练，更加聪明，更加成熟。由于忠诚地履行了所有职责，他变得更加自信，还赢得了手下人的尊敬。与经济条件和社会背景截然不同的人们混在一起，也让他更加欣赏美国多民族经历的多样性。他为自己的服役经历感到由衷的欣慰。一些人觉着，战争会让人兴奋不已，26岁的杰克比同期服役的许多军人年龄大，或许部分因为如此，在个人层面上，他没有那种激动的感觉。例如，杰克与新闻记者本·布拉德利（Ben Bradlee）的视角大不相同，后者当年在一艘游弋在太平洋的驱逐舰上服役，后来将成为杰克的密友，而他描述的服役期间的感受如后："我就是喜欢战争，喜欢战场上的激动人心，甚至喜欢有点被吓到的感觉。"杰克的看法更接近挪威抵抗战士克努特·利尔-汉森（Knut Lier-Hansen）的观点："虽然战争会带来激动人心的冒险经历，但战争真正的本质完全是邪恶的，由数不清的个人悲剧、悲伤、浪费、牺牲构成，不可能因荣光得到救赎。"[18]

　　在佛罗里达州休息和放松数周后，1944年2月5日，杰克乘飞机去了纽约。他与人称"芙洛"的弗洛伦丝·普里切特（Florence "Flo" Pritchett）开始正式约会。后者是个聪明活泼的前模特，当时是《美国纽约日报》时尚专栏编辑，刚刚与富裕的信天主教的丈夫离婚。杰克和弗洛伦丝与作家约翰·赫西及其夫人弗朗西斯·安·坎农（杰克·肯尼迪的前女友）一起看了场话剧，然后去了"咖啡公社"夜总会（Café Society nightclub），他们在那边运气不错——事实的确如此——遇上了《纽约客》杂志的威廉·肖恩（William Shawn）。杰克在PT-109上的经历不可避免地成了谈资，赫西问杰克，能否为他即将在《生活》杂志发表的一篇文章写点什么。杰克一开始有些抵触，最终还是同意了，不过他坚持让赫西首

先采访一下艇员们，当时艇员们已经回到美国本土。赫西表示同 　367
意，很快便踏上了前往罗得岛州梅尔维尔快艇基地的旅途，然后与
艇员中的四个人进行了长谈，首先是单独采访，最后是集体采访。[19]

　　离开纽约后，杰克赶赴波士顿，前去参加姥爷"蜜糖菲茨"81
岁庆生会，那是在帕克豪斯酒店（Parker House Hotel）举办的一次
午餐会，受邀宾客达 300 人。由于遭遇了暴风雪，杰克稍晚才抵
达。走进宴会厅时，他受到了特别热烈的欢迎。"蜜糖菲茨"更是
欢喜异常。第二天是 2 月 12 日，《波士顿环球报》刊发了一幅前市
长和外孙在一起的照片。那天夜里，在州长莱弗里特·索顿斯托尔
（Leverett Saltonstall）和市长莫里斯·J. 托宾（Maurice J. Tobin）
主持的"林肯生日战争债券发行大会"（Lincoln's Birthday War Bond
rally）上，杰克成了特邀演讲嘉宾。现场有 900 多人聆听他阐释如
后发人深省的主题：太平洋战争似乎要延续很长时间。他声称：
"参战的孩子们必须去战斗，而他们［真的］想知道，他们不必为
此自掏腰包。"他的一番话显然戳中了现场听众的内心——大会募
集到令人瞩目的 50 万美元战争债券。[20]

　　30 天假期即将用完之际，为了在新英格兰浸信会医院做些检
查，杰克申请将归队报到时间延后到 3 月 1 日。对杰克持续不断的
胃病和背疼的原因，医生们争执不下。几名外科医生根据 X 光片断
定，如果杰克想重新恢复正常行走，必须实施一年前住在南卡罗来
纳州期间建议他做的那种手术。

　　在认真考虑是否要做手术期间，杰克接受了约翰·赫西对他进
行的长时间的采访。采访地点就在杰克住的普通病房里，采访期

间，杰克就倚靠在病床上。赫西事先研究过许多报刊文章，还前往罗得岛州快艇基地做过采访，他已经大概弄清发生在布莱凯特海峡那次惨痛经历的前后经过，眼下他正在一步步引导杰克回顾。渐渐地，一幅更加丰满的画面呈现出来。在关键节点，杰克画了一张弗格森航道那片海域的草图，他就是在那里离开珊瑚礁，入水后被海流带着漂了一夜。赫西被那晚的情形和如梦如醒的感觉所吸引，想知道详情，杰克尽其所能为他描述了一切。两人的谈话持续了数个小时，下午渐渐遁去，夜幕漾满了小小的病房。赫西满载而归。"杰克身上有一种不自信，好像是源自内心的，"赫西后来评价说，"所以他用玩笑的口吻说，他也不知道［艇员们］如何看待他。他们对他忠心耿耿，所有人都是。艇员们对他的忠诚明确无误，而且毫无保留。他们真的喜欢他。"[21]

杰克选择了延后手术，他成功地安排自己被重新分配到位于迈阿密的猎潜艇训练中心，那里离自己家很近。那样安排让他可以跟小弟弟泰迪共度一些时日，当年泰迪已经 12 岁。一天晚上，在夜幕掩护下，杰克把那孩子带进了不远处的另一个海军基地，悄悄把他带上了一艘鱼雷艇。他还让泰迪看了他最喜欢的一些书，包括斯蒂芬·文森特·贝尼特（Stephen Vincent Benét）的长诗《约翰·布朗的遗体》（John Brown's Body），两人还你一句我一句大声朗读了其中一部分。哥哥的陪伴让泰迪如痴如醉，他神情专注地倾听杰克讲述南北战争期间的关键进展。杰克还告诉他："要永远做到书不离手。"[22]

准确来说，在迈阿密基地，完成工作份额没什么难度。"说到

　　海军上校弗雷德里克·康克林（Frederick Conklin）在海军及海军陆战队勋章颁奖仪式上祝贺杰克·肯尼迪。摄于马萨诸塞州切尔西海军医院，1944 年 6 月 11 日。

这里的条件，"杰克写信给约翰·赫西，后者那时正忙着起草文章，"也许可以说，我正在慢慢享受——没感到拉伤或疼痛。只要上午把两只脚搭在桌子上，一天的繁重任务也就完成了。"[23]然而，实际上，拉伤和疼痛很快又出现了，而且比以往更加剧烈。时间移至 5月，杰克意识到，手术再也不能往后拖延了。从海军高层获得批准后，杰克于 6 月 11 日住进了切尔西海军医院。第二天，在医院举行的一个简短的仪式上，杰克受颁美国海军及海军陆战队勋章，以表彰他"作为 109 鱼雷摩托艇的指挥官，在快艇于 1943 年 8 月 1日至 2 日在太平洋战区遭到撞击并沉没后做出的特别英勇的壮举"。6 月 22 日，杰克转到了新英格兰浸信会医院；第二天，外科医生团队为他做了个大手术。和预想的不同，医生们没有发现碎裂的或凸出的椎间盘。不过，或许更让医生们警觉的是，他们发现了一块"异常柔软的"软骨，他们将其摘除了。医生们的报告里还出现了"严重退化的纤维软骨"说法。[24]

369

Ⅲ

手术前后，躺在医院病床上的杰克·肯尼迪一直在关注战事的进展和家里的事务。他一直在为小约担忧，那之前十个月，小约所在的航空联队第 7 中队一直驻扎在英国，成了英国皇家空军海防司令部下辖的第一支美国作战部队。小约的任务是，24 小时待命，驾驶配备雷达的 B-24 轰炸机，在英吉利海峡和北海上空执行反潜作战。杰克感觉事态不妙，因为那是个危险的工作，在小约的作战单位里，遭到击落的飞行员数量一直在上升。"不久前收到过小约的信——最近他们中队伤亡惨重——真他妈的希望他别出事。"杰克写信给莱姆·比林斯。那样的危险让杰克确信，绝不能让鲍比走小约的老路。"我真的认为，鲍比绝不能成为航空兵，"杰克在信里接着表示，"我看不出有什么能比驾驶鱼雷艇或'驱驱'（驱逐舰）或其他类型的小船更好玩——尤其是，鲍比一生中已经投入太多时间玩各种小船。我会写信把这个告诉他，我希望你也这样劝他。像你和我这样久经沙场的混球撤下来后，除了完全报废的身子骨，什么都没得到，我们这样的人打击他的情绪是他的幸运。"[25]

每逢假期，小约常常去看望妹妹凯瑟琳。妹妹已经放弃华盛顿报社的工作，来到伦敦，为美国红十字会工作。两个哥哥都参加了战斗，基克也想参与战斗，用妈妈的话说是，亲身"参与到战争中，做出自己有益的贡献"[26]。另外，基克也想靠近身材高挑的、脸盘袖珍的德文郡公爵继承人比利·卡文迪什，她的第一个恋人。竞选西德比郡议员时，卡文迪什败选，随后成了冷溪近卫团的一名军官。该团是英国军队里令人尊敬的团，属于正规军。

在写给哥哥们的信里，基克对那段恋情不加任何掩饰。"在战后的世界里，我保证能成为效率最高的德文郡公爵夫人，"基克写信给杰克，"既然我在爱尔兰、苏格兰、约克郡、萨塞克斯等地各有一处城堡，我的海军兄弟们进入老年时，我就有地方把你们都养起来。……我真不知道自己为什么喜欢英国人，他们对待女人的风度举止相当随意，不像美国人对女人那么好，不过我觉得，女人真正喜欢的恰恰是这种方式。这个你最在行，对吧?"[27]

不过，基克心里也清楚，她和卡文迪什的关系终将是一段让人心碎的恋情。卡文迪什也知道这一点。卡文迪什家族是英国最古老和最著名的家族之一，其血统没有任何瑕疵，可以追溯到 17 世纪，还是虔诚的和好战的新教徒——第一代公爵威廉曾经在一场血腥的叛乱中与天主教徒詹姆斯二世国王战斗——而肯尼迪家族是坚定的天主教徒。基克无法安排英格兰教会出面证婚，那意味着她会被教会逐出；而卡文迪什亦不能改信天主教，那意味着对三个世纪的家族史构成背叛。然而，他们的爱情仍在延续。基克一直深受罪恶感和不确定性的折磨，在坚定支持她的小约的催促下，她最终同意办一场世俗婚礼。在天主教会看来，那种婚礼不合教规，但教会没有理由将她逐出教会。1944 年 5 月 6 日，在伦敦举办的一场简短的婚礼上，基克成了哈廷顿侯爵夫人。卡文迪什的父母到了婚礼现场，肯尼迪家族由小约全权代表。虽然对女儿的决定表示失望，基克的父亲却从未想阻止那段婚姻，他给女儿发了封贺电："只要坚信上帝，你就不会犯错。记住今天和永远我都会把你当宝贝。"罗丝郁郁寡欢，感到"失去"了女儿，她没做任何表态。[28]

小约反过来安慰母亲，婚礼当天，他给母亲发了封电报："一切顺利不用担心。她非常幸福，真希望你在现场。爱你，小约。"然而，罗丝不为所动。她丈夫在写给大儿子的一封信里罗列了一些原因。父亲在信的开篇重申，他自己对这个婚姻倒是无所谓。"但是，对你母亲来说，事情就不一样了。你母亲坚信，［凯瑟琳］脱离教会不可能幸福。不过我认为，最让她内心不安的事情为，她认为女儿给其他信天主教的女孩树立了坏榜样，那些女孩也许会一本

　　幸福的新婚夫妇：卡文迪什和基克喜结连理，后排为新郎的母亲和新娘的哥哥。摄于伦敦，**1944 年 5 月 6 日**。

正经地说……'既然凯瑟琳·肯尼迪能做，我为什么不能？'我认为最让她不安的事就是这个。还有就是，作为品行良好的天主教徒，她感觉她把一生都用来培养孩子们，而她没把此事做好。"[29]

371　　"在我结婚前那些困难的日子里，其他任何人都未曾像我这样得到〔小约的〕鼎力支持，"基克婚后写道，"从一开始，他就向我提供英明且有用的建议。每次他感觉我决心已定，都会鼎力支持我。他总是宽慰我，让我对已经决定的事重拾信心。真的，对我做出的决定，他可能有很大一部分责任，他浑身都是道德勇气，一旦认定某一步对我来说是正确的，他就不再犹豫。"[30]

　　至于杰克，他也为妹妹的事感到高兴，对母亲的反对他完全无所谓。"今早收到了你哀号没让你参加凯瑟琳婚典的信，"杰克写信

372　给莱姆·比林斯，"你不妨坦然接受现实。正如愤怒的天主教徒尤妮斯妹妹发自内心的说法：'真是件可怕的事——不过，战后去看她也许更好，所以我们最好得正确面对。'在科德角我们家吃晚饭时，只要你不给哈廷顿侯爵递玛芬，我们就能知道你的心情。"[31]

　　新婚夫妇仅有一个月时间在一起，随后卡文迪什将归队，等候盟军一拖再拖的诺曼底行动。该行动于 6 月 6 日发起，由德怀特·D. 艾森豪威尔（Dwight D. Eisenhower）将军指挥。不久后，基克就开始准备返回美国，与家人一起共度余下的战争岁月。基克心里清楚，跟母亲的关系会有些紧张，不过，想到能跟兄弟姐妹们在一起，她由衷地感到高兴。她尤其想见杰克，她知道杰克的状况很不好。结果证明，杰克的手术失败了——只要他起床和活动，就会有强烈的背部肌肉痉挛，疼痛还传到了一条腿上；他还感到剧烈的腹

痛，体重也下降了。（杰克这样感慨："在拿起锯子前，医生应该多读一本书才对。"[32]）杰克被转回了切尔西海军医院，他要在那里住到 8 月，医生们预测，杰克至少需要六个月才能返回部队继续服役。

不过，让杰克满意的是，他可以耐心等待约翰·赫西关于 PT-109 的新闻长稿发表。《生活》杂志拒绝了该文——编辑们已经发表过一篇赫西撰写的关于鱼雷艇的文章，此外，他们不想将那么大一块版面给予一篇新闻特稿，那样会限制他们报道快速变化的军情进展——不过，赫西仍然记得，他们在"咖啡公社"夜总会偶遇《纽约客》杂志的威廉·肖恩时，后者对这类文章表示了兴趣。他把文章投给了后者。肖恩和主编哈罗德·罗斯（Harold Ross）立刻给了他答复：他们会发表该文。[33]杰克看过该文初稿，很喜欢（"我甚至都想知道最终如何收尾！"），不过，他提了两条建议：给予艇员兰尼·汤姆和巴尼·罗斯更大的篇幅；文章尽量不要提及一名不具名的艇员（实际上指的是雷蒙德·阿尔伯特），他在那次磨难中吓破了胆，后来在作战时被杀。"我认为……我们的团队太小，我们那里的人和各快艇上的人、他的家人和朋友都十分清楚他的情况，一旦提及，就会有人出面打听详情——无论如何，他也是我的艇员。"赫西同意了，文章不再提及此人。[34]

文章于 6 月 17 日发表，用的标题为《幸存》。那确实是该文的主题，约翰·赫西文笔生动，文章发人深省、朴实无华，他注定会因此成名。两年后，同一家杂志全文刊登了他扣人心弦的、3.1 万个单词的长文，全面记述了广岛大轰炸——该文意在探索在极端逆

373

境中人类的耐力。

"大约 10 点钟，残骸发出一声湿漉漉的叹息，随后翻转过来。"这是赫西对撞船后那天上午的描述，当时艇员们即将开始史诗般的四个小时的游泳。"麦克马洪和约翰斯顿必须尽最大努力咬牙坚持。显而易见的是，109 艇仅剩的残骸即将完全没入水中。太阳越过头顶中线时，杰克说：'我们必须游到那个小岛上。'说完他用手指了指东南方向约五千米开外一群小岛中的一个岛，接着说：'与游到这边的几个岛相比，我们成功的概率不高，不过，那边那个岛上有日本人的概率也不高。'"[35]

对于不屈不挠的决心之类的主题，约瑟夫·肯尼迪没多大兴趣。说实话，他更希望利用这种机会扬名，利用他眼里儿子这种质朴的英雄主义，从中捞取好处，最好能推动杰克的事业，扭转他自己遗留至当时的胆小鬼名声。就此而论，《生活》杂志竟然拒绝刊发那篇文章（该杂志发行量更大），让老约很失望。因而他积极行动起来，力劝《纽约客》杂志的罗斯同意将该文压缩，以便广受欢迎的期刊《读者文摘》（*Reader's Digest*）刊发。由于罗斯憎恨那个同为杂志的竞争对手，他直接回绝了老约。不过，老约不言放弃，他游说《读者文摘》出版人保罗·帕尔默（Paul Palmer），促其放弃长期以来的规定，即他的杂志拥有重印压缩文章的永久权利。帕尔默最终同意单独购买该文的一次性版权。根据新条款，罗斯让步了。赫西同意将《纽约客》杂志给他的稿酬捐赠给克洛耶·安·柯克西（Kloye Ann Kirksey），她是 PT-109 上一名艇员的遗孀，该艇共有两名艇员死于该事件。[36]

对老约而言，公关方面的神来之笔带来的长期效益，无论怎么过分预估都不为过。他本来就是市场营销专家，能看透很少有人看得透的东西，即对杰克的行为适时地加以营销至关重要，可以让事情延续下去。[37]未来数年，老约会罔顾合同规定，未经允许大量重印《读者文摘》版短文，在杰克的竞选活动中广为散发。战时英雄主义故事在广大民众中的宣传效果极佳——关键是，这可以被用来解释和颂扬杰克为什么体弱多病。没错，选民们会听到如后说法：候选人小病缠身，竞选团队的人可以将其归咎于他经历的那场 PT-109 磨难，或者服役期间染上的疟疾。（有时候也会换个版本，将杰克身患各种疾病的原因推给"打橄榄球留下的旧伤"。）

然而，文章发表最初几个月，杰克反倒显得不那么情愿宣传自己。在写给莱姆·比林斯的信里，他是这么说的："怎么说呢，我跟你说赫西写文章期间我正在休假是真的，［不过］这事相当偶然，让我不禁想弄明白，是不是大多数成功只不过源于许多偶发事件的堆砌。我觉得我应该同意你的说法——如果不是那两人遇难，发生这件事就是一场幸运，两人遇难的事还差点把我毁了。"[38]

IV

在命运攸关的 1944 年夏季，约瑟夫·肯尼迪使出了浑身解数，尽管如此，他既无法控制一系列事件的发展速度，也无法控制它们的发展方向。他只能干瞪眼，束手无策地看着女儿凯瑟琳自作主张，把自己嫁了出去；看着儿子鲍比成了预备役军官训练

374

营（ROTC）的学员，看起来离受害也不是特别远；看着杰克的手术以失败告终，他好像注定会经历一场长期的、艰难的康复过程（他一直在海军医院卧床静养，不过，每逢周末，他可以返回海恩尼斯港的家里）；虽然小约的第二轮服役期即将结束，获准回家休假，但他继续在英吉利海峡和北海上空飞行，执行危险的反潜作战任务。

肯尼迪家的大儿子顽固地追求一招招险棋，刺激他那么做的背后原因是什么，没人能完全解读，不过毫无疑问的是，肯定跟一心想超越杰克有关，或者说，至少也要跟杰克并驾齐驱——根据英国突击队指挥官的妻子安吉拉·莱科克（Angela Laycock）的说法，一天夜里，小约向她吐露了心声："他敢肯定，他弟弟杰克最终一定能当上总统。"安吉拉强烈地感觉到，"小约对杰克的智慧感到敬畏，他深信，自己的智慧无法与弟弟抗衡"[39]。8月10日，小约写信告诉杰克，他已经读过赫西的文章，而且"对你深入骨髓的勇气印象深刻"。不过他按捺不住追问道："驱逐舰突然在眼前冒出来时，你他妈的在哪里，你到底是怎么操作的，你的雷达他妈的去哪了？"（通过追溯事情经过，人们才知道，杰克的鱼雷艇没有装备雷达。）小约的潜台词是：你还算英雄吗，鱼雷艇都让人家撞沉了。小约一向对别人获得勋章之类的事非常上心，所以他祝贺弟弟获得了美国海军及海军陆战队勋章，然后表示："既然参加了海军，退役时理应得到一枚战斗勋章才对。如果足够幸运，我回家时也应拿一枚欧洲战役勋章。"[40]

他的愿望落空了。8月13日，那是个温暖的、宜人的周日，那天下午，在位于海恩尼斯港的家里，肯尼迪一家聚集在阳光房里进午餐，一次像野餐会一样的午餐。杰克也在场，他从切尔西海军医院请了假，在家过周末；除了基克（她已经从伦敦返回，很快就要到家）和罗斯玛丽（她仍然在威斯康星州的收容所里），其他孩子都在家。饭后，约瑟夫·肯尼迪上楼小憩一会儿。大约下午2点钟，留声机正在播放超级歌星平·克劳斯贝（Bing Crosby）的排行榜首歌曲《我会来看你》（I'll Be Seeing You），一辆黑色轿车停在了肯尼迪家的房子前边，从车里下来两位神父。罗丝心想，他们可能是做关于宗教事务的常规来访，或是为某项慈善事业登门募捐（那年月，人们在家经常会碰上此类登门造访的事），所以她邀请两位神父到起居室和全家人见面，同时等候丈夫醒来。其中一位神父说，不行，这事不能等。他告诉罗丝，她儿子在作战中失踪，"据推测已经战死"。罗丝三步并作两步跑上楼，喊醒了丈夫。罗丝语无伦次，约瑟夫从床上一跃而起，迅速来到楼下，他妻子紧随其后。"我们跟两位神父进了起居室隔壁一个较小的房间，"罗丝后来写道，"从他们说的情况看，我们意识到，已经没希望了，我们的儿子没了。"[41]

孩子们仍在阳光房里，他们已经意识到，肯定是出了什么事。他们的父亲脸色铁青，再次进了屋，把消息告诉了孩子们。他还说，希望大家都勇敢面对，记住他们的哥哥，同时也要为活着的人们好好生活，"尤其要好好对待你们的妈妈"。说完，他回到楼上的寝室里，将房门反锁了。[42]

小约告诉过父母，回国和回家前，他将执行最后一项新任务，不过他谎报了该任务的性质。他告诉父母的是，那任务"比在海湾上空巡逻有意思多了"。不过，他们不必为他担心，因为"实际上没有任何危险"[43]。真实情况是，他自愿参加的行动，其危险程度几近自杀。该行动的代号为"铁砧计划"（Project Anvil），是针对令人恐怖的德国新武器 V-1 飞弹的反制，那种飞弹是巡航导弹的雏形，曾在诺曼底登陆后不久参与伦敦大轰炸。在法国，纳粹下令将火箭基地修建在经实战证明盟军轰炸机似乎到达不了的一些山坳里。小约驾驶的是"解放者"轰炸机，美国海军将其中一些飞机大拆大卸，以便在机身里塞满炸药。每架改装的飞机由两名飞行员驾驶，飞机在 600 米高度飞行，对准方向后，飞行员跳伞返回地面。紧随其后的两架 B-17 轰炸机会利用无线电控制系统引导"飞行炸弹"飞向位于法国沿岸的目标。[44]

后来，战斗结束后，有些人说，小约参与执行任务不过是愚蠢的冒险，除了想与杰克在太平洋立功受奖一事相提并论，拼命博取父亲的欢心，没有任何意义。也许吧，不过，话说回来，人们又该如何解释其他自愿参与"铁砧计划"的飞行员？难道他们也受了同样的恶魔驱动？他们决定站出来，也会同样受到横挑鼻子竖挑眼的审视吗？在同一基地和小约并肩作战的军官伙伴们都提到了小约的赌徒心理，他无限渴望参与每一件事，同时他们也敬佩他勇于承担的意识、他的驾驶技术，以及他的勇气。他们喜欢他从不显摆的品德；他自带响当当的姓氏，身世显赫，别人谈论名流世家，他唯恐避之不及。他从不空谈自己有什么战后计划，顶多会说一句未来可能会从政，部分原因是他父亲希望他那么做，仅此而已。[45]

小约在英国佛斯菲尔德皇家空军基地（Fersfield RAF base）。摄于他死前不久，1944 年 8 月。

不过，执行任务几天前，有人多次向小约发出警告，不知为什么，他都直接不予理睬。往好里说，整个"铁砧计划"只是个不成熟的计划，几次试飞均以失败告终，后勤和战术都带有不确定性。一名飞行员同伴曾两次提醒小约，电路系统的功能尚不完善，控制面板和所谓的保险销弄不好会引发飞机爆炸，小约两次都是一笑置之，没做理智的选择——请求指挥官将任务推迟至全面检查完飞机。8 月 12 日上午（行动时间定在当天夜里），小约在基克的公寓里留下一张字条，请基克转告他当时的女朋友帕特·威尔逊（Pat Wilson），他要晚一天才能前往约克郡与其约会。"我马上要去参加最后的行动，"他写道，"如果我没回来，告诉爸爸——尽管我们有分歧［估计是基克的婚姻一事］——我真的很爱他。"[46]字条上没提及母亲，仅提到了父亲。

当天傍晚，小约与共同执飞的另一名飞行员威尔福德·J. 威利（Wilford J. Willy）坐进了大拆大卸改装过的"解放者"轰炸机面对仪表板的位子上，飞机装载了 10 吨多炸药。威利是来自得克萨斯州沃思堡（Fort Worth）的海军职业军人，35 岁，还是三个孩子的父亲。两人从佛斯菲尔德机场顺利起飞。在紧随其后的一架特殊的蚊式照相侦察机里，时任总统的儿子埃利奥特·罗斯福（Elliott Roosevelt）执行拍照任务，以记录那次任务过程。（这样的安排足以解释小约参与那次任务可能另有动机：他想彻底抹除人们脑海里残存的对肯尼迪一家"胆小"的怀疑。[47]）飞行大约 20 分钟后，小约将飞控系统切换到遥控制导，他和威利准备离开飞机。跟在后边的小罗斯福正在不停地拍照时，小约的飞机突然爆炸，成了一团巨大的黄色火球。炸成碎块的残骸散落到英国萨福克郡沿海地区将近三平方千米范围内，砸坏了超过 50 座民房。爆炸如此剧烈，人们事后从未找到两位飞行员的任何遗骸。

在适当的时候，会有人做出最终裁定——导致小约和威利自我牺牲的作战行动完全没必要。那次任务的特定目标是米摩耶克斯堡（Mimoyecques），那是法国加来海峡地带的一处城堡，当时德国正在那里修建一处综合军事设施，用于安置最新的 V 型武器——V-3 超级加农炮，那种炮专为轰击 170 千米外的伦敦而设计。盟军参谋部里的人们有所不知，由于英美轰炸机常规轰炸造成的破坏，当时那地方的建设已经停工。即使工程完工，也没有 V-3 大炮可安装，经过反复验证，德国人认为那种武器浑身都是毛病。最具讽刺意味的是，小约那次要命的飞行过后不到三周，加拿大军队便占领了米摩耶克斯堡那处空荡荡的工地。[48]

V

泰德·肯尼迪在回忆录里记述了他们在科德角经历的那个可怕的周日。两位神父离开后，杰克转过身子，对他说：" '小约肯定不希望我们坐在这儿干哭，他肯定想让我们驾船出海，咱们开船去。'……我们真的那么做了，我们驾船出海了。"后来，杰克独自在海滩上漫无目的地走了一会儿，然后返回波士顿医院。如今他有的是时间好好想想哥哥的死，以及整个事情的荒诞：小约身体健康壮实，先走了，而躺在病床上的他还活着。几个月后，杰克提笔写

378

下了如后评语："最好的人好像都走得早。"还有就是，"小约的一生是完整的，即完美的完整"。杰克为自己一年前在布莱凯特海峡参加过数次作战感到骄傲，不过他也知道，他的经历和导致哥哥死亡的绝密作战任务之间有着天壤之别。由于"非凡的英雄主义和勇气可嘉"，小约后来被追授美国海军十字勋章，这完全在杰克的意料之中。[49]

悲剧过后数周，父亲的举止充分说明，最优秀的儿子先一步走了。老约失去了心头肉，悲伤使他形容枯槁。他把自己关在屋子里，数个小时独自听古典乐，避开一切社会交往。小约是他的大儿子，与他同名，曾经是他许多梦想和雄心壮志的化身，也是他决心让肯尼迪家族登顶美国公共生活巅峰的化身。小约是他心中的王子，可如今他死了。"这就好比约瑟夫·肯尼迪花费大把的功夫，"这是某个观察人士后来的评述，"小心翼翼地兼顾了所有细节，精心准备了让他扬扬得意的一出大戏，刚刚演完序幕，大幕徐徐落下时，残酷的结局已经显现。"老约曾经向一个朋友承认："我这辈子把太多东西维系在他身上，我为他未来的成就铺垫好了一切，你是知道的。眼下这一切都成了过往。"[50]

或许，让悲伤更加难以承受的是一种无法摆脱的负罪感。专栏作家阿瑟·克罗克对老约可谓了如指掌，后来他吐露过，老约听到噩耗后表现出的父辈的绝望是那种最悲不自胜的，"超越了人的承受极限"。约瑟夫·肯尼迪如此极端的反应肯定有其特殊的原因，克罗克推测道："小约自愿报名参加最后一次行动，而那次行动超出了他的职责，超出了与他有关的一切，他所追求的不过是用这种非常的危险证明，肯尼迪一家不是胆小鬼。杀死小伙子的正是这个，这就是他的死因，而他父亲意识到了这一点。他的父亲从未承认这一点，不过他确实意识到了这一点。"[51]

至于罗丝，悲剧过后最初几周是她经历过的最黑暗的一段时光。小约一直是她生活中最大的快乐，30年前，他们住在布鲁克莱恩镇的小房子里，小约躺在婴儿床上，冲她一笑，从那时以来，她一直快乐如此。每到夜晚，她总是无法入睡，脑海里总会浮现小约在生命最后时刻注定会经历的恐怖。她总会把小约当作小孩，"跑进我的怀抱里，蜷缩在我的膝头"，她仍然认为，小约在肯尼迪家的房子里是个稳固的存在，像个代理家长，依然在为弟弟妹妹扮演完美模范的角色，小约一向如此。后来，随着国内外的吊唁信如雪片般飞来，罗丝的痛苦慢慢开始化解，她有意让自己认识到，小约的死是上帝难以理解的计划的一部分，没必要为接受它而理解它。[52]

379

8月16日，基克从伦敦返抵波士顿时，杰克在洛根机场（Logan airport）亲自迎接她。基克一头扎进杰克的怀抱里，大哭起来。兄妹二人从机场直接去了海恩尼斯港的圣方济各·沙勿略小教堂，为的是两人在一起时能把心静下来。根据基克传记里的说法，她看到杰克的相貌时大吃一惊："他的体重到不了115斤。他的颧骨和下颌骨明显凸出，他的皮肤泛着可怕的黄色。"[53]不过，她很享受跟杰克在一起，反之亦然，随后几周，兄妹两人经常会在一起。然后，一个月后的9月19日，又传来了一个令人震惊的消息：基克的丈夫比利·卡文迪什九天前在比利时作战时被杀，德国狙击手击穿了他的胸部。"比利和基克的婚姻就这么结束了，"基克在日记中写道，当时她正准备返回英国参加卡文迪什的追悼会，"正式消息昨天到了。我真不敢相信，我预感过可能会发生的事真的发生了。比利死了——9月10日在法国作战时被杀。① 生活太残酷了。"[54]

那年秋季，在医院卧床期间，杰克反复思考小约和比利的死。他的一个记事本里写满和夹满了关于他们两人的各种东西——基克寄来的一封信，内容有关她丈夫去世，还有比利所在的冷溪近卫团的军官们写的吊唁信的摘抄，以及《华盛顿邮报》刊登的一篇关于小约的评论文章和生平追述。杰克的思绪回到了他读过的两部作品，一部是约翰·巴肯的自传《朝圣者之路》，其中提到1916年的雷蒙德·阿斯奎思之死；另一部是丘吉尔所著《当代伟人》（*Great Contemporaries*）。他从两本书里各摘抄了一段。

摘自巴肯的作品："他爱他的青春，而他的青春永驻人间。他快乐、聪颖、勇敢，如今他成了不朽的英国的一部分，而英国从不言败，从不疲倦，从不衰老。"

摘自丘吉尔的作品："这场战争见证了许多人珍视的东西，却让他们始终不明就里，然后，以冷静、镇定、果敢、平淡、快活笑对命运的安排，掷弹兵们大步冲进索姆河战场的碰撞和轰鸣中。"[55]

一个想法在杰克的脑子里扎了根：为纪念哥哥，他得编一本纪

---

①　原文如此。卡文迪什率部试图夺取德国国防军占领下的比利时黑彭（Heppen）时被杀。——编注

念册，收录家人和朋友们的各种追忆和回忆。他要亲自当编辑，亲　380
笔写一篇序。实际要做的事比他预想的多得多——"关于小约的书
比我想象的慢了许多，"1945 年初，杰克写信给莱姆·比林斯，"不
过，再花一个月左右就能成书，我觉得肯定会很棒。"不过，根据妹妹
尤妮斯的回忆，杰克做得很认真，每天花很长时间打电话和写信，将
收集来的材料整合到一起，最终编成了书，一本薄薄的但很动人的
书，书名为《我们记忆中的小约》（*As We Remember Joe*）。这本书
印了 360 册，通过私人渠道分发出去，多数为朋友、亲戚、战友。[56]

　　"这本书，我有些担心——也许会让你们伤心，"出版后杰克写
信给父母，"我希望你们的悲伤会得到抚慰，因为你们会意识
到——书里都清晰地勾画了——小约这辈子过得既丰富又多彩，非
同凡响。"（老肯尼迪始终没敢这么做；在其余生中，他仅仅翻看了
不多几页，始终没敢鼓起勇气通读全书。[57]）杰克在序言里介绍说，
哥哥很小的时候就具备一种"对弟弟妹妹的责任感，我认为，他从
未忘记这一点。对于年龄几乎和他相当的我，这种责任主要是他给
我定的标准和给他自己定的标准一样高"。对小约的缺点——脾气
暴躁，眼里揉不得沙子——杰克轻描淡写地一笔带过，他还说，哥
哥无论做什么都以身作则，这让他铭记终生。杰克毫不怀疑，若不
是 1944 年 8 月 12 日那次注定倒霉的任务终止了哥哥的生命，他必
将铸就一番辉煌。杰克的原话是："他原本必将无可避免地铸就世
界级伟业，因而他的离去好像也打乱了自然界万物的秩序。"[58]

　　在后来的年月里，相当一部分评论人士同样会说，小约是肯尼
迪家贴有"政治明星"标志的孩子。实际上，这些观察人士的判断

无非源于如后说法：肯尼迪夫妇对大儿子悉心栽培，使其超出其他孩子一大截，并非因为他天赋异禀，取得过惊世骇俗的成就，而是因为他是未来的潜力股。现实却很残酷，小约似乎知道自己的生命会戛然而止。除了拥有男主角的长相，他的热情、他的忠诚、他的职业操守、他的血性和胆略等都不配位。他脾气暴躁，盛气凌人，在社会交往中常常显得咄咄逼人。出现争议时，他总是寸步不让，他还把这种倾向带进了日常讨论中，为了能赢，他会不遗余力。他的幽默尽显对他人的轻视，还变着法嘲笑他人。他的文笔也缺乏细腻和优雅。

381　　　最重要的是，小约总是坚定不移地谨遵父命行事，从而使他对政策的误判不在少数，这注定会给他在民主党未来政治领域异军突起造成许多障碍——例如，难免会有人想到，整个 20 世纪 30 年代，对于希特勒治下的德国，他在许多场合表达过崇拜；在 1940 年的党代会上，他不听劝阻，顽固地投票反对提名罗斯福参选总统；他那林德伯格式的反干涉主义顽固透顶，甚至比父亲还极端，全美大部分地区远离那种趋势很久以后，他仍然在坚持；另外还有他的哈佛大学反对军事干涉委员会创始人身份。在毕业论文里以及毕业后在西班牙撰写的一些报告里，小约流露出不少亲佛朗哥情结，这同样会引发一些令人不快的问题，在佛朗哥政权的法西斯主义大政方针变得人尽皆知后更加如此。（小约毕业后没几年，他的论文副本好像都销声匿迹了，这说明全家人都看出了问题所在。[59]）

　　　据说，只是由于哥哥的离世以及父亲的要求，约翰·F. 肯尼迪才选择将政治作为终身追求的事业。尽管这种推演而来的论断流传甚广，我们也没必要接受。1944 年至 1945 年的秋季和冬季，杰克有充裕的时间仔细考量各种选项，小约的死毫无疑问是他思考的因素。我们甚至可以认同历史学家赫伯特·帕尔梅后来的论断：杰克的政治事业始于"英国海岸上空的一次爆炸"。杰克的父亲毫无疑问希望他接过哥哥未竟的事业，早在 1944 年圣诞节期间，杰克还在棕榈滩时，父亲就不断地敦促他朝那个方向发展。（过节期间，杰克向费伊透露："我背对老爸都能感觉到，他总是盯着我的后脑勺。"[60]）

但杰克选择道路时有自己的一些理由。早在青葱少年时期，他头脑里就装满了姥爷约翰·菲茨杰拉德的政治传奇，而他成长的家庭推崇公共服务，弘扬每个人在一生中有义务做些有意义的事。不仅如此，长期以来，他一直对政治着迷，他希望到法学院深造，至少部分表明了他的兴趣所在。熟悉小约和杰克兄弟的哈佛大学教授们和学生们坚称，对当代政治和政治史，杰克的兴趣更大，认识也更全面。[61]早在 1942 年初，杰克就跟因加·阿瓦德一起畅想过他未来从政的事——两人甚至用玩笑口吻说过进入脚下这片大地的最高机构——随后的战争经历让杰克对世界事务以及如何引领民众的行为有了更深的理解。在南太平洋期间，在杰克主导的那些晚间闲聊中，政治常常是那些在场者闲扯的主题。1944 年冬末，也即小约去世数个月前，杰克和波士顿老牌政治掮客乔·凯恩（Joe Kane）见了一面，就他所寻求的潜在从政机会向其讨教。[62]在公开发表作品方面，杰克也比哥哥强，这意味着，与小约相比，杰克在知名度方面更占优势（小约自己对此也有察觉）。最多可以这样说，杰克在哥哥离世前的某一刻早已登场，哥哥的去世仅仅为他拓宽了舞台，他从政不是为了替代小约，而是为了表达自己的一些理想和愿望。西奥多·索伦森（即泰德·索伦森）后来成了杰克的高级助理，他回忆杰克时是这么说的："他的踏入［进入政界］是自愿的，也是合逻辑的。"[63]

无论如何，直到那年 12 月，所有事情都处于待定状态。杰克尚未从海军退役，极不稳定的健康状况也不允许他做确切的规划。当时他还不愿意全身心投入政治，并以此为职业。他还有其他几个选项：他喜欢写作，另外，这也是当时唯一适合他的职业，因为他接受过一些培训，也拿到了几个资格证书。加上他成功地出版了《英国为何沉睡不醒》，他有信心干好这一行。杰克曾经对查克·斯波尔丁和另外几个人说过，他可以将写作当作职业，也许他可以当个记者。做学问对他也有吸引力，不过不是还要继续深造几年的那种。做生意则对他没有任何诱惑力。

VI

不过，杰克的当务之急是，在投身任何一条择定的道路前，他必须将自己的身体调理好。1944 年 12 月，杰克出现在位于华盛顿特区的退伍军人事务局（Retirement Board）里，在那里获得了准确消息，他已经上了中尉级退役人员名单，"原因是身体残疾"，约翰·F. 肯尼迪的军旅生涯即将就此结束。（他的正式退役日期为1945 年 3 月 1 日。）1945 年 1 月，杰克去了阳光明媚的亚利桑那州，在布拉德肖山区（Bradshaw Mountains）的城堡温泉酒店租了个房间，在那边疗养康复。2月20日，他致信莱姆·比林斯，说他恢复得很慢，如果感觉恢复不快，他会返回梅奥诊所。不过，他的身子骨足以支撑他去了趟凤凰城（Phoenix），他在信里是这么表示的："他们的［原文如此］有一些让我感兴趣的'刺激'，我真的带［女演员］维罗妮卡·莱克（Veronica Lake）兜了一圈。……我不是说做这一切是跟她'玩刺激'了，或者说不管谁见了她一定会跟她套近乎。在其他类似的场合，她这种人肯定不会拿正眼看人。"[64]

杰克在暂居的小窝里起草了一篇文章，题为《我们一起做个和平实验》，该文聚焦于重整军备，以及战后稳定的前景。为防备德国人和日本人的侵略威胁，杰克此前拥护军事准备，尽管如此，他在文章里发出了如后警告：战后的军备竞赛可能会威胁到大国的和平，从根基上动摇美国的民主。（"在武装的营房里，民主睡不踏实。"）所以，几个轴心国被打败后，美国的领袖们必须追求一种"明智的和有想象力的政治才干"，防止重新开始军备争夺，以免敌对势力——在此他预估苏联会成为敌对势力——试图挑战美国的能力，以免一些弱小国家"出于自身安全考虑扎堆反对我们"。对这篇文章，《读者文摘》直接拒稿，《大西洋月刊》同样如此。后一家杂志的编辑抱怨称，杰克试图让如此有限的篇幅覆盖过大的范围，"结果导致文内的论点根本无法像预先想好的那样直抵读者"。这是非常中肯的评论；在1945年初那个时间段，其他无数观察人士都无一例外地鼓吹限制军备，鼓吹裁减军备的重要性，鼓吹积极

383

活跃的外交努力，而杰克的文章缺少火花，也没有提出什么特别新颖的论点。不管怎么说，透过作者对军事力量的效能不断进化的一些看法，以及他的关切，这篇文章让人们得以深入窥探作者的思想变化——事实证明，他的看法和关切都是有根据的——战后世界强国的冲突可能会给美国的民主建制带来沉重压力。[65]

该文最让人耳目一新的是这段颇具远见的论述："科学总会用一些新鲜出炉的恐怖战胜小心谨慎，相较于恐怖，防御是指望不上的。毫不夸张的是，理论上说，导弹发展到极致，可以从全球任意地点抵达世界上任何人类住地，精度分毫不差，它传达的是一种无声却可怕的死亡和毁灭信息。"[66]

像以往一样，杰克对政策制定的兴趣主要在外交事务方面。不过，在亚利桑那期间，为了让自己的学识更全面，他更多地学习了一些美国国内事务。他结交了一个名叫帕特·兰南（Pat Lannan）的芝加哥富人，后者像他一样，来沙漠地带是为了调理身体。让杰克印象深刻的是，兰南坚信，在未来的美国政治里，劳工团体一定会极具影响力，他还敦促杰克尽可能多了解一下这个问题。杰克立刻让老爸给他运来一箱关于工会和劳工法的书，那些书一到，他就一头扎进书里。兰南和杰克同住一幢小楼，他回忆说，杰克"总是坐在那里读书读到半夜一两点，直到把一整箱书都读完，他一直如此"[67]。这段经历足以说明杰克的兴趣所在和他的动力，也进一步证明未来竞选公职进入了他的视野。

然而，当时的兰南未必意识到，新朋友是一块当总统的料。"我敢肯定，1945年我遇到杰克那会儿，"兰南后来回忆说，"再给我几个脑袋我也想象不出他会成为未来的美国总统。"相反，他印象最深的是，杰克是个"特别有趣的家伙"，可是他很普通，脚踏实地，不是那种上了当高官快车道的人。不过，两人一起到山里骑马时，尽管杰克背部问题严重，他还是表现出不顾一切的冒险精神。"那里是骑马的好地方，我们每天都骑马。他是个疯狂的骑手。他会骑着马从山顶一路狂奔到山脚。他喜欢速度。他是个特别爱冒险的家伙，不过马骑得没那么好。他总是在冒险。他总想比赛——他非常喜欢竞争，文明的那种。"[68]

在亚利桑那州的阳光下，两个青年男子一天接一天消磨着时光，同时他们也能感觉到，一些巨大的变化即将来临。战争似乎很快就会结束，并让位给对于美国、世界、他们各自未来的不确定性。

第十四章

"浑身上下透着政治"

1945 年 4 月，杰克·肯尼迪仍然在美国西部疗养期间，令人震惊的消息传遍了全美各地，包括他那里：富兰克林·D. 罗斯福总统在位于佐治亚州温泉康复院的住地死于脑出血。当时他刚刚过完63 岁生日十周。

多年来，罗斯福一直遭受高血压困扰，不过，多数时候都被他忽略了——1941 年 2 月 27 日，他的血压为 188/105 毫米汞柱；1944 年之前，很少有人为他量血压。那年春季，医生们诊断出急性支气管炎、高血压、呼吸急促、左心室心力衰竭、长期心脏病，所有症候集中表现在两个方面：脸色灰白、无精打采。他的外表让朋友们以及同事们都感到担忧，包括 11 月一起参加总统大选的竞选伙伴——来自密苏里州的参议员哈里·S. 杜鲁门（Harry S. Truman）。（罗斯福早已下决心将战争进行到底，早在 1940 年即已果断决定竞选连任。）然而，多数选民不知道他的身体状况，支持他赢得了第四任期连任，尽管如此，和以往相比，那次他仅以较小的普选票差距获胜。[1]

那时候，在欧洲和太平洋两大战场，胜利看似越来越趋于指日可待。尽管 1944 年 6 月的诺曼底登陆有可能以惨败告终——德军进行了殊死抵抗——诺曼底滩头阵地却成了大批部队集结的中心；到 7 月底，通过英吉利海峡，盟军将接近 150 万兵员输送到法国沿海地区，随后开始取得全面突破。时间移至 8 月底，盟军解放了法国和比利时。（当月 25 日，自由法国领袖夏尔·戴高乐率部沿香榭丽舍大街进行了凯旋列队行军。）9 月，德国国防军进行了战术性撤退，盟军借势推进到莱茵河沿线。加拿大军队横扫斯海尔德河河口，乔治·巴顿将军麾下的美国第 3 集团军夺取了法国东北大城市斯特拉斯堡（Strasbourg）和梅茨（Metz）。

德国的溃败趋势已经显现，之后，希特勒于 12 月在阿登高地发动疯狂的大反攻，再现了 1940 年铁甲洪流奏凯的场景。经过数周激烈战斗（后人将其称作"突出部战役"或阿登战役，因为在盟军的战线上形成了一个纵深达 100 千米、宽度达 70 千米的突出部），1945 年 1 月末，美国军队终于控制住了战局，不过，因此遭受的伤亡高达 10 万人，包括 1.9 万人死亡。截止到那一时间节点，战略轰炸已经大幅度削弱德国的战时产能，摧毁了它的经济。与此同时，身经百战的苏联红军已经穿越白雪皑皑的波兰和东普鲁士，打通了一条直达柏林的通道。（1 月 27 日，红军战士们进入波兰南部的奥斯维辛灭绝营，解救了超过 7000 名幸存的囚犯，大多数人身体有病，奄奄一息。）在欧洲南部，红军夺取了匈牙利的布达佩斯，沿多瑙河流域向维也纳推进；美军穿过了莱茵河，夺取了德国工业重镇鲁尔区。在太平洋战场，切斯特·尼米兹（Chester Nimitz）将军正在推进其两栖战役，杰克·肯尼迪在其中也出过一份力，部队正在做攻打硫磺岛和冲绳岛的准备，那里是通向日本本土诸岛的垫脚石。与此同时，在菲律宾战场，麦克阿瑟将军的部队已经兵临马尼拉城下。[2]

　　西方盟军从西边进攻之际，苏联红军已经在奥得河畔站稳脚跟，柏林近在眼前，随着东西两翼收紧对纳粹德国的夹击，为讨论和平问题，罗斯福、斯大林、丘吉尔再次聚首，时间为 1945 年 2月初，地点在黑海克里米亚半岛的旅游城市雅尔塔。经过十天拉锯式的讨价还价，诸位领袖达成协议，德国必须进行赔偿，然而并非赔偿全部战争费用；德国东部一些领土划归波兰（用于补偿苏联夺取波兰东部相当大一块领土），剩余的德国领土将划分为四个占领区，分别由美国、苏联、英国、法国管理。四个战胜国将另行划分位于苏联占领区内的柏林。罗斯福尽管体弱多病，但竭力为成立联合国进行游说，且获得了成功，不过附带了如后条件：主要大国——美国、苏联、英国、法国、中国——将成为安全理事会的永久性成员国，且对该机构的任何一项决议拥有一票否决权。斯大林坚持说，必须保证苏联西部边界以外都是非敌对政府，以免那一地区再次成为入侵苏联的出发地，他似乎在东欧问题上得到了自己想要的结果。罗斯福和丘吉尔几乎没办法反驳斯大林。为了让美国支持苏联对在 1904 年至 1905 年日俄战争期间割让给日本的领土和转让给日本的特权的主张，为了使美国在中国东北问题上向莫斯科让步，作为交换，斯大林同意与美国的中国盟友蒋介石签订友好条约，而非与共产党人毛泽东签署条约，还同意打败希特勒后三个月内向日本宣战。[3]

在 20 世纪余下的年月里，以及未来，谈到雅尔塔会议，右翼批评人士总是说那是一次背叛，是濒临死亡的美国领袖抛弃了东欧人民，在其任期结束前，他宁愿与公开致力于对外扩张的对手克里姆林宫达成表面的合作和轻松的交易，也不愿与其发生对抗。[4]（战争结束后最初几年，杰克·肯尼迪本人间或也会提出同样的指控。）对罗斯福此种行为更为简单和更说得通的解释为，雅尔塔会议期间，军情现实让他手里没几张牌可打。苏联军队已经占领了被他们解放的几个东欧国家，包括波兰，莫斯科在那个国家建立了亲苏政权，英国支持的波兰流亡政府却远在伦敦。由于苏联有 2000 万到 2500 万人死于战争，还由于红军部队早已就位，对东欧问题，罗斯福和丘吉尔的谈判实力非常有限。[5]

II

三位领袖离开克里米亚后，攻势仍在持续，盟军包围了鲁尔地区，抓获了超过 30 万德国俘虏，接着又夺取了曼海姆和法兰克福。战争结束近在眼前。4 月初，灯火管制解除后，巴黎再次成为"光之城"。德国各大城市——柏林、德累斯顿、汉堡、埃森、纽伦堡、杜塞尔多夫、法兰克福——的大片地区已经沦为瓦砾。4 月 11 日，美国第 9 集团军已经推进到易北河，距柏林仅有不到 100 千米。

第二天，罗斯福就离世了。无论是当年还是后来，作为美国总统和总司令，他的履职表现招致了诸多批评，不过，论及他巨大的和持久的影响，没人会怀疑。他的"新政"从根本上改变了美国生活的许多重要方面：劳资关系、经济安全、资源保护、银行业、基础建设、福利、农业，这些仅仅是代表。在罗斯福领导下，美国联邦政府不可逆地进入了全国性经济生活——虽然后几代人组成的保守派"小政府"满口漂亮话痛斥福利国家，行动上却唯有接受福利国家那样的规范，没得可选。外交政策方面亦如是，罗斯福宣称加强了总统的权力，尤其在 1941 年初国会通过《租借法案》后。这方面，他曾经摇摆于趋向乌托邦的理想主义和脚踏实地的现实主义之间，以及信奉广阔的全球视野和自我满足于狭隘的、碎片化的、短期的目标之间。在一个忠诚度永远在变化、阴谋诡计层出不穷的世界，他必须一直小心谨慎才能保住自己的权力。（他的力量的确有一部分体现在这方面：人们很难弄清自己究竟是在跟什么样的罗斯福打交道。）历史学家沃伦·金布尔（Warren Kimball）将罗斯福称作"玩杂耍的人"，真是恰如其分。毫无疑问，在主导战争进程方面，罗斯福的作用是巨大的——他是许多核心战略决策的设计师，这方面无人能出其右，他离世时，战争已经胜利在望。对投身这场大规模斗争的众多美国男男女女来说，罗斯福是英明的总司令，他们以及国家为之奋斗的一些自由主义理想，唯有经过罗斯福阐释才会令人信服。[6]

历史学家威廉·E. 洛克滕堡（William E. Leuchtenburg）编纂了一部合集，其中收录了 20 世纪后期的历任美国总统的事迹，约翰·F. 肯尼迪也在其中，难怪他为这部合集起名《在罗斯福的阴影里》(*In the Shadow of FDR*)。[7]

战争时期，以赛亚·伯林先后在英国驻华盛顿和莫斯科使馆工作，他说，罗斯福对全人类独一无二的贡献表现在"政治上有效的同时，展示出乐善好施和人文情怀仍然可行"；促进自由和社会公正并不意味着削弱高效的政府；"个体自由——一种松散的社会结构"——可以与"不可或缺的最小"组织以及管理机构和平相处。[8]

怀疑论者会说，罗斯福总是喜怒无常，心怀叵测，在压力下就不会那么优雅了。他们还冷嘲热讽，恬不知耻地说，罗斯福经常向一些团体、个人、外国政府做出前后矛盾的承诺。他们还指出，历史记录了罗斯福的一些污点——尤其需要指出的是，战时强行拘留10万日裔美国人，以及面对"大屠杀"时无动于衷。（在批评人士看来，他理应做得更多，以解放灭绝营；对罗斯福的说辞——营救欧洲犹太人的最好办法是尽快赢得战争——批评人士并不领情。[9]）对这一点，还会有人拿珍珠港遇袭事件补一刀，说与国会里的孤立主义势力交锋时，他实在是过于谨慎。

1945年春季的那一天，随着罗斯福的死讯突然到来，许多美国人悲痛欲绝，完全不明白发生了什么事，好像这事根本不可能发生。对十几岁和二十多岁的美国人来说，他们这辈子从未听说过别的什么总统——罗斯福第一次宣誓就职那年，杰克·肯尼迪15岁，妹妹尤妮斯11岁，弟弟鲍比才7岁——即使对年龄稍长的美国人来说，他们也觉得，很难想象没有第32任总统的日子该怎么过，包括许多反对过他的人也这么想。罗斯福带领美国度过了大萧条时期，扛住了两线战争。即使在 1942 年最黑暗的那些日子里，轴心国的碾压之势看似不可阻挡，罗斯福也依然毫不动摇地坚信，胜利终将到来——拜美国工业和人力的无限可能所赐。罗斯福刚刚离世，安妮·奥黑尔·高密克（Anne O'Hare McCormick）就在《纽约时报》上撰文称，罗斯福"12 年来占有这一角色，将自己的人格魅力融入了这一角色，其他一些国家的人们提到他时，直接称他为'总统'，好像他是全世界的总统。他不会前倨后恭，他是极其镇定之人，没必要褒贬其他任何人。这就是世人通过他的亡故见证的他的伟大，这一点一目了然"。对共和党参议员罗伯特·A. 塔夫脱（Robert A. Taft）来说，罗斯福之死其实很简单："他死得其所，是个战时英雄，实际上他死在为美国人民服务的工作岗位上。"[10]

　　还有一件有趣的事与本书相关：罗斯福具有与选民沟通的非凡能力，部分由于他不屈不挠的乐观主义和领袖的感染力，部分因为他对当代最新技术革命的熟练应用，这里说的是广播。罗斯福对媒体的熟练掌控最终被证明是了不起的政治资产。尤其需要指出的是，广播让罗斯福得以与选民进行各种情感沟通，从前的美国政治家——多数情况下，人们唯有通过各种报纸头版上粗颗粒的照片见识那些遥不可及的人物——未曾用过这种方式。如此说来，罗斯福是第一位媒体总统，是逐渐形成的所谓的媒体政治的开创者，1/4 个世纪后，在约翰·F. 肯尼迪时代，电视总统将会出现。[11]

390

　　并非所有美国人都对这位伟人的去世感到伤心。约瑟夫·肯尼迪在报章上发表了一篇悼念文章，却对女儿基克说，罗斯福之死"对国家是件大好事"。对辞去大使职务后未能在内阁谋得一职，约瑟夫仍然耿耿于怀，实际上，他还把小约之死算到了罗斯福头上。约瑟夫对前总统赫伯特·胡佛说，罗斯福通过将英国推向战争，尤其是 1939 年春季推动内维尔·张伯伦保证波兰领土主权，将英国并且最终将美国双双拉进了非必要的冲突。这种对当初那些事件不靠谱的解释竟然来自一位高层观察人士，不过，大使固执己见。胡佛对此记述道："约瑟夫说，若不是因为罗斯福，英国肯定不会那么做——犯下历史上最大的错误。"如果放任希特勒，他会将注意力转向东方，西欧从而会免于战火。之后，罗斯福在 1943 年卡萨布兰卡会议上接受"无条件投降"原则，更是有勇无谋的举动。约瑟夫的判断如后：它排除了原本可以通过谈判达成和平、缩短战争进程的可能性。[12]

用大使短视的目光看，罗斯福同样没有为良好的战后秩序打好基础。其他人看到的是，出现了一个崭新的、美国领导的世界政治格局，可是，在约瑟夫眼里，一切都是毁坏和无序。"太可怕了，"约瑟夫写信给基克，"想到所有那些死去的男孩，在经济层面和政治层面上世界乱成了一锅粥，在世界和平进程方面，每个人都做出过那么多牺牲，人们却没有任何补偿可以期盼。"[13]

约瑟夫从来不提那年春季盟军解放一些纳粹集中营牵扯出的问题：人们深恶痛绝的一种社会制度，那种社会制度充满了系统性恐怖、折磨、屠杀，其核心成分是种族灭绝。骇人听闻的贝尔根-贝尔森（Bergen-Belsen）集中营和布痕瓦尔德（Buchenwald）集中营的电影片段让最铁石心肠的观察人士都震惊不已，同样让人震惊的是人们对残忍视而不见，死于饥饿和不明疾病的许多人未被掩埋。突然间，人们好像意识到，早在 1940 年 6 月最黑暗的那些日子里，温斯顿·丘吉尔对同胞们说的一席话就道出了最基本的事实："如果我们失败，那么包括美国，包括所有我们所知所爱的人，整个世界将沉入新的黑暗时代的深渊，借助误入歧途的科学，这一时期会更加邪恶，或许还会更加漫长。"[14]战争也是从道德层面拯救自由文明社会的斗争，但它的这一层面从未真正引起约瑟夫·肯尼迪的关注。

　　尽管痛苦仍在延续，约瑟夫心里却明白，他必须践行长期以来灌输给孩子们的思想：为活着的人们好好生活。无论怎么看，他自己在公共事务领域的事业已成过往，他唯有向现实低头，因而他愈发坚定地将注意力投到孩子们身上。那意味着，首先要投到杰克身上。做父亲的希望，杰克必须担当起为肯尼迪家族的名字重铸辉煌的重任，杰克必须实现约瑟夫为小约设想的人生规划。于是，当年 4 月，大使安排赫斯特新闻社的《芝加哥先驱美国人报》（*Chicago Herald-American*）雇用杰克前往旧金山，为该报报道即将召开的联合国大会，同时也为赫斯特新闻社的《美国纽约日报》供稿。杰克干脆利落地抓住了这个机会——这份工作肯定能够检验他能否胜任新闻工作，也可当作他竞选公职的前奏。无论如何，丘吉尔是他心中的完美英雄，而丘吉尔年轻时曾在苏丹和第二次布尔战争的某一时间节点当记者，那是他担任议员以前的事。

Ⅲ

那时候，杰克已经在亚利桑那州布拉德肖山区完成休养和康复，还与帕特·兰南和查克·斯波尔丁结伴去了趟好莱坞。在好莱坞期间，他们入住时髦的贝弗利山饭店（Beverly Hills Hotel），沉浸于夜生活里，与电影演员加里·库珀（Gary Cooper）、沃尔特·赫斯顿（Walter Huston）、奥利维娅·德哈维兰（Olivia de Havilland），以及花滑运动员索尼娅·海妮（Sonja Henie）等人往来密切。让杰克惊诧不已的是，晚餐过程中，库珀的言谈缺乏深度，他还缺乏交谈技能，即便如此，杰克仍然玩得尽兴——"我们吃了顿三个词的晚餐。"杰克对斯波尔丁说。后者出过一本畅销书，书名为《首飞之恋》（*Love at First Flight*），库珀有兴趣将其搬上银屏。"吃饭时没人说话，即使有人说，库珀也总是一声不吭！"在德哈维兰家的那天下午以喜剧方式结束，因为杰克伸手抓门柄时两眼牢牢盯在影星身上，他误开了一扇壁橱门，门后塞得满满当当的，门一开，一大堆网球拍、网球、鞋子砸到了他身上。[15]

三人还一起见了因加·阿瓦德，斯波尔丁一眼就看出杰克为什么会爱上因加，其实与她的长相没什么关系——她温柔、机敏，是那种所有男人都心驰神往的女性。即使希望渺茫，杰克仍想与因加发展关系，可两人如今只能维持纯粹的柏拉图式的关系。（数周前杰克曾写信告诉比林斯，他计划前往南加州"跟因加·宾戈斯磨斯磨"。）因加和威廉·卡恩的关系坚如磐石，而且她喜欢美国西海岸

392

的生活。她（错误地）唯恐自己还在联邦调查局监视下，另外，她也没兴趣再次经历 1942 年跟杰克一起遭遇的那些困难，尤其需要考虑的是，杰克可能投身政治事业。[16]

在梅奥诊所短暂停留，做了些检查后，1945 年 4 月 25 日，杰克再次掉头往西，前去报道在旧金山召开的联合国成立大会，那是自 1919 年巴黎和会以来全世界政治家人数最多的一次聚会。[17]随后出现了一种说法——赫斯特新闻社的高管们雇用杰克是为了讨好肯尼迪家族。尽管如此，真正促使他们那么做的动力是精明的自身利益——费用支出仅为区区 750 美元，他们得到了 16 篇内容翔实和思路清晰的文章，且撰稿人是战斗英雄，写过一本令人崇敬的关于国际事务的书，其家族与美国和英国高官关系不一般。别看杰克未满 28 岁，但他具备可信度。[18]

青年记者的第一篇报道脱稿于 4 月 28 日，该文反映了他的现实主义看法。文章提醒读者们，人们对大会寄予了过高的厚望，在一个仍然被各自国家的核心利益驱动的世界上，被夸大的希望几无可能实现。"人们得到的印象是，这是一次结束战争、在全球开创和平、对所有国家都友好的大会——当然，德国和日本除外。好吧，事情并非如此。"主要大国都希望为自己保留足够的回旋余地——它们中的一个是苏联，在会议期间，该国似乎故意制造混乱，以图在一些重大问题上达成自己的目的。接着，杰克在文章里提及，旧金山大街上的普通美国兵对大会的意义几乎不知情，他引用了一名得过奖章的海军陆战队士兵的话："大会在做什么，我知道得不多——不过，如果他们把问题解决了，让我们不必再去打仗——我保证支持。"杰克接了一句:"我也支持,军士长。"[19]

这次大会的一个显著特征和杰克发的那些新闻稿里一个反复提及的主题是,苏联和西方盟友之间的分歧正在逐渐加深。数个月来,分歧已经很明显。早在一年前,苏联领导层与新成立的世界银行和国际货币基金组织已经渐行渐远。为稳定世界金融和贸易,1944 年 7 月,在美国新罕布什尔州召开了布雷顿森林会议,成立了这两个机构。创立前一个机构的宗旨是,为各发展中国家提供所需资金;创立后一个机构则是为了监管外汇汇率,以及向出现贸易赤字的国家贷出储备货币。斯大林及其副手们的看法无疑是正确的,即美国控制了这两个机构,另外他们还预计,华盛顿会利用这两个机构促进私人投资,拓展国际贸易,莫斯科方面从中嗅出了资本家剥削的味道。说得更直白些,在斯大林眼里,这么做代表了美国的霸权野心。事实的确如此,在布雷顿森林会议上,各方同意让美元成为国际贸易的本位货币,以替代英镑。[20]

"温斯顿·丘吉尔曾说,俄国外交就像包裹在一层层迷雾里的谜团,"杰克 4 月 30 日的新闻稿写道,"我希望在此向丘吉尔先生报告:那些俄国人至今未变。"杰克接着评论道,苏联和世界上其他国家互不信任二十多年,不可能轻轻松松和痛痛快快地翻篇,历史会把重担压到每一次谈判中。杰克 5 月 2 日的新闻稿写道:"从远处观望这次大会,看起来就像一场国际橄榄球赛,由〔苏联外交人民委员〕莫洛托夫带球,为了应付他,〔所有西方国家代表〕满场追着他跑。"[21]

杰克的看法是,苏联人在会议进程中我行我素的做派一定程度上可以理解，事实上，它植根于切身的安全考虑，以及如后不可动摇的信念：此前四年，俄罗斯母亲已经承受了巨大的苦难，绝不能再次遭受入侵。另外，对抗德国战争机器时，苏联红军一直冲在最前边，蒙受了巨大的伤亡，而美国人和英国人在开辟第二战场问题上一直犹豫不决，凭什么如今就该相信西方？[22]杰克同时还提醒美国和英国各位领导，不应轻易同意莫斯科的要求。他还预见到冷战即将来临。"这场战争是否有机会给世界带来持久和平，关注这件事的人们越来越沮丧，"杰克在大会第三周撰写的新闻稿中写道，"现在已经有人谈论未来10年到15年与俄罗斯人开战。在战争初期那些充满希望的日子里，人们谈到了如今的大一统和同一个世界，那的确是很久以前的事了。"接下来几天，杰克的心情变得更加郁闷，他预计，如果这次大会缺失了有意义的解决方案，美苏关系一定会迅速恶化。政治斗争会波及欧洲，在对日战争结束时将蔓延到

394　亚洲。[23]

　　5月7日是德国投降日，也是在苏联人重重包围下希特勒和他的新娘婚后36小时在柏林的地堡里自杀一周后。那天，杰克清晰地道出了美国军人对这次大会的评价："他们必然最关心大会的结果，这很自然，因为，无论谁冒着风险为自己的国家拼过命，亲眼见过朋友在身边倒下，都不可避免会想知道，这种事为什么发生在自己身上，更重要的是，这究竟会带来什么好处。"杰克接着表示："他们关心的是，作为他们想知道的结果，也因为他们特别希望自己的孩子和兄弟不要再经历同样的灾难，旧金山大会的见闻必然会让他们失望，也就不足为奇了。我认为这不可避免。青年时代是说

干就干和一切从简的时代。从牺牲就是日常的战场来到这里——从那边来到这边——他们必然会问牺牲的意义何在，他们必然会感到在某种程度遭到了背叛，这一点都不奇怪。"[24]

1945年春季，杰克·肯尼迪寄给一名战友的私信进一步说明了这点，也全面有力地佐证了他当时的世界观：

> 给你写一封发泄愤怒的信肯定非常容易。每当我想到这场战争让我们付出了多少，想到赛、彼得、奥维、吉尔、迪米、小约、比利的死，想到其他数万和数百万跟他们死在一起的人——每当我想到自己和其他上过战场的人亲眼所见的那些英勇行为——我总觉得，感到失望和某种程度上遭到背叛是一件特别容易的事。……
>
> 你也上过战场，在战场上，牺牲就是日常，将牺牲与来到旧金山开会的那些国家的胆怯和自私相比，幻想注定将破灭。……
>
> 无论做什么都不能以上压下。在国际上放弃主权，必须源自人民的意愿——意愿必须足够强烈，选举产生的代表团成员如果不能履职，必须遭到免职。……我们必须面对这样的现实，人们还没有被战争吓到这样的程度：只要不再有战争，强迫他们到什么程度都行。……战争会存续到久远以后的某一天，那时候，拒服兵役的人也会像今天的战士一样得到该有的名誉和声望。[25]

大会议程进行到中途，杰克发出了如后悲观的预言："那种创

395

造了《凡尔赛和约》的复杂情感和利己主义，同样被用于创造诞生在旧金山的国际组织。"那些较大的国家尤其不会向超国家组织出让自己的主权。后来，5 月 23 日，他还批评授予安全理事会五个大国的一票否决权："如此一来，'五大国'里的任一国家可以有效地否决向遭受攻击的国家提供援助。既然这一新的国际组织带有这样的重大缺陷，为防止自己遭受入侵，那些较小的国家乐见与各邻国达成协定，也就不足为奇了。"[26]

关于联合国，杰克在笔记本里匆匆写道：

> 期望值垒得愈高愈险。
>
> 绝不能企盼过多。
>
> 真正一碗水端平会让每个国家怅然若失。
>
> 没有包治百病的药。[27]

青年记者白天勤奋工作，不过，一如往常，每到夜晚，他便会一改面貌，充分利用大会带来的各种社交机会。至少有一次，享乐妨碍了工作。专栏作家阿瑟·克罗克记述了某天夜里出现在皇宫酒店里的情景：杰克身穿无尾礼服坐在床上，显然是要出席晚间庆祝活动，"一手端着高脚酒杯，另一只手抓着电话听筒。他对接线员说：'请给我接《芝加哥先驱美国人报》总编辑。'（一阵长时间的沉默后）杰克又说：'不在？那，随便找个人记个口信吧。'（又一阵沉默后）他接着说：'好。老板一回来就把口信给他，行吗？谢谢，口信是：肯尼迪今晚不会给报社发消息了'"[28]。

Ⅳ

杰克在饭店为查克·斯波尔丁及其夫人贝蒂（Betty）弄到一间客房，几乎每天和他们在一起。斯波尔丁两口子注意到，杰克背部问题严重，精神萎靡，好几天上午必须休息。"我们往往在早上他起床前到他房间里跟他聊一会儿，"贝蒂回忆说，"他还像以往那样喜欢挖苦人，幽默一把，不过他精神头没了，不再活蹦乱跳了。"杰克还联系上另一个老熟人玛丽·迈耶〔Mary Meyer，在美国进步主义时代，玛丽的父亲阿莫斯·平肖（Amos Pinchot）是第26任美国总统西奥多·罗斯福的盟友〕，杰克在哈佛大学上学期间，偶尔会跟玛丽约会，那时她还是自由奔放的瓦萨学院学生，一个绝美的佳人。大会召开前两天，玛丽刚刚跟小科德·迈耶（Cord Meyer Jr.）完婚，后者是热情且聪明的太平洋战争退伍兵，这次来旧金山是给哈罗德·史塔生（Harold Stassen）中校当助手。史塔生以前是明尼苏达州"最年轻的州长"，眼下是美国代表团成员。小科德·迈耶和杰克在会议初期和整个会期经常争吵，也许是因为他们两人脾气和世界观差异太大，也许是因为杰克对迈耶夫人的兴趣过分外露。（实际情况为，在杰克过早死亡——以及玛丽自己死亡——前不久的某一时间段，玛丽重新进入了杰克的生活。）[29]

在旧金山普雷西迪奥公园（Presidio）一场晚会上第一次遇见杰克的情形，让安妮塔·马库斯（Anita Marcus）永远记忆犹新，她后来成了费伊的太太。她说："我进了化妆间，屋里所有女孩都在谈论杰克·肯尼迪。"安妮塔出了化妆间，坐到一个靠桌子的座位上，杰克来到她身边，做了自我介绍，她被彻底征服了。"我以为，最重要的是，他跟你说话时，就那么直直地看着你，他的注意力绝不受任何干扰。他只是想知道，我到那儿去做什么——为什么我会去那儿。那是一种眼里只有我的感觉，是目不转睛的关注。我成了屋里最让人嫉妒的女孩。他有吸引女性的手段，这一点毫无疑问。"[30]

5 月末，大会仍在继续（6 月 26 日，50 个国家的代表将要在旧金山歌剧院签署《联合国宪章》），杰克·肯尼迪回到了美国东海岸，在纽约和波士顿逗留了几天，还庆祝了自己的生日。然后，他继续往东，去了英国，为赫斯特新闻社报道英国大选。那是 1939年以后他第一次访问欧洲，上次他去德国是在波兰遭到入侵前不久，随后他在英国下议院倾听脸色阴沉的张伯伦宣布英国进入战争状态。眼下欧洲战事已经结束，欧洲那些领导人面对的任务是对不安的民众做出回应。[31]杰克在旧金山采访时已经预见到，即使处在胜利的余晖里，温斯顿·丘吉尔和他所在的保守党也很脆弱，因为许许多多英国人仍然在匮乏之中挣扎——食物配给、住房和燃料短缺，公共设施被炸毁。仅有少数美国观察人士与杰克观点相同。在英国，大多数人预言托利党会赢，不过，随着大选日期临近，那个伟大的人将要下台的可能性好像越来越大。[32]杰克一直在追踪丘吉尔的竞选活动，像以往一样对他满是崇敬，并且告诉美国读者们，岌岌可危的保守党仍有可能险胜。不管怎么说，"眼下整个欧洲都风起浪涌，都在荡涤各种君主政体和保守派政府，这样的风浪在英国特别猛烈，丘吉尔正在跟这样的风浪斗争。英国正在向某种形式的社会主义过渡——如果这次大选没出现过渡，下次也一定会出现"³³。结果成了这样：7 月，选民们拒绝了丘吉尔，将选票投给了克莱门特·艾德礼（Clement Attlee）领导的英国工党，该党以压倒性优势获胜。

杰克见证了整个过程，即便如此，他仍然震惊不已。杰克一向明白，丘吉尔身上无论有多少毛病，无论在战略上和战术上犯过多少错，他都是英国需要的战时领袖，也是在 1940 年 5 月最黑暗的时刻掌权的那个人，通过非凡的公开演说，他唤醒了英国人民天生具有后来却淡忘的一些品质：坚韧、坚定不移、矢志不渝。杰克的父亲却从来理解不了这些。从那往后，全世界的观察人士都看明白了，唯有遭遇直接入侵，然后战败，英国才会退出战争。从那时以来，在艰苦岁月里，丘吉尔也犯过以往那样的错误，还眼看自己在"大联盟"里的影响力遭到罗斯福和斯大林蚕食，不过，他仍然紧随其后，目标明确，行动果敢，他无畏的执着最终得到了证明。可眼下他遭到了抛弃，这就是现实。

帕特·兰南自己也找了份新闻报道工作，跟杰克一起去了伦敦，两人在格罗夫纳豪斯酒店（Grosvenor House Hotel）同住一个套房。让兰南惊讶的是，许多英国人经常在傍晚蜂拥进酒店见他的朋友，而他们见面只是为了喝点酒和聊聊政治。大卫·奥姆斯比-戈尔来了，威廉·道格拉斯-霍姆也来了，还有休·弗雷泽（Hugh Fraser），当年杰克是通过基克认识他们的。兰南回忆说："那个小起居室空间不是特别大，经常会同时挤进七八个人，那些人都是他的朋友。"弗雷泽附和说："我认为真正让杰克激动的既有这次选

举，也有欧洲即将出现的新情况，即战后究竟会出现什么样的欧
洲。"弗雷泽是斯通镇（Stone）的托利党候选人，那地方在伦敦西
北 210 千米，让他印象深刻的是，晚上大部分时间，杰克开着妹妹
基克逼仄的奥斯汀车，陪同他参加竞选活动（赢了）。[34]

398 　　杰克也报道了阿拉斯泰尔·福布斯（Alastair Forbes）的竞选活
动，他是富兰克林·罗斯福的远房亲戚，作为伦敦北部亨敦区
（Hendon）的自由党候选人参加竞选（输了）。两个男人是通过基
克认识的，一见面就有一种相见恨晚的感觉。[35]对杰克有兴趣参与例
行竞选亮相活动，耐心倾听各次演讲，全神贯注于英国的竞选活动
都是怎样进行的，凭脑子记录整个过程，提出各种切中要害的问
题，福布斯像休·弗雷泽一样感到惊讶不已。在福布斯看来，杰克
是肯尼迪家族最有学问的人，即使他本人并不是做学问的，也就是
说，他是那种因为有想法才对想法感兴趣的人。"他拥有难以置信
的准确的直觉，"福布斯回忆道，"一旦某个问题引起他的注意，他
总能直接切中问题的要害，还能针对问题做出成熟的判断。"不过，
福布斯还看出，像丘吉尔一样，杰克身上同样具有某种超脱，他
估计，这是源于两人所拥有的特权背景："金钱是了不起的绝缘体，
如果某人几乎不叠被子，不自己动手做早餐，与从事简单日常工作
的人们交流的次数不够多，几乎就不会与民众产生共鸣。我的意思
是，在许多领域，自然而然会起作用的共鸣就与你无缘。"[36]

　　那次赴英期间，杰克还见了经济学家芭芭拉·沃德（Barbara
Ward），后者也是基克介绍的朋友。芭芭拉回忆说，当时眼见杰克
对选举进程着迷到痴狂的程度，事无巨细都想知道。"无论是谁，

一眼都能看出来，这个年轻的中尉浑身上下透着政治。所以，我的主要印象是，一个特别年轻的人，严格说称得上乳臭未干，我必须说，他好像太年轻了，却对眼前所见政治局面有着超常的广泛兴趣。"[37]

杰克热衷于政治，在他撰写的许多文章和旅行日记里都能明显表现出来。同样明显的还有他独立思考的能力，以及寻求务实的中间道路的倾向。他看得出来，在大多数选民眼里，英国保守党不仅保守，还反动，是富人和特权阶层的捍卫者，哪怕心存一丁点在未来赢得选举的希望，该党也必须拓宽其诉求。杰克曾经对奥姆斯比-戈尔说，那种为"少数不劳而获的人，整天盘剥港口，压迫农民"而存在的保守主义已经"出局"。[38]但杰克一点也不欣赏英国工党，该党惯于对所有人承诺所有东西，例如向农民、店主、工人、小企业家保证，阳光灿烂的日子就在前方。杰克在 7 月 10 日刊发的一篇文章里预言，实际掌权"可能是工党最大的危机"。关于从前的老师、现工党主席哈罗德·拉斯基，杰克也没什么好话可说。 399
"他满口都是歹毒和痛苦，"杰克在日记里写道，这是他参加专门为这位著名经济学家举办的竞选集会后所写，"奇怪的是，这种焦虑体现在这些左派激进分子身上。而这正是创造独裁的那种精神。……从我跟拉斯基的谈话看，我无疑认为，他和那些像他一样的人的聪明才智并非来自经济失衡，而是源自社会。"[39]

杰克在另一篇日记中写道："苏联效率低下。我永远不相信会有另一种解释。不过苏联这样的国家也能养活人民，这或许是它最终能成功的保证。"[40]

杰克在大选后的 7 月 27 日写了篇日记，足以揭示他对量化自己所见所闻的倾向：

> 分析这次选举很重要，以判定这次胜选多大程度上取决于"是时候做出改变"这类选票，以及多大程度上取决于社会主义力量。前一类选票只是为了反对在位的政府，不论其立场是右派还是左派。我的看法是，大约 40% 是因为对某些现状不满，政府对这部分现状控制得远不够好，不过，政府的确对其负有责任——20% 是因为针对英国必须面对的各种各样的问题，人们相信社会主义是唯一的出路——剩余的 40% 是出于阶级情感——例如，机会来了，轮到"做实事的人"了。[41]

杰克也有较为温情的一面。在基克的陪同下，他前往伊斯特本（Eastbourne）的康普顿庄园（Compton Place），与比利·卡文迪什的父亲德文郡公爵见了面。他在日记里记述道，老人"是个思想还停留在 18 世纪小说里的公爵——即使外表不是那样的话。他相信神授的公爵权力，相信公正，他完全清楚自己的义务——主要义务包括，用政治家超凡的正直但平庸的能力养活英国人民"[42]。

杰克从英国出发，生平第一次访问了爱尔兰，他的祖辈们就是从那里移民到美国的。他写了篇经过深思熟虑的文章，介绍那个国家的政治立场，包括针对英联邦的立场。[43]在同期的日记里，他几乎没流露感情方面的留恋，反而体现了记者的本能，他评论说，那里的人民"很欢快，看不出在伦敦常见的让人脾气火爆的慢性疲劳。

食品供应充足，配给与爱尔兰人的宽容和良好的幽默感很搭，那里 400
没有伦敦的排队现象"。杰克在日记中写道：

> 在都柏林，汽车很少见，因为很难搞到汽油，好在人们可
> 以走路或骑车。那里的大街一尘不染，都柏林有名的景点大门
> 最近都重新刷过，黄铜饰件锃光瓦亮。
>
> 不过，光鲜的只是表面，爱尔兰逃过了大规模毁坏和针对
> 欧洲的轰炸，却没逃过人员伤亡。超过25万人渡海前往英国，
> 到军队服役或进工厂劳作。其中多少人直接去了军队，至今没
> 人披露。不过，以事实为例，南爱尔兰的居民获得了总计七枚
> 维多利亚十字勋章，同一时期北边却没人得过勋章，这让南边
> 的人们觉得很知足。[44]

应海军部部长詹姆斯·福雷斯特尔邀请，杰克接下来去了欧洲
大陆。福雷斯特尔以前是纽约的银行家，与约瑟夫·肯尼迪很熟。
他身材不高，利落整洁，浑身都是使命感，喜欢跟有学问的人争
论。他从纽约州北部草根阶层起步，在华尔街发了财，然后利用关
系在华盛顿特区谋了个高官职位。起初他是罗斯福的特别助理，然
后当了海军部副部长，随后于1944年5月起担任部长。[45]福雷斯特
尔一直对杰克印象深刻，他希望将杰克招进海军部任职，还想两人
一起出行，前往柏林郊区的波茨坦（当时盟军领袖们正在那边开
会），穿越战争撕裂的德国，那么做可能会加强两人间的关系，最
终达成将杰克拉进海军部的交易。7月底，两人在巴黎碰头，从那

里飞往德国首都，战争的毁灭性影响在空中清晰可见。

从地面看，毁坏更为惨烈。1939 年，战争爆发几天前，杰克访问柏林期间曾在宏伟的怡东酒店落脚，如今这家酒店事实上只剩下一圈外墙，毁坏都是轰炸造成的。而且，其他地方同样如此，毁坏似乎是彻底的。

"菩提树下大街［柏林的主干道］及其周边的几条大街相对干净，不过，没有一座建筑逃过了破坏，"杰克在日记中匆匆写道，"一些大街上的恶臭——略带甜味，令人恶心——实在让人受不了。所有人脸上都没有血色——脸色蜡黄，嘴唇都是淡淡的褐色。人们都抱着成捆的东西，似乎没人知道他们要去哪里。我怀疑他们自己也不知道。他们睡地下室。为换取食物，女人什么都答应。只有一两个女人涂唇膏，不过，她们当中大多数似乎是有意让自己尽可能不引起注意。"至于希特勒，"据说他自杀的那个房间里，墙面留下了火烧的痕迹，看起来都是烧焦的。然而，没有完整的证据证明找到的尸体是希特勒的。那些俄国人怀疑他没死"[46]。

波茨坦离柏林不远，福雷斯特尔和杰克两人驱车前往那里，一路上"好几千米都是苏联士兵。他们驻守在道路两侧，每隔 40 米设一岗——人人头戴绿色帽子，佩戴绿色肩章——都是斯大林精心挑选的私人卫兵。他们看起来衣衫不整、骁勇剽悍、不苟言笑，同时纪律严明"[47]。第二天是 7 月 30 日，两人参加了一个参访团，前去参观德国遭战争严重破坏的港口和城市，其中有不来梅、不来梅港、法兰克福。他们还飞到奥地利的萨尔茨堡（Salzburg），参观了元首位于贝希特斯加登山间被炸毁的小屋，以及他在山顶的城堡"鹰巢"。

关于未来，杰克的一些日记显得很有预见性："这里有一种观点，认为那些俄国人永远不会撤出他们的占领区，反而会计划让他们手里那部分德国变成苏维埃社会主义共和国。……如果我们［美国人］不撤离，不允许［德国人］自行管理自己的事务，我们必然会遇到极其困难的管理问题。可是，如果我们撤离，就会留下政治真空，俄国人会很高兴填补进去。"关于联合国，杰克当年就预见到后来成为老生常谈的观点，即在解决关于战争与和平等重大议题上，由于联合国"复杂的运行机制"，最终将证明该机构没用，尤其必须考虑到，那些大国肯定会拒绝授予联合国足够的决策权。[48]

有些时候，日记作者的预见能力会大打折扣。历史终将证明，法国的夏尔·戴高乐会成为强势领袖，而杰克却做出了误判。他还明显错误地——放在当时是可以理解的——认为，一分为二的柏林必将成为一座"被毁的荒凉城市"。参观完贝希特斯加登和"鹰巢"后，杰克在日记里对希特勒死后的名声匆匆做出的预测令人费解："参观完这两处地方后，人们很容易就能理解，数年后，为什么希特勒会从如今环绕他的仇恨中再次崛起，成为有史以来最重要的人物之一。"[49]（杰克的论据好像是这样的：如果评价某位领袖，仅仅基于他或她多大程度上改变了世界，无须考虑其善与恶，那么希特勒肯定会被认定为历史上的大人物。不过，至少可以这样说，杰克的说法未考虑第三帝国造成的凶残的破坏。）

杰克·肯尼迪 1945 年出访德国与他 1939 年赴海外周游六个月如出一辙，给年轻的他的历史知识添了几笔重彩，因为他突然意识到，自己——多亏他的家庭关系网——参观的是纳粹权力的核心圣地，在波茨坦接触的也都是美国的顶级官员。（他和福雷斯特尔甚至得到机会进入被炸毁的帝国总理府内部，近距离审视了希特勒的办公室。）虽然未能参与波茨坦会议，但他遇到或近距离见到了新任总统哈里·杜鲁门、盟军最高统帅和未来的总统德怀特·艾森豪威尔、美国陆军总参谋长乔治·C. 马歇尔（George C. Marshall）将军，以及众多国务院大人物：国务卿詹姆斯·伯恩斯以及 W. 埃夫里尔·哈里曼（W. Averell Harriman）、查尔斯·波伦、约翰·麦克洛伊（John McCloy）、罗伯特·墨菲（Robert Murphy）、威廉·克莱顿（William Clayton），以及其他人等。

对 28 岁的人来说，这些都是让人兴奋的东西，这些经历说明，在适当的时候杰克也身处其中，或者说他即将身处其中，他很可能在国际舞台上有自己的位置。即使在当时，他也可以合理地宣称，像挤进波茨坦的许多记者一样，他同样全面了解那些题材。按理说，他比杜鲁门更了解情况，后者当总统才三个月，在那之前，他当副总统的时间也不长，其间他一直被排除在几乎所有与战争有关的规划之外。罗斯福几乎不认识杜鲁门，而且——这令人震惊——从未向其透露新墨西哥州沙漠地区即将完成的原子弹项目。（通过众多间谍，斯大林反而知道更多关于曼哈顿计划的事。①）对国务

---

　　① 几乎可以肯定，在那一时间节点，杰克不知道曼哈顿计划的任何详情。不过，他 7 月 10 日的日记延续了那年早些时候从亚利桑那州投稿后未能发表的一篇文章明确表达的主题，该文暗示，他好像有一种感觉，将要发生某种大事："［苏联和西方之间的］冲突有可能无限期推迟，因为人们终于发现了一种特别可怕的武器，一旦使用，它真的意味着所有国家的灭亡。科学为战争的恐怖做出过如此多贡献，如此一来，它将成为结束战争的手段。"——原注

卿伯恩斯和战争部部长亨利·史汀生来说，新总统是个神秘人物，而这两人是制定外交政策的关键内阁成员；除了见面打招呼，他们完全不认识新总统。杜鲁门在学生时代曾经博览历史典籍，并以此为傲，但他在外交政策方面没什么背景，几乎没有国际经验——第一次世界大战期间，他曾经在法国当炮手，自那时以来，这还是他第一次前往欧洲。[50]

　　以前没人知道这一点。不过，那年夏季，出现在波茨坦的不仅有美国第 33 任总统，还有第 34 任和第 35 任总统。关于第 33 任总统，杰克的日记着墨不多，仅有一句没有前后文、没有详细铺垫的评语："杜鲁门早已是躺在棺材里的人了。"（后来他逐渐改变看法，认为杜鲁门是个有胆量、讲规矩的人。）不过，杰克对第 34 任总统的笔墨颇多。"艾森豪威尔和福雷斯特尔谈了几分钟，"杰克在 8 月 1 日的日记里写道，"这充分说明他为什么是个杰出人物。他这人容易相处，特别自信，讲解德国的局势特别到位。"在更早的一篇标注日期为 6 月 30 日的日记里，杰克评论艾森豪威尔给英国人民留下的印象为："第 8〔集团军〕正步走过后，人们听到他说：'往事如昨，我，一个来自堪萨斯州阿比林（Abilene）的男孩，如今成了这样的军队的司令！'他从未丢掉那种谦恭待人的方式，因而很容易赢得一起工作的人们的尊重。"[51]

　　在德国期间，即使杰克与艾森豪威尔见面只是顺便为之，两人也至少见过一面，地点在法兰克福，见证人是西摩·圣约翰。两年后，圣约翰将取代其父，成为乔特中学校长。海军中尉圣约翰那天负责福雷斯特尔那次出访的接待工作，他回忆说，飞机在跑道上停稳后，"舱门一开，福雷斯特尔就出来了。让我惊讶的是，随后出来的是杰克·肯尼迪。艾克（Ike，艾森豪威尔的昵称）是去接福雷斯特尔的，所以杰克也见了艾克"。现存的一张照片显示，艾森豪威尔在跑道上迎接福雷斯特尔，背景里的人有杰克和圣约翰。[52]

　　与参加过前几次"三巨头"会议的富兰克林·罗斯福相比，杜鲁门对斯大林可没那么大耐心。一方面是因为，那次会议开始时，杜鲁门已经获悉，新型原子武器在新墨西哥州的试验取得了成功；另一方面是因为，当时日本似乎耗尽了全部军力。在日本国内，许多城市已经被美国的大规模空袭摧毁（数十万日本人失去了生命），日本海上力量是防止入侵的重中之重，当时已被摧毁。在太平洋战场，美国不再需要苏联的帮助。即便如此，波茨坦会议依然重要，各方需要敲定战后占领的细节和诸多条约文本的细节，某种程度上最终敲定德黑兰会议和雅尔塔会议达成的各项基础协定。就苏联对东欧势力范围的影响力，斯大林还从美国人和英国人那里得到了更为正式的承诺。关于德国占领区——还有占领区内的柏林——的各项细节业已经过仔细推敲，斯大林（急于从东方战利品中分得一杯羹）重申了尽快投入对日作战的承诺。[53]

　　对如后更为广义的地缘政治现实，人们应该没什么异议：无论当年人们创建联合国安理会时怀揣多么良苦的用心，当时的世界实际上是由两个大国主宰的。英国已经被大幅削弱，还被严重拖垮；法国一蹶不振，正试图摆脱纳粹占领时期的生不如死，然后重新崛起；德国已被彻底摧毁；日本眼看就要战败，将要蒙受被占领的耻辱；中国呢，按人口规模计算，将崛起为世界大国，当年却因为深刻的国内分歧遭到撕裂，很快将重返内战状态。长期的和痛苦的战争过后，世界上唯有美国和苏联变得更加强大。

不过，当时这两个国家无法放在一起比较，两国战时的经历也有天壤之别。苏联人将不可一世的纳粹战争机器打回了原形，在东欧和中欧获得了战略大国地位，截至当时，经过战火淬炼的苏联红军是世界上规模最大的军队。不过，赢得东线全面胜利也让苏联付出了不可想象的代价：除了死亡 2500 万人——战前人口为 1.7 亿人，损失了约 1/7——苏联全境遭到毁坏的计有：1700 座城镇、7万个村庄、600 万座建筑、6.8 万千米铁路、9 万座桥梁。德国人还洗劫了苏联农村地区，偷盗和屠杀了 1700 万头牛、2000 万头猪、700 万匹马。同一时期，到波茨坦会议开始时，美国的损失大约为40 万人。在三年半战斗中，美国本土从未遭受过真正的威胁；美国公民的生活水平实际上还提高了。在海外，当时美国经济和军事力量的触角几乎伸到了世界的所有角落，创建庞大的美国军事设施网和基地网即例证——网络遍布南美洲，散落整个太平洋，横穿中东地区，还有南亚，甚至还有非洲。时间移至 1945 年年中，美国军事基地的建设速度达到了令人难以置信的每月 100 多座；至那年年底，美军基地总数将达 2000 座，军事设施将达 3 万个。[54]

年轻的中尉杰克华丽变身为记者，前述一切给他留下了深刻的印象。泰德·索伦森是公认的杰克的铁杆支持者，他后来如此记述1945 年杰克在旧金山和欧洲两地的经历："所有这一切强化了他对公共事务的兴趣和担任公职的兴趣。……杰克·肯尼迪知道，他想成为参与者，而不是旁观者。从许多方面看，他是个守旧的爱国者——他不是那种狭隘的民族主义者，而是胸怀为国家利益奉献的理想的人。他对各个大陆许多国家不同的政治制度和经济制度做过第一手对比，而且他特别喜欢美国的制度。他认同［约翰·］巴肯的如后观点：'民主本质上是一种思想的表现，一种精神的证明'，以及'政治依然是最伟大和最可贵的探险'。"[55]

这似乎说得没错。无论父亲的助推起了多大作用，1945 年春季和夏季，杰克在记者行当里滚了几滚，让他早已形成的对紧迫的国际和国内问题的兴趣经历了一番风雨，也让他更加敏锐地意识到，与他当时正考虑投身的新闻业和学术界相比，选择政治作职业可能更加激动人心。换句话说，与其躲在媒体屋里或象牙塔里评论政治，他更愿意进入权力圣殿的核心。

当年早些时候，在写给乔特中学从前的老师哈罗德·廷克的一封信里，杰克谈到了自己的想法。他写道，由于战争的野蛮，南太平洋的那段经历让他幻想破灭。"我真的在想——作为我的终身目标——应当在某一时刻用某种方法做点什么，以阻止另一场战争。"[56]

随着杰克的政治面貌开始成形，他逝去的哥哥的生命也得到了纪念。7 月 26 日，新建的排水量为 2200 吨的美国海军基林级驱逐舰"小约瑟夫·P. 肯尼迪"号在马萨诸塞州昆西伯利恒钢铁公司（Bethlehem Steel Corporation）霍河造船厂下水——该厂正是约瑟夫·肯尼迪第一次世界大战期间工作过的那家船厂。参加下水仪式的来宾名单上有数不清的政治权力玩家以及媒体名人，杰克的朋友们也纷纷前往——托比·麦克唐纳、莱姆·比林斯、查理·霍顿、约翰·赫西、弗朗西斯·安·坎农、查克·斯波尔丁、保罗·费伊、夏洛特·麦克唐奈·哈里斯（Charlotte McDonnell Harris）。家族代表包括老约、罗丝、尤妮斯、帕特、鲍比、琼、泰迪，以及姥爷"蜜糖菲茨"和姥姥玛丽。年轻的琼作为指定赞助人为那艘船开香槟和命名。

杰克 8 月初返回美国，正赶上原子时代的黎明和第二次世界大战结束——8 月 6 日和 9 日，美国分别在广岛和长崎投下两颗原子弹。当月 8 日，苏联向日本宣战。8 月 14 日，天皇裕仁代表日本政府投降。一个时代结束了，同时一个新时代开启了——对杰克·肯尼迪和全世界来说均如此。

杰克早就预见到了那一时刻。早在 1945 年初，在那篇未能发表的文章《我们一起做个和平实验》里，他就预测过，科学很快会创造出在远距离造成无法想象的破坏的武器。后来，他在日记里反复提及这一点。眼下，随着两座日本城市瞬间化为不毛之地，杰克领悟到这种炸弹对社会变革的影响，也明白了原子裂变如何将一个世纪一分为二，开创了此前和此后。10 月 8 日，杰克在联合战争基金会（United War Fund）发表了一篇讲话，大声说出了他对这一问题的思考，那篇讲话鲜为人知，直到生命终结，他也不过是在完善和继续当时明确说出的一些想法。"1942 年、1943 年、1944 年，长期以来，当胜利悬而未决时，我们日夜在试错，"他对为数不多的现场听众说，"如今枪炮已经冷却，人们正在回家路上，战争时期灾难的日子已成过往，精疲力竭的和平日子就在眼前——过去的一章已经翻篇，新的一章已经铺开。"他接着表示，在新纪元里，

406

原子武器至关重要；西方民主国家不愿发动战争有其正当性，在一场一个小时即可宣告结束的军事冲突中，这种想法可以说对其极为不利。

还好，一切都尚未失去。或许，恰恰是畏于新武器的毁灭性效果，各个国家迫不得已，反而会致力于和平。"过去几年，人们已经听说太多关于战争的恐怖，但人们也一直认为，战争比某些选项更可取。有些东西人类一向会用战争手段获取。战争从来都不是终极罪恶。不过，这一切如今或许会改变。"如此一来，人性"或许会被迫做出牺牲，以确保和平。我们唯有祈祷人类的政治技巧能与科学技术并驾齐驱；如若不然，人类必将直面'末日终战'"[57]。

杰克自己会为这项紧迫的工作做贡献吗？如果会，他又该怎么做？一种新的国际秩序已现雏形，他的国家在其中处在超级大国位置上，处在"美国治下的和平"位置上；也许他在这一舞台上可以找到自己的位置。从欧洲返回美国没几周，杰克从福雷斯特尔那里收到了信息。"你想在我这里找个事做吗？"海军部部长从华盛顿寄来一封信，"如果想，你就直接过来，看看能给你安排个什么职位。"[58]杰克回信表示了感谢，不过他已有别的想法。他眼前有许多机会，让他可以体验那种"最伟大和最光荣的探险"，他不敢错失机会。

也就是说，政治正在向他招手。